U0803189

国际可再生能源发展报告 2018

国家可再生能源中心
国家发展和改革委员会能源研究所可再生能源发展中心
编著

中国环境出版集团 · 北京

图书在版编目（CIP）数据

国际可再生能源发展报告. 2018 /国家可再生能源中心编著. —北京：中国环境出版集团，2018.11

ISBN 978-7-5111-3856-9

Ⅰ. ①国… Ⅱ. ①国… Ⅲ. ①再生能源—能源发展—研究报告—世界—2018 Ⅳ. ①F416.2

中国版本图书馆 CIP 数据核字（2018）第 266297 号

出 版 人 武德凯
责任编辑 高 峰
责任校对 任 丽
封面设计 彭 杉

出版发行 中国环境出版集团
（100062 北京市东城区广渠门内大街 16 号）
网 址：http://www.cesp.com.cn
电子邮箱：bjgl@cesp.com.cn
联系电话：010-67112765（编辑管理部）
010-67112739（第三出版中心）
发行热线：010-67125803 010-67113405（传真）

印 刷 北京中科印刷有限公司
经 销 各地新华书店
版 次 2018 年 11 月第一版
印 次 2018 年 11 月第一次印刷
开 本 787×1092 1/16
印 张 24
字 数 450 千字
定 价 108.00 元

【版权所有。未经许可请勿翻印、转载，侵权必究】
如有缺页、破损、倒装等印装质量问题，请寄回本社更换

序 言

进入 21 世纪以来，随着国际社会对保障能源安全、保护生态环境、应对气候变化等可持续发展问题的日益重视，加快开发利用可再生能源已成为世界各国的普遍共识和一致行动。有超过 100 个国家官方加入《巴黎协定 》，承诺通过能源领域的脱碳实现可持续发展，47 个最易受气候变化影响的国家提出实现百分之百可再生能源的目标，承诺争取在 2030—2050 年实现百分之百可再生能源供能，以助力全球实现 1.5℃温控目标。

当下，可再生能源已经成为全球“能源转型”的核心。几乎所有发达国家和发展中国家都提出了支持可再生能源发展的相关政策，即使传统化石能源丰富的加拿大、澳大利亚和中东、北非地区的国家，也已提出了可再生能源发展目标，将重点发展太阳能等新能源，以减少对化石能源的依赖。截至 2017 年年底，共有 176 个国家设定了可再生能源发展目标，有 150 个国家设定了可再生能源发电在电力结构中的比例目标，89 个国家设定了可再生能源在一次能源消费或终端能源消费中的比例，47 个国家在供热和制冷领域以及 41 个国家在交通领域设定了目标。

2017 年，全球可再生能源发电新增装机再创历史新纪录，可再生能源发电年新增装机达到 1.78 亿 kW，占全部新增发电装机的 70%，累计装机达到 21.95 亿 kW，同比增长 9%，可再生能源发电年新增装机连续 3 年超过化石能源发电装机，表明了电力系统结构转变正在逐步实现，可再生能源电力已成为全球电力装机的主力。太阳能发电和风力发电多年以来成本持续下降，在满足新的发电需求方面越来越具有竞争力，在越来越多的地区表现出比化石能源发电和核能发电更强的市场竞争力。随着应对气候变化制度逐步建立和全球能源转型进程加快，可再生能源的长期前景更加确定、投资风险不断下降、投资规模连续 8 年超过 2 000 亿美元。

国家可再生能源中心是国家能源局依托国家发展和改革委员会能源研究所设立的业务支撑机构，主要开展国家可再生能源发展战略、规划和政策研究，协助国家可再生能源产业体系建设、开展国家示范项目管理和可再生能源国际合作项目管理等任务；为全面及时地了解全球可再生能源进展，研究各国的新能源促进政策、主要经济体的可再生能源发展路径，分析各国新能源的发展趋势，为我国制定可再生能源政策和发展路径提供思路。

《国际可再生能源发展报告 2018》包括综合篇、产业篇和国家篇，分别介绍了年度全球可再生能源产业的总体概况，分析了主要国家可再生能源产业的发展现状和近期趋势，总结了主要国家和地区的战略目标、政策措施及产业市场进展，归纳了全球可再生能源的未来发展趋势。

本书由王仲颖、任东明负责策划和指导，陶冶总体负责组织撰写、审核和汇总。

综合篇由陶冶、韩雪、钟财富撰写。陶冶负责审阅。

产业篇风能部分由袁婧婷撰写，太阳能部分由孙培军撰写，生物质能部分由窦克军撰写，水电、地热能和海洋能部分由刘建东撰写，储能部分由刘坚撰写。刘建东负责审阅。

国家篇由钟财富（中国、中国台湾地区和加勒比地区）、袁婧婷（日本、韩国、印度）、樊丽娟（俄罗斯及中亚、东盟国家和中东地区）、杭宇（欧盟、德国、英国和丹麦）、刘建东（法国、西班牙、荷兰和冰岛）、戚琳琳（美国、加拿大和墨西哥）、窦克军（巴西、阿根廷和智利）、郭晓雄和侯文森（澳大利亚、新西兰、非洲）撰写。樊丽娟、杭宇、戚琳琳和郭晓雄负责审阅。

侯文森负责全书统稿。

陶冶负责全书最终审核。

特别感谢"英国儿童投资基金会（CIFF）""可再生能源推动中国能源革命"课题对本书出版的支持。

本书出版的目的在于方便国内研究人员学习参考国际可再生能源发展情况，书中部分引用的国外相关研究成果数据、内容观点不代表国家可再生能源中心立场。

《国际可再生能源发展报告 2018》编写组

2018 年 6 月　北京

目 录 CONTENTS

第一篇 综合篇

第二篇 产业篇

第三篇 国家篇

表目录

第一篇 综合篇

第二篇 产业篇

第三篇 国家篇

图目录

第一篇　综合篇

第二篇　产业篇

第三篇 国家篇

第一篇

综合篇

1　全球可再生能源发展综述

1.1　全球可再生能源市场持续快速发展

1.1.1　可再生能源发电新增装机再创新的纪录

2017 年全球可再生能源发展再创历史纪录，主要表现在可再生能源容量创造了有史以来最大的增长。2017 年，全球可再生能源发电年新增装机达到 1.78 亿 kW[①]，同比 2016 年提高了 9%，占当年全部新增发电装机容量的 70%，同样高于 2016 年的 63%。截至 2017 年年底，全球可再生电力总容量约为 21.95 亿 kW。可再生能源总装机容量最多的国家是中国，其次是美国、巴西、德国和印度。2007—2017 年，可再生能源的总容量增加了一倍以上，非水电可再生能源的容量增加了 6 倍以上。可再生能源发电年新增装机连续 3 年超过化石能源发电装机，进一步表明了电力系统结构转变正在逐步实现，可再生能源电力已成为全球电力装机的主力。

2017 年，全球太阳能新增装机约 1 亿 kW，再次刷新了纪录，占全球可再生能源新增发电装机的 55%，超过了火电和核电新增装机总和，同比 2016 年增长 30%，累计装机突破 4 亿 kW。风电和水电贡献了剩余可再生能源新增的大部分，分别贡献了 29% 和接近 11%。2017 年，全球风电新增装机容量 5 200 万 kW，同比小幅降低 5.5%，累计装机容量达 5.39 亿 kW；水电增长 1 900 万 kW[②]，主要集中在中国、巴西和印度，累计装机容量 11.14 亿 kW；生物质发电保持平稳增长，新增装机容量 800 万 kW，累计装机容量 1.22 亿 kW。表 1-1-1 为全球可再生能源累计装机容量和产量。

表 1-1-1　全球可再生能源累计装机容量和产量

年份	2013	2014	2015	2016	2017
含水电可再生能源装机 / 亿 kW	15.78	17.12	18.49	20.17	21.95
水电累计 / 亿 kW，不含抽水蓄能	10.18	10.55	10.64	10.95	11.14

① REN21, 2018 年全球可再生能源统计报告。

② 不含抽水蓄能机组。

年份	2013	2014	2015	2016	2017
风电累计 / 亿 kW	3.19	3.70	4.33	4.87	5.39
光伏发电累计 / 亿 kW	1.38	1.77	2.27	3.03	4.02
太阳能热发电累计 / 万 kW	340	440	480	480	490
太阳能热水器累计量 /GW_{th}	374	409	435	456	472
生物质能发电装机 / 亿 kW	0.88	0.93	1.06	1.14	1.22
地热能装机 / 万 kW	1 210	1 280	1 320	1 350	1 280
生物乙醇年产量 / 亿公升	878	940	983	1 030	1 055
生物柴油年产量 / 亿公升	263	297	301	308	310

数据来源：21 世纪可再生能源政策网络（REN21），2018。

2017 年，可再生能源发电量占全球发电量的 26.5%，比 2016 年提高了 2 个百分点。其中水电发电量约占 16.4%，同比降低 0.2 个百分点；风电发电量占 5.6%，生物质发电量占 2.2%，光伏发电量占 1.9%，风电的占比同比大幅提高 1.6 个百分点，光伏和生物质的占比同比分别提高 0.4 和 0.2 个百分点，全球可再生能源发电在全部发电量中的比重如图 1–1–1 所示。

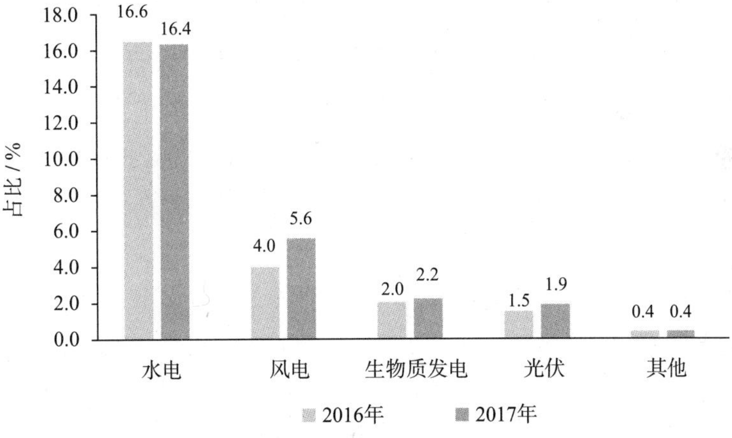

图 1–1–1　全球可再生能源发电在全部发电量中的比重

数据来源：REN21, 2018 年全球可再生能源统计报告。

1.1.2　可再生能源发电成本持续快速下降

2017 年，可再生能源发电（未补贴）的成本竞争力持续增强。很多可再生能源技术，如水电、生物质能源、地热发电和热利用，早已被确立为主流或者有成本竞争力的能源，尽管近年来这几种成熟技术的平准化发电成本（LCOE）保持相对稳定。

太阳能发电和风力发电多年以来成本持续下降，在满足新的发电需求方面越来越具有竞争力，在越来越多的地区表现出比化石能源发电和核能发电更强的市场竞争力。IRENA 的报告中指出，2017 年，全球范围内新的大型光伏电站的平均成本已经降到 0.1 美元 / 千瓦时，相比 2010 年下降了 73%，海上风电和太阳能热发电（CSP）的 LCOE 也分别下降 18% 和 33%。

在近几年的可再生能源招标中，太阳能光伏发电和风电的最低投标价已低至每兆瓦 30 美元以下，且屡创新低，进一步显现了可再生能源竞争力的增强以及由于技术进步而带来的成本快速下降。尤其是光伏发电，由于 LCOE 持续快速下降，光伏最低的招标电价也不断刷新。2016 年年底，阿联酋阿布扎比 117 万 kW 的光伏发电项目招标电价 2.42 美分 / 千瓦时，考虑夏季奖励电价后实际电价为 2.92 美分 / 千瓦时，为当年全球最低。而到了 2017 年，全球各地的光伏竞标中已经有至少 7 个项目的报价低于 2.42 美分这一最低价。2017 年 10 月，沙特阿拉伯 30 万 kW 光伏发电项目最低竞标电价达到 1.786 美分 / 千瓦时。墨西哥由于有可再生能源绿色电力证书政策，2017 年 11 月在墨西哥能源部 2.3GW/5.5TW · h（2020 年并网）光伏采购招标中，中标电价创造新低，为 1.77 美分 / 千瓦时，该项目即使加上可再生能源绿色电力证书收益（约 3 美分 / 千瓦时），光伏发电项目实际价格也仅折合人民币约 0.3 元 / 千瓦时。其他主要地区，印度 2017 年的招标电价最低为 3.8 美分 / 千瓦时，普遍在 4 ～ 5 美分 / 千瓦时；美洲地区的阿根廷中标电价约 5.5 美分 / 千瓦时，智利中标电价达到 2.91 美分 / 千瓦时；德国光伏发电平均中标电价从 2015 年 4 月第一轮的 9.10 欧分 / 千瓦时逐步下降至 2017 年 10 月第九轮的 4.91 欧分 / 千瓦时。

风电的招标电价也在稳步下降，在 2016 年的风电招标中，智利风电招标电价达到 4.52 美分 / 千瓦时且低于同期招标的气电、煤电、水电，摩洛哥 3 美分 / 千瓦时的招标电价更是创造了当年全球风电招标电价最低纪录。秘鲁风电招标电价为 3.7 美分 / 千瓦时，低于同期招标的水电（4.6 美分 / 千瓦时）。美国风电购电协议（PPA）价格也低至 2 美分 / 千瓦时，大部分项目在 3 美分 / 千瓦时左右；加拿大和墨西哥的最低电价分别为 6.6 美分 / 千瓦时和 3.62 美分 / 千瓦时。2017 年 10 月，印度 100 万 kW 风电项目的招标电价为 4.1 美分 / 千瓦时。国际海上风电成本和电价也迅速下降。丹麦海上风电招标电价已经低至 5.39 美分 / 千瓦时，为当时全球海上风电最低电价。2017 年 4 月，德国对 4 个总装机为 149 万 kW 的海上风电项目进行招标，丹麦东能源公司和德国 EnBW 公司以最低投标价中标，其中东能源的投标价为 0，即项目无电价补贴，收益仅来自于电力市场售电。

尽管各国由于资源禀赋和建设成本的差异，最低电价不代表行业整体情况，但不断降低的招标电价既反映了可再生能源技术进步带来的成本下降以及竞争的增强，也反映了市场对可再生能源作为投资标的的认同和信心。在市场和技术的共同作用下，随着可再生能源发电经济性进一步改善，将进一步驱动可再生能源大规模发展。

1.1.3 可再生能源投资仍然是全球能源投资重点

随着应对气候变化制度逐步建立和全球能源转型进程加快，可再生能源的长期前景更加确定、投资风险不断下降，从 2010 年起可再生能源投资规模已经连续 8 年投资规模超过 2 000 亿美元。与 2017 年可再生能源新增装机实现 9% 的增长相对应，2017 年全球对可再生能源和燃料的投资总额同比 2016 年也实现增长 2%，达到 2 798 亿美元（不包括大于 5 万 kW 的水力发电厂），不过相比 2015 年的历史最高值仍低 13%，主要原因在于光伏发电成本的显著下降，投资强度即相同装机量所需要的投资额大幅降低。

在各类可再生能源中，风电和太阳能发电是可再生能源投资的最重要领域，而且风电和光伏合计投资在总投资的占比逐年增大，2014 年即已经达到 90%，2017 年达到 96%，其中光伏和风电分别占 57% 和 39%。太阳能发电投资保持了较快的增速，2017 年相比 2016 年增长 18%。风电则由于 2017 年的新增装机量和 2016 年基本持平，单位容量的投资成本下降，所以风电的投资额同比下降 12%。未来随着海上风电成本下降和市场的进一步发展，海上风电投资成为风电新增投资的主要来源。2007—2017 年新增的各类可再生能源投资额及总投资额如图 1-1-2 所示。

图 1-1-2 2007—2017 年新增的各类可再生能源投资额及总投资额

数据来源：REN 21.

2017 年，发展中国家对可再生能源投资达到 1 770 亿美元，同比增长 20%，且已经连续第 3 年高于发达国家，占全部的 63%，仅中国就占全球投资的 45%。发达国家则从 2015 年开始对可再生能源投资额逐年下降，2017 年为 1 030 亿美元，同比上年下降 18%。其中欧洲的投资额降幅最大，同比上年下降了 30%，而且是自 2010 年以来一直在下降。在拉丁美洲和美国，2017 年投资总体保持稳定或小幅增加。2007—2017 年发达国家和发展中国家清洁能源投资额如图 1-1-3 所示。

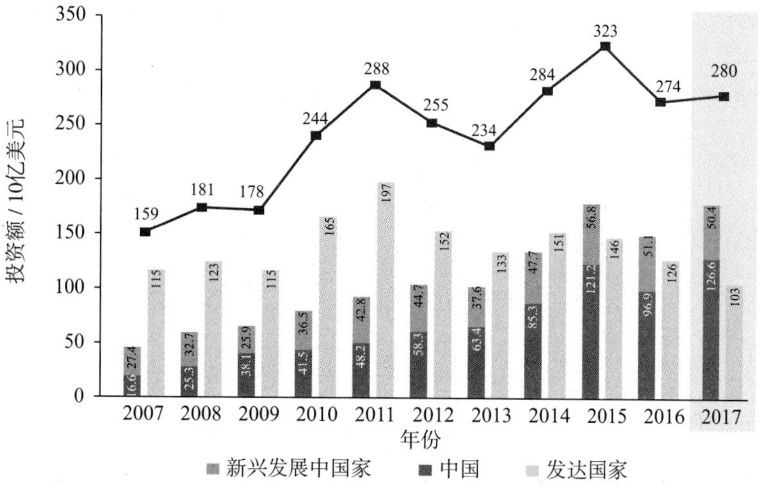

图 1-1-3　2007—2017 年发达国家和发展中国家清洁能源投资额

注：图中曲线为全球清洁能源投资额。

数据来源：BNEF, REN 21.

在可再生能源投资扩大，新增装机不断增高的同时，可再生能源也在创造着新的就业机会。根据国际可再生能源署（IRENA）的统计，2017 年全球可再生能源行业就业人数约 883 万人，与 2016 年同期相比新增就业 76 万人，其中光伏是就业人员最多的领域，有 337 万人，生物燃料 193 万人次之，然后是风电行业的 115 万人。从国家来看，中国、巴西、美国在可再生能源领域就业人数领先全球，分别为 388 万人、89 万人和 79 万人。欧盟可再生能源行业就业人数共有 127 万人。中国仍然是可再生能源就业领域无可争议的领导者，光伏目前是我国可再生能源部门就业的主力。除太阳能供热和制冷量下降外，中国在可再生能源技术方面的就业基本保持不变。生物燃料仍然是巴西的中流砥柱，创造了近 80 万个就业岗位。虽然乙醇行业继续裁员，但生物柴油行业呈上升趋势。在美国，太阳能工作岗位的下滑被风电和生物燃料的增长所抵消。欧盟 2016 年可再生能源就业人数达到 127 万，高于上年的 119 万。固体生物质和风电行业是最大的雇主，其次是生物燃料。太阳能光伏就业继续萎缩，降至 10 万个就业岗位（表 1-1-2）。

表 1-1-2　2017 年全球可再生能源就业人数　　单位：千人

	全球	中国	巴西	美国	印度	日本	德国	欧盟*（含德国）
太阳能光伏	3 365	2 216	10	233	164	272	36	100
生物燃料	1 931	51	795	299	35	3	24	200
风电	1 148	510	34	106	61	5	160	344
太阳能供热制冷	807	670	42	13	17	0.7	8.9	34
生物成型燃料	780	180		80	58		41	389
沼气	344	145		7	85		41	71
小水电	290	95	12	9.3	12		7.3	71
地热能	93	1.5		35		2	6.5	25
太阳能热发电	34	11		5.2			0.6	6
合计	8 829	3 880	893	786	432	283	334	1 268
大水电	1 514	312	184	26	289	20	7.3	74
总计（含大水电）	10 343	4 192	1 076	812	721	303	332	1 268

注：* 欧盟（包括德国）的就业数据为 2016 年。

1.2　可再生能源已经成为全球主要经济体“能源转型”的核心

进入 21 世纪以来，随着国际社会对保障能源安全、保护生态环境、应对气候变化等可持续发展问题的日益重视，加快开发利用可再生能源已成为世界各国的普遍共识和一致行动。在 2017 年 10 月底之前根据《巴黎协定》提交了国家自主贡献（NDC）的 168 个缔约方中，其中 109 个包括量化的可再生能源目标，另外 36 个涉及可再生能源行动。但是，在 2017 年德国波恩的气候谈判中，各方尚未就如何组织、交付和更新国家数据中心达成一致意见，从而给国家可再生能源承诺的提升带来不确定性。另外，在联合国可持续发展目标（SDG）的框架内，2017 年创建了包括战略性全球联盟，即全民可持续发展流动组织（SUM4ALL），旨在运输部门推广实施可持续发展目标。2017 年 11 月，由 27 个国家的省、州和市政府组成的政府发起联盟，承诺到 2030 年逐步淘汰煤炭。到 2018 年年初，会员数已超过 60 个。另外，全球 25 个 C40 会员城市制定了到 2050 年达到零净排放的目标，重点是提高能源效率和增加城市建筑中可再生能源的使用。

1.2.1　可再生能源已经成为全球“能源转型”的核心

几乎所有发达国家和发展中国家都提出了支持可再生能源发展的相关政策，即使传统化石能源丰富的加拿大、澳大利亚和中东、北非地区的国家，也已提出了可再生能源发展目标，重点发展太阳能等新能源，以减少对化石能源的依赖。到 2017 年，提出可再生能源目标和支持政策的国家数量再次增加，共有 179 个国家在国家和 / 或国家以下地区实施了目标（2016 年为 176 个国家），而且有几个国家的现有目标更加雄心勃勃。到 2017 年年底，超过 150 个国家设定了可再生能源发电在电力结构中的比例目标，至少有 157 个国家设置了能源效率目标，48 个国家在供热和制冷领域以及 42 个国家在交通领域设定了目标。由此可见，可再生能源供暖和制冷的政策支持仍然滞后于电力部门（表 1–1–3）。

表 1–1–3　主要国家（地区）可再生能源发展目标和重点领域

国家	可再生能源发展目标	重点领域和措施
欧盟	2020 年可再生能源占到能源消费总量的 20%，2030 年 27%，2050 年 50%	推进风能、太阳能、生物质能、智能电网，实施碳排放交易（ETS）
英国	到 2020 年，可再生能源占终端能源消费的 15%，其中 40% 的电力来自绿色能源领域	积极发展陆上风电、海上风电、生物质能发电等，推广智能电表及需求侧输电技术；可再生能源发电差价合约（CFD）
德国	到 2020 年、2030 年、2040 年、2050 年，可再生能源占终端能源消费的比重将分别达到 18%、30%、45% 和 60%，可再生能源电力占电力总消费比重分别达到 35%、50%、65% 和 80%	扶持风电、光伏发电、储能，扩建输电管网设施，扩大能源储存能力；可再生能源固定上网电价（FIT）和溢价补贴（FIP）
丹麦	2020 年，可再生能源占终端能源消费的比重达到 35%；2050 年完全摆脱化石能源消费	支持风电、绿色供暖体系发展，推动可再生能源在建筑、工业、交通领域中的应用，推动智能电网发展
美国	2030 年电力部门二氧化碳排放在 2005 年的基础上削减 30%	推动风电、太阳能发电、生物燃料、智能电网建设。生产税抵扣（PTC）和投资税抵扣（ITC），30 余个州实行可再生能源配额制政策（RPS）
中国	2020 年和 2030 年非化石能源占一次能源比重分别达到 15% 和 20%	支持水电、风电、太阳能发电、可再生能源热利用和燃料；新能源发电的固定上网电价，分布式光伏发电度电补贴

1.2.2 欧盟仍是全球可再生能源发展的先锋

尽管欧盟 2017 年对可再生能源领域的投资相比上年下降了近 30%，但欧洲是引领世界建设低碳、清洁和可持续的能源体系的先锋。欧盟于 2014 年 10 月制定了 2020 年可再生能源在能源消费中的比重达到 20%、2030 年达到 27% 的能源发展目标，并用量化指标约束各成员国加快发展可再生能源，2018 年 6 月再次将欧盟 2030 年可再生能源目标从 27% 上调为 32%。丹麦提出到 2050 年完全摆脱化石能源，德国提出的战略目标是到 2050 年可再生能源在能源消费中占 60%、在电力消费中占 80%，并制定了各阶段的具体目标。

在有利的政策环境和发展战略指引下，基于有效的实施，欧盟可再生能源发展仍走在全球的前列。从实现 2020 年目标的进程看，尽管欧盟各国进展不一，但大部分国家总体进展较好，在欧盟最新的每两年公布一次的目标实施进展报告[①]中指出，“2015 年欧盟整体可再生能源占终端能源的比例为 16.4%，同比提高 0.4 个百分点，其中保加利亚、捷克斯洛伐克、爱沙尼亚、芬兰、克罗地亚、意大利、立陶宛、罗马尼亚及瑞典 9 国已达到各自 2020 年可再生能源终端能源占比目标。”

2017 年欧盟新增可再生发电装机 2 214 万 kW，同比上年增长 4.9%，累计可再生能源装机达到 4.45 亿 kW。2017 年，可再生能源（水电、风电、生物质、太阳能）发电量在欧盟总发电量中占比为 33.1%，远高于核电 21.8% 的比重，与 2016 年（33.2%）相比基本持平，主要是由于增加的非水可再生发电量被水电的降低所抵消[②]。2017 年，欧盟对可再生能源的投资额降幅较大，为 409 亿美元，同比上年下降了 36%，近 10 年以来投资总额首次降到 500 亿美元以内，主要是由于小规模的分布式容量投资规模在 2017 年大幅下降，下降规模中英国的贡献超过一半[③]。

1.2.3 美国在地方各级政府政策的支持下可再生能源获得稳健均衡发展

美国没有直接设定可再生能源发展目标，2015 年通过的《清洁电力计划》（CPP）要求美国电力部门在 2030 年碳排放量较 2005 年下降 32%，并要求各州最晚要在 2018 年提出各自的实施方案，但是由于美国两党对清洁电力计划存在争议，2016 年 2 月美国联邦最高法院做出裁定，暂停执行奥巴马政府的清洁电力计划。2017 年以来，特朗普政府提出重振煤炭等化石能源行业，退出《巴黎协定》，取消执行清洁电

① EU, Renewable Energy Progress Report, 2017, http://eur-lex.europa.eu/legal-content/EN/TXT/PDF/?uri=CELEX:52017DC0057&qid=1488449105433&from=EN.

② BP,《世界能源统计年鉴》，2018。

③ REN21, *RENEWABLESGLOBAL STATUS REPORT* 2018.

力计划；但许多州提出将采取自主行动，继续发展清洁低碳能源，推动落实《巴黎协定》。

美国最重要的可再生能源扶持政策是联邦层面的生产税抵免（PTC）、投资税抵免（ITC）以及2009年经济刺激法案中的现金补贴政策，2015年12月美国国会两党同意继续延长PTC/ITC政策至2022年，为继续推动美国风电和光伏发电持续增长打下了政策基础。此外，超过30个州和华盛顿特区建立可再生能源市场份额政策（RPS），可再生能源可以出售可再生能源证书（REC）获益。

在美国各级政府的倡导和政策支持下，美国的可再生能源产业得到了迅速的发展。据美国能源信息署统计，到2017年年底，美国可再生能源生产总量已达到4亿t标准煤，同比增加9.6%，占一次能源生产总量的12.7%；可再生能源消费总量约3.96亿t标准煤，同比增加8.5%，生产与消费基本持平，占一次能源消费总量的11.3 %，同比提高0.9个百分点。从发电量方面看，2017年美国可再生能源电力占全部发电量的比例为16.9%，占比逐年稳步提高（2016年14.7%、2015年13.7%、2014年13.2%）。从新增装机容量看，虽然天然气发电占新增总装机容量的39%排名第一，但是光伏和风电分别为32%和26%，位居第二和第三。2017年美国风能新增装机701.7万kW，比2016年增长9%，累计8 897万kW。风力发电量达2 540亿kW·h，比上年增加了12 %，占全部发电量的6.3%。2017年美国光伏新增装机1 060.8万kW，比2016年降低30%，累计装机5 040.8万kW，位居世界第二。此外，美国燃料乙醇的产量再创新高，2017年生产了158亿加仑，同比增长3.6%，约占全球燃料乙醇产量的60%以上。

1.2.4 中国是推动全球可再生能源发展的中流砥柱

2017年，中国不断完善可再生能源政策，包括建立和实施可再生能源发电目标引领和监测评价机制，出台并推动落实可再生能源发电全额保障性收购管理办法，探索可交易可再生能源绿色电力证书制度和电力市场化条件下的支持机制等。在政策和市场推动下，中国可再生能源开始进入大范围增量替代、区域性存量替代的新阶段，中国继续保持全球可再生能源新增市场规模最大的地位，2017年，中国对可再生能源领域的投资占全球总投资的45%，接近一半水平。中国水电（不含抽蓄）、风电和太阳能发电新增装机继续引领全球，分别达到712万kW、1 503万kW和5 306万kW，分别占全球各技术新增装机的37%、29%和54%；水电（不含抽蓄）、风电和太阳能发电累计装机分别达到3.125亿kW、1.64亿kW和1.30亿kW，分别占全球各技术累计装机的 28.1%、30.4% 和 32.3%，其中，光伏在全球的占比大幅提高 6.8 个百分点。2017 年，可再生能源发电量 16 979 亿 kW · h，相比 2010 年提高了 1.23 倍，占全部发电量的 26.5%，相比 2010 年的 18% 提升了 8.5 个百分点；占全部能源的消费比重在 2017 年达到 11.7%，相比 2010 年提高了 4.7 个百分点[①]。

同时中国继续组织实施光伏领跑者计划和风电平价上网示范项目，推动技术进步和成本下降。中国的第三批光伏应用领跑者项目 10 个基地共 5GW 指标于 2018 年 4 月全部招标完毕，最低的中标电价为 0.31 元 /kW · h，低于当地的燃煤标杆电价（0.324 7 元），而且所有项目的中标电价平均只比当地的脱硫煤标杆电价高出约 0.1 元 / kW · h，与目前的光伏标杆相比实现大幅下降。同时“领跑者”采用的光伏组件在效率、衰减等关键指标上均明显优于普通的光伏组件，有效推动先进技术的大规模产业化。

1.2.5 新兴经济体和发展中国家也加快发展可再生能源

2018 年，印度政府再次上调可再生能源的发展目标，此前 2014 年印度政府曾大幅将 2022 年可再生能源装机容量的目标大幅上调至 1.75 亿 kW，其中光伏 1 亿 kW（原目标为 2 000 万 kW），风电 6 000 万 kW，生物质 1 000 万 kW，小水电 500 万 kW，本次再度上调到 2.27 亿 kW。目前印度实行可再生能源固定电价、可再生配额制（RPS）等政策。印度 2017 年可再生能源发电量达到 2 320 亿 kW · h，占总发电量的 15.5%，同比上年提高 0.8 个百分点；其中水电 1 356 亿 kW · h，非水可再生能源发电 964 亿 kW · h，同比上年分别提高了 5.6% 和 19.5%[②]。

巴西能源长期以来依赖水电和油气，2017 年水电占全部一次能源消费的 28.4% 和电力消费的 62.5%，但近年来大力支持新能源建设，实施可再生能源竞标机制、电力购买协议（PPA）拍卖计划，推动开发风电、太阳能等新能源。目前风电装机超过 1 000 万 kW，开始建设一批太阳能发电项目，2017 年非水可再生能源消费同比上年增加 16%，在一次能源能的占比达到 7.5%，比 2016 年提高 1 个百分点。

智利政府制订了 2025 年战略目标，非水可再生能源电力占电力消费的 20%，年新增电力装机 45% 来自非水可再生能源，2050 年可再生能源电力占智利电力生产的 70% 以上。

东盟国家可再生能源资源十分丰富，最为突出的是水能、生物质能和地热能，

---

① 此处中国的数据来源于国家可再生能源中心。

② BP，《世界能源统计年鉴》，2018。

东盟地区的水电开发、地热能利用以及各类生物质能的发展也是全球这些领域的代表。东盟能源合作 2010—2015 年行动计划①提出，到 2020 年东盟电力结构中 15% 的电力供应来自可再生能源。印度尼西亚、泰国、马来西亚和菲律宾这 4 个国家可再生能源资源丰富，利用量相对较高，政府对可再生能源的发展高度重视，均出台了实际可靠的可再生能源发展目标以及相应的配套政策，如可再生能源固定电价，政策执行力度较好。

阿联酋、沙特阿拉伯等传统的产油国也日益重视发展可再生能源。阿联酋是中东国家发展可再生能源的代表，开展了一系列旨在推进可再生能源发展的重大行动，提出到 2021 年能源消费 24% 来自清洁能源②。其中，阿布扎比和迪拜两个酋长国已分别制定了可再生能源发展目标，到 2020 年可再生能源发电在阿布扎比全部发电中的比重达到 7%，到 2030 年可再生能源将满足迪拜 5% 的电力需求，届时太阳能光伏发电装机容量将新增 500 万 kW，阿布扎比和迪拜 2016 年分别创造了当时最低太阳能光伏发电招标电价。沙特阿拉伯 2012 年曾提出远期可再生能源发展目标，计划到 2032 年可再生能源发电总装机达到 5 400 万 kW，其中太阳能发电装机 4 100 万 kW，虽然目前进展缓慢，但在 2016 年 4 月发布的《2030 愿景目标》中强调通过修改有关法律改善投资环境、推动燃料市场自由化确保可再生能源具有竞争力。可再生能源也是解决非洲现代能源匮乏的重要途径。

南非提出在未来 20 年内投资 900 亿美元发展可再生能源，计划将可再生能源利用总量提升 40%，使全国总发电量翻一番。

1.3 可再生能源持续推进规模化开发利用

经过多年的发展，截至 2017 年，全球可再生能源装机累计达到 21.95 亿 kW，其中水电装机 11.14 亿 kW，风电装机 5.39 亿 kW，光伏发电装机 4 亿 kW，生物质能发电装机 1.22 亿 kW，可再生能源发电在全部发电量中的比重达到 26.5%，全球可再生能源已开始全面规模化利用阶段。

1.3.1 全球水电发展平缓，抽水蓄能增长较快

2017 年，全球水电累计装机容量（不含抽水蓄能）约为 11.14 亿 kW，当年新增装机容量 1 900 万 kW，比 2016 年的 3 100 万 kW 新增装机容量下降了 38.7%，是

① ASENA，“Action Plan on Energy Cooperation 2010—2015”，2016.

② 国际可再生能源署，《海湾国家市场报告》，2016。

近 5 年最小的年增量。累计装机容量排在前面的国家仍是中国、巴西、加拿大、美国、俄罗斯联邦、印度和挪威，分别为 3.13kW、1.0kW、0.81kW、0.80kW、0.48kW、0.45kW、0.30 亿 kW；而且排名与过去几年保持一致，并且到 2017 年年底这 7 个国家共占总装机容量的 63%。在新增装机中，中国仍然保持了水电站新投产容量领导者的地位，2017 年新增装机 730 万 kW，占全球的近 40%，2017 年完成的项目投资额为 618 亿元人民币。其次是巴西、印度、安哥拉和土耳其，当年新增容量分别为 340kW、190kW、140kW、60 万 kW。水电发电量每年随水文情况而变化，2017 年全球估计为 4.185 万亿 kW · h，比 2016 年增长约 2%；其中中国水电发电量为 1.19 万亿 kW · h，与 2016 年相比略有上升。

2017 年，全球抽水蓄能新增装机超过 300 万 kW，与 2015 年新增量大致持平，但有 2016 年新增量的一半，主要分布在中国、葡萄牙、瑞士。其中中国 2017 年新增抽水蓄能 200 万 kW，葡萄牙约 100 万 kW，瑞士 24 万 kW 排名第三。2017 年全球抽水蓄能总装机量达到 1.53 亿 kW。中国、日本、美国仍是全球抽水蓄能建设的主要国家，累计装机容量分别达到 2 869 万 kW、2 764 万 kW 和 2 244 万 kW，三者合计装机容量占全球总量一半以上。抽水蓄能的快速发展也说明其在能源系统中的作用越来越受到认可，特别是其平衡风能和太阳能等不稳定可再生能源的作用日益凸显。

1.3.2 全球风电市场维持增长趋势，但涨幅趋缓

全球新增风电市场继续维持增长趋势，但涨幅逐渐趋缓，最近 4 年全球年新增风电市场基本保持在 5 000 万 kW 以上。根据全球风能理事会（GWEC）统计，2017 年新增装机容量 5 249 万 kW，较 2016 年略微减少 211 万 kW，同比降低 4%。全球风电累计装机容量达 5.39 亿 kW，累计装机增加 10.8%。截至 2017 年年底，亚洲地区累计风电装机量超过 235GW 位居第一；其次是欧洲（超过 30%），北美（14%）位居第三，拉丁美洲以及加勒比地区（近 6%）。

2017 年新增装机市场中，亚洲连续 9 年成为最大的风电市场，新增装机量占全球近 48%，为 2 441 万 kW，较上年同比下降 12%，但仍在全球市场中处于领先地位；欧洲市场新增装机容量达到新高，整体新增装机容量达到 1 680 万 kW，同比上升 20%，排名第二；北美市场新增装机容量继续回落，为 784 万 kW，同比减少约 16%，位居第三。GWEC 预测，2018 年新增风电市场将与 2017 年基本持平，将达到 5 200 万 kW 左右，到 2020 年全球累计风电装机有望达到 7.1 亿 kW（图 1–1–4）。

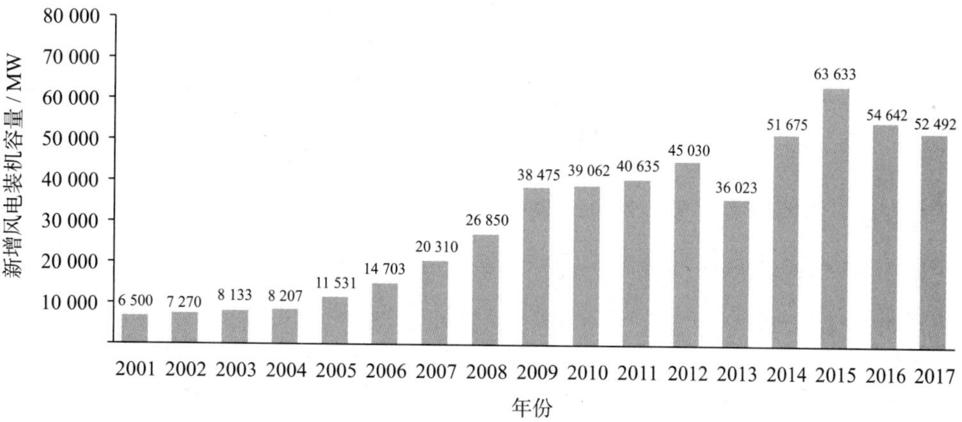

图 1-1-4　2001—2017 年全球新增风电装机容量

数据来源：全球风能理事会（GWEC），*Global Wind Report Annual Market Update 2017.*

2017 年，至少有 24 个国家的风电发电量达到了其年电力消费量的 5% 或以上，其中至少有 13 个国家达到了 10% 以上。丹麦风电发电量在全国电力消费总量中的占比高达 42%；其次是葡萄牙和爱尔兰，占比均为 24%；德国风电在该国的电力消费中占比达 16.1%，与上年基本持平。2017 年欧盟整体风电发电量在电力消费总量中的比重为 11.6%，同比上年提高 1.2 个百分点，欧盟 28 个国家中有 10 个的风电发电比重超过 10%。美国 2017 年的风电发电量占全部电力消费总量的 6.3%，同比上年提高 0.8 个百分点。中国的风电仍是继煤电和水电之后的第三大电力来源，风电在全部发电量中的比例在 2017 年达到 4.8%，较上年提高 0.8 个百分点。风电在全球总电力供应中占比超过了 4%。

从分布上看，中国和印度两国 2017 年继续引领亚洲风电发展，两国新增装机和累计装机均位居亚洲的第一和第二。中国①新增装机容量 1 966 万 kW，虽然年并网容量同比减少 16%，但仍为亚洲及全球市场的主要领导者继续驱动全球增长，占全球新增市场的 37%。印度新增容量再次创造纪录，新增装机达到 415 万 kW 位列全球第五，占全球新增市场的 8%，累计风电装机 3 285 万 kW。美国风电市场继续保持稳步发展，2017 年，美国新增装机 702 万 kW，同比下降 14%，占全球新增规模的 13%，累计装机容量 8 908 万 kW，新增市场和总量均位居全球第二。2017 年，欧洲市场创造了多项纪录，新增风电装机 1 680 万 kW，相比 2016 年增长 20%，其中海上风电表现抢眼，新增装机容量较上一年翻一番。2017 年，欧洲累计风电装机容

① 此处数据为全球风能理事会统计数据，与中国官方统计数据口径不完全一致，数字有一定差异。

量 1.77 亿 kW 为欧洲第二大电源。德国以 658 万 kW 的新增装机引领欧洲风电市场，同比增加 15%，占欧盟新增市场的 42%，其中 19% 是海上风电。紧随其后的是英国、法国，新增装机容量分别为 427 万 kW、169 万 kW。截至 2017 年年底，已经有 17 个欧洲国家风电累计装机超过 100 万 kW，10 个国家风电装机超过了 500 万 kW。拉美市场连续两年新增装机下滑。该区域 2017 年新增风电装机容量 258 万 kW，同比下降 16%，累计总装机容量 1 789 万 kW。巴西尽管排名下滑到第六位，且新增装机与上年持平，仍以 202 万 kW 的新增装机容量大幅领先于拉丁美洲其他国家，占拉美新增市场的 78%。太平洋地区新增风电市场继续萎缩，2017 年，除澳大利亚外，太平洋其他地区仍没有新增装机。2017 年，澳大利亚新增装机容量有所回升为 24.5 万 kW，累计装机达到 456 万 kW。非洲和中东风电保持了较快增长，非洲新增风电市场 61.8 万 kW，全部集中在南非。

2017 年，全球新增海上风机 433.4 万 kW，较 2016 年增长了 95%，占全球新增总装机的 8.3%。累计装机容量达到 1 881 万 kW，分布于全球 17 个国家和地区，全年共有 17 个海上风电场 560 台风机进行了施工建设，有 14 个项目并网，其中包括欧洲第一台漂浮桩海上风电场。按地区看，欧洲地区新增装机容量最多达 314 万 kW，占全球新增市场的 72%；按国家看，英国、德国和中国新增装机超过 100 万 kW 分居前三位，其中英国新增 168 万 kW，占新增市场的 38.8%，累计总装机 684 万 kW，位居全球海上风电总装机第一位；德国新增装机 125 万 kW，占新增市场的 28.8%，累计总装机 536 万 kW，排名全球第二位；中国新增装机 116 万 kW，累计装机 279 万 kW，排名第三位。

2017 年，陆上风电和海上风电的招标电价持续降低。摩洛哥、印度、墨西哥和加拿大地区的风电电价已经下降到 0.03 美元 / 千瓦时，最近一期的墨西哥风电招标电价低于 0.02 美元 / 千瓦时。而且，德国海上风电招标首次出现零补贴招标，超过 1GW 的新海上风电项目将按照电力市场的价格交易，不再有额外补贴。预计海上风电项目的电价在未来 5 年更完善，未来海上风电电价将降到过去 5 年的一半。

1.3.3 太阳能利用开发继续保持高速增长①

2017 年，全球光伏发电市场继续保持高速增长态势并再次创造了新的历史装机纪录，当年全球新增光伏装机达到约 9 800 万 kW②，同比增长 29%，累计装机容量超

① REN21，*RENEWABLES 2017 GLOBAL STATUS REPORT*, 2018.

② IEA-PVPS, "Snapshot of Global PV Markets", 2017.

过 4 亿 kW。2017 年新增安装量最大的前 5 个国家是中国、美国、印度、日本和土耳其，分别为 5 310 万 kW、1 060 万 kW、910 万 kW、700 万 kW 和 260 万 kW，这 5 个国家的当年新增市场规模占到全球市场容量的 84%（图 1–1–5）。

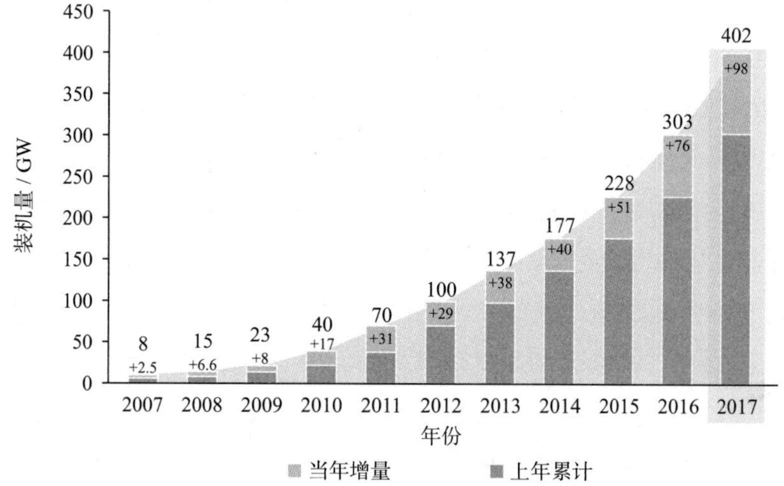

图 1–1–5 2007—2017 年全球太阳能光伏累计装机量

数据来源：IEA-PVPS, REN21.

亚洲市场依然是全球光伏发电最重要的市场，累计装机容量超越欧洲，保持全球第一。中国是全球增长的核心，2017 年新增装机容量 5 310 万 kW，在全球新增市场占比超过一半，达到 54%，位居世界第一位，累计装机容量达到 1.31 亿 kW，占全球装机的 32.6%；日本 2017 年太阳能光伏市场规模继续下滑，新增装机容量 700 万 kW，同比上年下降 18%，在亚洲由 2016 年的第二位下降到第三位，累计装机容量达到约 5 000 万 kW，仅次于中国和美国，在全球排名第三位；印度市场增长迅猛，2017 年新增市场容量 910 万 kW，同比增长超过 120%，新增装机全球排名第三位，累计装机容量 1 820 万 kW。土耳其 2017 年光伏市场爆发式增长，新增装机迅猛达到 260 万 kW，累计装机比 2016 年翻了两番，达到 340 万 kW。

欧洲 2017 年新增光伏装机约 600 万 kW，与 2016 年的 570 万 kW 基本持平。累计装机容量达到 1.08 亿 kW。德国是欧洲新增光伏安装量最大的国家，当年新增光伏装机 170 万 kW，与上年基本持平，累计安装容量达到 4 240 万 kW，位居全球第四位，领先于欧洲其他国家。英国由于新增容量 90 万 kW，同比上年大幅下降 54%，累计装机容量达到 1 260 万 kW。北美市场是全球第二大市场，美国光伏发电连续第二年成为美国新装电力装机最大的电源，当年新增 1 060 万 kW，全球排名第二位，但是同比上年下降了 28%，累计装机 5 100 万 kW，全球排名再次超过日本和德国，位居全球第二。

拉丁美洲和加勒比地区的光伏市场在全球占比仍然很小，但大公司纷纷涌向该地区，市场正在快速扩张，有望大规模增长。智利 2017 年新增光伏装机约 70 万 kW，累计达到 170 万 kW；巴西新增装机 90 万 kW，排名全球第十位，累计装机 110 万 kW，成为拉美地区智利外第二个突破 100 万 kW 装机的国家。另外，墨西哥等国家太阳能光伏的市场正在开展新一轮招标，未来几年美洲将成为全球最重要的市场之一。

在经历了多年的沉寂之后，中东地区的光伏市场于 2017 年和 2018 年年初终于实现了一些实际进展。该地区第二大的 20 万 kW 光伏项目已在阿联酋完成。沙特阿拉伯举行了 30 万 kW 的太阳能光伏投标，并于 2018 年 1 月宣布计划在年内启动 330 万 kW 的太阳能光伏投标。大洋洲市场中，澳大利亚 2017 年新增光伏装机达到 130 万 kW，同比上年增长 62%，位列全球第 7 位，累计装机达到 720 万 kW。非洲市场中，截至 2017 年累计装机规模最大的是南非和阿尔及利亚，分别为 180 万 kW 和 40 万 kW，新增装机分别为 1.3 万 kW 和 5 万 kW。

2017 年，太阳能热发电新增市场再创新低，全球新增市场仅为 10 万 kW，连续两年徘徊在 10 万 kW 左右（2016 年为 11 万 kW），市场发展缓慢。2017 年全球太阳能热发电累计装机容量为 495 万 kW，主要分布在西班牙和美国[①]。2017 年太阳能热发电新增市场主要分布在非洲和亚洲，2017 年唯一新建投入的电站位于非洲的南非，该国已连续两年成为太阳能热发电最大的新增市场。另外，澳大利亚、智利、中国、印度、以色列、墨西哥、沙特阿拉伯、摩洛哥等国家都有在建热发电站，市场持续由美国和西班牙向其他区域转移。

2017 年全球新增热装机容量 3 500 万 kW_{th}，主要分布在的中国、印度，土耳其，美国、巴西等国。2017 年全球新增量前 20 位的国家，市场规模占到全球总规模的 93% 左右，同比下降 1 个百分点。截至 2017 年年底，全球太阳能热装机容量为 4.72 亿 kW_{th}。截至 2017 年年底，中国仍然是世界太阳能热利用保有量最多的国家，远远高于其他国家，占全球保有量 71.2%，其次为美国、土耳其、德国等。

① IRENA, "RENEWABLE CAPACITY STATISTICS 2018", 2018.

1.3.4 生物质能发电、供热和液体燃料多样化利用稳步推进

生物质能利用多样化，应用于发电、供热、交通运输等多个能源领域，是应用范围最广的可再生能源。2016年，全球生物质能利用总量约62.5EJ①（相当于21.3亿t标准煤），约占全球能源消费量的11%。其中，生物质供热所占比重最大，约45EJ，占生物质能总量的77%。在生物质能供热领域，传统生物质能约占70%。2017年的现代生物质能利用中，生物质发电装机容量约12 200万kW，发电量5 550亿kW·h，生物液体燃料总量约1.1亿t，生物质颗粒燃料产量约2 800万t。

截至2017年年底，全球生物质能发电装机容量达到12 200万kW②，较2016年约增长了9%，发电量约5 550亿kW·h，约占全球发电量的2%。欧洲的生物质发电继续保持增长态势，2017年装机容量约4 100万kW，较上年增长11%。德国在欧洲生物质发电装机容量上处于领先地位，2017年生物质发电装机容量约800万kW，较上年增长5%。英国大力推进生物质发电项目建设，2017年，英国的生物质发电装机容量达到600万kW，约增长了7%。美国2017年在运行的生物质发电项目装机容量为1 680万kW，发电量690亿kW·h。巴西的生物质发电装机容量约为1 460万kW，发电量达到541亿kW·h。在亚洲，中国的生物质发电规模最大，装机容量1 200万kW，发电量约540亿kW·h。

生物质供热主要来自生物质固体燃料，近年来生物质供热未有明显增长，在全球工业供热消费总量的比重维持在7%左右。2016年，全球现代生物质能的供热量约为13.9EJ（约4.7亿t标准煤）。2017年现代生物质供热总量约314GW_{th}。欧洲的生物质供热最为发达，生物质供热量约1亿t标准煤。2017年全球颗粒燃料产量达3 000万t③。从生产地区来看，欧洲仍占据全球颗粒燃料生产和消费的主导地位，2017年欧洲颗粒燃料产量约占全球颗粒燃料产量的56%，北美是全球第二大颗粒燃料市场，其中美国约占25%，加拿大约占9%，另外亚洲约占8%，其余约占2%④。2017年美国生物质颗粒燃料产量约580万t，其中向欧洲出口颗粒燃料520万t。2017年加拿大的颗粒燃料厂总产能超过300万t，产量约270万t。亚洲地区生物质

① REN21,《全球可再生能源现状报告2017》，2018。

② 数据来源：REN21, *Renewables* 2018 *GLOBAL STATUS REPORT*, 2018.

③ 数据来源：REN21, *Renewables* 2018 *GLOBAL STATUS REPORT*, 2018.

④ 数据来源：Wood Pellet Association of Canada.

供热的应用市场主要集中在中国、韩国和日本，生物质供热的原料供应市场主要集中在中国和东南亚等地。

2017 年，全球生物燃料乙醇产量约 8 081 万 t，较上年增长了 1.8%[①]。生物燃料乙醇经过 2010—2013 年的低迷期，逐步进入稳步增长轨道。美国和巴西继续占据全球生物燃料乙醇市场的主导地位，2017 年，两国的生物燃料乙醇产量约占全球总产量的 84%，其中美国总产量达 4 720 万 t，约占全球燃料乙醇产量的 60%，继续占据全球第一。欧盟约占全球生物燃料乙醇产量的 5%，中国燃料乙醇产量约 260 万 t，约占全球产量的 3%，加拿大乙醇产量也超过 130 万 t。

2017 年，全球生物柴油产量约 2 772 万 t，与上年相比增长约 7%。生物柴油的主要生产地区集中在欧洲和美洲，亚洲生物柴油产业近年来也得到较快发展，特别是东南亚的热带地区。欧盟生物柴油产业处于全球各地区的领先地位，2017 年，欧盟的生物柴油的总产能约 1 862 万 t，产量约 1 120 万 t，消费量约 1 355 万 t。而美国是生物柴油的头号生产大国，2017 年美国的生物柴油产量约 504 万 t，约占全球生物柴油产量的 18%。巴西的生物柴油产量占全球的 13%，德国约占 11%，阿根廷约占 10%，印度尼西亚约占 8%。

2 国际主流机构可再生能源发展展望（2030，2050）

许多国际组织、研究机构和能源企业从全球能源发展，低碳能源技术发展，传统能源企业视角、市场预测等角度，对全球能源（可再生能源）中长期（2040—2050 年）发展进行了展望性研究。本报告整理和分析了一些主流机构的全球能源（可再生能源）的中长期展望性研究成果，包括世界能源理事会（WEC）、国际能源署（IEA）、国际可再生能源署（IRENA）、美国能源信息署（EIA）、埃克森美孚（Exxon Mobil）、英国石油公司（BP）、中石油、彭博新能源财经（Bloomberg New Energy Finance）等（表 1-2-1）。

① REN21, 2016 GLOBAL STATUS REPORT.

表 1-2-1 各机构中长期能源展望信息统计表

名称	机构	发布日期	展望时间（年）	机构类型
World Energy Scenarios 2016—The Grand Transition	WEC	2016.10	2060	国际能源机构
World Energy Outlook 2017	IEA	2017.11	2040	国际能源机构
International Energy Outlook 2017	EIA	2017.09	2040	国家能源机构
2018 Outlook for Energy: A view to 2040	Exxon Mobil/ 中石油	2017.12	2040	传统能源企业
BP World Energy Outlook 2018	BP	2018.04	2040	传统能源企业
2050 年世界与中国能源展望	中石油	2017.08	2050	传统能源企业
2018 年新能源展望	BNEF	2018.06	2050	咨询机构
100% Clean and Renewable Wind, Water, and Sunlight All-Sector Energy Roadmaps for 139 Countries of the World	斯坦福大学	2017.09	2050	大学 / 研究机构

虽然上述全球能源展望研究的目的、初衷、研究方法、服务的研究目标对象均存在差异，但大致仍可以按照投资者视角和决策者视角分为两类。投资者视角是站在当下预测未来，研究基于现有政策和市场环境，追求对市场发展和运行周期的准确预测。这类研究包括如美国能源信息署（EIA）、埃克森美孚和 BP 等分析报告。与投资者视角相对应的是决策者视角，又可以形象地称为“倒逼思维”，即站在未来的时间节点进行回顾——依据社会经济发展目标和能源、环境发展目标（约束）站在未来的时间节点进行回顾。站在决策者的视角使用倒逼式研究方法研究为实现目标所应采取的路径，如以国际能源署（IEA）全球能源发展展望（WEO）和斯坦福大学的《世界 139 国 100% 可再生能源路线图》为代表的研究成果和研究方法。以下是对各个报告的主要假设、结论和关键数据的对比分析。

2.1 清洁、低碳、可再生能源已成为全球能源转型的重要特征

面对日益严峻的能源供应安全、环境污染、温室气体排放和气候变化等问题，诸多国家已逐步调整其能源发展战略，绿色、低碳、清洁化发展已经成为全球能源发展的重要特征，以可再生能源为代表的非化石能源发展已经成为全球能源供应体系的重要组成部分、推进能源转型的核心内容和应对气候变化的重要途径。据

REN21 统计，全球共有 179 个国家制定了国家或地区的可再生能源目标，其中 87 个国家制定了明确的可再生能源在一次能源和终端能源占比目标，80 个国家或地区的可再生能源电力占比目标高于 50%。国际组织、研究机构和能源公司在对全球能源（可再生能源）进行中长期（2035—2050 年）展望时，也越来越突出碳减排的压力和可再生能源在未来能源结构中的作用。

虽然不同展望研究对于未来全球能源变革的最终目标和实施路径预期存在较为显著的差异，但是总的来看，未来全球能源消费增速趋缓、全球致力于碳减排的方向、非传统化石能源在能源系统中的增长和多元化趋势，以及为实现控制 2℃温升需要大量投资和努力的结论是一致的。随着越来越多的国家和地区明确了其中长期低碳减排或可再生能源发展目标以及低碳技术扶持政策等，展望研究中的基础情景也随着持续改善的政策环境向更清洁低碳的方向转变。大部分展望认为可再生能源和非化石能源将成为未来能源增量的主力，甚至是未来能源结构中的主体能源类型，然而仍有部分机构认为化石能源（尤其是天然气）将依然长期作为主体能源存在（图 1–2–1）。

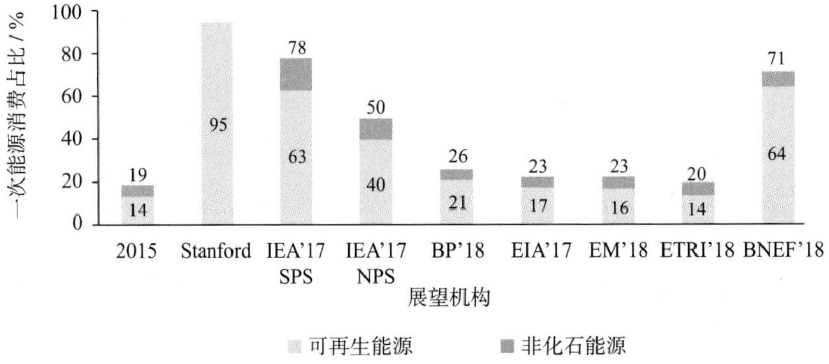

图 1–2–1　不同机构各展望情景中 2040 年一次能源消费占比

2.2　未来全球能源增长趋于平缓

众多中长期展望一致认为通过提高能效水平等手段，全球平均能源强度将会下降，一次能源消费增长将趋缓，部分认为可在 2050 年之前达到峰值（增长绝对值将转变为负值）（图 1–2–2）。

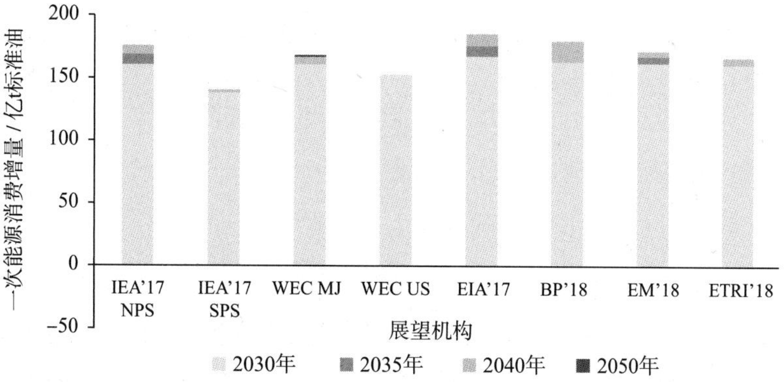

图 1-2-2 不同机构中长期展望情景中 2030 年后一次能源消费增量

WEC 认为依靠新技术带来的更高能效以及更严格的能源政策，世界一次能源消费增长将会趋缓，并于 2030 年之前达到峰值；在三个能源情境中，一次能源消费增长仅为 10%～34%，在未完成交响曲（Unfinished Symphony）情景中一次能源消费在 2030 年达到峰值，约为 153 亿 t 标准油。

IEA 新政策（New Policy）情景显示，到 2040 年全球能源需求量将增长 27%，这意味着燃料消费需求的上涨。而通过提高能源利用效率等方式，在可持续政策（Sustainable Policy）情景中，增长仅为 1.8%，年均增长率也从 NP 情景的 0.95% 降至 0.18%。

BP 发布的《世界能源展望（2018 版）》预测，2016—2040 年的全球能源需求预计增长 30%，即年均增长 0.98%。该报告预计可再生能源将成为增长最快的能源（年均 7%），占超过 40% 的能源供给增量。

埃克森美孚认为未来能源利用效率的大幅提高将有效减少能源消费，2016—2040 年，全球能源需求将增长 24%。预计非 OECD 国家能源需求将增长 45%，OECD 国家仍将低迷。

2.3 可再生能源在未来能源结构中的比重提升显著

通过对同一机构近几年发布的展望报告内容对比，可以发现可再生能源的地位在未来能源系统中的地位持续上升。受可再生能源成本的持续下降、全球持续电气化以及碳减排目标的驱动，使得可再生能源对在未来一次能源消费的贡献比重预期在上升，与此同时，促进可再生能源及其他低碳能源技术成本降低和投资规模的增加。从中长期发展来看，国际社会对环境问题的重视程度逐步增加以及对碳减排的共识逐渐建立，使各类能源展望的中长期预期中可再生能源角色的重要性更加凸显了。

BP 自 2011 年以来每年发布《BP 世界能源展望》，对世界能源市场未来 20 年发展进行预测。通过对比 2016—2018 年各版《BP 世界能源展望》可以发现，2035 年的可再生能源占比由 2016 年版的 9% 调整到 2018 年版的 12%，而煤炭消费占比则相应减少。这种趋势显示了国际能源公司对未来可再生能源在能源结构中的作用的重视，以及公司发展战略和业务布局逐渐向低碳和可再生能源进行调整（图 1-2-3）。

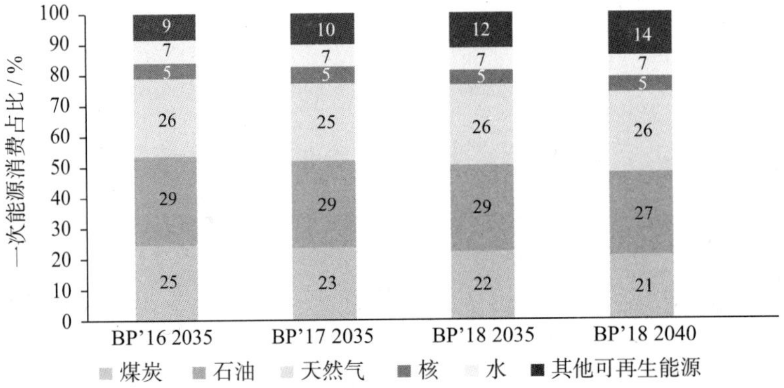

图 1-2-3 《BP 世界能源展望》情景中 2035—2040 年一次能源消费占比

国际能源署每年发布的《世界能源展望》的情景当中 2040 年的可再生能源在全球一次能源消费的占比预期逐年增加，在新政策情景（New Policy Scenario）中，2017 年的占比预期较 2015 年增长了 1 个百分点，而在可持续政策情景（Sustainable Policy Scenario，2015 年的 450 情景）中，2017 年的占比预期较 2015 年增长了 0.6 个百分点。2015 年和 2017 年发布的报告各类情景中，2040 年一次能源消费如图 1-2-4 所示。

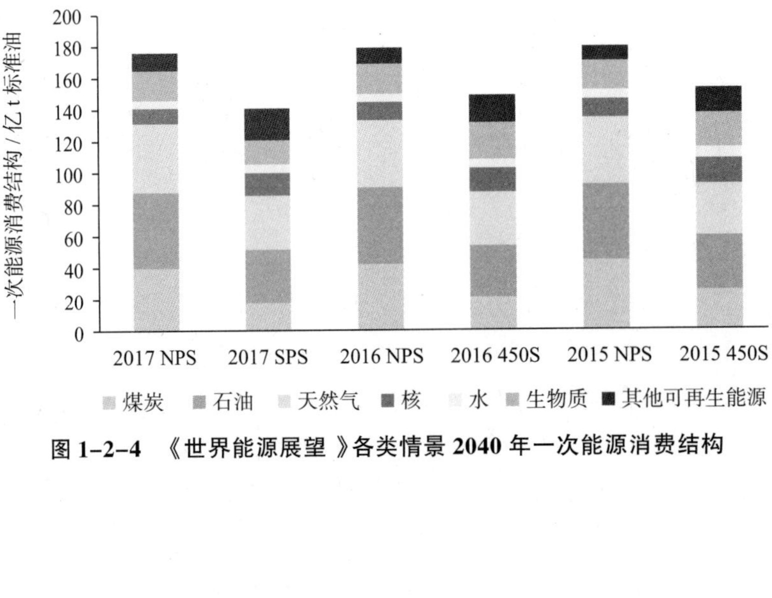

图 1-2-4 《世界能源展望》各类情景 2040 年一次能源消费结构

2.4 电力在能源系统中地位越发凸显，发电能源品种更加多元

随着整体能效水平的提升以及电气化趋势的持续，尤其是以建筑部门对更多温度调节、照明和电力使用需求的上升，以及电力在交通部门乘用车和轻型卡车的替代，电力在能源系统中的地位越发凸显，成为能源系统的核心。多个研究结果表明，未来电力需求的增长远高于其他能源类型。

发电所使用的能源结构正在发生实质性的转变，可再生能源的重要性持续提升，电力结构的多元化更加突出。在电力部门，可再生能源对煤炭的替代十分明显，并且成为填补电力增长的主要力量。相较于其他能源品种煤炭下降最多，而天然气的比例预计在中长期变化相对平缓，煤改气和可再生能源替代作用相互抵消。

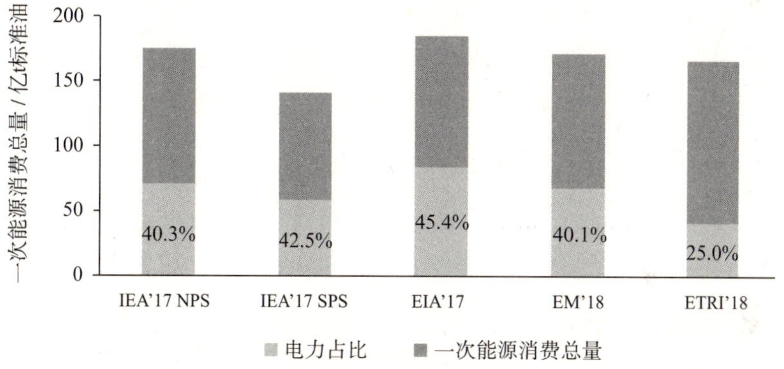

图 1-2-5 2040 年一次能源消费总量及电力占一次能源消费总量比重

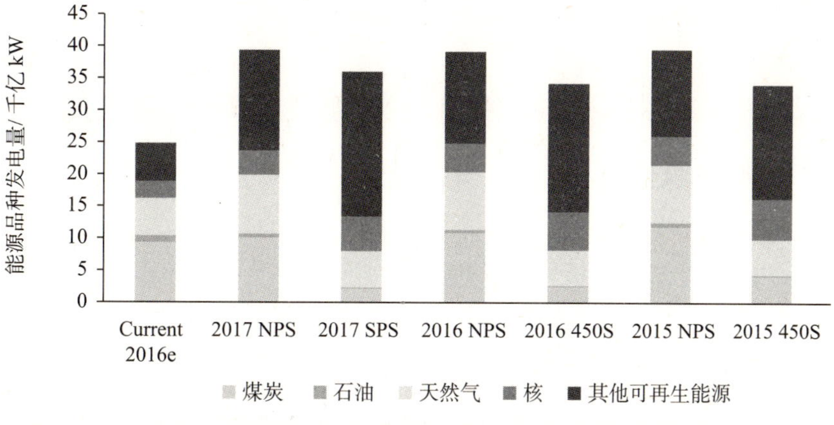

图 1-2-6 《世界能源展望》各个情景 2040 年发电能源品种构成及发电量

WEC 认为电力需求将会在 2060 年翻倍，并且需要通过大量的基础设施投资和系统集成以满足清洁能源电力的供应；到 2060 年，三个情景中电力占终端能源消费比重为 25% ～ 29%。

IEA 的《世界能源展望》则表明电力在终端能源消费中占据更大的比重，预计电力占比将在 40% 以上。在电力行业，新增可再生能源及核能满足了大部分新增电力需求；在需求侧，创新型交通运输技术蓬勃发展，并将引发电力需求上涨。生活水平的提高意味着更多的人购买电器、电子设备及其他耗电产品，同样也增加了电力需求。

EIA 的展望中显示，电力占一次能源消费比重约为 45%，受电动汽车产业发展的影响，电力在交通部门的占比在展望期间将增加一倍。到 2030 年，天然气超过煤炭成为全球第二大能源供应燃料。到 2040 年，煤炭、天然气和可再生能源的电力供应差不多达到平衡，可再生能源占比将略高于 30%。

BP 2018 年发布的展望认为全球将持续电气化，电力需求增长水平预计将是总一次能源需求增长率的近 2 倍，是其他能源增长率的近 3 倍。可再生能源将成为电力生产结构中的重要组成部分，电力增量中可再生能源比例约占 50%，总发电量在 2040 年将达到近 25%。

埃克森美孚预计受碳减排政策和成本降低的影响，风电和光伏成为增长最为迅猛的发电类型，天然气发电的增长也较为明显，主要是在 OECD 国家和中国对煤电进行替代。

彭博社发布的《2018 新能源市场长期展望》认为，由于风电及光伏成本的快速走低，以及为电力系统提供灵活性的电池储能造价下降，风电和光伏有望达到“两个 50”：到 2050 年，两种电源的发电量将占全球总发电量的约 50%。

2.5 电动汽车、共享出行和自动驾驶技术对未来交通部门能源需求大幅改变

随着电池价格的走低，共享经济和商业模式的孕育，以及自动驾驶技术的飞速发展，预计未来交通部门的用能需求和方式将发生颠覆性的转变。电动汽车在乘用车、公共交通和轻型卡车的比例将大幅提升，共享车辆和智能汽车在汽车保有量中的份额将大幅增加。这些变化将导致交通部门电气化水平的提升，由于能源效率的提升抵消了繁荣程度增长的影响，总能源需求增长将放缓。

IEA 发布的《世界能源展望 2017》中新政策情景预测全球电动汽车保有量在 2040 年将达到 2.8 亿辆，其中，中国的贡献十分突出，到 2040 年中国有约 25% 的汽车为电动汽车。燃油车禁令和退出机制将迫使很多国家电动汽车的保有量持续上升。在可持续政策情景中电动汽车很快会成为主流，但实现交通部门低碳化也要求全面采取更严格的节能增效措施，特别是公路货运。另外，额外的政策和基础设施支持会推动全球电动汽车保有量以更快的速度发展，到 2040 年电动汽车会接近 9 亿辆。

BP 认为，随着电动汽车数量和使用频率的上升，总行驶里程中电驱动的占比将上升，共享出行和自动驾驶技术将大幅提升电动汽车的使用强度。交通部门在展望期间（到 2040 年）的能源需求仅提升 25%，远低于过去 25 年间 80% 的增长，且增长逐渐趋缓。2020 年前后将实现全自动驾驶，共享出行和电动汽车的使用将于 2030 年大幅提升。到 2040 年乘用车中电动汽车超过 3 亿辆，30% 的公里数将使用电力，电动卡车行车公里数占比将达到 15%。

彭博社新能源发布的展望认为，受益于电池的大规模量产和价格的快速下降，公路交通的电动化进程将在 2025—2030 年进入高速发展模式。到 2040 年，全球新能源乘用车和公交车每年将消耗 2 万亿 kW · h 的电量，相当于全球用电量的 6%。与此同时，新能源汽车对燃油车的替代将使得全球每天对于燃油的需求减少 730 万桶。全球共享出行用车将从现在的 500 万辆增加至 2040 年的 2 000 万辆，其中 90% 是新能源汽车，40% 的共享出行汽车将具备高度自动驾驶功能。

2.6　碳减排需要全球合作共同努力，2℃温升仍有很大挑战

WEC 碳排放预计将在 2020—2040 年达到峰值，然而为了保证全球变暖 2℃温升以下的目标需要巨大且持久的努力，或将承受很高的碳价格。

IEA《巴黎协定》的生效将有助于减少与能源相关的二氧化碳排放，但是如果要实现使全球升温少于 2℃的目标还远远不够，且美国退出《巴黎协定》也为温升目标带来一定的不确定性。随着低碳目标的提高，负排放，特别是电力部门和燃料转换的负排放变得至关重要，关系到能源部门能否在 2060 年实现碳平衡。

EIA 在当前的政策和规定情况下，世界范围内能源相关的二氧化碳排放将从 2012 年的 320 亿 t 增加到 2020 年的 360 亿 t，到 2040 年为 430 亿 t，增幅为 34%。

BP 预计，到 2040 年碳排放量将较现在水平增长约 10%，这一增长速度远低于

过去 25 年（55%），然而所预测的增速依然明显高于实现巴黎气候目标所要求的增速（将大气中温室气体的浓度限定在 450ppm 二氧化碳当量），需要采取和过去截然不同的措施进行更大强度的碳减排。措施包括提高碳价格，出台更严格的提高能效和推动能源转型的政策，以及鼓励碳捕捉、利用和埋存技术等。

由于煤电的衰落，彭博社新能源《2018 新能源市场长期展望（NEO）》的全球碳排放预测结果比一年前更为乐观：全球电力行业碳排放量将在 2027 年达到峰值，峰值量较 2017 年排放量高 2%，随后一路下降，2050 年排放量将比峰值低 38%。但即便如此，电力行业远不足以实现将全球变暖控制在 2℃以内的目标。若要达到要求，需要一个可以适应所有季节碳排放强度的碳中和方案（图 1–2–7）。

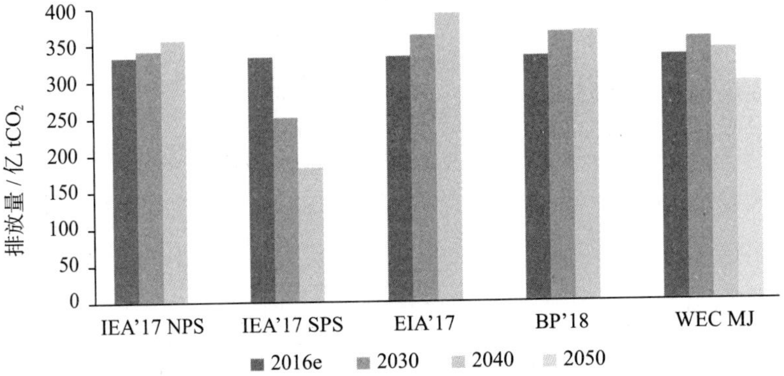

图 1–2–7　不同机构中长期展望中能源部门二氧化碳排放水平

2.7　能源变革需要全球合作、持续经济增长以及持续不断的技术创新

从早期研究到全面示范再到部署阶段，创新活动都需要得到支持。过渡到新能源系统既需要渐进式创新，也需要突破式创新。各国政府扮演着重要的角色，要确保创新在所有阶段都有可预测的长期支持，即从基础研究和应用研究阶段到开发、示范、部署阶段。目前处在创新阶段的技术需要强有力的政策支持，以实现全球气候目标。这需要全球经济能够持续增长，为各项技术和产业的发展注入动力。

第二篇

产业篇

1 风电

根据全球风能理事会（GWEC）统计，2017 年，全球新增装机容量 5 249 万 kW，较 2016 年略微下滑了 211 万 kW，同比降低 3.8%，但依然维持在 5 000 万 kW 以上，保持了较快的增长速度。截至 2017 年年底，全球已有 90 多个国家开发了风电，其中 9 个国家风电装机容量超过了 1 000 万 kW，30 个国家超过了 100 万 kW。2017 年，全球风电累计装机容量达 5.25 亿 kW，累计年增长率为 11%。2017 年，全球海上风电发展提速，新增装机容量 433 万 kW，同比增加 87%，累计装机容量达到 1 881 万 kW，累计装机容量同比增长 30%。尽管海上风电仅占全球风电市场的 8%，累计装机容量约占 3.5%，但是发展速度非常快。

2017 年，中国新增风电装机容量 1 966 万 kW[①]，约占全球新增风电装机容量的 37%，虽较上年下降 16%，但仍以绝对优势领跑全球风电市场。美国新增装机容量 702 万 kW，同比下降 14%，德国新增装机容量 658 万 kW，同比上升 21%。英国以 427 万 kW 排名第四位，印度、巴西紧随其后。2017 年，南非风电发展提速，新增装机容量达到 62 万 kW 排名第九位。此外，法国、巴西保持了良好的风电市场发展势头。根据 GWEC 统计，2017 年全球清洁能源投资 3 335 亿美元，较 2016 年上升了 6%，其中风电投资约 1 070 亿美元。

风电在一些国家电力体系中的作用愈加显现。2017 年欧盟整体风电发电量在电力消费总量中的比重为 11.6%[②]，同比提高 1 个百分点，其中丹麦达到 44%，排在第一位，葡萄牙和冰岛达到 24% 紧随其后。欧盟 28 个成员国里有 10 个国家风电占比超过 10%。我国的风电仍是继煤电和水电之后的第三大电力来源，风电在全部发电量中的比例超过 4.8%，较 2016 年上升 0.8 个百分点。

2017 年，陆上风电和海上风电的招标电价持续降低。摩洛哥、印度、墨西哥和加拿大地区的风电电价已经下降到 0.03 美元 / 千瓦时，最近一期的墨西哥风电招标电价低于 0.02 美元 / 千瓦时。而且，德国海上风电招标首次出现零补贴招标，超过

① 根据国家能源局统计，中国 2017 年全年新增风电装机 1 503 万 kW，累计并网装机容量达到 1.63 亿 kW。

② 欧洲风能理事会，Wind Europe-Annual-Statistics-2017。

1GW 的新海上风电项目将按照电力市场的价格交易，不再有额外补贴。综上所述，海上风电项目的电价在未来 5 年更完善，未来海上风电电价将降到过去 5 年的一半。

此外，风电技术继续进步，海上风电 10MW 新机组在不久的将来会上线。GE 公司还宣布在 2021 年前后 12MW 的下一代风机将投入商业化运营。也许在未来 10 年，我们将看到 20MW 的机型漂浮在深海海面上。

1.1 风电市场发展形势

1.1.1 全球风电市场发展总体情况

（1）2017 年全球风电市场装机容量略有下滑

据全球风能理事会（GWEC）统计，2017 年全球风电市场继续巩固了近几年的平稳增长势头，新增装机容量超过 5 000 万 kW，为 5 249 万 kW，较 2016 年减少 211 万 kW，同比降低 4%。全球风电累计装机容量达 5.25 亿 kW，累计年增长率为 11%。据 GWEC 预测，2018 年新增风电市场将与 2017 年基本持平。根据预测，2018 年全球新增装机容量将达到约 5 200 万 kW，到 2020 年全球累计风电装机有望达到 7.1 亿 kW。

2017 年新增市场中，亚洲市场新增装机容量为 2 441 万 kW，同比减少 12%，但仍在全球市场中处于领先地位；欧洲市场新增装机容量达到新高，整体新增装机容量达到 1 680 万 kW，同比上升 20%，排名第二位；北美市场新增装机容量继续回落，为 784 万 kW，同比减少约 16%，位居第三。在累计装机容量方面，中国、美国、德国位居前三位，分别达到 18 839 万 kW①、8 908 万 kW 和 5 613 万 kW，分别占全球市场份额的 35%、17%、10%，中国的领先地位进一步得到了巩固。图 2–1–1 为 2001—2017 年全球新增风电装机容量，2001—2017 年全球累计风电装机容量如图 2–1–2 所示。

（2）2017 年全球新增风电市场格局

中国连续多年保持全球最大的累计风电市场和新增装机容量最大的国家。美国新增装机超过 702 万 kW，位居全球第二位，2017 年美国风电超过传统水电，成为其容量最大的可再生能源种类；德国新增装机 658 万 kW，位居全球第三位。英国

① 与我国官方统计数据存在差异。根据国家能源局统计，截至 2017 年年底，中国累计并网装机容量达到 1.63 亿 kW。

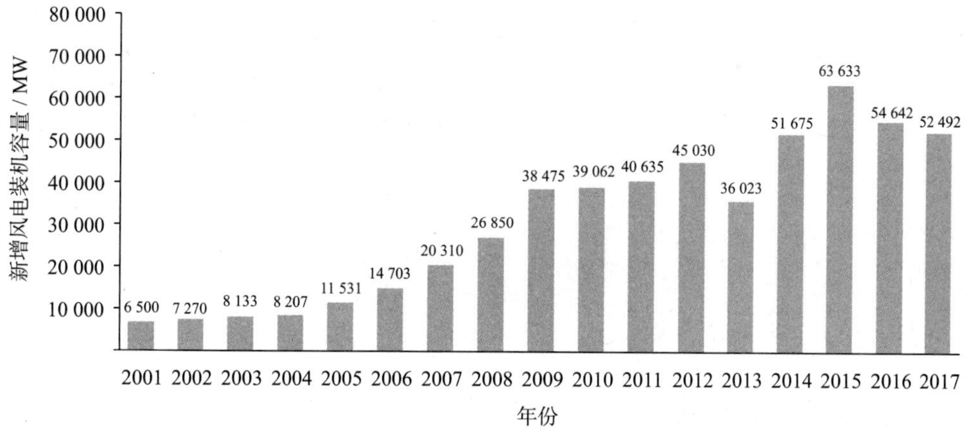

图 2-1-1 2001—2017 年全球新增风电装机容量

数据来源：全球风能理事会（GWEC）, *Global Wind Report Annual Market Update* 2017.

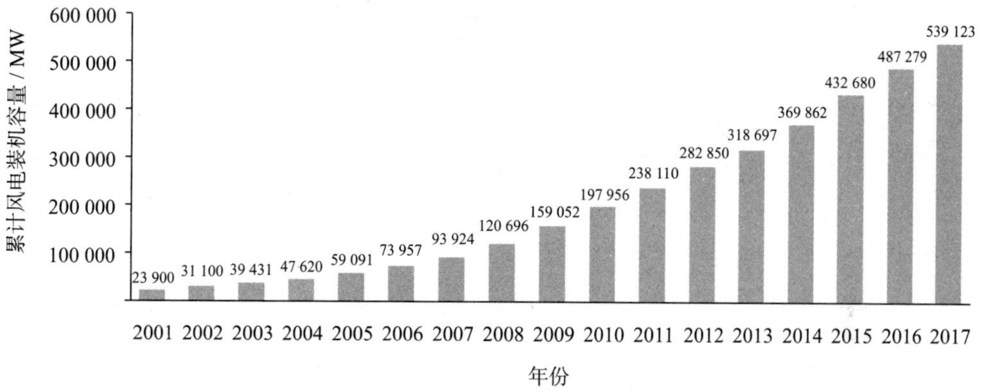

图 2-1-2 2001—2017 年全球累计风电装机容量

数据来源：全球风能理事会（GWEC）, *Global Wind Report Annual Market Update* 2017.

表现亮眼，新增装机 427 万 kW，排名第四位，印度也继续发力，年新增装机突破 400 万 kW，排名第五位。2017 年，巴西依然是拉丁美洲的领导者，新增装机容量为 202 万 kW，与上年持平，位居全球第六位；2017 年，法国新增装机 169 万 kW，排名第七位；土耳其紧随其后，新增风电装机 77 万 kW，排名第八位。南非和芬兰新增装机容量分别为 62 万 kW 和 54 万 kW，分别位居第九和第十位。新增装机前 10 位国家的市场份额在全球风电市场份额占 90%，市场集中度自 2014 年维持在较高水平（图 2-1-3，图 2-1-4）。

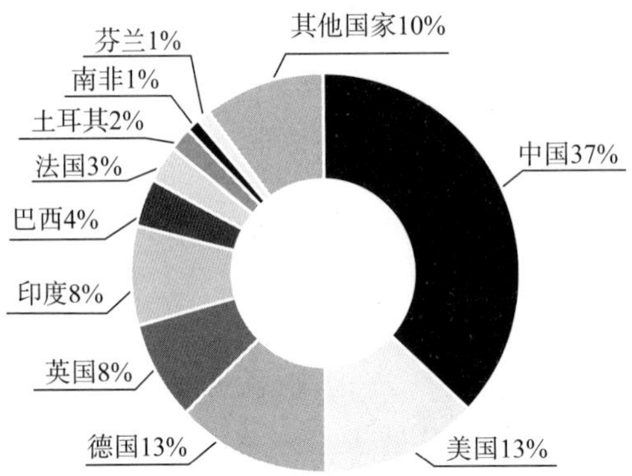

图 2-1-3　2017 年全球新增装机容量前 10 位国家市场份额占比

数据来源：全球风能理事会（GWEC）, *Global Wind Report Annual Market Update* 2017.

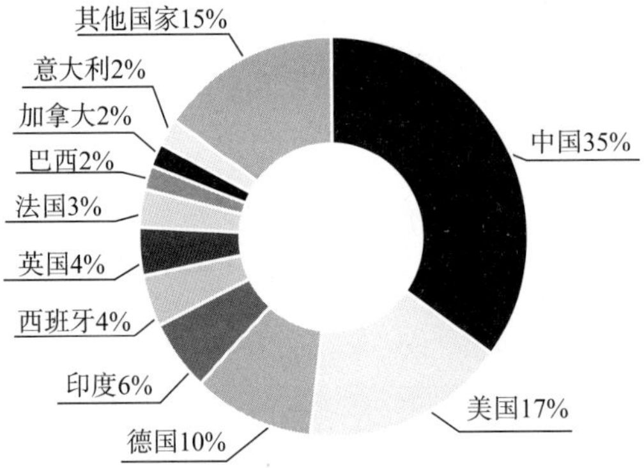

图 2-1-4　2017 年全球累计装机容量前 10 位国家市场份额占比

数据来源：全球风能理事会（GWEC）, *Global Wind Report Annual Market Update* 2017.

（3）全球各大洲风电市场发展情况

亚洲市场：印度创造新纪录　亚洲连续 9 年成为全球最大的风电市场，2017 年新增装机容量 2 441 万 kW，同比 2016 年市场减少了 12%，累计装机达 20 138 万 kW。中国和印度两国继续引领亚洲风电发展，其中，中国虽然新增装机同比减少 16%，但仍为亚洲及全球市场的主要领导者继续驱动全球增长。2017 年，中国风电发电量 3 057 亿 kW · h，占总体发电量的 4.75%。印度政府持续推进消除市场壁垒，风电市场潜力凸显，新增容量创造新纪录，达到 415 万 kW。2017 年两国新增装机分别占全球新增市场的 37% 和 8%，位列全球新增市场的第一位和第五位；新增风电装机分别占亚洲市场的 81% 和 17%，两国的累计风电装机分别达到 18 839 万 kW 和 3 285 万 kW，新增装机和累计装机均位居亚洲的第一位和第二位。

亚洲其他国家，巴基斯坦新增装机容量 19.9 万 kW 排在第三位，超越日本和韩国。日本受电网垄断的影响，日本新增装机容量 17.7 万 kW，略有下滑，累计装机容量 340 万 kW；韩国新增装机 10.6 万 kW，累计装机容量 113 万 kW，韩国未来风电的发展方向是海上风电。此外，中国台湾地区新增装机 1 万 kW，累计装机 69.2 万 kW；蒙古和越南，新增装机 5 万 kW 和 3.8 万 kW，但在亚洲的菲律宾等国，2017 年都没出现新增容量。

北美市场：美国市场继续保持强势增长　2017 年，美国新增装机 702 万 kW，同比下降 14%，占全球新增规模的 13%，累计装机容量 8 908 万 kW，新增市场和总量均位居全球第二位，虽然风电政策没有大的变化，美国风电市场的推动力主要就是电价成本的持续下降；加拿大市场 2017 年仅完成 10 个项目，新增装机 34.1 万 kW，累计装机 1 224 万 kW，总量位居全球第九位、北美市场第二位，风电占该国发电量的 6%；墨西哥新增风电装机容量 47.8kW，累计装机容量 400 万 kW，是美洲第三大重要市场。

欧洲市场：创造多项新纪录　2017 年，欧洲新增风电装机 1 680 万 kW，相比 2016 年增长 20%，其中海上风电表现抢眼，新增装机容量，较上一年翻一番。2017 年，欧洲累计风电装机容量 1.77 亿 kW，成为欧洲第二大电源。其中，欧盟 28 个成员国新增装机容量 1 564 万 kW（海上风电装机 314 万 kW），同比 2016 年增加 25%。2017 年，欧盟全年风电发电量 3 360 亿 kW · h，占欧盟电力消费总量的 111.6%。2017 年，欧盟投资了 361 亿欧元风电项目，创造了 34.4 万个就业岗位。

德国以 658 万 kW 的新增装机引领欧洲风电市场，同比增加 15%，占欧盟新增市场的 42%，其中 19% 是海上风电。紧随其后的是英国、法国、土耳其和芬兰，新增装机容量分别为 427 万 kW、169 万 kW、76.6 万 kW 和 53.5 万 kW。其他欧洲国家，比利时和爱尔兰的新增装机都达到历史新高。累计装机容量方面，德国和西班牙两国仍然在欧洲领先，装机容量分别为 5 613 万 kW 和 2 317 万 kW，两者合占欧洲的 44.6%；其次是英国（1 887 万 kW，10.6%）、法国（1 376 万 kW，7.8%）和意大利（948 万 kW，5.3%）。在海上风电市场方面，欧盟新增海上风电装机容量 314 万 kW，较 2016 年翻一番，占欧盟风电新增总装机容量的 20%。截至 2017 年年底，已经有 17 个欧洲国家风电装机超过 100 万 kW，10 个国家风电装机超过了 500 万 kW。

拉美市场：巴西继续引领拉丁美洲　拉美市场连续两年新增装机下滑。2017 年该区域新增风电装机容量 258 万 kW，同比下降 16%，累计总装机容量 1 789 万 kW。

其中，巴西排名下滑到第六位，但新增装机与上年持平，仍以 202 万 kW 的新增装机容量大幅领先于拉丁美洲其他国家，继续保持拉美市场第一的位置，占拉美新增市场的 78%，累计装机容量达到 1 276 万 kW。排在第二和第三位的乌拉圭和智利，新增装机明显下滑，分别新增风电装机容量 29.5 万 kW 和 11.6 万 kW，截至 2017 年年底，累计装机容量分别达 150.5 万 kW 和 154 万 kW。此外，哥斯达黎加、洪都拉斯、阿根廷和加勒比地区分别新增了 6 万 kW、4.5 万 kW、2.4 万 kW 和 1.8 万 kW，其他地区均无新增装机。

太平洋地区：新增风电市场继续萎缩　太平洋地区风电市场主要集中在澳大利亚、新西兰和太平洋群岛。2017 年，除澳大利亚外，太平洋其他地区仍没有新增装机。2017 年，澳大利亚新增风电装机 24.5 万 kW，新增装机容量有所回升，累计装机达到 456 万 kW，累计装机占太平洋地区总容量的 87.7%。

非洲和中东：南非主导非洲和中东市场　2017 年，非洲和中东地区的风电市场有些小动作。非洲 2017 年新增装机 61.8 万 kW 均在南非，南非累计装机达到 208.5 万 kW。未来可以关注埃及、肯尼亚和沙特阿拉伯等国家的风电项目建设情况。表 2-1-1 为全球各区域主要国家风电装机容量，图 2-1-5 为 2009—2017 年全球各大洲风电年新增装机统计。

表 2-1-1　全球各区域主要国家风电装机容量　　单位：MW

区域	国家及地区	2016 年累计	2017 年新增	2017 年累计
非洲和中东	南非	1 467	618	2 085
	埃及	810	0	810
	摩洛哥	787	0	787
	埃塞俄比亚	324	0	324
	突尼斯	245	0	245
	约旦	119	0	119
	其他国家（1）	159	0	159
	合计	3 911	618	4 528
亚洲	中国	168 732	19 660	188 392
	印度	28 700	4 148	32 848
	日本	3 230	177	3 400
	韩国	1 031	106	1 136

区域	国家及地区	2016 年累计	2017 年新增	2017 年累计
亚洲	巴基斯坦	590	199	789
	中国台湾地区	682	10	692
	泰国	609	24	633
	菲律宾	427	0	427
	越南	159	38	197
	蒙古	50	50	100
	其他国家（2）	70	0	70
	合计	204 281	24 412	228 684
欧洲	德国	50 019	6 581	56 132
	西班牙	23 075	96	23 170
	英国	14 602	4 270	18 872
	法国	12 065	1 694	13 759
	意大利	9 227	252	9 479
	土耳其	6 091	766	6 857
	瑞典	6 494	197	6 691
	波兰	5 807	41	5 848
	丹麦	5 230	342	5 476
	葡萄牙	5 316	0	5 316
	荷兰	4 328	81	4 341
	爱尔兰	2 701	426	3 127
	罗马尼亚	3 024	5	3 029
	比利时	2 378	467	2 843
	奥地利	2 632	196	2 828
	芬兰	1 539	535	2 071
	其他欧盟国家	5 294	455	5 745
	欧盟 28 国（4）	153 731	15 638	168 729
	其他欧洲国家（3）	7 612	1 166	8 777
	合计	161 342	16 803	177 506
拉丁美洲和加勒比地区	巴西	10 741	2 022	12 763
	智利	1 424	116	1 540
	乌拉圭	1 210	295	1 505

区域	国家及地区	2016 年累计	2017 年新增	2017 年累计
拉丁美洲和加勒比地区	哥斯达黎加	319	59	378
	巴拿马	270		
	秘鲁	148		
	阿根廷	204	24	228
	洪都拉斯	180	45	225
	多美尼加	135	0	135
	加勒比海（5）	200	18	218
	其他国家（6）	386	0	386
	合计	15 312	2 578	17 891
北美洲	美国	82 060	7017	89 077
	加拿大	11 898	341	12 239
	墨西哥	3 527	478	4 005
	合计	97 485	7 836	105 321
太平洋地区	澳大利亚	4 312	245	4 557
	新西兰	623	0	623
	太平洋群岛	13	0	13
	合计	4 948	245	5 193
全球总计		487 279	52 492	539 123

（1）阿尔及利亚、佛得角、伊朗、以色列、肯尼亚、利比亚、莫桑比克、尼日利亚
（2）阿塞拜疆、孟加拉国、斯里兰卡
（3）白俄罗斯、法罗群岛、马其顿、冰岛、列支敦士登、挪威、俄罗斯、瑞士、塞尔维亚、土耳其、乌兰克
（4）奥地利、比利时、保加利亚、塞浦路斯、克罗地亚、捷克共和国、丹麦、爱沙尼亚、芬兰、法国、德国、希腊、匈牙利、爱尔兰、意大利、拉脱维亚、立陶宛、卢森堡、马耳他、荷兰、波兰、葡萄牙、罗马尼亚、斯洛伐克、斯洛文尼亚、西班牙、瑞典、英国
（5）加勒比地区：阿鲁巴岛、博内尔岛、库拉索岛、古巴、多米尼加、瓜达卢佩圣母、牙买加、马提尼克岛、格拉纳达、圣基茨和尼维斯
（6）玻利维亚、哥伦比亚、厄瓜多尔、危地马拉、尼加拉瓜、委内瑞拉
说明：数据包括退役项目约 290MW 和有四舍五入的数据偏差。

数据来源：全球风能理事会（GWEC），*Global Wind Report Annual Market Update* 2017.

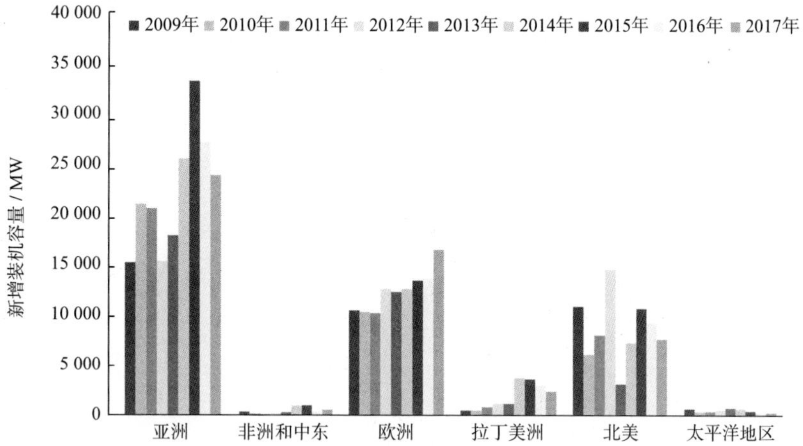

地区	2009年	2010年	2011年	2012年	2013年	2014年	2015年	2016年	2017年
亚洲	15 507	21 481	20 981	15 624	18 252	26 058	33 962	27 721	24 412
非洲和中东	251	153	8	131	240	934	953	418	618
欧洲	10 660	10 466	10 393	12 852	12 524	12 988	13 831	13 926	16 803
拉丁美洲	471	459	771	1 248	1 240	3 744	3 678	3 078	2 578
北美	11 008	6 208	8 137	14 807	3 112	7 382	10 829	9 359	7 836
太平洋地区	578	294	345	358	655	568	381	140	245

图 2-1-5 2009—2017 年全球各大洲风电年新增装机统计

数据来源：全球风能理事会（GWEC），*Global Wind Report Annual Market Update* 2017.

（4）海上风电进入零补贴时代

2017 年，德国海上风电出现第一个零补贴招标项目，荷兰也出现了零补贴招标。欧洲计划建设是目前装机规模两倍的海上风电项目，其他地区海上风电市场也发展迅速，包括印度、巴西、澳大利和土耳其等新兴市场。海上风电技术的快速成熟意味着海上风电开始具备成为主流能源的雏形。

根据 GWEC 的统计数据，2017 年，全球新增海上风机 433.4 万 kW，较 2016 年增长了 95%，累计装机容量达到 1 881 万 kW，分布于全球 17 个国家和地区。其中，欧洲新增装机容量 314 万 kW，占全球新增市场的 72%，当年共有 17 个海上风电场 560 台风机进行了施工建设，2017 年，有 14 个项目并网，其中包括欧洲第一台漂浮桩海上风电场（图 2-1-6）。

2017 年，英国、德国、中国、比利时、芬兰、日本、韩国、中国台湾地区和法国九个国家和地区增加了海上风电市场，其中：英国新增装机 168 万 kW，占新增市场的 38.8%，累计总装机 684 万 kW，位居全球海上风电总装机第一位；德国新增装机 125 万 kW，占新增市场的 28.8%，累计总装机 536 万 kW，排名全球第二位；

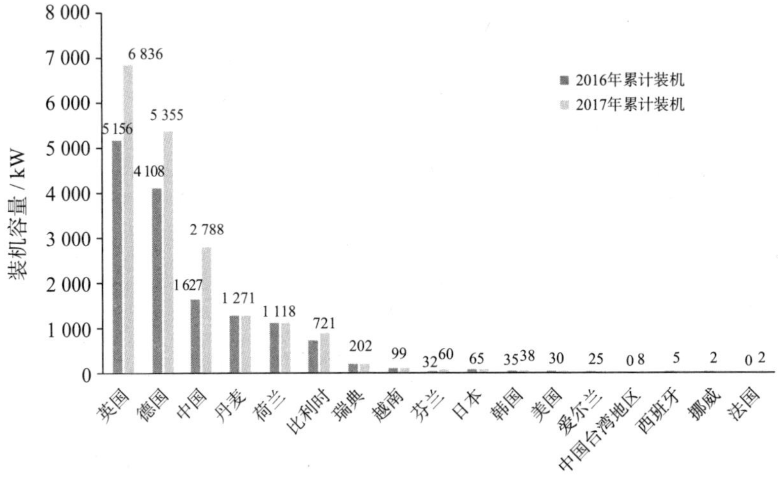

图 2-1-6　2017 年全球海上风电装机容量

数据来源：全球风能理事会（GWEC），*Global Wind Report Annual Market Update* 2017.

中国新增装机 116 万 kW，累计装机 279 万 kW，排名第三位。比利时和芬兰分别新增装机 16.5 万 kW 和 6 万 kW，其中芬兰完成了本国第一个海上风电场的开发，法国也实现了本国第一台海上风机的并网。中国台湾地区、日本和韩国分别新增装机 0.8 万 kW、0.5 万 kW 和 0.3 万 kW。其中日本完成了本国第一个 1.6 万 kW 的漂浮桩的海上风电示范项目。中国台湾地区规划到 2025 年，发展海上风电 550 万 kW，成为亚洲地区海上风电新的热点市场。2017 年，美国没有新增装机。

1.1.2　主要国家和地区情况

中国①　自 2009 年中国新增风电装机容量超过美国之后，中国风电市场连续 9 年位居全球第一。2017 年，中国风电新增装机容量 1 966 万 kW，累计风电装机 188 392 万 kW，新增和累计装机容量均位居全球第一；2017 年，风电全年发电量 3 057 亿 kW · h，同比增加 27%，占全国总发电量的 4.8%，仅次于火电和水电。2017 年，中国风电弃风限电问题有所改善，全国平均弃风率降到 12%，风电弃风电量 419 亿 kW · h，风电平均利用小时数 1 948h，比 2016 年增加了 203h。

中国风电发展的增速逐渐放缓，预计到 2020 年之前，都会保持平稳增长。2017 年，中国风电市场的布局继续优化，中东部地区的新增装机占到 55%，地区转移趋势明显。为了解决“三北”地区弃风的问题，“十三五”期间中东部地区的风电开发是重点。新一代风机的研发也以低风速风电场开发为主。

① 此处数据为全球风能理事会统计数据，与中国官方统计数据口径不完全一致，数字有一定差异。

印度 印度新增装机再次创造了新纪录，新增装机突破400万kW，达到415万kW，尽管排名下降，但依然是全球第四大风电市场。占全球市场的8%，累计装机达3 285万kW。2017年，印度风电政策从固定电价政策改为招标电价政策，政府计划在2022年再新增6 000万kW，预计未来4年年均装机容量700万kW。2018年第一季度，印度开启200万kW的风电项目的招标。接下来还有2 000万kW的风电项目招标计划。同时，印度新能源部也要求州政府为2.5万kW以下的微型、中小型风机提供固定电价支持。

美国 2017年下半年，美国政府一直在讨论联邦税制改革，试图改变生产税减免政策（Production Tax Credit，PTC）和投资税收抵扣（Investment Tax Credit，ITC）的政策结构，但是实际上原有政策并没有任何改变。联邦激励政策保证了美国国内风电供应链的持续运行和风电市场的稳定增长。目前推动美国风电市场发展的主要动力是成本下降，风电正变得越来越经济，风电发电成本较2009年下降了69%。在美国很多地区，风电已经成为成本最低的新能源技术。技术的进步推动了美国风电在过去5年里实现年均8%的增长率，拉动新投资500亿美元。截至2017年年底，美国累计风电装机容量8 908万kW，累计装机仍位居全球第二，超过水电成为美国最大的可再生能源。

在海上风电方面，美国的一些州也开始行动，纷纷公布了自己的海上风电规划。纽约州计划到2030年建设240万kW的海上风电，马萨诸塞州也公布了第一个海上风电场的选址，马里兰州首次给予两个海上风电项目授信资格。截至2017年年底，美国有14个不同阶段的海上风电项目在进行中，总装机容量超过1 250万kW。

加拿大 2017年，加拿大风电市场持续低迷，新增风电装机容量34.1万kW，同比2016年（70.2万kW）下降51%，累计风电装机容量1 223万kW，全球排名继续下滑至第九位。2017年，加拿大风电竞价创出历史新低，风电招标电价约0.288美分/千瓦时，成为加拿大最便宜的新能源。2018年，预计加拿大风机装机容量会有所提高，有60万kW的招标项目即将并网。

德国 2017年，德国风电市场继续表现了强劲的增长势头，新增装机容量突破658.1万kW。其中新增陆上风电装机533.4万kW，海上风电装机124.7万kW，占据海上风电市场全球第二的位置。截至2017年年底，德国累计风电总装机容量5 613万kW，新增、累计风电装机容量均位居全球第三。德国全年风电总发电量1 040亿kW·h，比2016年（800亿kW·h）提高了25%。2017年，德国风电总投资

67 亿欧元。德国的风电政策已经从固定电价政策转为固定补贴政策，2017 年，德国海上风电竞价结果出现了零电价，意味着该项目不需要补贴。预计 2018 年德国新增装机约 350 万 kW。未来德国还将不断完善招标规则，推动风电行业稳步健康发展。

英国 英国是全球海上风电发展规模最大的国家。2017 年，英国新增风电装机容量 427 万 kW，新增市场创出新高，在全球风电新增市场中排名第四位，截至 2017 年年底，风电累计总装机容量 1 887 万 kW，仍保持欧洲第三和全球第六的位置。其中海上新增装机容量 168 万 kW，占全球新增海上风电装机的 38.8%，位居全球第一。累计海上风电装机容量 684 万 kW。

巴西 2017 年巴西风电继续保持了平稳增长，得益于之前拍卖合同和自由市场带来的稳定的风电设备的生产和安装，新增装机容量 202 万 kW，总装机容量达到了 1 276 万 kW。巴西拥有世界上最好的风能资源，发电潜力超过现阶段用电量的三倍。2017 年，巴西风电的发电量打破纪录，在 8 月和 9 月风电发电量占到全国用电量的 10% 和 11%。在巴西政府的 10 年能源发展规划中，预计到 2026 年该国的风电装机容量将达到 2 850 万 kW。

1.2 风电产业发展形势

1.2.1 全球风电产业发展概况

（1）前十风电供应商在全球排名

根据丹麦风能研究和咨询机构 MAKE 的统计，2017 年全球风机供应总量为 5 160 万 kW，其中前十位整机设备制造商约占全球市场份额约 79%。2017 年，SGRE（西门子歌美飒）以 880 万 kW 的新增装机容量勇夺桂冠。在德国、印度、英国与美国市场各收获超过 100 万 kW 新增装机容量，充分发挥歌美飒在陆上与新兴风电市场的优势以及西门子在海上风电市场的霸主地位，兼并带来的竞争优势得到充分体现。SGRE 在多数区域市场名列前茅，因此在全球排名上赶超 VESTAS。2017 年，Vestas 的新增装机容量 770 万 kW，遍布全球超过 33 个国家，但在美洲、欧洲的装机容量同比减少，致使年度排名整体下降，屈居全球第二位。我国风机制造龙头企业金风科技在本土市场仍保持领先地位，尽管海外新增装机容量不足 33 万 kW，但整体表现优异，赶超 GE，位列第三；美国 GE 和德国的艾纳康（ENERCON）凭借美国和德国本土市场分别排第四和第五位，2017 年装机容量分别是 430 万 kW 和

330 万 kW，占全球新增市场份额分别为 8.3% 和 6.4%。中国企业当中，远景能源在 2017 年度中国风电发展整体放缓的情况下，装机容量仍拓展至 20 个省（区），在国内中东部及南方地区未获得红色预警的省份稳固了其市场地位，排名上升至全球第六位。全球排名前 15 位中还有联合动力、明阳智能、海装风电、上海电气和华创风能。其中，华创风能凭借与前东家大唐集团的合作首次跻身全球排名前 15 位。2017 年全球整机商新增装机前 10 及市场份额如图 2-1-7 所示。

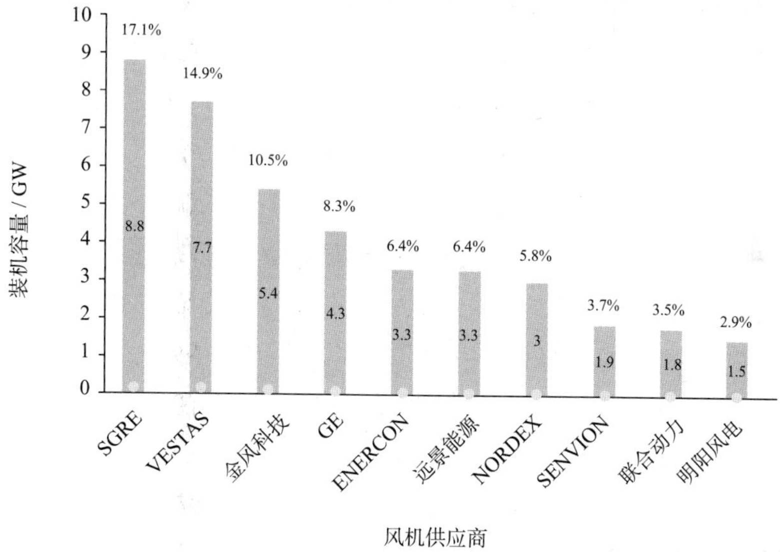

图 2-1-7 2017 年全球整机商新增装机前 10 及市场份额

数据来源：MAKE, 2017 年度全球风机整机商市场份额。

（2）风机供应商在主要地区市场占有情况

2017 年，由于西门子和歌美飒的合并，在欧洲市场 SGRE 取代 VESTAS 占据欧洲市场首位，排在第三位的是德国的 ENERCON，虽然 GE 的市场份额从 2015 年的 6.3% 上升到 2016 年的 7.6%，SGRE、维斯塔斯和 ENERCON 三家合计约占欧洲市场的 65%；亚太地区自中国本土风电产业链建设完成后，一直由中国风电整机商主导，外资份额继续减少；北美地区的主要风机供应商是维斯塔斯、GE 和 SGRE，VESTAS 凭借 3MW 的机型超越 GE 成北美市场最大“赢家”，三家供应商合计约占北美市场的 87%；拉丁美洲地区 SGRE 的份额最大超过 100 万 kW，VESTAS 排在第二位，GE 和 NORDEX 紧随其后。以上四家占整个拉丁美洲市场的 96%；非洲和中东部地区，SGRE 在中东与非洲市场保持领先地位并实现市场份额翻番，实现一枝独秀。联合动力顺利完成南非市场 De Aa 项目（245MW）的风机并网工作，继 2012 年在美国并网首个 9MW 项目后，在海外市场再次突破，排在第二位。再加上维斯塔斯、NORDEX 和 ACCIONA，四家整机商约占非洲市场的 94%。2017 年，GE 的非洲市场份额显著下降。

1.2.2 全球前十风电制造商情况

西门子－歌美飒 2016 年全球两大知名风机企业宣布合并。西门子与歌美飒在全球布局、现有产品组合和技术方面高度互补。合并后的业务将覆盖全球所有重要地区市场，生产基地遍布各大洲。西门子风电业务在北美和北欧拥有坚实的基础，而歌美飒在印度、拉美和南欧等新兴市场表现优秀。2017 年，合并后的西门子－歌美飒成为全球第一的风机制造商，占全球市场份额的 17%。

VESTAS VESTAS 是历史最为悠久的风机制造企业之一，1979 年就安装了全球第一台现代化的新型风机，在全球前十大供应商中一直处于前三位。2017 年，维斯塔斯供应了 770 万 kW 风机，占全球市场份额的 14.9%，累计市场供应量 9 057 万 kW，在全球累计市场中遥遥领先。

金风科技 受中国新增市场减小的影响，2017 年，金风科技公司市场份额继续下降，销售 540 万 kW 的风机，占新增全球风机市场份额的 10.5%，位居全球第三，全球累计市场供应量 4 349 万 kW。金风科技是中国最大的风机供应商，2017 年，在中国本土市场中占比 29%①，继续保持中国市场第一的位置②。

GE 作为美国电力行业巨头通用电气旗下的清洁能源部门，GE 风能于 2002 年开始进军风电业务。2017 年 GE 新增供应规模 430 万 kW，占全球市场份额的 8.4%，同比下降 3.7 个百分点，排名由全球第二位下调至第四位。

ENERCON ENERCON 是德国最大的风机制造企业，公司创办于 1984 年，一直专注陆上风电，是德国最大的陆上风电巨头。2017 年，ENERCON 新增风机供应量 330 万 kW，占全球市场份额的 6.4%，排名第五位。

远景能源 远景能源创建于 2007 年，在丹麦设有全球创新中心，在上海设有中国研发运营中心，产业基地位于中国江苏江阴。2017 年，得益于良好的国内市场表现，远景能源新增风机供应量 330 万 kW，成为中国第二大风机供应商，占中国市场份额的 15%；占全球新增市场份额的 6.4%，排名第六位。

NORDEX NORDEX 公司于 1985 年在丹麦成立，2000 年公司将总部迁至德国汉

①，② 数据来自 MAKE《2017 年度全球风机整机商市场份额》。

堡，在多个国家设有分支机构；2016 年，收购了西班牙风机供应商 ACCIONA，新增和累计风电市场份额都有提高；2017 年，NORDEX 和 ACCIONA 全球供应量为 300 万 kW，占全球新增市场份额的 5.8%，排名第七位。

SENVION 德国风电企业 SENVION 是一家有 20 多年历史的风电技术先锋企业，在全球 18 个地区设有分支机构。2017 年，SENVION 全球供应量为 190 万 kW，占全球新增市场份额的 3.7%，这主要得益于其在德国本土市场的良好表现。

国电联合动力 国电联合动力隶属于中国国电集团，成立于 2007 年。2017 年国电联合动力风机供应量 180 万 kW，同比 2016 年供应规模减少了 15%，风机供应量占全球市场份额的 3.4%，位居全球第 8 位，是中国第三大风电供应商，占中国市场份额的 7%。

明阳风电 明阳风电是中国一个民营企业，成立于 2006 年。2017 年，共安装了 150 万 kW 的风机，占全球市场份额 2.9%，位居全球第 10 位，在中国风电整机设备供应商中排名第四位，占中国新增市场份额的 6%。

2 太阳能光伏发电

2.1 市场发展形势

2017 年，全球光伏发电市场再创新高，继续延续高速增长态势，当年全球新增光伏安装量达到 9 800 万 kW，从而使累积安装量超过 4 亿 kW，全球市场应用规模继 2016 年突破 3 亿 kW 后再次登上一个新的台阶；亚洲已成为全球光伏市场最主要的区域，占到当年世界市场的 75%。其中中国连续两年成为对全球市场规模增长贡献最大的国家，2017 年占到全球新增市场的 54%。其他新兴市场如拉丁美洲、非洲、东南亚等也增长较快，太阳能光伏在全球范围内规模化发展速度加快；2017 年，太阳能光伏成为全球新增装机规模最大的电源，太阳能光伏在全球的电力结构中发挥越来越重要的作用。

2.1.1 全球太阳能光伏发电市场再创新的纪录

全球 2017 年新增太阳能光伏装机 9 800 万 kW，再创新高，同比增长 29%，累计安装量达到 4.02 亿 kW（图 2-2-1），再上新的台阶，同比增长 33%。当年新增安装量最大的前 5 个国家是中国、美国、印度、日本和土耳其（全球 2017 年光伏市场前 10 位国家见表 2-2-1）。全球光伏新增市场排名前 10 位国家的当年新增市场规模占到全球市场容量的 90%。全球累计安装量最大的前 5 个国家是中国、美国、日本、德国和意大利（见表 2-2-2）。

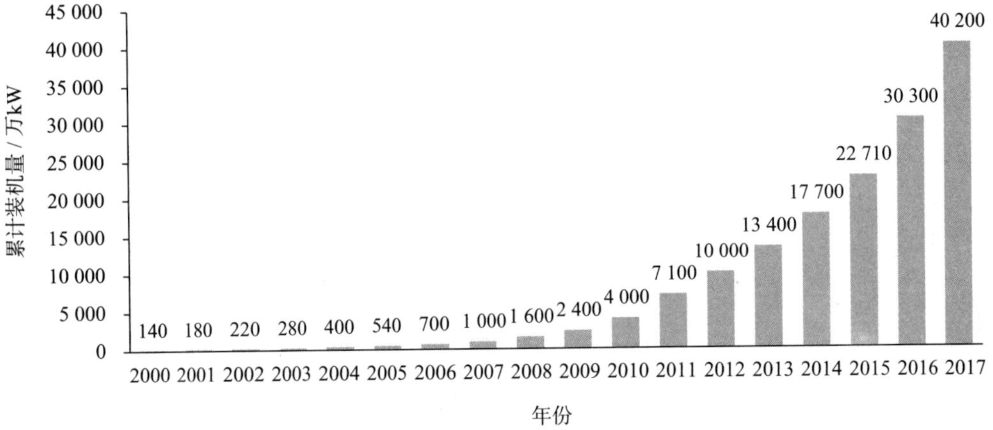

图 2-2-1　2017 年全球太阳能光伏累计装机量

数据来源：IEA-PVPS, *Snapshot of Global PV Markets*, 2018.

表 2-2-1　全球 2017 年新增光伏市场前 10 位国家　　单位：GW

序号	国家名称	2017 年新增光伏装机容量
1	中国	53
2	美国	10.6
3	印度	9.1
4	日本	7
5	土耳其	2.6
6	德国	1.8
7	澳大利亚	1.25
8	韩国	1.2
9	英国	0.9
10	巴西	0.9

数据来源：IEA-PVPS, *Snapshot of Global PV Markets*, 2018.

表 2-2-2　全球 2017 年累计光伏市场前 10 位国家　　单位：GW

序号	国家名称	2017 年累计光伏装机容量
1	中国	131
2	美国	51
3	日本	49
4	德国	42
5	意大利	19.7
6	印度	18
7	英国	13
8	法国	8
9	澳大利亚	7.2
10	西班牙	5.6

数据来源：IEA-PVPS，*Snapshot of Global PV Markets*, 2018.

根据 REN21 的统计，2017 年，光伏发电满足了全球约 2.1% 的电力需求，同比增长 3 个百分点，在电力供应中的替代作用逐渐加大，在局部区域更加明显，2017 年欧盟太阳能光伏的年发电量占欧盟电力消费总量的近 4%，其中意大利的光伏年发电量占到其电力消费总量的 8.7%，增加 1.4 个百分点，希腊达到 7.6%，德国为 7%，分别增加 0.4 和 0.6 个百分点，日本达到 5.7%，增长 2 个百分点。2017 年世界上太阳能光伏年发电量占其电力消费量最高的国家是洪都拉斯，突破 10%，达到 10.3%。全球已有 22 个国家其电力消费总量的 2% 由光伏提供，太阳能光伏已成为这些国家电力供应的重要组成部分。

2.1.2　亚洲市场延续快速增长态势，成为全球市场引领者

亚洲 2017 年光伏市场保持快速增长，连续第 5 年成为全球最大的光伏市场，且逐年拉大了与其他区域市场规模的差距。2017 年亚洲市场规模已经超过全球新增市场容量的 2/3，达到 75%。在当年全球新增市场容量前五位的国家中，亚太地区国家占到四个，分别是中国、印度、日本和土耳其，分列全球新增市场规模的第一位、第三位、第四位和第五位。其中，中国 2017 年新增市场容量 5 310 万 kW，位居世界第一位，累计装机容量达到 1.3 亿 kW，无论是新增市场规模还是累积市场规模都远超世界其他国家；日本 2017 年太阳能光伏市场规模再次下滑，新增市场容量 700 万 kW，同比下降 13%，由 2016 年的第三位下降到第四位，累计市场容量也被美国超越，全

球排名由第二位下降到第三位；印度这几年光伏市场增长较快，2017 年新增市场容量 910 万 kW，同比增长超过 100%，位居亚洲地区第二位，全球新增市场的第三位，光伏发电首次超越煤电，成为印度最大的新增电源；土耳其 2017 年光伏市场比较活跃，当年新增市场装机 2.6GW，首次超过德国，位居全球市场第五位，亚洲地区第四位；韩国 2017 年新增市场装机 1GW，首次达到吉瓦级别，同比增长 10%，位居亚洲地区第五位；东南亚国家，如菲律宾、泰国和印度尼西亚等 2017 年太阳能光伏市场都得到了发展。亚洲作为全球最大光伏市场的地位得到进一步加强，与其他地区的市场规模差距逐步拉大。

2.1.3 欧洲市场止住连续下滑趋势，市场发展处于转型期

欧洲 2017 年新增光伏安装量 600 万 kW，止住连续下滑趋势，比 2016 年略有增长。当年欧洲累计装机容量为 1.08 亿 kW，与亚洲市场的差距越来越大。欧洲的光伏市场主要集中在德国、英国、法国和荷兰。2017 年除英国外，其他国家的光伏发电市场规模都实现了增长。其中德国重新成为欧洲新增光伏安装量最大的国家，当年新增光伏装机 170 万 kW，位居欧洲第一位，累计安装量达到 4 200 万 kW，位居欧洲第一位，全球第四位；英国 2017 年由于补贴大幅减少和停止可再生能源强制安装政策，其光伏市场大幅下降，当年新增光伏装机规模仅为 90 万 kW，同比下降 54%，累计安装量达到 1 300 万 kW，位居欧洲第二位，全球第七位；法国和荷兰 2017 年新增市场规模位于欧洲第三和第四位，分别达到 87.5 万 kW 和 70 万 kW。法国累计安装量达到 800 万 kW，位居欧洲第四位，全球第八位；意大利当年新增安装量仅为 40 万 kW，与上年基本持平，但累计安装量仍然位居欧洲第二位，达到近 2 000 万 kW。2017 年欧洲市场中英国、德国和法国的新增市场规模超过欧洲整个市场容量的 2/3，欧洲光伏发电的市场规模止住连续下滑趋势，市场发展处于转型阶段，光伏发电逐步减少对国家补贴政策的依赖。从全球市场发展看，欧洲光伏新增市场容量与亚洲的差距持续拉大。

2.1.4 全球光伏新兴市场保持强劲增长态势，市场范围持续扩大

2017 年，太阳能光伏开始在越来越多的国家快速发展，全球已经有 29 个国家的光伏累计安装量超过 100 万 kW，相比上年增加了 5 个国家，8 个国家的新增安装量超过 100 万 kW，太阳能光伏发电在全球范围内越来越多的国家实现了规模化发展。

美国 2017 年新增 1 060 万 kW，位居全球第二位，同比下降了近 30%，当年累

计装机突破 5 000 万 kW，位居全球第二位；拉丁美洲 2017 年光伏市场比较活跃，很多大公司涌入该地区，争取当地光伏项目开发。2017 年阿根廷、巴西、智利和墨西哥等国家都开始了大型光伏项目的招标，总装机容量超过 300 万 kW，市场规模同比增长超过 98%，几乎翻了一倍。其中，智利新增市场规模达到 70 万 kW，累积装机达到 170 万 kW，成为该区域最大的市场；巴西 2017 年新增装机进入到全球前 10 位，当年新增装机 90 万 kW，累计装机达到 100 万 kW，位居拉丁美洲区域第二位；另外，墨西哥、阿根廷等美洲国家太阳能光伏的市场开始快速增长，未来几年美洲将成为全球最重要的市场之一。

非洲太阳能光伏发电市场持续保持增长。阿尔及利亚成为 2017 年非洲市场增长最快的国家，当年新增装机达到 5 万 kW，累积装机达到 40 万 kW ；南非 2017 年新增装机 1.3 万 kW，累计装机达到 180 万 kW，成为非洲累积装机最多的国家；埃及等其他非洲国家 2017 年也在推动太阳能光伏市场的发展，一些大型项目正在开展招标等工作，同时分布式光伏发电和离网型光伏发电系统在非洲拥有较大的市场需求。

在大洋洲，澳大利亚 2017 年光伏市场增长较快，当年新增光伏装机达到 125 万 kW，位列全球第七位，刷新该国家新的纪录，累计装机达到 720 万 kW，位列全球第九位。澳大利亚户用光伏市场占到全国市场的 64%，在一些区域，由于太阳能光伏加储能系统的电价相对于电网的电价具有竞争力，这些区域太阳能光伏加储能的光伏系统发展较快，澳大利亚带储能的户用光伏系统占到户用光伏市场的 40%。中东地区，土耳其、以色列成为该地区太阳能光伏市场最主要的国家。另外，阿联酋、约旦、沙特阿拉伯等国家也通过招标推动大型光伏项目的建设。全球范围内，太阳能光伏在越来越多的国家得到了规模化发展。

2.2　产业发展形势

2017 年，由于全球太阳能光伏市场竞标项目越来越多，引领太阳能光伏发电成本进一步下降，光伏发电的市场竞争力进一步加强。而由于光伏发电终端价格的下降，导致行业的利润率下降，从而使得优秀公司领先地位进一步加强，竞争力较弱的公司面临生存压力，被进一步兼并重组。而源于太阳能光伏市场在全球范围内的规模化扩展和市场竞争力的进一步提高，越来越多的全球知名公司被吸引进入光伏产业。未来随着光伏发电各个国家的补贴政策逐渐减少，以及市场竞标项目的不断增多，光伏产业各个公司之间的竞争将越来越激烈。

2.2.1 光伏电池产业规模进一步扩大

随着 2017 年全球光伏发电市场规模的扩大，光伏电池片和组件的产能也进一步增长。2017 年全球太阳能光伏电池片产能估计超过 1 亿 kW，同比增长 23%，电池片产能达到 1.07 亿 kW，同比增长约 28%，光伏产业的制造规模进一步扩大。中国的光伏制造业已经连续 9 年位居全球的首位，从而使得亚太地区仍然占据全球光伏制造产业的主导地位，其组件产量占到全球的 90%，其中中国光伏组件的产量占世界生产总量的 66%，电池片占全球的 60%。欧洲组件产量 2017 年与 2016 年持平，约占全球组件产量的 6%；美州的组件产量保持稳定，依旧占全球的 2%。

2017 年，世界排名前 10 位的光伏组件生产商的出货量达到 5 700 万 kW，约占全球的 60%，市场集中度进一步提升。全球组件生产商的排名 2017 年变化较少，前五位排名没有变化，中国晶科公司延续了强劲的增长势头，仍排在第一位，天合集团第二位，阿特斯和晶澳分别维持在第三位和第四位，美国第一太阳能下滑至第九位。

表 2-2-3 全球 2017 年太阳能组件生产前 10 家企业 单位：MW

序号	国家	厂商	组件出货量
1	中国	晶科	10 000
2	中国	常州天合	9 100
3	中国	阿特斯	6 828
4	中国	晶澳	6 755
5	中国、德国、韩国	韩华太阳	5 438
6	中国	协鑫集成	4 840
7	中国	隆基	4 400
8	中国	英利	2 650
9	美国	第一太阳能	2 600
10	中国	东方日升	2 500

数据来源：EurObser' ER, *Photovoltaic Barometer* 2018.

Global Data, Global solar photovoltaic module shipments .

2.2.2 企业竞争越来越激烈，行业整合持续

2017 年随着光伏成本的快速下降，企业利润率下滑以及竞标项目的增多，企业之间的竞争越来越激烈。光伏相关企业之间纷纷整合、重组和兼并。一些实力较强的公司开始在全球范围内兼并重组实力较弱的公司，完善公司的全球产业布局，同时一些

全球知名公司也开始进入光伏产业。继2016年苹果供应商富士康（台北）收购了财政困难的日本夏普公司，进入太阳能光伏电池制造，美国的电动汽车制造商特斯拉与松下（日本）合作，并收购了美国安装公司SolarCity后，2017年世界著名的石油生产商壳牌和BP都开始进入光伏产业，壳牌收购美国Silicon Ranch公司43.8%的股权，进入太阳能发电站开发领域，而BP与LightSource公司合作开发太阳能发电站。另外，美国的通用、西班牙的Gamesa也已经进入太阳能光伏市场的开发。一些传统化石燃料生产商如Bangchak Petroleum（泰国）、印度煤炭有限公司、泰国国有石油和天然气公司PTT和芬兰瓦茨兰公司也都在近期进入太阳能光伏产业。

同时由于行业竞争压力的加剧，一些公司面临着倒闭和破产的风险。如日本由于国内光伏市场的萎缩，继2016年65家与光伏相关的公司申请破产后，2017年又有50家公司宣告破产。美国的Suniva和德国的SolarWorldi公司于2017年都关闭了美国的工厂，曾经被传为世界上最大的可再生能源公司美国的SunEdison公司也宣告破产。而一些公司通过合并，扩大规模，抢占市场，如中国台湾的NSP、Gintech和SolarTech公司2017年宣布合并，将成为世界上第二大的电池片制造商，从而增强其市场竞争力。

随着组件和安装成本的下降和市场的进一步成熟以及竞争的加剧，一些光伏企业的注意力开始越来越多地关注运营和维护。由于许多国家光伏工程的运营和维护面临着越来越高的成本压力，运维的服务范围和服务质量也面临严重挑战，一些专业的太阳能光伏运维公司得到了快速发展，产业的运维能力也随之得到提高。一些欧洲的工程光伏安装维护公司由于当地市场萎缩，不断跟随市场热点寻找新兴市场，尤其是缺乏运行维护技能和本地太阳能组件制造能力的市场。整个太阳能光伏产业之间2017年竞争越来越激烈，光伏产业链之间的兼并整合持续，产业集中度不断提高，实力强劲的公司将越来越具有竞争力。

2.2.3 光伏发电成本持续下降

全球光伏行业的成本2017年仍保持下降趋势。其中，多晶硅价格2017年在每千克11美元左右波动；多晶硅电池组件价格下降到每瓦0.39美元左右。

表2-2-4 2006—2017年太阳能光伏产品价格汇总

年份	多晶硅/（美元/kg）	硅片/（美元/W）	电池片/（美元/W）	电池组件/（美元/W）
2006	200	3.5	3.8	4
2007	300	3	3.5	3.8

年份	多晶硅 /（美元 /kg）	硅片 /（美元 /W）	电池片 /（美元 /W）	电池组件 /（美元 /W）
2008	400	2.5	3.0	3.5
2009	150	0.9	1.4	2.0
2010	90	0.8	1.3	1.5
2011	30	0.5	0.75	1
2012	23	0.4	0.6	0.8
2013	20	0.3	0.5	0.7
2014	18	0.29	0.45	0.6
2015	16	0.20	0.35	0.55
2016	12	0.15	0.22	0.47
2017	11	0.12	0.18	0.39

数据来源：Renewables 2013 Global Status Report; Global Market outlook for photovolatics utill 2015; Polysilicon and Wafer Supply Chain Quarterly; Renewable Power Generation Costs in 2014（IRENA）; PV Insight; RENEWABLES 2016 GLOBAL STATUS REPORT; Renewable power Generation Costs in 2017.

随着光伏系统设备成本的快速下降，同时通过系统设计优化，安装维护自动化水平的提高等技术手段，2017 年光伏发电的度电成本也持续下降，全球大型光伏电站 LCOE 约为 100 美元 / 兆瓦时。2017 年光伏工程项目招标在越来越多的国家开始实行，使得光伏工程的电价不断创出新低，德国 2017 年通过招标，使得光伏发电平均中标价格下降近 50%，低于 60 美元 / 兆瓦时。目前全球很多地方光伏发电与当地化石能源电力相比具有了经济竞争力，如智利、巴西、印度、丹麦、以色列、墨西哥、土耳其、津巴布韦等国家。其中阿联酋的阿布扎比和迪拜的光伏工程招标，电价再创新低，达到 0.03 美元 / 千瓦时；中国公司在光伏“领跑者”基地中中标上网电价最低为 0.05 美元 / 千瓦时，秘鲁的光伏招标最低电价达到 0.048 美元 / 千瓦时，而墨西哥 2017 年光伏招标电价更是降低到了 1.77 美分 / 千瓦时的历史最低价。太阳能光伏在越来越多的国家具有了经济竞争力。

2.3 技术发展形势

2.3.1 光伏电池技术持续创新，晶体硅电池仍占据主流位置

太阳能光伏技术领域一直创新不断，2017 年太阳能光伏电池的效率进一步提升，行业领先企业都积极推出高效率的电池产品。2017 年 PERC 技术开始在光伏行业内

大范围推广，使得太阳能光谱中的红光（长波）也可以吸收，从而可以提高太阳能电的发电效率近 1 个百分点。另外，碲化镉和铜铟镓硒等薄膜电池效率也得到了提升，光伏电池的效率还在持续提高，为光伏发电成本进一步下降奠定了基础。

2017 年晶体硅太阳能电池仍然占据市场主导地位，其市场份额提升到 95% 左右，同比上升了 2 个百分点。从晶体硅电池技术发展来看，未来的技术进步仍主要是通过新型硅材料的研发制造、不同电池技术结合、电池制造工艺改进、生产装备技术提升、硅片加工技术提高、生产效率提高等方面，提升电池转换效率，减少电池的硅用量，如背接触高效电池、异质结太阳电池等。

2.3.2　薄膜和聚光技术得到了进一步发展，但市场占有率持续萎缩

随着晶体硅太阳能电池成本的下降，薄膜电池市场份额受到了很大的冲击。受全球市场规模扩大的影响，虽然薄膜市场数量在增加，但市场占有率却在降低。2017 年薄膜电池产量增加约 6%，但从市场占有率来看，市场份额降低了约 1 个百分点，约占全球市场的 5%。相比 2010 年 16% 的市场占有率，下降了 11 个百分点。

目前已产业化的薄膜太阳能电池主要包括非晶硅、碲化镉和铜铟镓硒薄膜三类。虽然硅基薄膜电池效率也有较大提高，但由于与晶硅电池效率仍相差较大，价格优势随着晶硅电池成本大幅下降不复存在，使得非晶硅薄膜市场空间日益萎缩；2017 年铜铟镓硒（CIGS）薄膜太阳能电池技术实验室效率达到 22.6%，是由德国巴登符腾堡太阳能和氢能研究中心研制的，并开始与光伏制造企业德国 Manz 合作，将最新技术应用到实际生产；碲化镉电池的主要代表是美国 First Solar，2017 年 First Solar 的市场份额有所下降，由 2016 年全球的第六位下降到 2018 年的第 9 位。

聚光光伏近几年尽管效率得到了进一步提升，系统成本也快速下降，但还无法与晶硅电池竞争，市场份额仍然很小。从事聚光光伏的生产企业越来越少，大部分都位于北美，一些公司不断整合以求发展。如美国的 Semprius 公司正与合作伙伴合作，不断提高系统转换效率，进一步降低成本，提升竞争力；加拿大电气公司收购了法国 Soitec 的聚光光伏技术，2017 年开始生产，开拓其可再生能源领域的业务。

2.3.3　光伏系统技术进一步提升，推动光伏竞争力加强

除了太阳能光伏电池技术外，光伏系统技术也显得尤为重要，系统平衡部件、系统设计优化、系统应用等技术 2017 年得到了持续发展。如太阳能窗、太阳能幕墙、太阳能采光顶等技术，尽管这些市场规模仍然很低，但开拓了太阳能光伏应用的市场空间。

逆变器的技术和功能 2017 年不断加强，通过新材料的开发以及智能技术的应用，逆变器产品的安全性、储电管理、电网服务、系统预测等技术功能得到进一步开发和发展。目前市场上开始开发构建高压中央逆变器，从而降低平衡系统的成本，降低度电成本，并减少后期的运维成本。目前逆变器制造产业正在由欧洲转向亚洲，2017 年全球逆变器出货量最高的公司中亚洲占据了前两位，仍然是中国的华为和阳光电源，第三位是德国的 SMA 公司。随着逆变器市场的成熟，行业集中度越来越高，前 10 名供应商占到全球出货量的 80% 以上。

2017 年储能技术与光伏技术结合应用得越来越多，一些从事储能的公司（如美国 Enphase 公司和以色列 SolarEdge 公司）、电网公司和电池制造商（如特斯拉、NEC 和松下）等开始积极推动储能在光伏行业的应用。美国的第一太阳能联合其他太阳能企业（包括 SunPower 公司和夏普等）在德国投资开发储能系统的控制技术。2017 年德国和澳大利亚带有储能的光伏系统在家庭用户中应用越来越广泛，德国在新安装的家庭光伏系统中，带有储能的光伏系统占整个家庭光伏系统的 50%，同比增长了 9 个百分点，德国带有储能的家庭光伏系统占欧洲市场的 80% 左右。

2017 年尽管光伏电池回收的市场需求还很小，但是电池片回收产业得到了进一步发展，除了光伏电池板回收的社会环境效益外，可以利用废旧电池板生产新的太阳能电池板。在美国，薄膜电池制造商第一太阳能，正在扩展其太阳能组件的回收再利用生产线，回收加工自己的电池组件。另外，美国最大的电子产品回收商 ECS Refining 公司正在发展其太阳能光伏电池组件的回收循环利用产业。法国的环境服务提供商 Veolia 宣布在 2017 年建立一个法国的太阳能组件回收生产线。欧盟早在 2014 年发布了太阳能光伏相关废物的管理规定，引导太阳能光伏产业全生命周期的绿色环保。日本政府也在 2016 年发布了“太阳能电池回收利用指南”，以促进太阳能光伏组件的循环利用。

3 太阳能热发电

太阳能热发电是一种可稳定出力、承担基础负荷的可再生能源电源。近几年由于成本较高，太阳能热发电市场发展缓慢，2017 年全球仅有一个工程建成投产。从技术发展趋势看，带有储能的太阳能热发电成为主流发展方向，以体现其可以提供稳定电力的优势。尽管太阳能热发电受成本压力影响，未来发展形势面临较大挑战，但太阳能热发电技术仍在越来越多的国家得到发展。

3.1　市场发展形势

太阳能热发电 2017 年新增市场再创新低，全球新增市场仅为 10 万 kW，连续两年徘徊在 10 万 kW 左右（2016 年为 11 万 kW），市场发展缓慢。当年全球太阳能热发电累积安装量为 495[①] 万 kW，主要分布在西班牙和美国。图 2-3-1 为全球太阳能热发电累计装机容量。

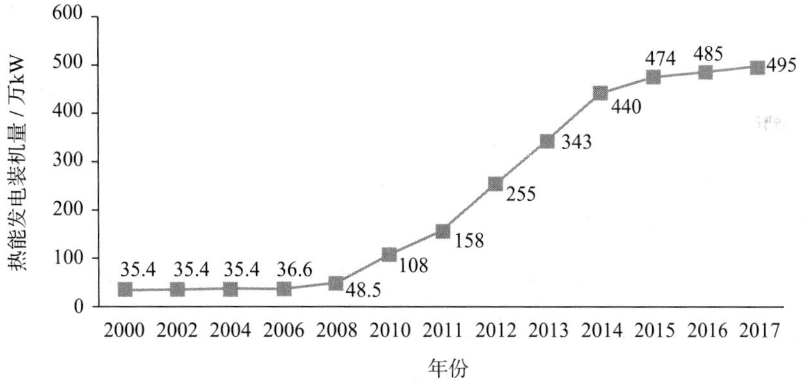

图 2-3-1　全球太阳能热发电累计装机容量

数据来源：REN21, *RENEWABLES 2017 GLOBAL STATUS REPORT*, 2018 NREL, "Concentrating Solar Electric Generating System"; IRENA, "RENEWABLE CAPACITY STATISTICS 2018".

2017 年太阳能热发电新增市场主要分布在非洲和亚洲，当年唯一新建投入的电站位于非洲的南非，该国家已连续两年成为太阳能热发电最大的新增市场。另外，澳大利亚、智利、中国、印度、以色列、墨西哥、沙特阿拉伯、摩洛哥等国家也都有热发电站在建设，市场持续由美国和西班牙向其他区域转移。

在市场分布方面，传统的太阳能热发电建设主要国家西班牙和美国已经连续 2 年没有新的电站建成，新增市场逐步转移到非洲和亚洲。目前，非洲是太阳能热发电最活跃的市场，但从累积安装量方面，西班牙、美国仍然占据统治地位，二者合计占全球累积安装量约为 80%（表 2-3-1），图 2-3-2 为全球太阳能热发电累计装机容量分布。

① IRENA, "RENEWABLE CAPACITY STATISTICS 2018", 2018.

表 2-3-1　全球主要国家太阳能热发电装机情况　单位：万 kW

国家	2017 年累积安装量
西班牙	230
美国	174.4
印度	22.5
南非	30
摩洛哥	18
阿联酋	10
阿尔及利亚	2.5
埃及	2
中国	2
澳大利亚	1.2

数据来源：REN21, *Renewables 2017 GLOBAL STATUS REPORT*, 2018.

NRE，"Concentrating Solar Electric Generating System".

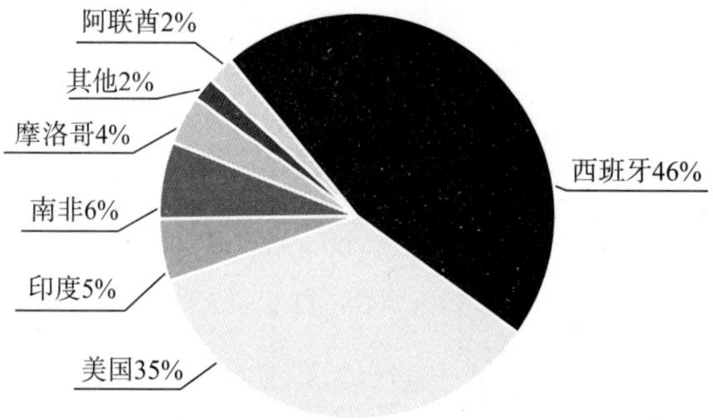

图 2-3-2　全球太阳能热发电累计装机容量分布

西班牙太阳能热发电市场虽然起步较早，但近几年受政策的影响，市场基本停滞，2013 年后再也没有新的电站建成。但西班牙太阳能热发电累计装机容量仍然位居全球第一位，大大领先于全球其他国家。

美国 2017 年也没有新的太阳能热发电项目建成，仍然维持原先的累计安装量约 170 万 kW。在美国，由于太阳能光伏的竞争和天然气价格的下降，太阳能热发电的市场陷入了停滞。

非洲是近几年太阳能热发电最活跃的市场，2017 年新增太阳能热发电装机位于南非，新增装机为 10 万 kW（储热时间 5.5h），累计装机容量达到了 30 万 kW，使其连续第二年成为非洲太阳能热发电累计装机容量最大的国家。摩洛哥 2017 年仍在推动太阳能热发电站的建设，装机容量 200MW 的 Noor 二期槽式光热电站（配置 7h 储热）和装机容量 150MW 的 Noor 三期塔式电站（配置 7h 储热）进入最后的安装调试阶段，预计将于 2018 年投入商业运营。一旦这两个电站投入运营，摩洛哥的太阳能热发电站总装机容量将达到 50 万 kW。受南非、摩洛哥热发电站建成投运的影响，非洲其他国家也在筹划新的热发电站建设。其中，阿尔及利亚继 2015 年发布了热发电建设规划后，近两年正在推动项目的建设；埃及也在推动 5 万 kW 热发电站的建设工作。

亚洲　中国持续推进总装机规模为 100 万 kW 的太阳能热发电站规模化示范项目建设，预计部分项目 2018 年建成并网；印度 2017 年是亚洲除中国外，唯一有太阳能热发电站建设的国家，装机规模为 1.4 万 kW 的 Dadri 太阳能联合循环发电厂正在建设当中，预计于 2018 年开始运营。另外，Gujarat 太阳能热发电站也重新进入建设阶段，装机容量为 2.5 万 kW。

中东　以色列装机为 12 万 kW 的 Ashalim 的塔式太阳能热发电站一期仍在建设当中，计划于 2018 年投入运营；二期的槽式电站装机 11 万 kW，2017 年已经开始施工，预计两年后建设完成。在沙特阿拉伯，装机总规模为 9.3 万 kW 的太阳能 ISCC（Integrated Solar Combined Cycletechnology）电站以及科威特装机规模 5 万 kW 的 Shagaya 槽式光热电站（储热时长为 10h）2017 年都在建设当中。在阿联酋，2017 年对总装机规模为 70 万 kW 的太阳能热发电站进行了招标，其中 10 万 kW 的槽式（储热时间 15h）和 60 万 kW 的塔式（储热时间 10h），中标价仅为 7.3 美分 / 千瓦时，刷新了当地太阳能热发电的电价纪录，该项目预计 2020 年建设完成。

南美洲　智利装机容量 11 万 kW 的 CERRO 塔式电站恢复建设，预计 2019 年建设完成，可以为矿区生产提供基础负荷的电力。另外，智利正在筹划建设装机容量为 10 万 kW 的热发电和光伏发电混合电站。

另外，澳大利亚、丹麦和法国等国家都有一些太阳能热发电系统正在建设当中。其中丹麦利用太阳能热发电集热系统产生的高温热量与生物质锅炉及油锅炉结合，为区域供暖系统提供热力。

3.2 产业发展形势

随着太阳能热发电市场的快速转变，尤其是西班牙和美国市场的快速萎缩，使得刚刚发展起来的生产制造企业和系统开发商面临严峻的挑战，也迫使传统的热发电企业转向南非，中东、北非和亚洲市场，带动了当地热发电产业的发展。

2017 年世界上最大的太阳能热发电工程开发商阿本戈公司摆脱了破产的困境，与沙特阿拉伯的 ACWA 公司合作，共同开发项目，积极参与了南非和摩洛哥的热发电项目。

另外，比利时的 Rioglass 太阳能公司继 2013 年收购了德国西门子公司的热发电吸收器业务后，仅两年又收购了作为太阳能热发电行业里领先企业德国肖特公司的吸收器业务，积极布局太阳能热发电产业；GE 公司也在 2015 年年底收购了 Alstom 的太阳能热发电业务，积极进入太阳能热发电产业；西班牙的 Acciona、ACS Cobra、Sener 和 TSK 等公司和美国的 BrightSource、Solar Reserve 等公司在全球的太阳能热发电产业中表现比较积极，这些公司涵盖了热发电产业链上的开发、建设、运营和设备生产等各个环节。

随着太阳能热发电在全球不同区域得到开发，除了西班牙、美国、德国等传统已有的热发电制造产业外，中国、澳大利亚、印度和中东的热发电制造产业也开始发展。新兴市场国家鉴于热发电对本地制造，工程和技术的拉动潜力，包括摩洛哥、沙特阿拉伯、南非和阿联酋等，通常在当地的工程招标过程中，增加产业本地化相关的要求，以培育和建设当地的热发电产业。

成本方面，太阳能热发电一直面临发电成本过高的竞争压力。2017 年通过技术进步，在竞争性投标中。招标价格下降较大，特别是在澳大利亚、智利、美国、阿联酋和南非等国家，招标电价屡创新低。南非通过太阳能热电站的竞标过程，从第一轮到第三轮的采购价格下降了约 40%。在阿联酋，最新投标的太阳能热发电价格最低降到了 7.3 美分 / 千瓦时。在澳大利亚南澳大利亚州，一座 150MW 的电站太阳能热发电站（8h 储热），招标电价为 6.1 美分 / 千瓦时，创出太阳能热发电的电价新低。全球太阳能热发电随着电站开发经验的积累以及规模的不断扩大，电站的度电成本将呈现下降趋势，但与其他可再生能源发电相比，面临的成本压力还比较大。

3.3　技术发展形势

槽式和塔式技术在2017年仍然是太阳能热发电的主要应用技术，当年仅有的一个热发电站建成投入运营，采用的是塔式技术。塔式热发电作为近期发展较快的技术被越来越多的公司采用，但从累计装机容量看，截至2017年年底，槽式热发电技术仍然占全球安装量的80%以上。菲涅耳式和碟式技术近两年都没有新的电站建成，规模依旧很少，技术发展缓慢。塔式发电技术近几年增长较快，所占比例不断提高，太阳能热发电领域槽式技术一枝独大的局面不断改变。

由于受太阳能光伏成本的竞争压力，太阳能热发电越来越多地采用储能技术，以发挥其可提供基础负荷电力的技术优势，近两年所有建成的热发电站都配有热能存储设施。同时在非洲、中东、亚洲等地正在开工建设和规划的太阳能热发电站也都配有储能设施，且储热时长有加大的趋势，如摩洛哥正在建设的二期工程将储能设施由原先的3h提高到了7h，其他地区电站的储热也大多超过了5h。另外，随着越来越多的大型太阳能热发电站在缺水区域的应用，如非洲区域，为了保护环境，减少电站用水量，空冷技术得到广泛采用。

近两年太阳能热发电站储热技术的改进和成本降低成为各大公司和机构的重点研究领域，尤其是熔融盐储热技术。熔融盐储热工作温度可达560℃，是传统碳氢化合物和导热油等传热介质无法达到的，且熔融盐成本低、寿命长、换热性能好，可以大范围提高储热能力，增加太阳能热发电站的发电小时数，降低太阳能热发电的发电成本。但2016年以来熔融盐储热技术面临较大挑战，西班牙和美国太阳能热发电站的熔融盐储热设施相继出现问题，影响了电站的收益。因此熔融盐储热技术还需要进一步发展和完善。另外，在意大利、美国和阿联酋等国家还有一些专注于新型存储介质点研究，如沙子和混凝土等。

另外，由美国和阿联酋支持的研发项目，聚焦于高温工艺材料的研发，通过更高温度的工艺过程，提高热量传输和能量转换效率，从而提升整个热发电站效率。一些公司和研究机构近两年专注于成本下降相关技术的研究，如定日镜和反射镜等热发电站部件成本的下降、冷却和镜面清洗用水量降低等。2017年对定日镜设计的改进技术得到了发展，新技术专注于使用更薄的玻璃，更大的定日镜尺寸等。另外，高效和便宜的定日镜驱动器技术得到了一些国家和公司的支持，如迪拜电力和水务管理局出资 1.36 亿美元的研究经费用于驱动器技术的研究支持。

欧洲和美洲都在 2017 年推出了新的研究经费支持计划，支持太阳能热发电成本降低的相关技术研究。美国投入 6 200 万美元支持太阳能热发电成本下降的技术研发，目的是到 2020 年将热发电成本降到 6 美分 / 千瓦时。欧洲的技术研究目标是将太阳能热发电成本在 2013 年的基础上降低 40%。

4 太阳能热利用

4.1 市场发展形势

太阳能热利用技术可广泛应用于热水、供暖制冷和工农业用热等热能供给，在越来越多的国家得到普及应用。2017 年全球太阳能热利用市场仍然面临增长压力，市场规模持续下降，新增太阳能热装机容量为 35GW_{th}①，相当于集热面积 5 000 万 m^2，同比下降 3%。同年，全球运行的太阳能热利用热装机容量累计达到 4.72 亿 kW_{th}，相当于集热总面积 6.74 亿 m^2。全球太阳能热利用历年市场规模如表 2-4-1 所示，市场发展情况如图 2-4-1 所示。

表 2-4-1　2010—2017 年全球太阳能热利用市场规模

年份	2010	2011	2012	2013	2014	2015	2016	2017
集热总面积 / 亿 m^2	2.797	3.35	4.03	4.71	5.8	6.2	6.5	6.74
热装机容量 /GW_{th}	195.8	234.6	282	330	406	435	456	472
年增长率 /%		20	20	17	23	7	5	

数据来源：REN21, *RENEWABLES 2017 GLOBAL STATUS REPORT*, 2018.

2017 年，中国仍然是世界太阳能热利用保有量最多的国家，远远高于其他国家，占全球保有量的 71.2%，其次为美国、土耳其、德国等国。当年全球新增量前 20 位的国家，市场规模约占全球总规模的 93%，同比下降 1 个百分点。2017 年全球

① 为了方便太阳能热利用与其他可再生能源技术之间的比较，2004 年国际能源署（IEA）与奥地利、美国、澳大利亚等国家及行业内的专家协商确定以热装机容量来表示太阳能热利用安装量，即 1m^2 相当于 0.7kW_{th} 的热装机容量。

新增量前 20 个国家及地区的市场情况如表 2-4-2 所示。

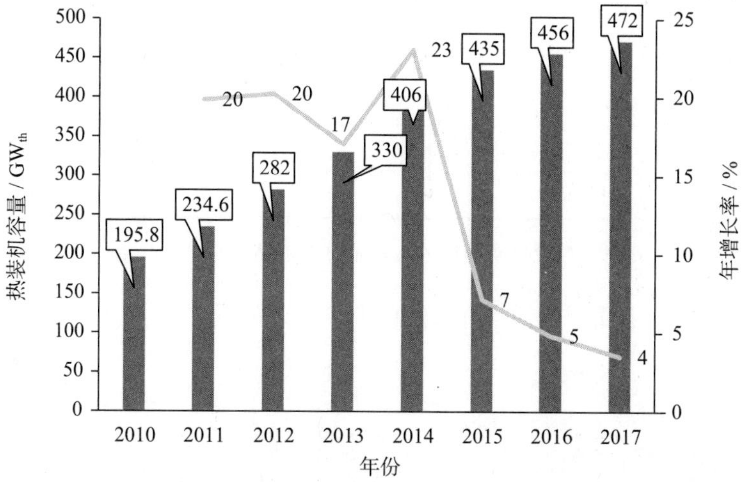

图 2-4-1 全球太阳能热利用市场发展情况

数据来源：REN21, *RENEWABLES 2017 GLOBAL STATUS REPORT*, 2018.

表 2-4-2 2017 年全球新增量前 20 个国家及地区的市场情况

国家（地区）	2016 年累积安装量 /GW$_{th}$	2017 年新增安装量 /MW$_{th}$	2017 年市场增速 /%
中国	322	26 061	–6
土耳其	14.1	1 350	4
印度	7.2	1 060	26
巴西	9.6	884	–3
美国	17.982	658	–4
德国	13.721	437	–16
澳大利亚	6.381	370	–3
墨西哥	2.256	274	7
以色列	3.453	256	1
希腊	3.29	220	16
西班牙	2.749	142	–5
意大利	3.142	136	–4
南非	1.292	96	4
波兰	1.481	78	–4
奥地利	3.778	71	–9

国家（地区）	2016 年累积安装量 /GW_{th}	2017 年新增安装量 /MW_{th}	2017 年市场增速 /%
中国台湾地区	1.27	68	-3
瑞士	1.159	57	-3
突尼斯	0.639	46	-2
日本	2.45	43	-15
法国	1.646	34	-27

数据来源：REN21, *RENEWABLES 2017 GLOBAL STATUS REPORT*, 2018.

全球太阳能热利用累积安装量分布如图 2-4-2 所示。

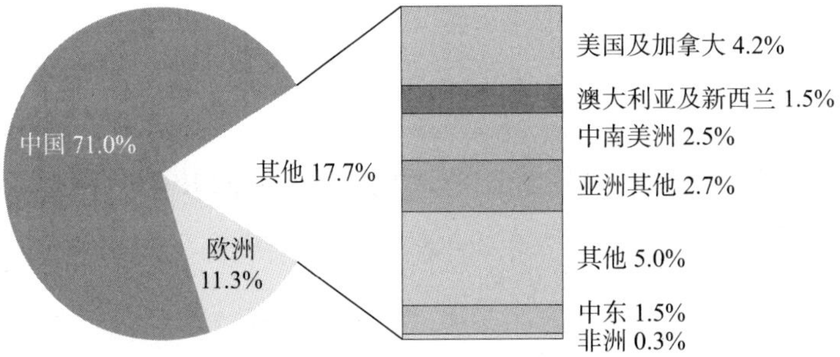

图 2-4-2　全球太阳能热利用累积安装量分布

数据来源：IEA, *Solar Heat Worldwide* 2018.

2017 年太阳能热利用市场仍然主要分布在中国、印度，土耳其、美国、巴西等国家。当年新增市场较大的国家是印度、希腊、土耳其等国家。太阳能热利用传统国家的市场普遍下滑，其中中国持续下降，降幅有所收窄，下降约 4%，日本和澳大利亚都出现了下降，分别下降 15% 和 3%。

2017 年，一些欧洲国家的太阳能热利用市场持续下降，其中法国下降了 27%，连续两年下降幅度超过 20%，奥地利下降了 9%，西班牙下降了 5%。同时有一些国家热利用市场增长明显，如印度市场增长 26%，希腊市场增长了 16%。由于全球主要国家的太阳能热利用市场大多数下降，尤其是占全球市场 3/4 的中国市场 2017 年持续下降，尽管降幅比 2016 年略有降低，但仍然导致全球太阳能热利用市场增量连续下滑。

以人均拥有太阳能集热面积计算，根据 IEA 2018 年的统计数据，2016 年全球人均太阳能热利用面积最多的国家是巴巴多斯，每千人拥有量 736m^2；其次为奥地利，千人拥有量 597m^2。中国每千人拥有量 337m^2，位列全球第八位。2016 年全球人均拥有量前 10 位的国家如表 2-4-3 所示。

表 2-4-3 2016 年全球人均拥有量前 10 位的国家

	巴巴多斯	奥地利	塞浦路斯	以色列	希腊	巴勒斯坦	澳大利亚	中国	丹麦	土耳其
每千人拥有量 / kW_{th}	515	418	399	397	292	289	269	236	204	186
每千人拥有量 / m^2	736	597	570	567	417	413	384	337	291	266

数据来源：IEA, *Solar Heat Worldwide* 2017, 2018.

4.2 产业发展形势

生产制造企业积极应对市场形势 2017 年太阳能热利用的制造企业受市场影响，仍然面临较大的生存压力。如奥地利的太阳能热利用企业，由于受其市场持续下滑的影响，有的企业被迫重组整合，其重点企业 Tisun 受债务影响与 Sonnenkraft 公司重组。

而一些有经验的传统热利用企业开始全球范围内寻求合作，共同生产产品、开发市场。如瑞典 Absolicon 太阳能公司与中国的合力新能源公司合作，将其太阳能中高温集热器生产线投放到中国；波兰的太阳能热利用系统供应商 Makroterm 公司与摩尔多瓦 Raut 公司合作，在当地共同建立真空管集热器的生产线，为当地市场服务；土耳其的太阳能热利用集热器制造商 Solimpeks 与乌兹别克斯坦的阿特尔集团合作，在当地建立集热器和水箱的生产线，布局中亚市场。

一些传统的热利用集热器生产企业 2017 年受全球太阳能热利用市场的持续萎缩的影响，开始追求产品的多样化，生产不同的产品种类。有的生产厂商增加热泵以及热利用与光伏复合产品的生产，有的企业增加太阳能空气集热器产品的生产，应用于工农业的干燥和供暖。

市场发展较好国家带动当地产业发展 虽然受全球太阳能热利用市场持续下滑的影响，一些企业面临较大挑战，但有的国家由于太阳能热利用市场发展较好，也带动国内的生产企业共同发展。如印度和土耳其两个国家，由于其市场在 2017 年发展较好，带动了两家土耳其平板集热器的制造商和印度一家太阳能集热器制造商成功进入全球最大的平板集热器前 20 位名单。

产业链全球布局出现变化 从太阳能热利用的产业链看，太阳能集热器主要分为平板集热器、真空管集热器、无盖板集热器三类。真空管、无盖板集热器生产布局保持稳定，平板集热器生产布局出现较大变化。

真空管集热器的生产主要在中国、印度和土耳其。作为全球最大的真空管集热器生产国，中国已建成了从原材料加工、集热器生产到热水器生产的完整产业链，同时产品开发制造、工程设计、营销和市场服务的产业服务体系也已建成。世界上最大的几个真空管生产厂家日出东方、力诺瑞特、桑乐、皇明等都在中国。除中国外，印度和土耳其也是全球真空管集热器的生产制造基地。

平板集热器的生产制造在 2017 年发生了较大的变化。随着中国平板集热器产品市场的增长，中国的平板集热器生产厂家开始加大投入力度，逐渐位居世界平板集热器生产的前列。中国的日出东方已经位居平板集热器生产的首位，而一直位居首位的奥地利公司 Greenonetec 公司退居第二位。另外，亚洲的印度、土耳其等国的平板集热器生产也得到了较快发展，平板集热器的生产格局由传统的欧洲开始向亚洲扩展。欧洲仍然是世界平板集热器产品的主要生产基地，具有完整的产业链，技术和装备位于世界前列。全球技术较好的平板集热器生产厂家多位于欧洲，主要企业包括德国的博世、菲斯曼，奥地利的 Greenonetec、土耳其的 Ezinc 及比利时的 Soletrol 公司等。

德国是太阳能平板集热器产品生产装备的主要出口国，也是高温真空集热管及集热装置的主要供应国，其生产技术与工艺世界领先。德国肖特、施耐德等公司在包括太阳能热发电在内的高温热利用领域占据重要的市场份额。平板无盖板集热器主要在北美洲的美国和加拿大等地区生产和应用。

4.3 技术发展趋势

太阳能热利用技术主要应用于加热民用热水，随着集热器技术的进步与发展，热利用应用技术逐步由民用热水向建筑物供暖与制冷、工农业的热力供应等方向拓展，2017 年这种发展趋势仍然持续。

4.3.1 太阳能热利用的产品技术

太阳能热利用的产品技术主要包括真空管、平板和无盖板及空气集热技术。根据 IEA-SHC 的统计数据，2017 年太阳能热利用产品的累计安装量中，真空管集热器的市场份额仍然最高，约为 73.8%，其次是平板集热器 22%、无盖板集热器 4%，空气集热器的应用量非常小，仅有 0.2% 的市场份额。全球太阳能热利用累计安装量中产品类型分布如图 2-4-3 所示，新增安装量中产品类型分布如图 2-4-4 所示。

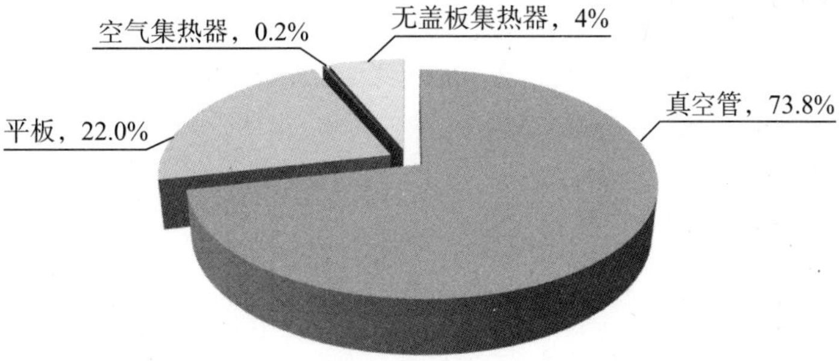

图 2-4-3 2016 年全球太阳能热利用累计安装量中产品类型分布

数据来源：IEA，*Solar Heat Worldwide* 2017，2018.

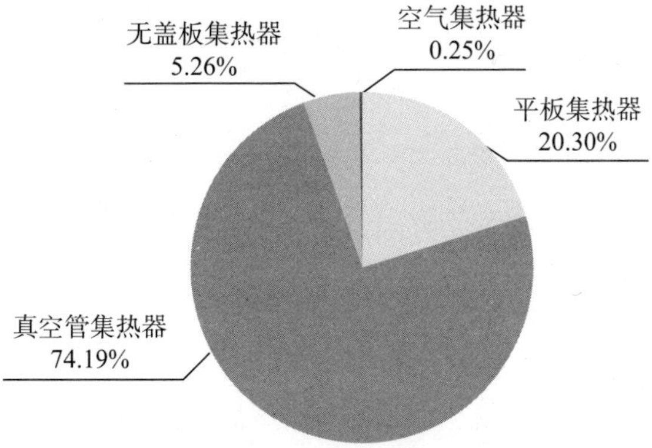

图 2-4-4 2016 年全球太阳能热利用新增安装量中产品类型分布

数据来源：IEA，*Solar Heat Worldwide* 2017，2018.

从 2017 年的新增集热器安装面积来看，真空管技术仍然占据主流，平板占据第二位。2017 年全球太阳能热利用累计安装量中产品结构分布如图 2-4-5 所示，图 2-4-6 为 2017 年全球太阳能热利用新增安装量中产品结构分布。

从全球范围看，三种集热器产品有明显的地区分布特点，中国市场 90% 以上的产品是真空管集热器，欧洲市场 80% 以上的产品是平板集热器，美国和澳大利亚的产品以平板无盖板集热器为主。应用产品的类型与当地的需求有很大的关系，在中国和非洲等发展中国家，太阳能集热器主要用于生活热水的加热，而真空管集热器由于保温效果好，价格相对较低，因此在发展中国家发展较好；在欧洲发达国家，太阳能热利用主要是与其他能源结合成复合承压系统，为建筑提供热水和供暖，而平板集热器由于具有较好的承压特性，因此在欧洲发展较好；美国和澳大利亚地区的太阳能热利用主要用于游泳池的加热，需要的温度较低，因此成本更低的无盖板集热器发展较快。

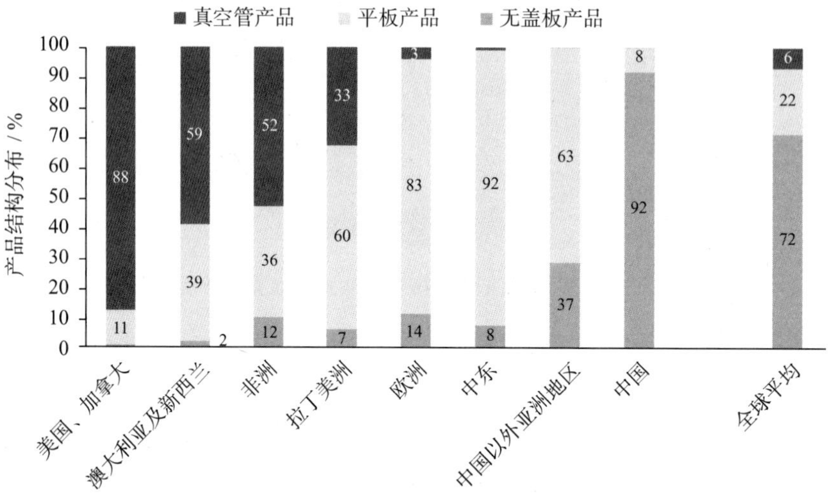

图 2-4-5　2017 年全球太阳能热利用累计安装量中产品结构分布

数据来源：IEA，*Solar Heat Worldwide* 2017, 2018.

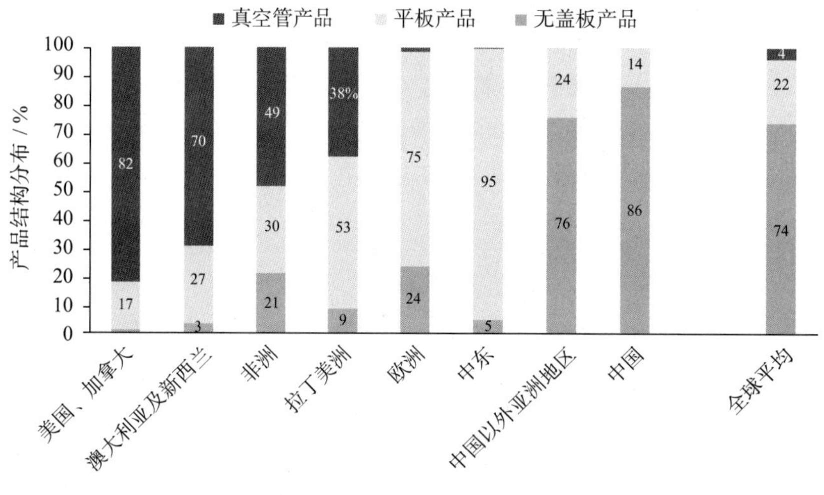

图 2-4-6　2017 年全球太阳能热利用新增安装量中产品结构分布

数据来源：IEA，*Solar Heat Worldwide* 2017, 2018.

4.3.2　太阳能热利用的应用技术

近几年，太阳能热利用的主要应用从生活热水的加热逐渐拓展到建筑供暖、制冷和工农业供热的应用。目前在全球的大部分地区，太阳能供暖、制冷和工业热利用的成本相对较高，与化石能源的竞争优势不明显，尚未进入快速发展阶段，但由于具有大规模替代化石能源的潜力，代表了未来太阳能热利用技术的发展方向。

目前全球市场上大多应用的是虹吸式太阳能热水产品（自然循环系统），而强制循环系统所占比例较低。根据IEA统计数据，2016年全球市场89%的新增太阳能热利用系统都是热虹吸系统，带有泵的强制循环系统只占到11%。在累计安装量中78%的系统是热虹吸系统。图2-4-7为全球累计太阳能热利用系统类型分布，图2-4-8为全球新增太阳能热利用系统类型分布。

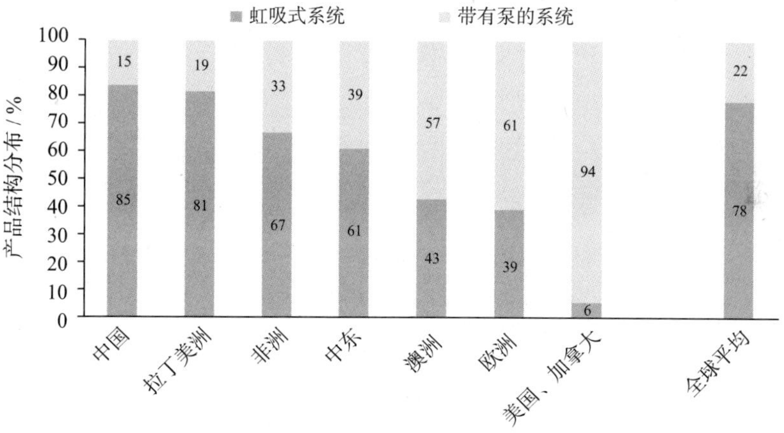

图 2-4-7　全球累计太阳能热利用系统类型分布

数据来源：IEA，*Solar Heat Worldwide* 2017，2018.

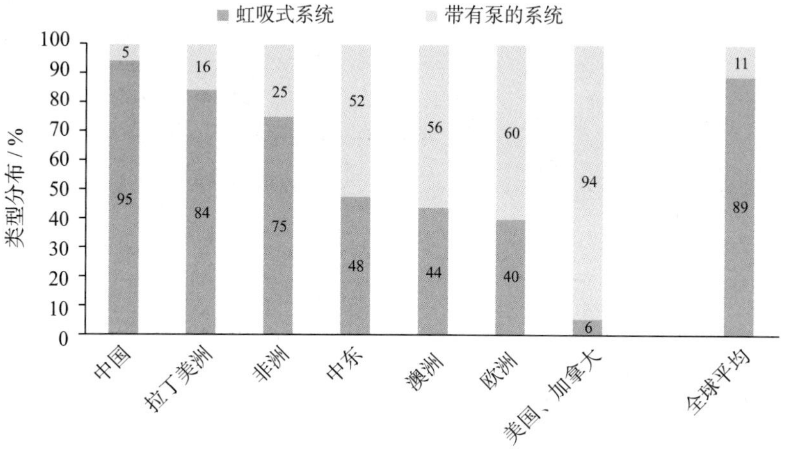

图 2-4-8　全球新增太阳能热利用系统类型分布

数据来源：IEA，*Solar Heat Worldwide* 2017，2018.

2017 年户用太阳能热水系统虽然仍是市场的主要产品，但是集中式太阳能热利用系统在越来越多的国家得到应用。全球总共有近 300 个大型太阳能热利用系统（集热面积超过 $500m^2$）用到区域供热系统当中。其中 90% 的系统安装在欧洲，而丹麦占了欧洲大型太阳能热利用系统的 76%。这些系统主要为公共建筑、区域内民用建筑提供供暖和热水需求。而户用太阳能热水系统主要应用在中国、泰国、印度等亚洲以及南非、埃及、肯尼亚、摩洛哥等非洲的发展中国家，为提高这些地区的人民生活品质发挥了重要作用。美国、加拿大等美洲国家太阳能低温利用多应用在游泳池水的加热。在欧洲，太阳能热利用主要与生物质或天然气等其他能源系统结合，组成复合系统，在满足用户热水需求的同时，可以提供 15% ~ 30% 的供暖需求。

大型太阳能区域供暖热利用项目开始在越来越多的国家得到应用，尤其在欧洲国家发展速度较快。2017 年，全球新增大型区域供暖项目 15 个，大部分分布在欧洲，其中丹麦、奥地利、德国各 2 个项目，瑞典、法国、塞尔维亚各 1 个项目，另外，丹麦扩建了 6 个原有的太阳能区域供热项目，其余 6 个项目分布在中国和澳大利亚。当年大型区域供热太阳能热利用系统新增装机近 $30MW_{th}$，相当于集热面积近 5 万 m^2。目前世界上最大的太阳能热利用工程位于丹麦的 Silkeborg，集热面积 $156\,694m^2$，相当于 $110MW_{th}$ 热装机容量，这个工程的建设周期只有 7 个月，说明大型区域供热系统在丹麦已进入成熟发展阶段。丹麦是大型太阳能区域供热系统的领先者，2016 年出现了发展高峰，全年安装了近 40 万 m^2 的太阳能热利用系统，但是 2017 年市场出现下滑，仅安装了 2.7 万 m^2。另外，德国也在大力发展太阳能区域供热项目，2017 年德国共完成了 $9MW_{th}$（$12\,921m^2$）的区域供热工程。波兰、法国等欧洲国家也在筹建太阳能区域供热系统。

欧洲国家开始重视大型太阳能区域供热项目的发展，德国 2017 年开始筹划激励政策，将新增区域供暖系统 50% 的热力由太阳能等可再生能源提供。另外，斯洛文尼亚 2017 年出台政策，将太阳能、生物质能等可再生能源大型供热系统投资的 35% ~ 55% 由政府补助，来激励大型太阳能热利用系统的发展。

近几年，太阳能制冷应用发展缓慢，技术上仍面临着一些瓶颈，同时由于太阳能光伏和其他可再生能源电力成本的快速下降，太阳能热利用制冷技术面临的成本竞争压力较大。从技术发展看，太阳能热利用制冷呈现两种发展趋势：一是大型集热系统与大功率吸收式制冷机结合组成大型的太阳能热驱动制冷系统，其制冷效率较高；二是发展小型制冷机系统（低于 5kW 的制冷机），如丹麦的 Purix、意大利的

Solarinvent 等公司都在研发推出低于 5kW 易于安装的小型制冷系统。2017 年，太阳能制冷技术开始在中东，如科威特、沙特阿拉伯和阿联酋等国家得到发展。由于这些国家逐步取消电力补助，使得太阳能制冷技术有了一定的市场应用。一些示范工程 2017 年建设完成，这些系统主要由欧洲的系统供应商提供。包括迪拜一个 10kW 的太阳能吸收式制冷系统和科威特一个采用真空平板集热器，集热面积 234m^2 的太阳能制冷系统。

2017 年，太阳能工业热利用也有一定发展，但发展缓慢。由于工业热利用的终端对热力品质要求较高，因此中高温集热器和聚焦式集热器近几年得到发展，主要用于工业蒸汽的供应。2017 年，全球太阳能工业热利用系统共安装集热面积约 68 万 m^2，其中中高温集热系统约 143MW_{th}（20.5 万 m^2），主要分布在阿曼、意大利、中国、印度等地。这些系统主要应用到工业领域，为食品、纺织等行业提供工业蒸汽。其中 2017 年阿曼安装完成了世界上最大的工业热利用系统，安装集热系统 100MW_{th}，采用槽式集热器，为油井开采提供蒸汽。该系统将在 2018 年继续扩展，总安装规模将达到 200MW_{th}。

5　全球生物质能产业发展概述

生物质能形式多样、应用广泛，涵盖了电力、热力、交通等多个领域。生物质能是可再生能源体系中的重要组成部分，据国际可再生能源机构（IRENA）发布的《可再生能源路线图 2030》预测，2030 年可再生能源在全球能源消费总量中的占比将达 36%，其中生物质能将占可再生能源的 60%[①]，生物质能将在未来能源替代中发挥重要作用。目前，生物质能大规模开发受生态环境、粮食安全、技术进步、开发经济性等多重因素影响，若要充分挖掘生物质资源潜力，仍需在生产生活方式、技术研发、社会经济等各方面大幅提升。

2017 年，全球环境问题涉及的能源需求和能源安全是继续驱动生物质能应用增长的动力。根据 REN21《全球可再生能源现状报告 2017》估算，2016 年，全球生物质能利用总量约占全球能源消费量的 11%。其中，生物质供热所占比重最大，约 45EJ，占生物质能总量的 77%。在生物质能供热领域，传统生物质能约占

① IRENA, Global Bioenergy SUPPLY AND DEMAND PROJECTIONS, 2014.

70%，主要来自亚非等不发达地区利用薪柴、木炭、动物粪便等直接燃烧炊事、取暖。2017 年的现代生物质能利用中，生物质发电装机容量约 12 200 万 kW，发电量 555TW · h。生物液体燃料总量约 1.1 亿 t，生物质颗粒燃料产量约 2 800 万 t。

5.1 全球生物质发电产业进展

生物质发电主要包括固体生物质（直燃）发电、垃圾发电、沼气发电。截至 2017 年年底，全球生物质发电装机容量达到 12 200 万 kW[①]，较 2016 年约增长了 9%，发电量约 5 550 亿 kW · h，约占全球发电量的 2%。

根据 REN21 发布的 Renewables 2018 GLOBAL STATUS REPORT 数据，2017 年，美国在运行的生物质发电项目装机容量为 1 680 万 kW，发电量 690 亿 kW · h。巴西的生物质发电装机容量约为 1 460 万 kW，发电量达到 541 亿 kW · h，其中蔗糖行业提供上网电量（SIN）200 亿 kW · h。巴西现行政策中要求，2007—2017 年，地方公共设施服务企业每年通过竞标获得的新能源装机至少为 200 万 kW。根据 Global Date 分析，预计 2018 年巴西的生物质发电装机容量将达到 1 710 万 kW。

在可再生能源法令的推动下，欧盟的生物质发电继续保持增长态势。2017 年，欧洲的生物质发电装机容量约 4 100 万 kW，较上年增长 11%。德国在欧洲生物质发电装机容量上处于领先地位，2017 年生物质发电装机容量约 800 万 kW，较上年增长 5%。其中沼气发电装机容量约 616 万 kW；生物质发电量约 520 亿 kW · h，约占德国总发电量的 9%。

近年来，英国大力推进生物质发电项目建设，2017 年，英国的生物质发电装机容量达到 600 万 kW，约增长了 7%。英国的生物质发电量约 18 亿 kW · h，较上年增长了 6%。英国正在实施燃煤电站向生物质电站的改造工程，现全国最大的两座燃煤电站已改为生物质燃料。英国政府计划在 2025 年关闭所有燃煤电站，这将为生物质发电创造发展空间。

在亚洲，中国的生物质发电规模最大，装机容量约 1 200 万 kW，发电量约 540 亿 kW · h。日本受福岛核电站灾难事件影响，开始加大生物质发电的发展力度，2016 年生物质发电装机容量达 408 万 kW，发电量约 380 亿 kW · h。生物质原料主要来自进口加拿大的颗粒燃料。

① REN21. Renewables 2018 GLOBAL STATUS REPORT.

沼气发电

2017 年，全球沼气发电装机容量约 1 692 万 kW，较上年增长了 2.9%。从区域发展来看，欧洲的沼气发电最为发达，2016 年的沼气发电装机容量约 1 206 万 kW，约占全球沼气发电装机的 71%。[①] 欧洲国家中，德国的沼气产业规模最大，应用最广。2017 年，德国沼气发电装机容量达 616 万 kW。自 2011 年起，德国的生物燃气利用方式开始向制备生物天然气转变。据德国生物燃气协会估计，到 2020 年，生物燃气发电总装机容量将达到 950 万 kW，且将重点发展 150kW 以下的小型生物燃气工程。

5.2 生物质供热发展形势

生物质供热可应用于工农业生产、居民供暖、热电联产等多个领域，可为工业生产提供高热值热源，也可为家庭、商业或工业等领域提供低温热水。2016 年，全球现代生物质能的供热量约为 13.9EJ（约 4.7 亿 t 标准煤），工业领域的生物质供热量约占 65%，居民和商业领域的生物质供热量约占 35%。2017 年现代生物质供热能力总量约 314GW_{th}。

生物质供热主要来自生物质固体燃料，近年来生物质供热未有明显增长，在全球工业供热消费总量的比重维持在 7% 左右，主要应用领域包括纸浆、造纸、木材、食品和烟草等。欧洲的生物质供热最为发达，生物质供热量约 1 亿 t 标准煤。

全球生物质固体燃料在工业和供热领域的应用进一步扩大。2017 年，工业领域的颗粒燃料消耗量约 1 600 万 t，区域供热和居民独立供热消耗的颗粒燃料大约为 1 400 万 t。2017 年全球颗粒燃料产量达 3 000 万 t[②]。从生产地区来看，欧洲仍占据全球颗粒燃料生产和消费的主导地位，2017 年欧洲颗粒燃料产量约占全球颗粒燃料产量的 56%，其次，美国约占 25%，加拿大约占 9%，亚洲约占 8%，其余约占 2%。[③] 图 2-5-1 为 2001—2017 年全球颗粒燃料产量。

5.2.1 欧洲生物质供热

近年来，欧盟颗粒生物质颗粒燃料利用量逐年增长。欧洲生物质颗粒燃料产业发展主要是基于严格执行行业标准，控制生物质颗粒燃料产品质量，从原料到产品进行全面的可持续认证，确保颗粒燃料燃烧排放物符合排放要求。

① IRENA, “RE capacity statistics 2018”, 2018.

② REN21, “Renewables 2018 GLOBAL STATUS REPORT”, 2018.

③ Wood Pellet Association of Canada.

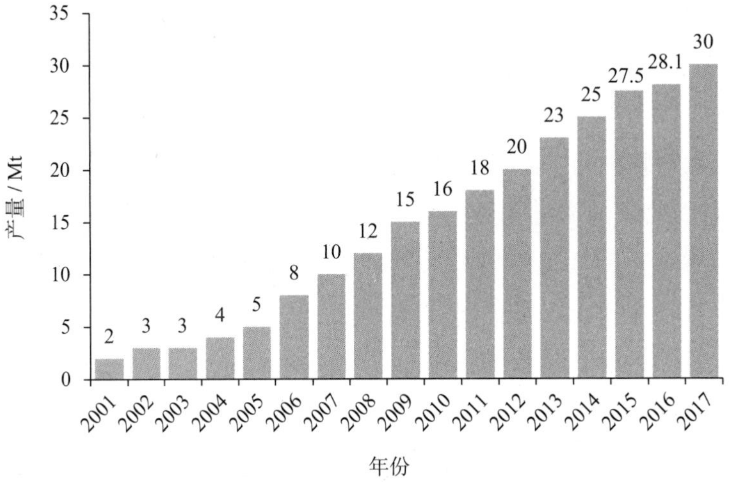

图 2-5-1　2001—2017 年全球颗粒燃料产量

数据来源：*Wood Pellet Association of Canada.*

2017 年欧洲颗粒燃料产量约占全球颗粒燃料产量的 56%，继续保持全球最大的现代生物质供热消费市场。在一些欧洲国家的政策推动下，生物质固体颗粒燃料的应用量快速增长，如法国通过减免税收推进固体颗粒燃料应用，英国对可再生能源供热实施补贴激励措施[①]。

欧洲的颗粒燃料主要应用于发电、供热和热电联产。欧洲各国根据地域资源条件差异，应用领域和方式也各有侧重。英国和荷兰是典型的以发电为主的国家，主要依靠从北美进口颗粒燃料生产电力。德国、奥地利、法国、意大利、芬兰和挪威的颗粒燃料主要用于供热，其中，奥地利和法国自身的颗粒燃料可满足国内需求，意大利主要依靠进口颗粒燃料用于供热。瑞典、丹麦、比利时和波兰的颗粒燃料主要用于热电联产。2017 年，欧洲的生物质供热市场主要在意大利、德国和瑞典。尽管近两年持续的暖冬对一些地区的供热需求有所减少，按照欧洲可再生能源法令要求，欧洲颗粒燃料市场仍有巨大发展空间。近年来，欧洲的生物质固体燃料增长主要来自生物质资源丰富的波罗的海国家和东欧地区，分布式生物质供热的广泛应用减少了上述国家和地区对天然气的进口和依赖。

颗粒燃料具有高能量密度特性，是在全球范围内进行交易的商品化绿色能源。在欧洲，德国、瑞典、拉脱维亚是颗粒燃料主要生产国，北美洲的美国和加拿大是

① Agata Prządka and Erneszt Kovacs, Biogas Report 2014 (Brussels:European Biogas Association, 2014), http://european-biogas.eu/2014/12/16/4331/.

主要生产国。

全球颗粒燃料交易模式主要取决于各地区或国家的经济激励政策。从颗粒燃料发展历史来看，欧洲是颗粒燃料的主要进口区域，由于欧洲本土颗粒燃料成本较高，导致从北美的颗粒燃料进口量大幅增加，预计到2020年，欧洲的颗粒燃料消耗量将增至5 000万～8 000万t[①]，高成本使未来的欧洲颗粒燃料市场的可持续发展受到限制，同时，巨大的应用市场潜力也吸引着全球颗粒燃料生产商的关注。近3年来，日本和韩国逐步成为颗粒燃料的重要进口国。

英国的生物质供热是可再生能源供热的主要形式，约占可再生能源供热技术的99%。英国在非家庭领域实施的可再生能源供热计划（Non-domestic RHI），支持包括生物质锅炉、热泵、太阳能光热、沼气等各类可再生能源供热技术应用。该计划有效推动了英国生物质供热发展。

2017年，全球颗粒燃料进口主要国家见图2-5-2：

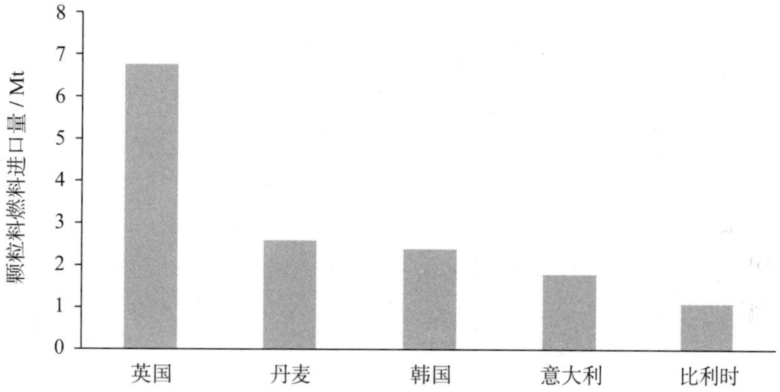

图2-5-2　2017年全球颗粒燃料进口数量

5.2.2　北美生物质供热

北美是全球第二大颗粒燃料市场。2017年，美国生产了580万t生物质颗粒燃料，其中向欧洲出口颗粒燃料520万t。美国的生物质供热主要用于纸浆和造纸等工业领域，拥有420座大型生物质锅炉和11 000座小型生物质锅炉。居民供暖是美国生物质供热的主要需求，全美已有超过80万的独立生物质固体颗粒燃料炉[②]。2017年，加拿大的颗粒燃料厂，总产能超过300万t，产量约270万t。加拿大最大的颗

① http://www.woodpelletmills.com/news/The-European-Wood-Pellets-Market.html.

② Erin Voegele, *EIA: More Wood to Be Used in Heating, PowerApplications in* 2015, Biomass Magazine, 14 November.

粒燃料厂是英属哥伦比亚工厂，产能和产量约占全国的65%，以大型工厂为主，分布在艾伯达、魁北克、新布伦瑞克、新斯科舍等省，各厂平均产量约15万t，其余35%的产能和产量主要分布在东部的纽芬兰，以小型工厂为主，最大产量不超过5万t[①]。2017年加拿大在全球市场出口颗粒燃料243.6万t，其中，向欧洲出口颗粒燃料171万t，向美国出口21万t，还有51万t出口韩国和日本等亚洲国家。

5.2.3 亚洲生物质供热

亚洲地区生物质供热的应用市场主要集中在中国、韩国和日本，生物质供热的原料供应市场主要集中在中国和东南亚等地。东南亚地区凭借丰富的棕榈等热带植物优势，形成了以棕榈壳等林业果实废弃物为主的生物质供热原料生产供应基地。近两年来，越南则是凭借丰富的森林资源和便利的基础航运设施，迅速发展为颗粒颗粒燃料的重要出口国。与北美的颗粒设备大型化发展趋势相反，越南的颗粒燃料生产以小型分布式为主，低廉的价格促使越南颗粒燃料成功进入韩国市场，但由于缺乏原料可持续认证和质量保证，其产品难以进入欧洲市场。

2017年，韩国和日本对颗粒燃料的进口量继续增加，进口的生物质颗粒燃料主要用于煤炭和生物质混燃发电。日本进口生物质颗粒燃料约51万t，其中70%来自加拿大。预计到2025年，生物质颗粒燃料应用量达到84万t。韩国自2012年起开始实施可再生能源配额政策，要求电力生产中必须有2%来自可再生能源。加大利用生物质颗粒燃料、增加生物质发电比重成为韩国可再生能源配额的重要方式。2017年，韩国的颗粒燃料应用量约240万t。我国在亚洲颗粒燃料市场中占有较高份额，但近两年国内生物质颗粒燃料产业发展有所放缓。2017年我国的颗粒燃料应用约1 000万t。

5.3 全球生物质液体燃料发展形势

5.3.1 全球生物液体燃料概况

生物液体燃料在全球范围内的应用已经较为广泛，主要是燃料乙醇和生物柴油在道路交通领域替代化石燃料。随着生物燃料技术不断进步，未来生物燃料在航空燃料领域的应用也将具有较大空间。进入21世纪后，全球生物燃料乙醇产量快速增长，从2000年的1 350万t增至2017年的8 081万t，年均增长超过11%。近年来，

① *Wood Pellet Association Canada.*

道路交通车辆的电气化和智能化发展对包括生物燃料产业在内的传统交通燃料发展形成巨大挑战。但是鉴于生物燃料在保障能源安全、应对气候变化、促进社会经济发展等多方面的重要作用，在重型卡车、船运、航空等电力驱动难以替代的特殊领域潜力仍旧较大，世界各国仍在不断加强研发支持力度和市场化应用探索。在近中期的清洁能源替代进程中，生物燃料仍将作为重要的战略性能源。

5.3.2 生物燃料乙醇发展形势

2017 年，全球生物燃料乙醇产量约 8 081 万 t，较上年增长了 1.8%①。图 2-5-3 为 2002—2017 年全球生物燃料乙醇产量。生物燃料乙醇经过 2010—2013 年的低迷，逐步进入稳步增长轨道。2016—2017 年，生产乙醇的主要原料玉米和甘蔗生产平稳，相对稳定的原料价格有效控制了燃料乙醇的生产成本，燃料乙醇产量继续呈增长态势。

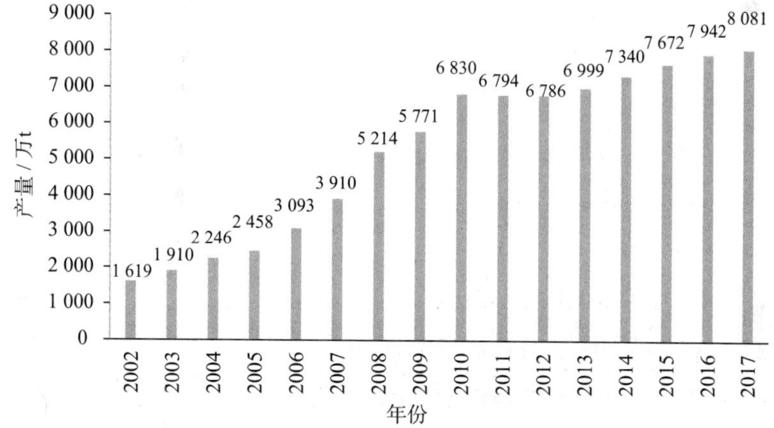

图 2-5-3 2002—2017 年全球生物燃料乙醇产量

数据来源：2001—2002 年 数据来自 F.O. Licht, World Ethanol and Biofuels Report, vol. 7, no. 18（26 May 2009）, p. 365; 2003—2011 年数据来自 F.O. Licht, World Ethanol and Biofuels Report, vol. 10, no. 16（24 April 2012）, p. 323, 2012—2017 年数据来自 RFA.

燃料乙醇主要由糖类和谷类作物为原料生产而成，其中以糖类原料生产的燃料乙醇约占 60%，以谷类作物为原料生产的燃料乙醇约占 40%。不同国家和地区的自然条件差异决定了不同生物燃料原料类型，美国主要以玉米为主，巴西以甘蔗为主，中国则是将木薯等非粮原料作为未来燃料乙醇发展的主要原料。

① REN21, *GLOBAL STATUS REPORT*, 2016.

如图 2-5-4 所示，美国和巴西继续占据全球生物燃料乙醇市场的主导地位，2017 年，两国的生物燃料乙醇产量约占全球总产量的 84%，欧盟约占全球生物燃料乙醇产量的 5%，中国生产了约 260 万 t 燃料乙醇，约占全球产量的 3%，加拿大乙醇产量也超过 130 万 t。

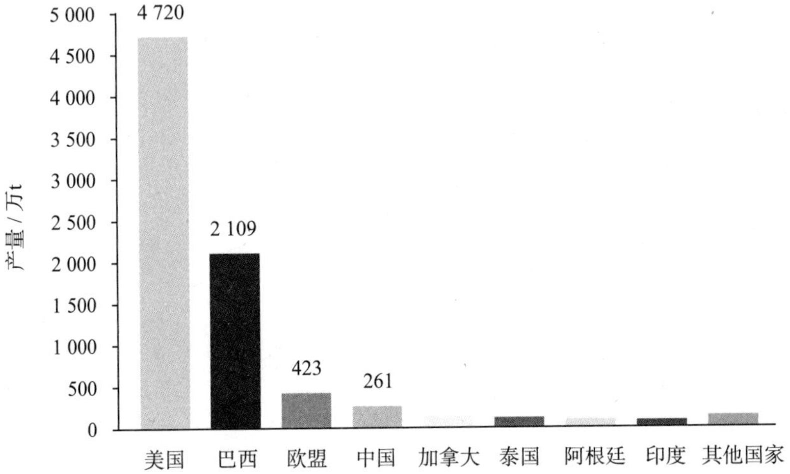

图 2-5-4　2017 年世界主要国家和地区生物燃料乙醇产量

数据来源：RFA analysis of public and private estimates.

美国　2017 年，美国生物燃料乙醇产量再创历史新高，总产量达 4 720 万 t，继续占据全球第一，约占全球燃料乙醇产量的六成[①]。美国不仅是生物液体燃料的生产大国，先进科技的强大支撑是美国长期处于领先地位关键所在。2007—2017 年，美国通过科技创新，使玉米产量增长了 10% 以上，同期的乙醇产量也显着增加，从每年 65 亿加仑到 158 亿加仑。美国农业部预计，按照目前的技术发展趋势，即通过玉米产量、工艺燃料转换和运输效率提高，到 2022 年玉米乙醇的温室气体排放将达到比汽油低近 50% 的目标，玉米乙醇将成为未来美国化石燃料的重要替代品。

美国长期坚持燃料乙醇产业发展的重要原因是，燃料乙醇产业具有社会和环境的双重效益。根据美国可再生燃料协会统计数据，美国生物燃料乙醇产业发展近 10 年来，为美国农村发展做出了重要贡献，工业产值增长了 74%，就业人数增长了 42%。表 2-5-1 显示了美国自 2007 年以来生物燃料乙醇产业的变化情况。

① 2018 Ethanol Industry Outlook, RFA.

表 2-5-1　2007 年与 2017 年美国生物燃料乙醇产业发展比对

乙醇生产	2007 年	2017 年	变化率 /%
运行乙醇厂	110	211	92
乙醇产量 /10 亿加仑	6.5	15.8	143
副产品（动物饲料）/Mt	18.4	41.4	125
工业产值 /10 亿美元	17.8	31	74
就业数量	238 541	339 176	42
先进生物燃料 /10 亿加仑	0.49	2.79	469

数据来源：RFA.

美国生物燃料乙醇产业发展的成功得益于先进的玉米种植技术和高效的乙醇生产管理水平以及完善的掺混配售机制和激励措施。

作为全球燃料乙醇成本最低的生产国，美国加强了对国际市场的开发力度。低价且高辛烷值的燃料乙醇吸引了全球交通燃料市场用户。燃料乙醇大量出口中国，再次验证了燃料乙醇作为改善城市环境污染的清洁燃料被逐步认可。

巴西　巴西是最早将生物燃料乙醇用于道路交通燃料的国家，2017 年，巴西的燃料乙醇产量约 278.6 亿 L，较上一年度增长 2%，约占全球燃料乙醇产量的 26%，正在运行的甘蔗燃料乙醇工厂超过 360 座。巴西也是全球主要的生物燃料出口国，2017 年出口量约为 18.16 亿 L。巴西 2016 年正在运行的甘蔗燃料乙醇工厂 367 座。巴西是全球主要的生物燃料出口国，2016 年生物燃料出口量约为 109 万 t。据巴西甘蔗产业协会数据显示，近 10 年来，巴西乙醇产量增长了 2 倍，2017 年巴西新增注册使用的汽车总量为 200 万辆，其中“灵活燃料”汽车达 193 万辆，电动汽车 3 296 辆，汽油车 68 900 辆，新增使用乙醇汽油的车辆占新增车辆的 96.5%。可见，巴西在交通领域推广应用生物燃料乙醇的模式已经十分成熟。

欧洲国家　2017 年，欧洲燃料乙醇产量达到 423 万 t，较上年增长约 2%。法国是欧洲最大的燃料乙醇生产国，德国是欧盟成员国中生物液体燃料消耗量最大的国家，生物液体燃料的消费量占道路交通燃料的 5.7%。德国计划生物燃料乙醇掺混比将增至 E10。据德国环境部统计，生物燃料乙醇行业为德国创造了 2.3 万个直接工作岗位。此外，匈牙利和英国的燃料乙醇大幅增长，增长幅度分别为 38% 和 23%。

亚洲国家　2017 年，我国继续保持在亚洲的生物燃料乙醇领先地位，生物燃料乙醇产量约 260 万 t。我国现有的生物燃料乙醇的生产原料仍以玉米陈化粮为主，当前也在开展以木薯、甜高粱、农林废弃物（纤维质生物质）等非粮原料生产燃料乙醇的研发示范。泰国通过政府补贴推动燃料乙醇生产，乙醇掺混比在 12% ～ 40%，且乙醇汽油比化石燃料便宜，销售 E20 和 E85 的加油站正在不断增加；此外，马来西亚、菲律宾、印度尼西亚等东南亚国家拥有丰富的热带或亚热带生物质资源，适于用来生产生物液体燃料，这些国家正在努力寻求向中国、韩国、日本乃至欧洲输送生物质原料的途径，试图构建东南亚生物液体燃料的原料供应基地。

5.3.3 生物柴油发展形势

2017 年，全球生物柴油产量约 2 772 万 t，与上年相比增长约 7%。近年来，欧盟对温室气体排放控制不断加强，对生产生物柴油的原料来源要求更为严格，导致以出口欧盟为主的生物柴油生产国的产量受到限制，由此明显影响到了全球生物柴油产量。近年来，费托合成、化学催化、微藻等先进生物柴油生产技术的研发示范也不断兴起，为生物柴油的可持续发展开辟了新途径。全球生物柴油产量如图 2-5-5 所示。

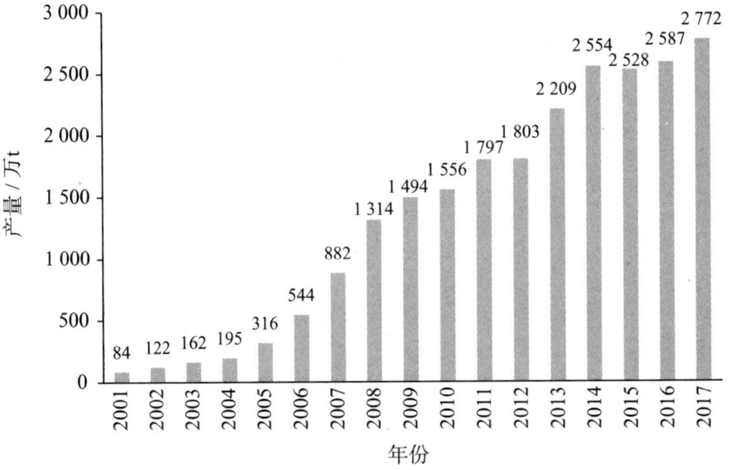

图 2-5-5　2001—2017 年全球生物柴油产量

数据来源：2001—2005 年数据来自 F.O. Licht, World Ethanol and Biofuels Report, vol. 7, no. 2（23 September 2008）, p. 29; 2006—2012 年数据来自 F.O.Licht, World Ethanol and Biofuels Report, vol. 10, no. 14（27 March 2012）, p. 281.2013—2017 年数据来自 2017 GLOBAL STATUS REPORT, REN21, 2017 数据来自：https://www.statista.com/statistics/271472/biodiesel-production-in-selected-countries/.

从全球范围来看，生物柴油的主要生产地区集中在欧洲和美洲，亚洲生物柴油产业近年来也得到较快发展，特别是东南亚的热带地区。目前，欧洲是生物柴油最大的生产和消费地区；南美洲的生物柴油产量紧随欧洲之后，主要出口欧洲和美国；中北美洲和亚洲的生物柴油产量也达到百万吨以上，且仍有较大发展空间；非洲和澳洲的生物柴油发展较为缓慢，均处于小规模示范应用阶段。

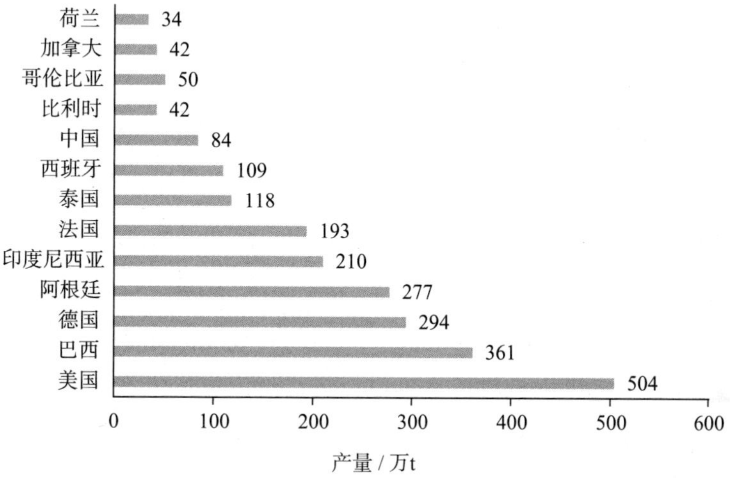

图 2-5-6　2017 年全球生物柴油主要生产国年产量

数据来源：http://www.statista.com/statistics/271472/biodiesel-production-in-selected-countries/.

长期以来，欧盟地区的生物柴油产业处于全球领先地位。2017 年，欧盟的生物柴油的总产能约 1 862 万 t，产量约 1 120 万 t，消费量约 1 355 万 t。原料主要包括菜籽油、棕榈油、动物油脂、豆油等。

欧盟生物燃料产业发展主要得益于政策法令保障。《可再生能源法令 》(以下简称《RED》)是欧盟推动生物燃料应用的强有力的法律措施。生物柴油推广用得到欧盟国家的广泛认同和支持，欧盟各国严格按照《RED》目标实施，并制定了年度发展目标。2017 年欧盟生物柴油掺混比约为 7.3%。欧盟通过立法建议修订机制，确保清洁发展总体目标的实现。在修订版的《可再生能源法令 2021—2030》(以下简称《RED Ⅱ 》)中，设定了 2030 年欧盟可再生能源占比要达到能源消费的 27%。在交通领域，删除了《RED》2020 年交通运输部分可再生燃料占 10% 的目标，并要求以粮食基的生物燃料的占比由 2021 年的 7% 降至 2030 年的 3.8%。该目标也完全符合欧盟 2050 低碳经济和能源战略在交通领域的长期愿景。

德国是欧洲最大的生物柴油生产国，2017 年的生物柴油产量约 294 万 t。为了保证生物柴油的质量，德国成立了生物柴油质量管理联盟，对生物柴油的原料供应、生产、运输、销售等环节都进行严密的质量监控。德国汽车行业为了配合生物柴油的推广使用，对发动机性能进行改进，未来生产的私人轿车不再需要改装就可以直接使用生物柴油。此外，德国对生物柴油生产企业实行完全免税，对销售企业减免税收，并对原料供应者油菜种植户提供适当的经济补贴。德国政府规定，自 2014 年 1 月起，柴油中必须强制加入一定比例的生物柴油，到 2015 年，按能源量计算强制 8% 的生物燃料混入汽油中。德国生物柴油加油站有 1 700 多个，平均每 20 ～ 45km 公路上设有一个生物柴油加油站，且每年以 120 家的速度在增长。

美国同样是生物柴油的头号生产大国，2017 年美国的生物柴油产量达产能约 21 亿加仑（约 660 万 t），2017 年美国生物柴油产量约 504 万 t，约占全球生物柴油产量的 18%。巴西的生物柴油产量占全球的 13%，德国约占 11%，阿根廷约占 10%，印度尼西亚约占 8%。阿根廷和印度尼西亚是国际生物柴油市场中的主要出口国。进口关税是生物柴油国际贸易市场最关键的影响因素。2017 年，欧盟刚停止征收生物柴油进口关税，美国又开始对阿根廷和印度尼西亚采取反倾销税。进口关税的变化，给生物柴油市场带来极大的不确定性。

2017 年，氢化植物油的产量约 546 万 t，较 2016 年增长 10%，氢化植物油的生产主要集中在荷兰、美国、新加坡、芬兰。此外，生物天然气（净化沼气）在交通领域的应用也继续保持增长。在激励政策推动下，2016 年，美国的生物天然气消费量较两年前增长了 6 倍，约 15.1PJ，2017 年再增长 15%，约 17.4PJ。欧洲也是全球重要的生物天然气市场，欧洲的主要生产应用市场在瑞典和德国，两国在交通领域的生物天然气总应用量约 6.4PJ。

生物柴油产业主要以政策为主导。2013 年欧盟对阿根廷和印度尼西亚出口的生物柴油分别征收了为期半年的临时反倾销关税，税率分别为 6.8% ～ 10.8% 和 0% ～ 9.6%，致使两国 2013 年全年对欧盟的出口量锐减了 70%，重挫了阿根廷和印度尼西亚的生物柴油产业。2013 年 11 月底，欧盟推出的正式反倾销关税税率竟高达 22% ～ 25.7% 以及 8.8% ～ 20.5%，是临时关税的 2 倍以上。受此影响，2014 年欧盟市场上阿根廷与印度尼西亚进口的生物柴油价格与本土售价相比已不再具有竞争优势。阿根廷和印度尼西亚的生物柴油产业是出口导向型，大部分产量均用来出口，本国消费仅占很小比例。为应对欧洲生物柴油市场的损失，阿根廷、印度尼西亚等生物柴油出口国纷纷计划出台政策提振国内消费，阿根廷计划将生物柴油添加比例提高至10%，不仅用于交通运输领域，同时用于国内发电。目前阿根廷生物柴油出口量占产量的比例已从2009年的93%下降至约60%。印度尼西亚政府计划将在国内消费300万t生物柴油，使添加比例达到11.5%。

5.3.4　政策发展动态

生物液体燃料与化石燃料从经济性角度相比，仍不具备竞争性，但从社会环境效益分析，温室气体排放减少优势明显，在生物液体燃料现有技术经济水平条件下，依靠国家强制法令、税收减免和补贴激励将是近中期保障全球生物液体燃料产业稳定发展的有效措施。生物液体燃料的可持续发展与土地资源变化、粮食安全、水资源等因素密切相关，为此，世界各国在出台激励政策时，更加注重生物液体燃料发展的可持续性。总之，以不占用耕地的农林废弃物资源和动植物废弃物油脂等对环境资源、粮食安全影响最小的生物质资源为原料，是各国制定生物燃料激励政策的基本前提，也是未来生物液体燃料产业发展的趋势。

全球生物液体燃料产业受各国政策调整变化起伏波动，欧盟对生物液体燃料的生产原料的可持续性和减排效果进行了反复论证和数轮投票决议，美国一再延迟生物液体燃料的补贴政策并调整可再生燃料目标。其他国家也在努力推行生物液体燃料的掺混政策或提高掺混比例，全球已有近50个国家的政策明确支持可再生能源燃料在交通领域应用。

（1）掺混政策

全球约有33个国家实施了生物液体燃料强制掺混政策。阿根廷的乙醇掺混比例从E7提升至E10，生物柴油掺混比例也为10%（B10）。巴西生物柴油掺混比由B5提升至B7，并且将燃料乙醇掺混比例从E25增至上限值E27.5。马来西亚生物柴油掺混比从现有的B5提高到B10。

近年来，随着美国燃料经济性标准提高等原因，汽柴油总体消耗量要比2007年设定的项目预期值大幅减少。2014年美国环境保护署（EPA）提议降低先进生物燃料和可再生燃料利用标准，使其达到合理的消耗水平。在2018年最终可再生燃料标准利用量中，EPA再次明确提出了总量目标和各类生物燃料的具体目标。EPA将可再生燃料分为先进生物燃料和传统生物燃料，其中先进生物燃料又分为纤维素乙醇、生物柴油和其他先进燃料。表2-5-2是2017—2018年最终可再生燃料标准的法定利用量。

表 2-5-2　2017—2018 年最终可再生燃料利用量目标（RVOs）

单位：10 亿加仑 /a

燃料分类		法定量	建议量	确认量	
		2018 年	2018 年	2018 年	2017 年
先进生物燃料	纤维素乙醇	7	0.238	0.288	0.311
	生物柴油	1.5	3.15	3.15	3
	其他先进燃料	2.5	0.852	0.852	0.969
先进生物燃料总量		11	4.24	4.29	4.28
传统生物燃料		15	15	15	15
可再生燃料总量		26	19.24	19.29	19.28

数据来源：EPA Final Rule for 2018 RVOs.

美国政府持续给予生物燃料项目资金支持。2015 年，美国农业部投资 1 亿美元推动“生物质能基础设施合作项目”的建设，使用户获得更多的可再生能源燃油选择。新项目将支持所需的基础设施发展，安装能供应更高可再生能源混合的燃油泵。2015 年 8 月，美国能源部宣布将对两个先进生物燃料项目提供 400 万美元的支持，目标是到 2022 年，将清洁、可再生、可直接使用的生物燃料成本降至相当于 3 美元 / 加仑汽油的价格。2017 年 9 月，美国能源部生物能源技术办公室和美国农业部（USDA）国家粮食与农业研究院（NIFA）宣布，共同资助 1 500 万美元用于开展集成生物精炼（IBR）优化项目，旨在优化改善生物精炼技术，提高生产生物燃料和生物基产品的生产效率，显著降低 IBR 技术应用相关的技术和财政风险，解决与生物精炼规模化生产、可靠性和可持续性运营相关的关键问题，降低投资资本和运营费用，加速美国生物经济的发展。本次资助项目将关注三大技术主题，包括：在不同操作条件下的原料、污泥和固体废弃物对生物燃料开发影响分析；将生物精炼产生的废料转化为高价值化学品；固体材料的分析模型和反应器进料系统开发。

（2）可再生燃料证书

根据 RFS Ⅱ的要求，可再生燃料生产商或进口商通过 EPA 对所生产和进口的生物燃料申请注册可再生燃料识别码（Renewable Identification Numbers，RINs）。EPA 可通过调试交易系统（Moderated Transaction System，EMTS）来监测追踪 RINs 的产生、交易和过期，避免可再生燃料信息混淆。根据要求，汽油、柴油生产商、进口商及混配商必须拥有一定量的 RINs 来证明其达到了当年可再生燃料标准的混配比例。美国《可再生燃料标准》见专栏 2–5–1。

专栏 2–5–1　美国《可再生燃料标准》

美国《可再生燃料标准》(Renewable Fuel Standard，RFS)是由美国环保署(United states environmental Protection Agency，EPA)根据《能源政策法案 2005》(Energy Policy Act of 2005)为减少石油对外依存度与交通温室气体排放、改善空气质量、提高生物燃料利用量而制定的强制指令。RFS 要求汽油、柴油供应商以及进口商每年需完成一定的生物燃料责任配比，生物燃料配比量为生产量 / 进口量乘以目标年份的比例要求。在第一阶段的目标实现后，2007 年年底，EPA 又根据《能源独立与安全法案 2007》(Energy Independence and Security Act，EISA)修订通过 RFS Ⅱ，对生物燃料的利用量提出了新的要求。EPA 负责 RFS 的实施与管理，并根据 2022 年总体目标，以及各年度汽油消耗量及生物燃料技术发展的情况，调整制定各年度的具体实施要求。

由于近几年纤维素燃料的产量无法满足法规要求，EPA 通过允许责任商(生产商和进口商)购买纤维素燃料豁免配额(Cellulosic Waiver Credits，CWC)以达到规定配额要求。如果纤维素乙醇责任商无法完成规定的产量配额，需按照 CWC 价格购买纤维素乙醇的产量缺口，CWC 的价格近 3 年逐年攀升，2014—2016 年的价格分别为每加仑 0.49 美元、0.64 美元、1.33 美元。

(3)行业管理

为了进一步保证能源供应安全和应对气候变化，2009 年 5 月欧盟委员会制定并实施了《可再生能源法令》(EU–RL 2009/28/EC)(以下简称 RED 法令)，提出截至 2020 年欧盟能源消耗中至少有 20% 来自可再生能源。RED 法令规定了生物燃料使用的强制性目标：“截至 2020 年每个成员国应确保国内交通用途的可再生能源消耗量，至少要占总交通能源消耗量的 10%。”欧盟各成员国必须在指令生效后的 18 个月内制定本国的生物燃料相关法规，并明确逐年增长的消耗量目标，从而使欧盟整体能够达到 RED 法令所要求的 2020 年消耗量目标。

根据 RED 法令要求，在欧盟使用的生物燃料须符合一系列的可持续性要求。RED 法令第 17 到 21 条规定了生物燃料应符合的可持续性要求：

1)使用生物燃料所削减的温室气体排放至少要达到 35%，从 2017 年起至少要达到 50%，从 2018 年起则至少要达到 60%；

2)生物燃料的原材料不应来自生物多样性较高的地区，如人迹罕至的原始森林和其他多林地区、自然保护区或生物多样性较高的草地等；

3）生物燃料的原材料不应来自炭储存较高的地区，如湿地、大片森林区域等；

4）生物燃料的原材料不应来自泥炭地；

5）在欧盟境内种植、用于生产生物燃料的农作物原材料，应符合欧盟条例（EC）No 73/2009 中的环境和良好农业规范要求。

以糖料作物、谷物和油籽为原料制造的第一代生物燃料的使用，在全球范围内引起了广泛争议，相关研究认为，生物燃料可能会造成潜在的环境危害，用粮食制作生物燃料越来越被视为一种对地球环境弊大于利的行为。自 2012 年起，欧盟生物燃料政策开始调整，对于“第一代”使用农产品为原料的生物燃料支持逐步撤出。产业逐步转向政府鼓励的利用垃圾、麦秸和藻类等非粮食作物生产的新型生物燃料领域的投入。

欧盟与生物燃料立法相关的政策 2012 年欧洲委员会最初审议欧盟生物燃料政策的建议中，对基于粮食的生物燃料提出 5% 的比例限制，2013 年欧洲议会以微弱多数表决通过将粮食基生物燃料作为运输燃料的使用上限设为 6%。2014 年 6 月 14 日，欧盟各国达成一项临时协议，规定交通运输车辆使用第一代生物燃料（生物柴油、生物乙醇等）的比例不得超过 7%，以保护粮食作物种植面积和产量。2015 年 4 月 14 日，欧洲议会环境委员会的成员们签署了一项妥协性协定，规定对交通部门使用的基于粮食的生物燃料做出了明确限制。该项立法要求欧盟成员国限制在交通部门使用“第一代”生物燃料（即从农田生长的农作物中提取的燃料）的比例，到 2020 年降至 7%。

生物航空燃料政策 在澳大利亚取消了碳税、欧盟搁置了针对非欧洲国家飞机的排放交易机制之后，生物燃料作为航空燃料的前景仍被看好，一些监管机构把生物航煤作为航空产业减排的重要途径。2015 年 3 月，美国环保署提出要对航空排放进行管理，确定飞机温室气体排放是否会导致污染，危害公众健康。国际空运协会正在计划实施温室气体减排计划，开始关注并建立对包括生物燃料等在内的航空燃料的跟踪检查方法。

（4）财税优惠

税收优惠政策是世界各国鼓励生物液体燃料应用的重要措施。2014 年，美国政府对先进生物燃料继续实施宽松的优惠政策。美国最为有效的激励政策，即对纤维素燃料产品提供每加仑 1.01 美元、对生物柴油每加仑 1 美元的联邦税收减免。对于纤维素燃料的减免政策还将延伸至利用藻类炼制的燃料。不过减免政策持续到 2014 年 12 月 31 日就已经结束。与现行纤维素燃料税收减免政策不同，美国新的藻类燃料税收政策扩大了税收减免范围，优惠将不局限于售卖燃料给终端消费者的生产商，还包括售卖燃料给精炼加工商的生产商。该优惠政策涉及范围的扩大，将有助于推进藻类生物然的商业化开发。

巴西通过降低乙醇出口税率刺激燃料乙醇市场；为稳定国内乙醇市场，2015年5月，巴西参议院通过了668号法案，上调了进口乙醇等关税，由9.25%上调至11.75%。印度解除了对生物柴油销售的管制，允许生产商直接向消费者销售生物柴油，以扩大生物柴油市场，同时，印度国家铁路公司还计划将5%的生物柴油应用于火车机车燃料。

6　水电

6.1　全球水电发展现状

2017年是近5年来全球新增水电装机最少的年份，年新增装机容量2 190万kW（含抽水蓄能），同比下降30%，总装机达到12.67亿kW[①]。2017年，全球水电总发电量约为4.19万亿kW·h，同比上升了约2%。水电仍是规模最大的可再生能源发电技术，发电量占全球总发电量的16.4%，发电装机占全球可再生能源发电装机近60%[②]（图2-6-1）。

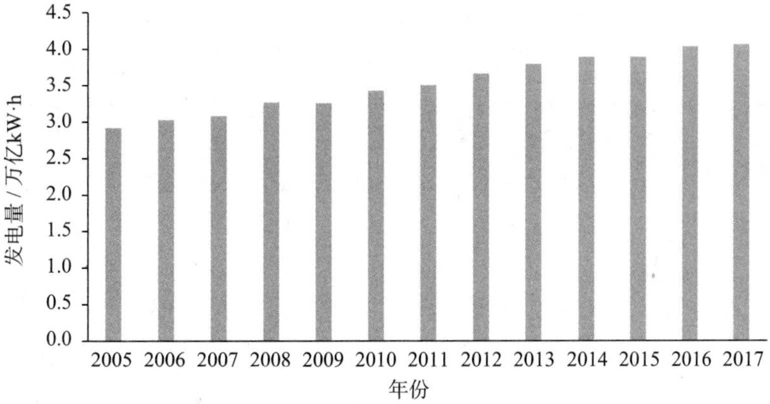

图2-6-1　2005—2017年全球水电发电量情况

① 国际水电联合会，全球年度水电现状报告2018.

② 国际可再生能源署。

2007 年全球水电装机虽然增速放缓，但中国仍然是 2017 年新增水电装机容量最多的国家，新建水电装机容量 912 万 kW，其中 200 万 kW 为抽蓄电站。巴西水电取得重大进展，巴西目前最大的规划容量 1 120 万 kW 的 Belo Monte 水电项目，第一个发电机组已经于 2016 年投产，预计 2020 年全部机组将投产，另外装机容量 70 万 kW 的 São Manoel 项目于 2017 年投产。印度经济的快速增长增加了对电力的需求，近两年印度水电新增装机较快，2017 年新增装机 190 万 kW，主要是位于喜马拉雅山东北部锡金邦的 Teesta Ⅲ项目（120 万 kW）。其他新增容量较大的国家包括葡萄牙（105 万 kW）、安哥拉（101.8 万 kW）等国家，2017 年全球装机前 10 国家见表 2-6-1。

表 2-6-1　2017 年全球装机前 10 国家（包含抽水蓄能）

排序	国别	新增装机 / 万 kW
1	中国	912
2	巴西	337.6
3	印度	190.8
4	葡萄牙	105
5	安哥拉	101.8
6	土耳其	59.2
7	伊朗	52
8	越南	37.3
9	俄罗斯	36.4
10	苏丹	32
全球累计装机排名		
排序	国别	累计装机 / 万 kW
1	中国	34 119.0
2	巴西	10 027.3
3	美国	10 286.7
4	加拿大	8 098.5
5	日本	4 990.5
6	印度	4 938.2
7	俄罗斯	4 845.0
8	挪威	3 183.7
9	土耳其	2 727.3
10	法国	2 551.7

2017 年，全球抽水蓄能装机新增 320 万 kW，同比增加 2%，累计装机达到 1.53 亿 kW。2017 年中国新增抽水蓄能 200 万 kW，累计装机超过日本，排名全球第一。从装机分布来看，中国、日本、美国仍是全球抽水蓄能建设的主要国家，三者合计装机占全球总量一半以上。近年来，抽水蓄能的储能以及灵活性在电力系统中的作用越来越受到认可，特别是其平衡风能和太阳能等不稳定可再生能源的作用日益凸显，2017 年全球抽水蓄能装机容量排名前 10 国家见表 2–6–2。

表 2–6–2　2017 年全球抽水蓄能装机容量排名前 10 国家

排序	国别	抽水蓄能装机 / 万 kW
1	中国	2 849
2	日本	2 763.7
3	美国	2 280.9
4	意大利	755.5
5	法国	698.5
6	德国	680.6
7	奥地利	521.2
8	印度	478.6
9	韩国	470
10	西班牙	332.9

6.2　全球水电发展趋势

绿色债券推动水电项目融资　水电项目选址及项目融资对其稳步发展及实现综合效益至关重要。在《巴黎协定》框架下，各国正在积极建立水电项目融资新机制，并鼓励项目开发商通过绿色债券市场进行融资。2017 年，全球绿色债券发行规模进一步扩大，在 2016 年翻番的基础上再翻一番，达到创纪录的 1 600 亿美元[①]，预计 2018 年将超过 2 500 亿美元。

水电与其他可再生能源协同运行　水电、风电、光电互补可实现波动可再生能源发电的稳定输出。巴西、葡萄牙及印度一些水电站正在利用水库“浮动光伏板”，在实现光伏发电的同时有效减少了水库蒸发损失。此外，美国犹他州已开始运营世界首个地热水电混合动力项目（Cove Fort），综合经济性和项目安全性都因此得到提高[②]。

① 国际水电联合会 IHA. 全球年度水电现状报告 2018.

② 北极星电力网 . http://news.bjx.com.cn/html/20161209/795366.shtml.

抽水蓄能系统持续增长 抽水蓄能是目前技术最为成熟、成本最低的大规模电力存储方式。随着电网对电力灵活性要求的提高，抽水蓄能的规模将进一步提升。在规模提升的同时，抽蓄技术也在不断发展，如德国风力—水电混合抽蓄项目中，风机安装在抽蓄电站上库，风机高度得以增加，在提升了风电出力水平的同时，抽水蓄能电站又可调节风力波动带来的电网频率变化。此外，美国夏威夷和西班牙大加纳利岛正在为小型电网系统也开发抽水蓄能项目。

智能化和资产数字化成为水电行业发展趋势 由于越来越多的水电资产已达到了预期寿命，资产管理在水电行业正在成为新的挑战。2050 年预计将有一半水电设备需要现代化改造，而数字化水电站、控制系统和周边网络是优化和提升水电资产的重要趋势。

融资机构更加重视新项目对气候变化的适应能力 对气候变化的适应能力是应对气候变化的重要内容。融资机构正在越来越多地引导、确保新的水电项目具有较强的气候变化适应能力，是否能够适应，乃至利用气候变化环境，也越来越多地被世界银行和"气候变化债券倡议"等纳入水电资助评价体系。

7 地热能

7.1 市场发展形势

地热能的利用方式主要包括热利用和发电两类。随着全球更加重视清洁能源的发展，近年来全球地热能市场一直保持着稳定增长的发展态势。根据国际可再生能源署的统计，截至 2017 年，全球地热能的热利用（不含地源热泵）总量约为 613PJ（约 2 094 万 t 标准煤）。

7.1.1 地热发电继续保持平稳增长

近年来，地热发电领域一直保持着增长态势，但增速较为平缓，年增长率 4%～5%。根据 REN21 统计，2017 年，全球新增地热发电装机容量 70 万 kW，全球地热发电总装机容量达到 1 280 万 kW。

目前，地热能发电项目主要集中在少数高温地热资源丰富的国家，但由于全球气候变化和能源需求的不断增长，开发地热发电项目的国家日渐增多，到2017年，全球有80个国家已经建设或正在建设大约700多个地热发电项目，但主要集中在美国、菲律宾、印度尼西亚等10个国家，这些国家的地热发电装机容量占全球总量的88%。其中，美国的地热发电装机容量最大，2017年年底达到250万kW；其次是菲律宾（190万kW）、印度尼西亚（180万kW）、土耳其（110万kW）、新西兰（100万kW）、墨西哥（90万kW）、意大利（80万kW）、冰岛（70万kW）、肯尼亚（60万kW）、日本（50万kW）。我国的地热发电装机规模较小，主要是西藏羊八井高温地热电站，装机2.6万kW。

2017年，全球新增地热装机70.7万kW，主要来自印度尼西亚和土耳其，其余主要来自智利、冰岛和洪都拉斯。印度尼西亚2017年新增地热发电装机27.5万kW，装机主要来自Ulubelu电厂的第四个也是最后一个22万kW的机组投入运行，该电厂可满足印度尼西亚苏门答腊南部楠榜地区25%的电力需求，另外，印度尼西亚计划开发一座110MW的地热发电项目，这也是全球最大的地热发电项目之一。目前，印度尼西亚只开发了全国6%的地热资源，未来计划继续扩大开发规模。

土耳其2017年新增地热发电装机24.3万kW，新增装机主要是土耳其单一最大装机10万kW的Kizildere Ⅲ电厂。得益于10年前的地热利用政策，土耳其2013—2017年装机超过80万kW。目前土耳其在建地热发电项目27万kW，52.7万kW项目处于前期开发阶段。

此外，2017年智利新增了4.8万kW，冰岛新增了4.5万kW和洪都拉斯新增了3.5万kW。肯尼亚还有总计52MW的5个地热发电项目正在开发建设中，这些都为未来的持续发展奠定了良好的基础。受肯尼亚地热发电的影响，东非地区已开始重点开发地热项目，如埃塞俄比亚希望通过大力发展地热发电满足日益增长的电力需求。但受限于开发成本和技术勘探风险，尽管有来自日本和冰岛的资助，项目进展依然较为缓慢。在吉布提，一个总装机50MW的项目也在国际组织的支持下开展前期勘探和开发工作，并将其作为实现2020年前可再生能源发电满足其100%电力需求的重要措施之一。

2017年，美国新增装机2.4万kW，但有两个3万kW机组退役，总装机容量约250万kW，仍是全球最大的地热发电国家。意大利、德国和日本虽然新增量较小，但在地热发电技术领域一直保持持续研发状态，且每年都有新增装机，发展态势较好。如在意大利，Enel电厂尝试利用生物质能将地热水从150℃加热到380℃，从而提高电厂的热效率，新增加 5MW 装机，发电量有望每年增加 3 000 万 kW·h。

此外，加拿大、智利、阿根廷、哥伦比亚、洪都拉斯、哥斯达黎加、萨尔瓦多等具有地热发电潜力的地区也在开展地热资源评价，为未来地热发电项目做好前期工作。GEA 预计到 2020 年，全球地热发电装机可以达到 1 450 万～1 760 万 kW。

7.1.2 地热能热利用是目前地热能开发利用的主要方式

地热能热利用包括直接热利用、地源热泵等方式。地热能热利用的市场在全球范围内不断扩大，每年增长率约 6%。地源热泵目前是地热能热利用的主要方式，此外，洗浴热水和泳池加热以及供暖（主要是区域供暖）是地热能直接热利用的主要方式，剩下的主要是温室、工业利用、池塘养殖供暖、农业烘干、融化冰雪、制冷等领域。

根据世界地热大会的统计[①]，至少 82 个国家已开发利用地热能热利用。2015 年，中国（6.1GW_{th}）、土耳其（2.9 GW_{th}）、日本（2.1 GW_{th}）、冰岛（2.0 GW_{th}）和印度（1.0 GW_{th}）、匈牙利（0.9 GW_{th}）、意大利（0.8 GW_{th}）、美国（0.6 GW_{th}）是地热直接利用热装机最大的国家（不包含地源热泵），合计占世界总装机规模的 4/5。在地热能热利用量上，中国位列世界第一（20.6TW·h），其次是土耳其（12.5TW·h）、冰岛（7.4TW·h）、日本（7.1TW·h）和匈牙利（2.7TW·h）。就年人均利用率而言，冰岛、瑞典、芬兰、新西兰、挪威最高，其中冰岛 90% 的供热需求来自于地热能。

7.1.3 地源热泵是地热能增长最迅速的领域

地源热泵的应用是各类地热能热利用方式中增长最迅速的领域。地源热泵能够用来供暖或制冷，也能和热电联产电厂联合使用，应用潜力巨大，在过去 5 年间的平均年增长率达到 20%。根据全球地热大会的统计数据[②]，2015 年，全球地源热泵利用总规模达到 50GW_{th}，占全球地热能热利用规模的 71%；全球地源热泵热利用量超过 358PJ（约 1 220 万 t 标准煤），占地热能热利用总量的 60%；预计到 2020 年会增长到 127GW_{th}[③]。

地源热泵在很多国家都得到了广泛应用，2015 年已经接近 50 个国家，近年来仍在扩展，主要是在北美、欧洲和中国。在美国，尽管受到次贷危机的影响，地源热泵利用量仍保持稳定增长态势，每年增加 5 万个地源热泵，主要得益于政府的激励

① 地热能热利用目前还缺乏统一的统计口径，主要是根据世界地热大会等国际组织进行粗略统计。

② http://www.achrnews.com/articles/124828-nov-20-2013-installed-capacity-of-geothermal-heat-pumps-to-more-than-double-by-2020.

③ http://www.navigantresearch.com/research/geothermal-heat-pumps.

政策和民众意识的提高。在我国，地源热泵应用也有着较高的增长势头，我国地源热泵自2004年以来发展迅速，年增长供暖（部分制冷）面积1 800万～2 300万m^2，年增长率超过30%，目前已超过2亿m^2。但进一步发展也面临着很多挑战，主要是缺乏规范化的市场和统一的标准，运营维护等服务也有待进一步加强。

欧盟地源热泵的利用规模继续保持增长，达到14GW_{th}，已经占到欧洲地区供热系统安装量的15%。受经济危机和房地产市场萎缩的影响，德国、法国、荷兰等主要欧洲国家的地源热泵市场最近几年有些萎缩，但北欧国家仍保持了增长的态势，一些南欧国家也开始使用地源热泵。欧盟利用规模最多的国家依次是瑞典（4.3GW_{th}）、德国（3GW_{th}）、法国（1.8GW_{th}）、芬兰（1.4GW_{th}），巴黎、慕尼黑地区的浅层地热能资源较为丰富，地热发展速度很快。

7.2　产业发展形势

总体来看，地热能产业正在朝向一个日益扩大的市场迈进，整个产业的市场规模稳步扩大，对投资者的吸引力也开始上升，从而带来地热资源开发领域的技术进步和成本降低。2013年，世界银行启动"全球地热能开发计划"，引导社会资本重点支持地热钻探等地热能开发的薄弱环节，推动全球地热能产业的发展①，并预计在40个国家能够满足高比例的电力需求。2014年，联合国牵头成立了全球地热联盟（Global Geothermal Alliance），包括23个国家，旨在减少地热能开发风险，促进全球地热能发电和热利用的发展。2015年，法国政府宣布出资5 000万欧元用于资助地热资源勘探工作。

中国是全球地热供热领域最大的市场。目前，全国31个省、市、区均有浅层地温能开发利用工程，浅层地温能供暖/制冷的单位（住宅小区、学校、工厂等）约3 400个，80%集中在华北和东北南部地区，包括北京、天津、河北、辽宁、河南、山东等省市。北京约有2 000万m^2的建筑利用浅层地温能供暖和制冷，沈阳市已超过4 300万m^2，山东省总开发利用面积也在3 000万m^2左右；长江中下游地区，如武汉、南京等地区也在规划地源热泵的应用，且初步规划应用面积都在1 000万m^2以上。

① Pierre Audinet, World Bank ESMAP, "Global GeothermalDevelopment Plan," presentation for Knowledge ExchangeForum, Paris, 27-28 November 2013, http://www.esmap.org/sites/esmap.org/files/ESMAP_Paris_Geothermal_Energy_KEF_Optimized.pdf.

根据国际可再生能源署的统计，2016 年，全球地热能市场总投资达到 27 亿美元，带动就业超过 18 万人（主要是欧盟和美国），同时吸引了大量制造商和开发商的进入。地热能利用的设备制造市场在不同的国家呈现不同的特点。在欧洲地区，大多数欧洲公司目标集中在几个主要的市场——瑞典、德国、奥地利、法国。根据美国 Navigant 的数据，全球地源热泵市场的收益预计会从 2013 年的 65 亿美元达到 2020 年的 172 亿美元[①]。

地热发电在设备制造领域集中度较高。按照目前全球运行的装机容量，主要有 5 个地热发电涡轮机制造商，分别是：三菱（日本）、东芝（日本）、富士（日本）、Ansaldo/Tosi（意大利）、Ormat（奥玛特，以色列），这五大制造商占据了全世界地热发电装机容量的 80%。

7.3 技术发展形势

从全球范围来看，地热能的开发利用目前主要是朝着两个方向发展：一是地源热泵，主要用于满足建筑供暖和制冷需求；二是地热发电，从实现电力供应到满足更大范围地区的电力可靠性。但是，包括回灌、废弃物处理在内的环境问题是地热能开发利用面临的最为迫切和棘手的问题。

从地热能利用的各类技术发展趋势来看，地热能热泵技术已较为成熟，下一步主要是解决地热能开发利用过程中出现的环境、生态等问题和进一步提高能效水平。同时，热泵技术正在广泛地参与到与太阳能热利用等多种能源互补的系统中，更好地满足某一地区的清洁化供暖。

总体来说，地热能技术开发成本仍然较高，根据 REN21 报告统计，闪蒸发电成本为 4 ～ 14 美分 / 千瓦时，有机朗肯循环发电成本为 7 ～ 24 美分 / 千瓦时；地热能直接利用（建筑供暖）成本为 10 ～ 27 美分 / 千瓦时，地源热泵成本（COP 为 3-5）为 7 ～ 13 美分 / 千瓦时。

地热发电的技术进步主要是着力于提高发电效率和降低对地热高温资源的要求。采用双工质循环闪蒸技术，电厂可以提高效率；同时双工质循环技术可以有效降低对地热高温资源的要求，使更多的地区具备开发地热发电项目的资源条件，地热发

① http://www.navigantresearch.com/newsroom/geothermal-heat-pumps-will-surpass-17-billion-in-annual-revenue-by-2020.

电变得更具灵活性和适应性，也更加具有吸引力。2015 年，全球新增的发电装机中，采用闪蒸技术的有 186MW，采用有机朗肯循环技术的有 129MW。由于地热发电项目建设一般需要花费 5 ～ 7 年，开发时间长，前期勘探风险大，资金投入量大，因此，政策的稳定性对地热发电发展也至关重要。

目前中低温地热发电的主要问题之一是成本高，钻井成本占 60% 以上，利用油田伴生中低温地热发电可以较好地解决这一问题。仅在中国，石油钻井 20 多万口，只需对其中的部分探井稍加改造，即可用于地热开发，而且不存在回注困难的问题。法国、德国、日本、意大利、英国等国家已经掌握了中低温地热发电的关键技术，进入实际开发利用阶段。例如，美国阿拉斯加 Chena 电站的地热资源温度约在 70℃，目前已经成功稳定运行 6 年多，经济效益良好。

增强型地热系统领域，国际上仍普遍处于试验阶段，目前，部分国家已经建立了一些 EGS 项目，选择在非火山活动区采用地热增强系统技术开发干热岩地热能。已有开展试验的项目包括 [①]：美国的芬登山（Fenton Hill）、德国与法国启动的苏尔茨（Soultz）、澳大利亚的库伯盆地（Cooper Basin）、日本的雄胜（Ogachi）等。在增强型地热系统中，主要是用水作为工作介质，但一些发达国家也在尝试用其他工作介质，如二氧化碳，美国、澳大利亚等国已经开展了这方面的初步研究。美国在 EGS 领域处于全球领先地位，目前有 6 个在建 EGS 项目，试图在不同的技术层面进行探索和研究，包括发现新的地热田以及提高现有地热田开发程度，研发可靠的 EGS 开发方案和技术等，确保有可持续、足够高的产能（温度与流量），并能保证不会诱发地震灾害 [②]。此外，澳大利亚在 Habanero 开展了 1MW 发电装机的试点工作，欧洲的匈牙利、英国、瑞士等也开展了有关 EGS 项目的前期工作 [③]。

8　海洋能

海洋能包括潮汐能、潮流能、波浪能、温差能、盐差能、海底地热能等。其中，潮汐能、波浪能是较早引起人们关注并加以开发的海洋能。2017 年，全球净新

① 数据来源：王晓星等，增强型地热系统开发技术研究进展，地球物理学进展，2012 年 2 月。

② http://www.cgs.gov.cn/cgjz/kczy/ywdongtai/20546.htm.

③ http://www.elp.com/Electric-Light-Power-Newsletter/articles/2014/01/geothermal-energy-in-2013-expanding-global-growth.html.

增 4MW 海洋能发电项目，包括 17MW 潮汐能和 8MW 波浪能发电[①]。英国、法国、荷兰、加拿大、中国、美国等在海洋能试验示范、项目批准、筹建等方面取得了一定进展。

8.1 市场发展形势

截至 2017 年年底，全球海洋能装机 53 万 kW[②]，其中大部分是潮汐能发电，其次是波浪能。目前已运行的主要海洋能项目包括：25.4 万 kW 的韩国始华湖潮汐能发电，24 万 kW 的法国朗斯潮汐能发电，2 万 kW 的加拿大安纳波利斯潮汐发电和我国江夏 3 900kW 的潮汐发电项目等。

目前，全球多数海洋能项目进展处于试点或者示范阶段。英国原计划在威尔士地区兴建一座 32 万 kW 的潮汐电站，但在 2016 年年初英国政府决定重新审查潮汐电站的可行性和可操作性。荷兰在荷兰潮汐能测试中心安装了两台发电机组，并计划从 300kW 扩展到 2MW。位于苏格兰奥克尼地区（Orkney）的欧洲海洋能中心（European Marine Energy Center，EMEC）开展建设了一批示范机组，继续推进相应的示范和运行工作。包括法国 Alstom 公司开发的 1MW 潮汐汽轮机组已建成发电，德国 Voith 海洋能技术公司开发的 1MW 潮汐发电机组等，都代表了最新的潮汐发电技术。

新加坡 Atlantis 公司控股，英国 MeyGen 公司在苏格兰彭特兰地区开发的 8.6 万 kW 6 台潮汐发电机组已经完成电缆铺设并预计陆续投入运行，这是总装机容量 39.8 万 kW 的第一期项目。Consent 公司在苏格兰路易斯地区（Lewis）的 4 万 kW 波浪能也已完成了项目融资，该地区是欧洲波浪能资源最好的地区。但是，英国原计划在威尔士塞文河口建设装机容量约 800 万 kW、可满足英国 5% 电力需求的潮汐电站，尚需要政府进一步的支持。

据报道，目前世界上计划或拟建大型潮汐电站有 20 多座，其中装机容量百万千瓦级的就有 9 座。预计到 2030 年世界潮汐电站的年发电总量将达 600 亿 kW · h[③]。国外潮汐能发电项目汇总如表 2-8-1 所示。

① REN21, "Renewable 2018, Global Status Report" , 2018.

② REN21, "Renewable 2018, Global Status Report" , 2018.

③ 国际低碳经济研究中心，《世界海洋能发电的开发利用状况及发展趋势》，2011 年。

表 2-8-1 国外潮汐能发电项目汇总

站名	国别	地点	潮差 /m	机组型式	开发方式	单机容量 /MW	总装机容量 / MW	年发电量 / 亿 kW·h
朗斯（1966）	法国	圣玛洛湾	最大 13.5 平均 8.0	灯泡贯流式	单库双向	10	240	5.44
基斯洛（1968）	俄罗斯	普里杜卡角基斯洛河口	平均 5.5	灯泡贯流式	单库双向	0.4	0.8	0.028
安纳波利斯（1984）	加拿大	芬地湾	平均 5.5	全贯流式	单库单向	17.8	17.8	0.50
始华湖（2010）	韩国	仁川海湾	最大 9.16	灯泡贯流式	单库单向	25.4	254	5.53
美晋（预研）	俄罗斯	美晋湾	平均 5.66	正交式	单库双向		15 000	500
塞汶（预研）	英国	塞汶河口	平均 8.4	灯泡式	单库单向		4 000	144
金伯利（预研）	澳大利亚	金伯利湾	平均 8.4		单库双向		900	30
加露林（预研）	韩国	加露林湾	平均 4.7	灯泡贯流式	单库单向	25	500	12
圣何塞（预研）	阿根廷	圣何塞湾	平均 6.5		单库单向		4 950	120

数据来源：于华明等，海洋可再生能源发展现状与展望，中国海洋大学出版社，2012。

2014 年 4 月，由苏格兰政府支持的一个 30kW 潮流能发电设备在设得兰群岛安装成功，号称是世界上第一个由社区拥有的海洋能发电项目。在当地，还有 500kW 的项目得到继续资助，2014 年年底至 2015 年年初，Carnegie 海洋能项目在澳大利亚的珀斯安装了 3 个互联的海洋能装置，用于海水淡化和发电。英国、挪威潮流发电装置完成了原型机的长年海上试验，可靠性已达到商业化运行的要求，预计将在未来 3～5 年进入小规模项目建设阶段。波浪能仍是英国、日本、美国、挪威、葡萄牙等早期建设的一些波浪能发电装置。2015 年 7 月，西班牙 BIMEP 试验场（4×5MW 测试能力）正式建成，首个用户已开始在该试验场开展装置试验，目前 BIMEP 正在政府支持下安装水下电力连接中心。法国在诺曼底地区开展了大量投资并积极引入国际合作，致力于打造世界级的海洋能产业示范区。

8.2 技术发展形势

海洋能利用技术多样化，包括潮汐能、潮流能、波浪能、温差能、盐差能、海底地热能、海藻生物质能等，处于不同成熟化阶段。潮汐能发电技术较成熟，技术领先国家已有一批具有代表性的商业化应用项目；潮流能、波浪能发电技术创新研发活跃，多种技术形成竞争局面，发展进程快速；温差能、盐差能仍处于理论研究和初试阶段，海底地热能和海藻生物质能则是近年刚提出的海洋能应用领域。

（1）潮汐发电的工作原理和一般水力发电原理相近，可利用成熟的水力涡轮发电机。大型潮汐能低水头、全贯流发电技术趋于成熟，促进了国际大型潮汐电站快速发展，市场竞争性显著提高，由于不受洪水、枯水期等水文因素影响，开发利用潮汐能的社会和经济效益已明显显露出来。目前，技术领先的主要是英国、法国、韩国等。

（2）潮流发电装置包括水平轴、垂直轴等多种型式，水平轴型式（即“水下风车”）逐渐成为主流，目前单机容量已超过 1MW。由于海水的密度是空气的 832 倍，故单机容量相同时，水平轴潮流发电装置的转轮尺寸比风电机组小很多，潮流发电场占地面积仅为相同装机容量风电场的 1/200，具有一定的优势。

近年来潮流能技术发展迅猛。由英国 MCT 公司研究的希根（SeaGen）潮流能装置具有里程碑式的意义，该装置装机容量达 1 200kW，于 2008 年开始并网试运行。2006 年，爱尔兰水动力（Openhydro）公司开发的潮流能涡轮发电装置在欧洲海洋能测试中心（EMEC）成功进行了测试。英国威尔士潮流能（Tidal Energy）公司最新研发了德塔（Delta stream）潮流能装置，总装机功率为 1 200kW，并在塞文（Seven）河口周边海域进行为期两年的实海况实验。

（3）波浪能发电技术趋于多样化，发电装置已经超过 200 种，主要可分为 5 种类型：振荡水柱式、摆式、振荡浮子式、筏式、收缩坡道式。单机容量从 1985 年的 100kW 发展到 2008 年的 750kW（挪威 1985 年建成 500kW 多共振振荡水柱式电站，运行至 1988 年；1986 年建成 350kW 收缩道聚波水库式电站，运行至 1991 年）。美国、英国、挪威、葡萄牙等国的技术和应用规模居世界领先地位。欧洲的波浪能发电技术整体居于领先地位，包括采用振荡水柱式技术的英国 LIMPET 公司 500 kW 固定式电站和葡萄牙 400kW 固定式电站、采用筏式波浪能利用技术的英国 Pelamis（海蛇）波能装置、葡萄牙的 21MW Agucadoura 波浪能装置等。

（4）温差能。由于海洋热能转换在热带海域及其与海水淡化有密切关系，使得这种技术具有显著的研发潜力。自 20 世纪 80 年代以来，国际社会一直在研究更复杂的热传递和转换方法，美国、日本、荷兰、法国、英国、印度都在研究设计万千瓦或十万千瓦级的温差能电站。

（5）盐差能、海底地热能、海藻生物质能的开发利用仍处于实验研究阶段。

总体来说，海洋能技术开发成本仍然较高，2015 年 5 月，IEA 下属的海洋能源系统实施协议（OES-IA）发布了“国际海洋能技术均化发电成本”研究报告，认为目前国际海洋能技术仍处于初级阶段。其中，波浪能、潮流能、温差能发电装置的建造成本分别为 11 000 美元 /kW、9 850 美元 /kW、35 000 美元 /kW；2020 年后，建造成本将分别下降到 5 900 美元 /kW、4 450 美元 /kW、10 000 美元 /kW，LCOE 中值将下降到 29.5 美分 / 千瓦时、20.5 美分 / 千瓦时、21.5 美分 / 千瓦时。未来一段时间，潮流能技术发展重点在于提高兆瓦级潮流能发电技术稳定性和可靠性，积累更大规模的潮流能发电场建设及运行经验；波浪能尚未有突破性进展，需要在装置研发及示范运行商投入较多；温差能需要积累更多的示范电站经验。总的来说，随着国际海洋能技术的逐渐成熟，海洋能装置的总体成本将会快速下降。

8.3 主要国家发展情况

目前世界上共有近 30 个沿海国家在开发海洋能。英国在海洋能开发技术上世界领先。美国、韩国、日本、加拿大、挪威、澳大利亚和丹麦也有很多海洋能装置正在开发，并已有一些代表性项目。

英国在世界海洋能开发利用领域处于领导者地位，特别体现在潮流能和波浪能利用技术上，波浪能装机容量近 4 万 kW。随着 20 世纪 80 年代以来保护生物多样性研究的发展，关于在江河上和海湾口修建大坝会影响生物多样性、危害上游濒危珍稀生物的舆论甚嚣尘上。自 90 年代中期起，英国另辟蹊径，开始不建大坝的潮汐能利用方式，即潮流发电技术，并获得快速发展。2008 年，英国 MCT 涡轮机装配了 1.2MW 的 SeaGen 机组，通过潮汐围栏发电，是第一台商用潮汐涡轮机。2010 年，Atlantis 资源公司装配了 1MW AK1000 的涡轮机，代表了世界先进技术水平。英国也是最早研究开发波浪能发电的国家，波浪能技术发展可追溯到 20 世纪 70 年代。2014 年爱丁堡大学开发了海洋能开发模拟设施，能够模拟真实的海洋环境，用于评估海洋能开发的技术风险和成本。目前，英国有 28 家公司在研制和开发波浪能技术，引领着世界波浪能利用技术的发展方向①。

① 英国外交联邦事务部 . 英中海洋能技术合作：波能和潮汐能状况报告 . 2012 年 4 月 .

韩国潮汐能利用技术发展迅速，已成为海洋能利用第二梯队的国家之一，海洋能开发完成了起步过程，进入良性循环的发展阶段，目前总装机容量约 30 万 kW①。韩国对海洋能实行差别化的政策和投资形式。对技术成熟的潮汐发电，由企业出资，积极开展大中型潮汐电站的研究和建设工作；而对处于预商业化初期的潮流能和波浪能发电，一方面由政府支持科研院校开展基础技术研发，另一方面选择相对难度较小、可靠性较高的技术，由企业出资、政府资助建设示范项目，边研发、边建设、边试验，互为支撑。韩国始华湖潮汐能发电站 2011 年 8 月正式运营，是当今世界上规模最大的潮汐能发电站。该电站安装在始华湖防潮堤上，总装机容量 25.4 万 kW，年发电量 5.5 亿 kW·h。此外，韩国还计划在加露林湾和仁川湾建设装机容量分别达到 48 万 kW 和 100 万 kW 的两个潮汐能发电站，仁川湾发电站已于 2012 年 6 月起开始建设。2013 年年初发布的国家第六期电力计划（The Country's 6th Electricity Plan）提出建设 81 万 kW 的 Canwha 和 52 万 kW 的 Garorim 潮汐能电站，但公众以影响生态为由反对这两个电站的建设②。

中国已建成的潮汐能电站代表仍是江夏试验电站，其他海洋能技术处于研发阶段。自 2010 年中国启动“海洋可再生能源专项基金”项目以来，先后支持了“乳山口 4 万 kW 级潮汐电站站址勘察及工程预可研”项目、“福建沙涅港八尺门万千瓦级潮汐电站站址勘察及工程预可研”项目、“厦门马銮湾万千瓦级潮汐电站建设的站址勘察、选划及工程预可研”项目和“利用海湾内外潮波相位差进行潮汐能发电的环境友好型潮汐能利用方式的可行性研究”等项目。2015 年 9 月，福建三沙湾潮波相位差潮汐能发电技术通过了国家海洋局科技司组织的验收；中国海洋大学承担的“福建沙埕港八尺门万千瓦级潮汐电站站址勘查及工程预可研”通过国家评审；中科院广州所基于鹰式技术开展的“南海海岛海洋能独立电力系统示范工程”累计发电时间超过 36 个月，累计发电 208 万 kW·h。2016 年 12 月，国家海洋局印发了《海洋可再生能源发展“十三五”规划》，明确提出到 2020 年，建设兆瓦级潮流能并网示范基地及 500kW 级波浪能示范基地，启动万千瓦级潮汐能示范工程建设，全国海洋能总装机规模超过 50 000kW，建设 5 个以上海岛海洋能与风能、太阳能等可再生能源多能互补的独立电力系统，海洋能开发利用水平步入国际先进行列。

① 中国可再生能源学会海洋能专业委员会，《韩国海洋能开发利用现状考察报告》，2012。

② Renewables 2013,Global status report.

8.4 展望

总体来说，2017 年全球海洋能市场没有明显发展，但英国等少数发达国家正在技术研发、项目试验示范等方面做出大量尝试，力图引领海洋能发展，5 年内可能完成一批较大项目，海洋能市场有望取得突破。根据欧洲海洋能协会 2010 发布的《欧洲 2010—2050 年海洋能路线图》，欧洲海洋能发电的装机容量到 2020 年可达 360 万 kW，到 2050 年可达近 1.9 亿 kW，将分别占到欧盟 27 国电力需求的 0.3% 和 15%。但受到潮汐能地理资源约束，在潮流能、波浪能等可以广泛、大量应用技术没有快速突破的情况下，海洋能短期内不会太规模发展，5 年内全球海洋能发电装机总规模在百万千瓦量级。

9 储能

9.1 全球储能市场

据中关村储能产业技术联盟（CNESA）统计，截至 2017 年年底全球投运储能项目累计装机规模 175.4GW，同比增长 4%。抽水蓄能累计装机规模 168.4GW，占比 96%，电化学储能为 2.9GW，占比 1.7%，各类电化学储能中，锂离子电池储能规模最大为 2.2GW。

另据美国能源部统计，截至 2018 年 6 月底，全球在运储能项目累计装机规模 196GW，其中抽水蓄能 184GW，占比 94%；电化学储能 4.8GW，占比 2.47%；其次为储热，装机占比 2.06%。在电化学储能技术中，锂离子电池占比达到 71%，其次分别为液流电池（全钒液流电池、锌溴电池等）和钠基电池（钠硫电池、钠离子电池等）。

图 2-9-2 为全球储能装机前 10 名国家，其中美国、中国、日本为累计装机量明显领先其他国家，3 国储能装机量接近全球总量一半（图 2-9-2）。分技术来看，中国抽水蓄能装计量最高；美国电化学储能装机量最高，达到 2.15GW，占全球份额 45%；西班牙储热装机量位居全球第一，达到 981MW，占全球份额的 24%; 美国、德国两国在压缩空气、飞轮储能等电力机械储能装机方面全球领先，分别达到 878MW 和 877MW，各自占全球总量的 33%。

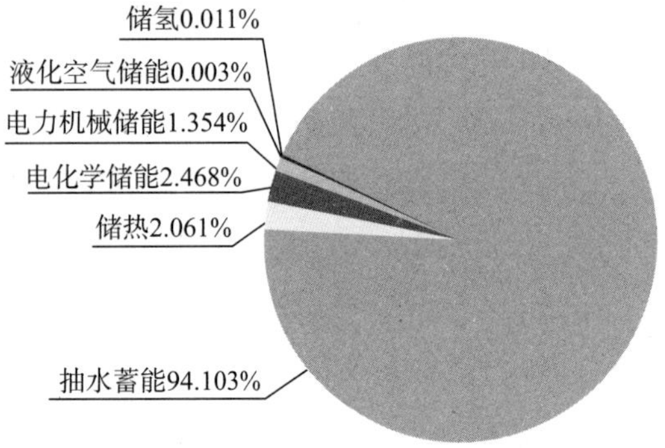

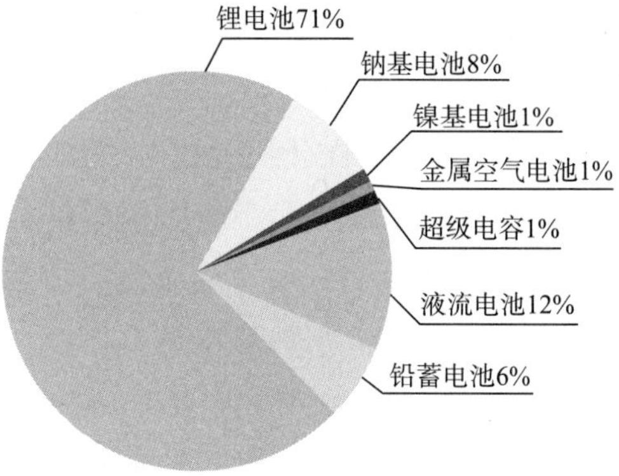

图 2–9–1　美国能源部统计全球分技术储能技术装机量

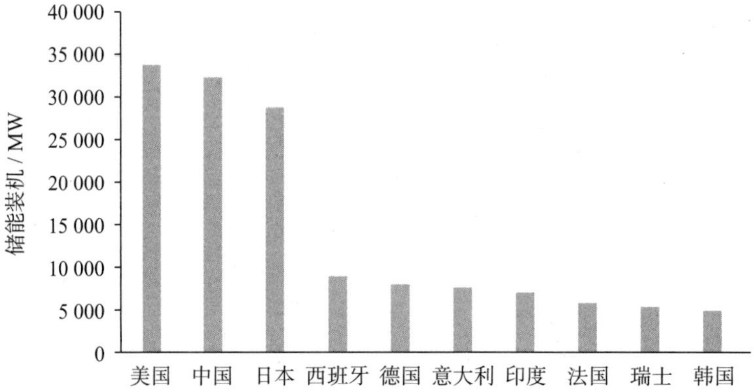

图 2–9–2　美国能源部统计全球储能装计量前 10 名国家

从储能技术应用场景看，电力系统调峰仍然是储能最主要的应用领域，占到全部储能装机量的 83%，储能在保障发电容量、可再生能源并网及电网黑启动应用占比分别为 5%，4% 和 4%，分列第二到第四位（图 2–9–3）。

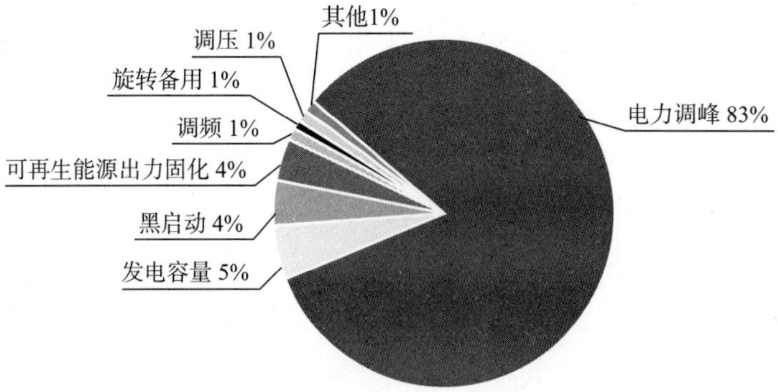

图 2–9–3　储能技术应用场景比例

成本方面，根据 Larzard 统计，目前物理储能项目（压缩空气、抽水蓄能）及储热成本相对较低，单位千瓦时项目成本在 400 美元或以下（图 2–9–4）。钠硫电池、液流电池和锂离子电池投资成本仍然偏高，单位千瓦时项目成本为 600～1 000 美元。从储能平准化成本（LCOS）看，各类储能项目 LCOS 普遍高于 0.1 美元 / 千瓦时，除压缩空气和抽水蓄能外，其他储能技术商业化应用难度仍然较高。

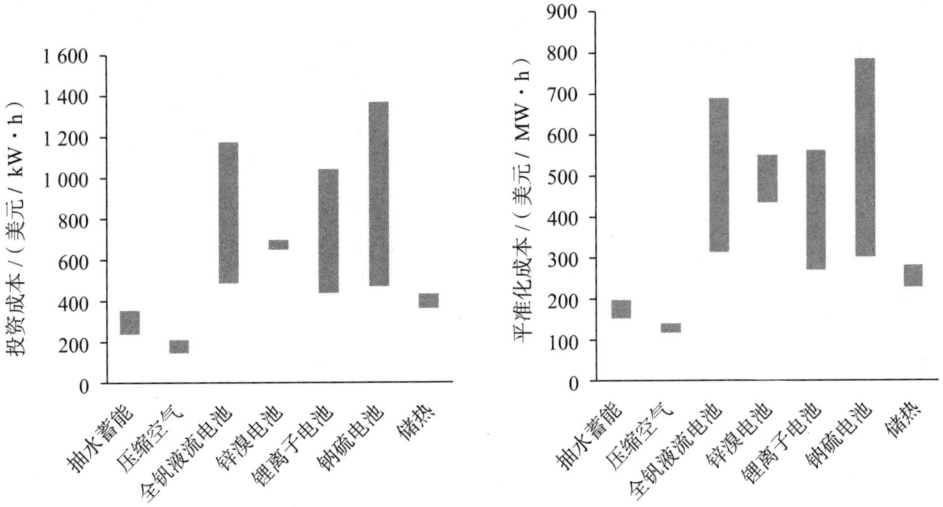

图 2–9–4　Larzard 统计各类储能技术投资成本对比

9.2　典型国家储能进展

受可再生能源、分布式能源、用电价格及电力市场等因素影响，美国、日本、德国、英国、澳大利亚和中国仍是当前全球主要储能应用市场。

（1）美国

美国是当今全球最大的电化学储能应用市场。在加州经验带动下，2017 年俄勒冈州、马萨诸塞州和纽约州均通过设立储能采购目标或提出采购需求，部署公用事业规模的储能项目。

储能在美国辅助服务市场的应用一直领先全球，但 2017 年该领域新增储能项目装机数量和规模都不及往年，一定程度上也体现了美国部分区域调频储能市场趋于平稳或接近饱和。相比之下，用户侧储能市场更加活跃，2017 年用户侧储能项目多以光储和校园微网形式体现。此外，得益于各州对分布式能源开发的持续激励、开放电力市场环境给予分布式能源参与电力市场的准入政策，结合分布式光伏资源应用优势等一系列举措的推动，光储一体化应用已成为用户侧应用的重要趋势[①]。

（2）日本

2017 年，日本主要的储能应用仍然集中在集中式可再生能源并网领域和用户侧领域。其中，储能在集中式可再生能源并网领域应用规模最大，北海道等解决弃光需求较强烈的地区，以及福岛等需要灾后重建的地区成为储能应用的重点区域。用户侧领域储能的发展则主要依赖于虚拟电厂建设补贴、光伏补贴退坡、户用储能设备补贴、能效计划等政策的激励。与其他开放电力市场国家的储能发展趋势类似，未来推动日本储能技术应用的潜在动力一方面来自于 2016 年售电市场全面自由化的启动，市场化价格和售电服务的多样化将带动储能在电力系统中的应用；另一方面随着光伏补贴的下降，独立储能或光储模式将在用户侧有所发展[②]。

（3）德国

2017 年储能在德国电力辅助服务领域的发展速度放缓，这主要是由于上一年度大量调频储能项目上马以及一次调频辅助服务市场逐渐饱和导致。在户用储能方面，相较于 2016 年，德国家庭光伏储能市场的增长也趋于缓慢。尽管如此，德国依然是欧洲范围内最成熟的分布式光储市场，也是用户侧储能商业模式发展最为成熟的国家之一。

（4）英国

2017 年英国储能市场规模爆发式增长，全年投运储能项目规模达到 2016 年的 10 倍。这一增长主要得益于先进调频、其他电网平衡服务等高价值电网服务市场的驱动，大部分电网规模的储能项目均采取与可再生能源发电站或大工业用户共享网址的方式，积极寻求调频辅助服务合同、容量市场合同等实现多重应用效益叠加。相比电力系统储能，英国的用户侧储能市场尚处于发展初期阶段，除了政府部门和 Innovate UK 资助的一些将用户侧储能聚合起来提供电网服务的试验性项目外，分散的用户侧储能项目规模和数量都较小。

为推动储能发展，英国政府制定了推动储能发展的一系列行动方案，包括明确储能资产的定义、属性、所有权、减少市场进入障碍等，为储能市场的大规模发展注入强心剂，但由于容量市场规则的改变使得储能竞标容量市场合同的热潮遇冷，

① 《储能产业研究白皮书 2018》，中关村储能联盟。

② 《储能产业研究白皮书 2018》，中关村储能联盟。

投资者对于通过容量市场获得额外收益的信心受挫。随着辅助服务市场日渐饱和，未来储能在英国市场中的商业模式仍存在不确定性[①]。

（5）澳大利亚

2017 年，户用储能仍然是澳大利亚储能应用的主流方式。随着储能系统成本的持续下降，光储系统替代传统发电技术越来越具有经济性。在经济发达的东南部地区，如墨尔本、阿德莱德等地，越来越多的厂商或开发商开始探索集合小型的家用储能为电网创造更多价值的虚拟电厂模式。另外，2017 年澳大利亚电力市场监管者制定了“五分钟结算机制”，不仅能够促进储能在澳大利亚电力市场中实现更有效的应用并获得合理补偿，还将推动基于快速响应技术的更多市场主体以及合同形式的出现，对储能在电力市场中的多元化应用产生重要影响[②]。

（6）中国

中国快速成长的动力电池市场有效带动了锂电池成本下降，其在储能领域的商业应用开始逐步凸显，未来锂电池储能在可再生能源并网、用户侧储能以及电力辅助服务领域应用前景非常广阔。但由于电池产能扩张速度与新能源汽车需求扩张速度不匹配，也造成了阶段性的产能过剩。2017 年年底国内动力电产能已经达到 120GW · h，而 2017 年动力电池装机量只有 36GW · h，平均产能利用率仅为 30%。

目前中国电化学储能的主要商业模式包括用户侧峰谷电价套利、可再生能源储能及电力辅助服务储能三种。目前中国绝大部分省市大工业用户均已实施峰谷电价，通过降低夜间低谷期电价，提高白天高峰期电价，来鼓励用户分时计划用电。储能用于峰谷电价套利，用户可以在电价较低的谷期利用储能装置存储电能，在用电高峰期使用存储好的电能，避免直接大规模使用高价的电网电能，如此可以降低用户的电力使用成本，实现峰谷电价套利。目前江苏、广东等省峰谷差价高于 0.8 元 /kW · h，结合容量电费管理、提升电能质量和可靠性等价值，储能为电力用户提供了可观的收益空间。

储能系统同样有助于解决可再生能源的消纳问题。2017 年 10 月 11 日，国家发展和改革委员会、财政部、科技部、工信部、能源局联合下发了储能领域首个行业政策《关于促进我国储能技术与产业发展的指导意见》，明确提出要推进储能提升可再生能源利用水平，鼓励可再生能源场站合理配置储能系统，推动储能系统与可再

---

① 《储能产业研究白皮书 2018》，中关村储能联盟。

② 《储能产业研究白皮书 2018》，中关村储能联盟。

生能源协调运行，研究建立可再生能源场站侧储能补偿机制，支持多种储能促进可再生能源消纳。此外，对于分布式光伏而言，当前补贴退坡是必然趋势，未来用户收益将越来越依赖自发自用，引入储能系统有利于提升光伏自用率，增大用户收益。随着我国可再生能源发电规模日益增大，可再生能源储能市场也将逐步开启。

目前火电应用于辅助服务仍面临技术与成本的双重压力，而电池储能系统具有自动化程度高、增减负荷灵活、对负荷随机和瞬间变化可做出快速反应等优点，能起到电力系统调频作用。火电储能共同参与 AGC 调频，通过储能跟踪 AGC 调度指令，实现快速折返、精确输出以及瞬间调节，弥补发电机组的响应偏差，能够显著改善机组 AGC 调节性能。近期东北、山东、福建、甘肃、山西、新疆、河南和南方区域相继出台了一系列支持储能参与调峰调频的政策文件，使得储能在辅助服务领域的应用日益受到业内关注，并已孕育出若干商业化运营项目。

第三篇

国家篇

1 亚洲

1.1 中国

1.1.1 中国大陆地区

1.1.1.1 可再生能源战略目标

中国①在持续30多年快速的经济增长后，已经成为世界第一大能源生产和消费国。在经济社会发展取得丰硕成果的同时，以化石能源为主的能源生产和消费导致沉重的资源环境代价。因此党的十八大提出了要统筹推进“五位一体”总体布局和协调推进“四个全面”战略布局，牢固树立和贯彻落实创新、协调、绿色、开放、共享的发展理念。党的十九大报告又进一步明确要推进能源生产和消费革命，构建清洁低碳、安全高效的能源体系。推动能源生产和消费革命，扭转以化石能源为主的能源结构，建设社会主义生态文明成为当前和今后一段时间中国政府面临的紧迫任务。

国家发展和改革委员会和能源局于2016年年底出台了《能源生产和消费革命战略（2016—2030）》，指出到2020年，能源消费总量控制在50亿t标准煤，清洁能源成为能源增量主体，非化石能源占比15%；2021—2030年，可再生能源、天然气和核能利用持续增长，高碳化石能源利用大幅减少。能源消费总量控制在60亿t标准煤以内，非化石能源占能源消费总量比重达到约20%，新增能源需求主要依靠清洁能源满足。因此持续提高清洁能源的开发利用规模，大力发展可再生能源将是中国长期坚持的能源战略。

国家能源局发布《可再生能源发展“十三五”规划》，针对“十三五”时期中国可再生能源发展的发展目标、战略布局等做出了整体部署，提出到2020年，全部可再生能源年利用量7.3亿t标准煤，风电项目电价可与当地燃煤发电同平台竞争，光伏项目电价可与电网销售电价相当。同时，提出充分利用规划、在建和已建输电通道，尽量提高输送电量中可再生能源电量比例。

1.1.1.2 主要政策措施

2006年，中国开始实施《可再生能源法》，基本确定了以固定电价和费用分摊

① 如果没有特别标注，在本报告中中国指中国大陆地区。

制度支持可再生能源发电发展的机制。中国有关政府部门陆续出台了相关配套政策，基本建立了促进可再生能源发展的政策框架（图 1），主要包括：特许权招标项目、固定上网电价政策、价格补贴机制和国家级示范项目等，有效促进了可再生能源发电市场的规模化发展。

进入“十三五”以来，国家发改委、国家能源局更加注重研究建立促进可再生能源市场和产业持续健康发展的重大政策方面。

研究建立实施目标引领和监测评价机制 2016 年 2 月，国家能源局已发布《关于建立可再生能源开发利用目标引导制度的指导意见》文件，提出依据各地区可再生能源资源状况和能源消费水平，制定各省（区、市）一次能源消费总量中可再生能源消费比重指标，以及全社会电力消费量中可再生能源电力消费比重指标。在监测方面，国家能源局 2016 年 8 月、2017 年 4 月、2018 年 3 月先后发布了 2015 年、2016 年以及 2017 年度的全国可再生能源电力发展监测评价报告，监测评估了各省（区、市）全部可再生能源电力消纳情况和非水电消纳情况、风电和光伏发电保障性收购落实情况、特高压线路输送可再生能源情况、国家清洁能源示范省区情况等内容。根据监测结果，红色预警地区将不得核准建设新的风电或光伏项目，并要采取有效措施着力解决弃风弃光问题。通过对于弃风弃光严重的地区控制新建项目的计划以及建设和并网节奏，更好地引导新能源发电企业的理性投资。

推动落实可再生能源全额保障性收购制度 按照 2017 年 3 月国家发展和改革委员会、国家能源局发布的《可再生能源发电全额保障性收购管理办法》，要求严格落实规划内的风电、光伏发电保障性收购电量，落实优先发电、优先购电相关制度的有关要求，确保最低保障收购年利用小时数以内的电量以最高优先等级优先发电，保障新能源电力的高效利用。

探索可交易可再生能源绿色电力证书制度和电力市场化条件下的支持机制 2017 年 1 月，发布了《关于试行可再生能源绿色电力证书核发及自愿认购交易制度的通知》（发改能源〔2017〕132 号），于 2017 年 7 月启动绿色证书自愿认购交易。随后于 2018 年 3 月就可再生能源电力配额及考核办法发布了征求意见稿，着眼于促进可再生能源消纳利用和可再生能源高质量发展。2015 年以来，中国启动了新一轮电力体制改革，随着电力市场改革逐步推进，未来将实现市场化电力定价机制，目前正在积极研究电力市场化条件下的可再生能源电力消纳和政策机制，以可再生能源标杆电价和燃煤标杆电价为基础的差额补贴形式将会逐步转变为可再生能源市场定价为基础的形式。未来将根据非化石能源消费比重目标和可再生能源开发利用目标的要求，建立可再生能源绿色证书交易机制，通过绿色证书市场化交易补偿新能源发电的环境效益和社会效益，逐步将现行差价补贴模式转变为定额补贴与绿色证书收入相结合的新型机制。

组织实施光伏领跑者计划和风电平价上网示范项目，推动技术进步和成本下降　2016年，国家能源局在总计18.1GW的新增地面光伏指标中，下发5.5GW的第二批“领跑者”计划，占比超过30%以上。第三批光伏应用领跑者项目10个基地共5GW指标于2018年4月全部招标完毕，中标电价最低至0.31元/kW·h，甚至低于当地的燃煤标杆电价（青海，0.324 7元），所有项目的中标电价平均只比当地的脱硫煤标杆电价高出约0.1元/kW·h，与目前的光伏标杆相比实现大幅下降。同时领跑者采用的光伏组件在效率、衰减等关键指标上均明显优于普通的光伏组件，有效推动先进技术的大规模产业化。在风电方面，根据《国家能源局综合司关于开展风电平价上网示范工作的通知》（国能综通新能〔2017〕19号）的要求，2017年9月国家能源局公布了河北、黑龙江、甘肃、宁夏、新疆相关省（区）风电平价上网示范项目，总规模为70.7万kW；要求示范项目的上网电价按当地煤电标杆上网电价执行，所发电量不核发绿色电力证书，在本地电网范围内消纳。2018年5月，国家能源局发布了《风电项目竞争配置指导方案》，从2019年起，各省（自治区、直辖市）新增核准的集中式陆上风电项目和海上风电项目要全部通过竞争方式配置和确定上网电价。

大力开展北方地区清洁能源供暖　2016年12月，习近平主席在主持中央财经领导小组第十四次会议时强调推进北方地区冬季清洁取暖是能源生产和消费革命、农村生活方式革命的重要内容，要尽可能利用清洁能源，加快提高清洁取暖比重。李克强总理在2017年政府工作报告中指出坚决打好蓝天保卫战，全面实施散煤综合治理，推进北方地区冬季清洁取暖，完成以电代煤、以气代煤300万户以上，全部淘汰地级以上城市建成区燃煤小锅炉。国家能源局新能源和可再生能源司2017年3月发布了《促进可再生能源供热的意见（征求意见稿）》，提出到2020年，全国可再生能源取暖建筑面积达到35亿m^2，可再生能源供热总计约1.5亿t标准煤。在京津冀及周边地区，可再生能源取暖建筑面积达到10亿m^2。在城镇和农村地区实现较大规模的可再生能源替代民用散煤取暖。2017年5月，财政部、住房和城乡建设部、环境保护部、国家能源局联合启动中央财政支持北方地区冬季清洁取暖试点工作，重点支持京津冀及周边地区大气污染传输通道“2+26”城市。支持内容包括：推进清洁方式取暖替代散煤燃烧取暖，并同步开展既有建筑节能改造，实现试点地区散烧煤取暖全部“销号”和清洁替代。中国可再生能源发电电价政策概览如表3-1-1所示。

表 3–1–1　中国可再生能源发电电价政策概览

	颁布时间	颁布法规	电价政策
风电	2006.01.04	《可再生能源发电价格和费用分摊管理试行办法》	招标电价 + 核准电价
	2009.07.20	《关于完善风力发电上网电价政策的通知》	四类风电标杆上网电价：每千瓦时分别为 0.51 元、0.54 元、0.58 元、0.61 元（含税，下同）
	2014.12.31	《关于适当调整陆上风电标杆上网电价的通知》	四类风电标杆上网电价：每千瓦时分别为 0.49 元、0.52 元、0.56 元、0.61 元
	2015.12.22	《关于完善陆上风电光伏发电上网标杆电价政策的通知》	2016 年四类风电标杆上网电价：每千瓦时分别为 0.47 元、0.50 元、0.54 元、0.60 元
	2016.12.26	《关于调整光伏发电陆上风电标杆上网电价的通知》	2018 年四类风电标杆上网电价：每千瓦时分别为 0.40 元、0.45 元、0.49 元、0.57 元
太阳能光伏发电	2006.01.04	《可再生能源发电价格和费用分摊管理试行办法》	项目定价：合理成本 + 合理利润
	2011.07.24	《关于完善太阳能光伏发电上网电价政策的通知》	三类标杆上网电价：每千瓦时 1.15 元或 1 元
	2013.08.06	《关于发挥价格杠杆作用促进光伏产业健康发展的通知》	三类标杆上网电价：每千瓦时 0.9 元、0.95 元和 1 元； 分布式光伏发电补贴标准：每千瓦时 0.42 元
	2015.12.22	《关于完善陆上风电光伏发电上网标杆电价政策的通知》	2016 年三类标杆上网电价：每千瓦时 0.8 元、0.88 元和 0.98 元； 分布式光伏发电补贴标准：每千瓦时 0.42 元
	2016.12.26	《关于调整光伏发电陆上风电标杆上网电价的通知》	2017 年三类标杆上网电价：每千瓦时 0.65 元、0.75 元、0.85 元； 分布式光伏发电补贴标准：每千瓦时 0.42 元
	2017.12.19	《关于 2018 年光伏发电项目价格政策的通知》	2018 年三类标杆上网电价：每千瓦时 0.55 元、0.65 元、0.75 元； 分布式光伏发电补贴标准：每千瓦时 0.37 元
生物质发电	2006.01.04	《可再生能源发电价格和费用分摊管理试行办法》	补贴标准：每千瓦时 0.25 元； 2010 年起，每年递减 2%
	2010.07.18	《关于完善农林生物质发电价格政策的通知》	标杆上网电价：每千瓦时 0.75 元
	2012.3.28	《关于完善垃圾焚烧发电价格政策的通知》	每吨生活垃圾折算上网电量暂定为 280kW·h，标杆电价每千瓦时 0.65 元；其余上网电量执行当地同类燃煤发电机组上网电价

1.1.1.3　市场和产业发展

截至 2017 年年底，中国可再生能源发电装机容量 6.5 亿 kW，相比 2010 年的 2.54 亿 kW 增加了 1.56 倍，在全部电力装机的占比也从 2010 年的 26.1% 提高到 2017 年的 36.6%。在可再生能源装机中，水电装机（含抽水蓄能）3.41 亿 kW，风电装机 1.64 亿 kW，光伏发电装机 1.30 亿 kW，生物质发电装机 1 476 万 kW。

2017 年可再生能源发电量 16 979 亿 kW·h，相比 2010 年提高了 1.23 倍，占全部发电量的 26.5%，相比 2010 年的 18% 提升了 8.5 个百分点。其中水电发电量 11 945 亿 kW·h，占全部发电量的 18.6%，风电发电量 3 057 亿 kW·h，占全部发电量的 4.8%，光伏发电量 1 182 亿 kW·h，占全部发电量的 1.8%，生物质发电量 795 亿 kW·h，占全部发电量的 1.2%。2017 年，可再生能源发电约合 5.2 亿 t 标准煤，约占全部能源消费比重的 11.7%，相比 2010 年提高了 4.7 个百分点。2007—2017 年中国可再生能源装机容量如图 3-1-1 所示，发电量如图 3-1-2 所示。

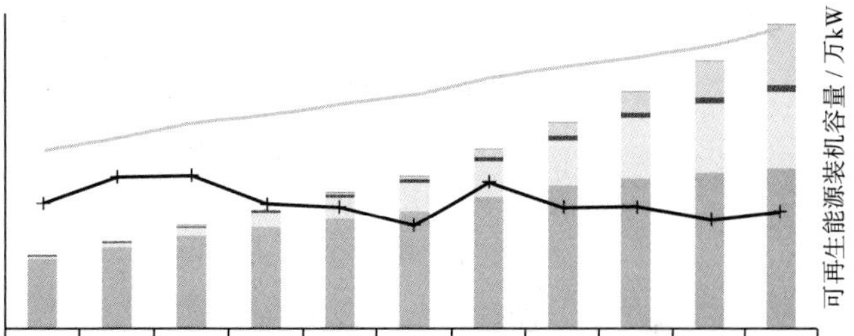

	2007年	2008年	2009年	2010年	2011年	2012年	2013年	2014年	2015年	2016年	2017年
地热海洋能发电	2.5	2.81	2.81	2.81	3.02	3.02	3	3	3	3	3
太阳能发电（并网）	10.1	14	28.4	86.4	293	650	1 745	2 805	4 318	7 742	13 025
生物质能发电	300	327	460	550	700	770	868	948	1 032	1 214	1 476
并网风力发电	420	839	1 760	2 958	4 623	6 142	7 652	9 657	13 075	14 864	16 367
水电	14 823	17 260	19 629	21 606	23 298	24 947	28 044	30 486	31 954	33 207	34 119
合计	15 556	18 443	21 880	25 202	28 917	32 512	38 313	43 900	50 383	57 031	65 005
可再生能源年装机容量增长率 / %	15.3	18.6	18.6	15.2	14.7	12.4	17.8	14.6	14.8	13.2	14.0
可再生能源装机容量占总装机容量比例 / %	21.7	23.3	25.0	26.1	27.4	28.5	30.6	31.8	33.1	34.5	36.6

图 3-1-1　2007—2017 年中国可再生能源装机容量

数据来源：国家能源局，国家可再生能源中心。

（1）水电

2017 年，全国新增水电并网容量 912 万 kW，其中抽水蓄能新增装机 200 万 kW（江苏新增 150 万 kW、广东新增 30 万 kW、海南新增 20 万 kW）。四川、江苏、云南、重庆和陕西五省新增装机容量均超过 70 万 kW，占全国新增装机容量的 78.6%。截至 2017 年年底，全国全口径水电累计并网容量达到 34 119 万 kW，同比增长 2.7%。

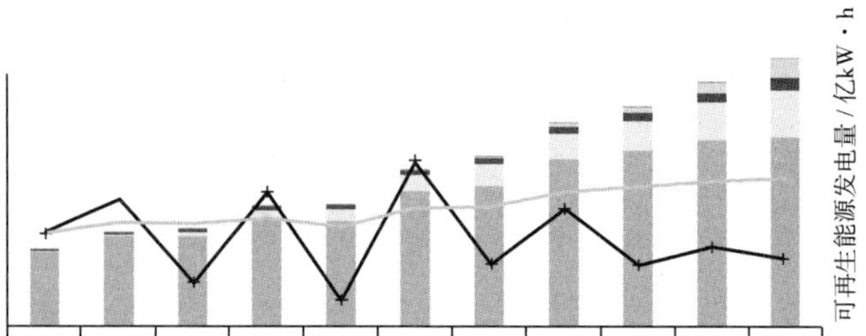

	2007年	2008年	2009年	2010年	2011年	2012年	2013年	2014年	2015年	2016年	2017年
地热海洋能发电	1	1	1	1.46	1.46	1.46	1.5	1.5	1.5	1.5	1.5
太阳能发电（并网）	0.606	0.84	1.704	5.184	17.604	41	84	233	395	674	1 182
生物质发电	97	147	207	248	275	300	370	444	527	647	794
并网风力发电	57	114	249	490	715	1 028	1 383	1 599	1 856	2 420	3 057
水电	4 714	5 655	5 717	6 867	6 681	8 556	8 921	10 601	11 127	11 748	11 945
合计	4 870	5 918	6 176	7 611	7 690	9 926	10 760	12 879	13 906	15 490	16 979
可再生能源发电量年增长率 / %	14.7	21.5	4.4	23.2	1.0	29.1	8.4	19.7	8.0	11.4	9.6
可再生能源发电量占总发电量比例 / %	14.9	17.1	16.8	18.0	16.3	20.0	20.1	23.1	24.4	25.7	26.5

图 3-1-2　2007—2017 年中国可再生能源发电量

数据来源：中电联，国家能源局，国家可再生能源中心。

累计并网容量超过 1 000 万 kW 的省（区）有 10 个，较 2016 年增加广东和浙江两省；水电在当地电源装机中的比重超过 50% 的省（区）有 4 个，分别为四川（79%）、云南（69%）、西藏（56%）和湖北（52%）（图 3-1-3）。

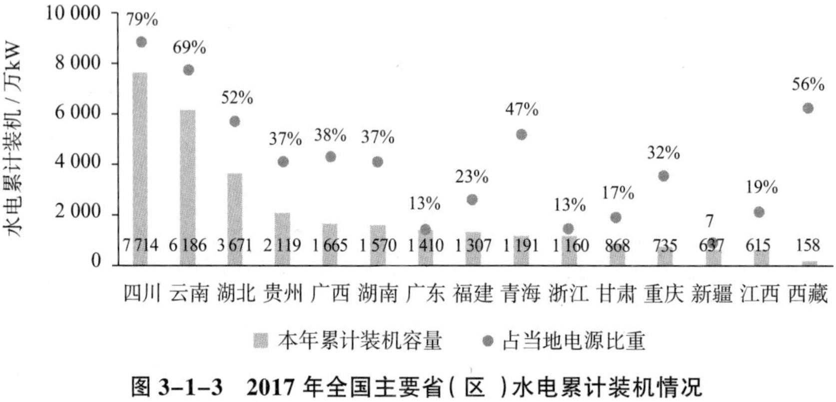

图 3-1-3　2017 年全国主要省（区）水电累计装机情况

数据来源：国家可再生能源中心。

2017 年，全国全口径水电发电量 11 945 亿 kW · h，同比增长 1.7%。其中水电发电量排名前五位的省（区）依次为四川（3 164 亿 kW · h）、云南（2 516 亿 kW · h）、湖北（1 494 亿 kW · h）、贵州（735 亿 kW · h）和广西（611 亿 kW · h），五省（区）合计水电发电量占全国水电发电量的 71.3%。

2017年，6 000kW及以上电厂发电设备平均利用小时数为3 579h，同比减少40h。平均利用小时数超过4 000h的省份有5个，分别是四川（4 236h）、甘肃（4 162h）、新疆（4 120h）、湖北（4 120h）和云南（4 107h）。平均利用小时下降幅度超过1 000h的省份分别为广东、福建和江西，同比分别下降1 869h、1 517h和1 453h。全国弃水电量约515亿kW·h，其中四川156亿kW·h、云南288亿kW·h、广西50亿kW·h。

（2）风电

截至2017年年底，全国风电累计并网容量达到16 367万kW，同比增长10.1%，其中海上风电累计并网容量202万kW，同比增长37%。2017年，全国新增风电装机并网1 503万kW，同比下降22%。

全国的风电布局进一步优化，受“三北”地区弃风限电的影响，新增风电装机继续保持向中东部和南方地区转移的特征，“三北”地区新增装机并网724万kW，同比下降30%。分地区看，累计并网容量超过1 000万kW的省（区）有5个，分别是内蒙古、新疆、甘肃、河北和山东；“三北”地区风电累计并网容量达到12 172万kW，占全国总量的74%，较上年同期下降3个百分点（图3-1-4）。

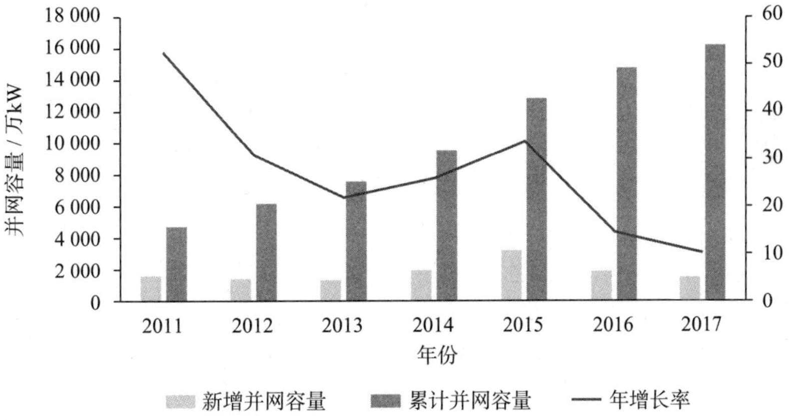

图3-1-4 2011—2017年全国风电并网装机容量

数据来源：国家可再生能源中心。

全国风力发电量继续保持快速增长，2017年达到3 057亿kW·h，同比增长28%。内蒙古、河北、云南、甘肃、山东、山西、宁夏、辽宁、新疆、江苏和黑龙江的发电量均超过100亿kW·h，部分省（区）风电发电量占全社会用电量比重达到较高水平，内蒙古、甘肃和宁夏风电发电占当地全社会用电量比重超过20%。

2017 年，风电运行质量较上年显著提升，主要变现为实现弃风电量和弃风率“双降”，以及发电小时数的明显增加。2017 年，全国总弃风电量 422 亿 kW·h，同比减少 78 亿 kW·h，弃风率 12%，同比下降 5.2 个百分点。分地区看，大部分弃风限电严重地区的形势均有所好转，其中甘肃弃风率下降超过 10 个百分点，吉林、新疆、宁夏、内蒙古、辽宁弃风率下降超过 5 个百分点，黑龙江弃风率下降接近 5 个百分点。新疆、内蒙古和甘肃弃风仍较为严重，弃风电量分别达到 133 亿 kW·h、95 亿 kW·h 和 92 亿 kW·h，弃风率分别为 29%、15% 和 33%。全国风电平均利用小时数达到 1 942h，同比增加 186h。分电网区域看，华东电网利用小时数最高（2 153h），西北电网最低（1 666h）。分省份看，平均利用小时数最高的省份是福建（2 756h），平均利用小时数最低的省份是甘肃（1 469h）（图 3-1-5）。

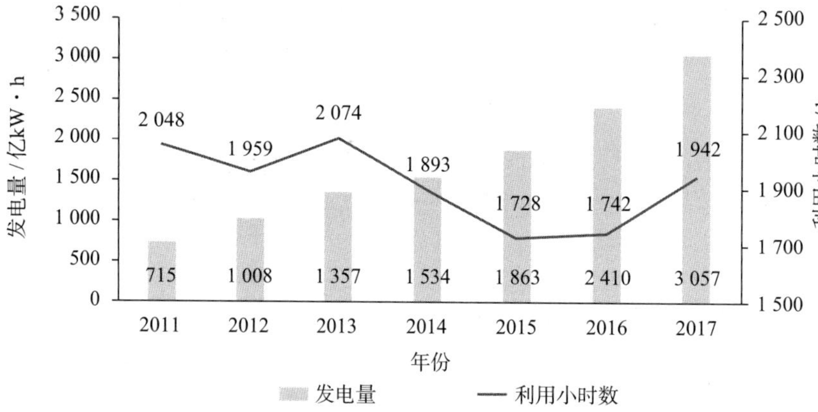

图 3-1-5　2011—2017 年全国风电发电量及利用小时数情况

数据来源：国家可再生能源中心。

（3）太阳能发电

2017 年，中国光伏发电继续保持高速增长，全国新增光伏装机 5 306 万 kW，同比增长 54%，占全国年度全部新增电力装机的 40%。其中，集中式光伏新增装机增速减缓，全国新增装机 3 362 万 kW，同比增长 11%；分布式光伏爆发式增长，新增装机达到 1 944 万 kW，同比增长 3.7 倍。2017 年全国光伏发电累计装机容量 1.3 亿 kW，同比增长 69%，占全国总发电设备容量的 7.3%，同比提高 2 个百分点。其中，集中式光伏累计装机容量 1 亿 kW，分布式光伏 2 966 万 kW。2017 年光伏发电结构进一步优化，分布式光伏在光伏装机的比重提高到 23%，同比增加 10 个百分点（图 3-1-6）。

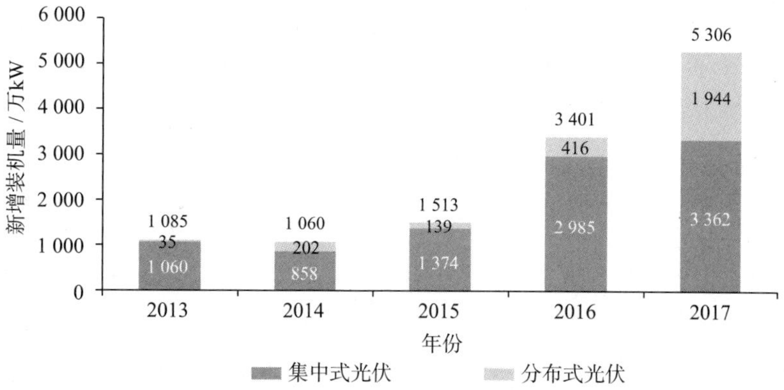

图 3-1-6 2013—2017 年全国光伏发电新增装机情况

资料来源：国家可再生能源中心。

从新增装机分布来看，2017 年呈现东升西降，东中西部平衡发展的新格局。2017 年，西北地区光伏新增装机 622 万 kW，同比下降 38%，占全国新增装机的 12%，同比下降 17 个百分点；中东部成为中国光伏发电热点地区，其中华东地区新增装机 1 467 万 kW，同比增长 167%，占全国新增装机的 27%，同比增加 11 个百分点；华中地区新增装机 1 064 万 kW，同比增长 70%，占全国新增装机的 20%；东北地区新增装机 412 万 kW，同比增长 213%；华北地区新增装机 1 371 万 kW，同比增长 56%；华南地区新增装机 370 万 kW，同比增长 26%。分省份来看，山东、安徽、浙江、河北和河南新增装机超过 400 万 kW，占全国新增装机的 46%。其中，山东、浙江、江西和福建分布式光伏新增装机超过集中式光伏，新增装机分别为 352 万 kW、292 万 kW、115 万 kW 和 42 万 kW（图 3-1-7）。

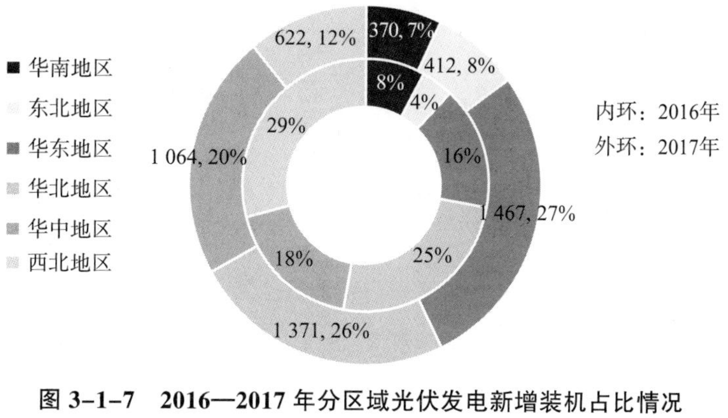

图 3-1-7 2016—2017 年分区域光伏发电新增装机占比情况

数据来源：国家可再生能源中心。

2017 年，光伏发电量突破千亿千瓦时，达到 1 182 亿 kW · h，同比大幅增长 79%，其中集中式光伏电站发电量 1 026 亿 kW · h，同比增长 65%，分布式光伏发电量 156 亿 kW · h，同比增长 1.8 倍。2017 年光伏发电在全部发电量中的比重进一步提高，由 2016 年的 1.1% 提高到 1.8%。

和风电类似，光伏发电同样实现弃光电量和弃光率的双降，以及发电小时数的提升。2017 年，全国集中式光伏电站平均利用小时数 1 204h，同比上升 74h；利用小时数较高的是内蒙古（1 617h）、青海（1 514h）、四川（1 455h）、山西（1 371h）和云南（1 345h）。2017 年弃光电量 73 亿 kW · h，同比减少 2 亿 kW · h，弃光率下降到 7%，同比下降 4 个百分点。全国弃光严重地区主要是新疆（不含兵团）、甘肃、青海和宁夏，弃光电量分别为 28.2 亿 kW · h、18.5 亿 kW · h、7.5 亿 kW · h 和 4.8 亿 kW · h，弃光率分别为 22%、20%、6% 和 6%，同比分别下降 9.3、9.8、2.1 和 0.9 个百分点。陕西弃光电量 5.1 亿 kW · h，弃光率 9%，同比上升 4.4 个百分点。

（4）生物质能

2017 年，全国生物质发电新增装机 274.1 万 kW，同比增长 50.5%，其中东部地区的山东、浙江、广东、安徽及江苏五省发展较快，新增装机分别达 36.8 万 kW、35.9 万 kW、33.3 万 kW、23.7 万 kW 和 20.1 万 kW，合计占比 54.7%。从技术看，农林生物质发电新增 109.0 万 kW，垃圾发电新增 155.0 万 kW，沼气发电新增 10.0 万 kW。截至 2017 年年底，生物质发电累计装机达到 1 488.4 万 kW，其中农林生物质发电装机 714.0 万 kW，垃圾发电装机 729.0 万 kW，沼气发电 45.4 万 kW（图 3-1-8）。

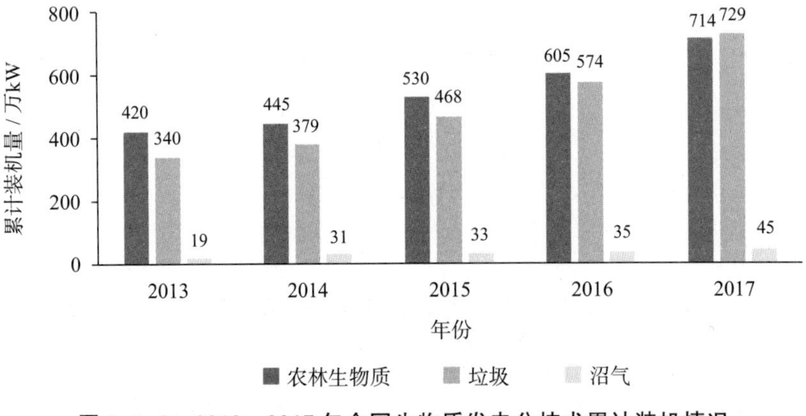

图 3-1-8　2013—2017 年全国生物质发电分技术累计装机情况

数据来源：国家可再生能源中心。

2017 年，全国生物质能发电量 7 94.3 亿 kW · h，同比增长 20.8%。其中，农林生物质发电量 394.9 亿 kW · h，垃圾发电量 381.3 亿 kW · h，沼气发电量 18.2 亿 kW · h。2017 年生物质发电平均利用小时数为 5 710h，同比减少 7h。其中农林生物质利用小时数为 5 769h，同比增长 76h；垃圾焚烧利用小时数为 5 652h，同比减少 43h；沼气利用小时数为 4 539h，同比减少 1 005h。全国生物质年等效利用小时数基本低于 6 000h，生物质发电利用率和技术水平与欧洲差距仍较明显。

生物质发电逐步向热电联产方向转型升级。2017 年，新建生物质发电项目以热电联产项目为主，原有生物质发电项目也将逐步进行热电联产升级改造。2017 年，中国新核准生物质热电联产项目 54 个，总装机规模 194.8 万 kW。项目最多和装机规模最大的地区是河南省。生物质热电联产以小型装机为主，平均装机规模只有 36MW。从投资企业来看，民企是生物质热电联产的投资绝对主体。但企业集中度较低，54 个项目有 42 家投资主体企业。其中广东长青（集团）股份有限公司有 9 个项目，总计 400MW。

（5）地热能

中国从 20 世纪 70 年代后期开始利用高温地热资源进行发电，但是近年来地热发电领域增速较为平缓。2016 年没有新增装机，2017 新增装机容量仅为 1.4MW。其中包括云南瑞丽钻井上马的 3 台 400kW 机组及四川康定小热水地热田钻成高温热井后安装的 200kW 发电机组。相比《地热能开发利用“十三五”规划》提出的 2020 年新增装机容量 50 万 kW 目标，差距甚远。截至 2017 年，中国地热发电装机达到 28.68MW，主要分布在西藏等地区。其中，西藏羊八井高温地热电站装机容量 26.18MW，已持续稳定运行超过 33 年，目前年发电量稳定在 1 亿 kW · h 左右，约占藏中电网的 10%，累计发电量已超过 24 亿 kW · h。

地热能热利用是地热能应用的主要方式，包括中低温地热水直接利用、地源热泵等。在地热能热利用量上，中国长期位列世界第一。截至 2015 年年底，全国地热供热建筑面积约 5 亿 m^2，按照“十三五”规划，2020 年要达到 11 亿 m^2 的目标。中国地源热泵自 2004 年以来发展迅速，尤其 2007—2010 年是中国地源热泵发展最快的时期，年累计增长率超过 40%；2010 年后，年均增长率仍高达 27%，远高于世界同期 18% 的增速水平。目前，全国 31 个省、市、区均有浅层地温能开发利用工程，浅层地温能供暖 / 制冷的单位（住宅小区、学校、工厂等）约 3 400 个，80% 集中在华北和东北南部地区，包括北京、天津、河北、辽宁、河南、山东等省市。

（6）海洋能

中国海洋能总体技术水平迅速提升，部分技术装置已达到或接近国际先进水平。“十二五”期间，中国开展了健跳港、乳山口、八尺门、马銮湾等多个万千瓦级潮汐电站工程预可研项目。2010 年进行了健跳港潮汐电站预可行性研究，并于 2011 年 3 月完成《浙江省三门县健跳港潮汐电站预可行性研究报告》。在海洋能专项资金支持下，近几年相继开展了马銮湾潮汐电站预可研、八尺门潮汐电站预可研、乳山口潮汐电站预可研、瓯飞潮汐电站建设工程预可研等工作。在潮汐发电新技术研究方面，开展了新型高效低水头大流量双向竖井贯流式机组研制、利用海湾内外潮波相位差发电、动态潮汐能技术等研究。

江厦潮汐电站改造后的 1 号机组，截至 2017 年 1 月底累计发电量达 245 万 kW・h，年可发电量为 600 万 kW・h。2015 年 9 月，福建三沙湾潮波相位差潮汐能发电技术通过了国家海洋局科技司组织的验收；中国海洋大学承担的“福建沙埕港八尺门万千瓦级潮汐电站站址勘查及工程预可研”通过国家评审；截至 2015 年 12 月底，已完成瓯飞潮汐电站预可行性研究报告、海域使用论证报告、海洋环境影响评价报告等工作，电站总装机容量 451MW，采用 41 台单机容量 11MW 机组，额定水头 3.5m。

中国潮流能发电技术研发起步较早，近年来，在国家 863 计划、国家科技支撑计划、海洋能专项资金等大力支持下，研发了十余项潮流能试验装置。随着技术的不断成熟，一些大型企业也进入了这一领域。中国主要潮流能发电技术已全面进入海试阶段，基本解决了潮流能发电技术的关键技术，发电机组的关键部件已基本实现了国产化。其中，浙江舟山联合动能新能源开发有限公司研建的 LHD-3.4MW 模块化潮流能发电机组首批 1MW 模块在浙江舟山海域并网发电，截至 2016 年 12 月 8 日累计发电 17 万 kW・h，使中国成为世界第三个实现兆瓦级潮流能并网发电的国家，该成果被评为 2016 年十大海洋科技进展之一。自 2016 年 7 月投入海试以来，已成功无故障运行 17 个月，期间经受了多次台风考验，平均日发电 11～13h，综合发电效率大于 40%。

中国在波浪能发电技术研究方面，近年来主要开展了一些小功率装置（100kW 以下）的研发试验工作，目前有超过 15 个波浪能装置开展了海试。中国潮流能发电技术研发起步较早，近年来，在国家“863 计划”、国家科技支撑计划、海洋能专项资金等大力支持下，研发了十余项潮流能试验装置。随着技术的不断成熟，一些大型企业也进入了这一领域。中科院广州所基于鹰式技术开展的“南海海岛海洋能独立电力系统示范工程”累计发电时间超过 36 个月，累计发电 208 万 kW・h。

1.1.1.4　未来发展趋势

可再生能源，尤其是非水可再生能源发电将继续保持快速发展　可再生能源发电占比大幅提高，占总发电量的占比从 2010 年的 18% 提高到 2017 年的 26.5%，占一次能源消费的比重也从 2010 年的 7% 提高到 2017 年的 11.7%；非水可再生能源发电在总发电量的占比达到 7.8%，相比 2010 年的 1.8% 大幅提高了 6 个百分点。中国可再生能源，尤其是非水可再生能源已经开始呈现从补充能源向替代能源过渡的趋势。随着生态文明建设和全面深化改革的不断推进，在 2020 年以及 2030 年非化石能源占比分别为 15% 和 20% 的外部目标激励下，以及可再生能源自身技术不断进步和成本不断降低的内在驱动下，可再生能源市场开发将保持持续高速发展，未来发展前景良好。

技术产业创新加快，风电和太阳能将实现平价上网　根据《可再生能源发展“十三五”规划》，到 2020 年，风电项目电价可与当地燃煤发电同平台竞争，光伏项目电价可与电网销售电价相当。实现上网平价，加快技术产业创新，降低综合成本是关键。自 2015 年实施“领跑者”计划以来，通过资源竞争配置方式有效地降低了光伏的上网电价，实现了促进先进光伏技术产品应用和产业升级。通过后续领跑者计划的实施，将进一步带动单多晶电池组件平均转换效率的明显提升，同时也推动降低光伏发电土地、电网接入、税费等非技术成本，带动光伏发电从部分地区平价上网转变成全面平价上网。通过风电平价上网示范，以及实施竞争性资源配置方式将加速技术优胜劣汰和产业升级，推动风电产业成本下降。

分布式可再生能源发电引领智慧能源　在东中部等风光资源相对较差但电力和能源需求较大的地区，分布式光伏、分散式风电和多能互补项目进展加快，储能和电动汽车的应用大幅增加。2017 年分布式光伏新增装机达到 1 944 万 kW，同比大幅增长 3.7 倍，而且分布式光伏由于补贴退坡力度较小，以及分布式的商业和发展模式多样化和成熟，有望在 2017 年爆发式增长的基础上再获得更大的发展。2016 年首批多能互补集成优化示范工程评选结果公示，包括 17 个终端一体化功能系统工程和 6 个风光水火储多能互补系统工程，其中有 5 个终端一体化功能系统工程位于中国东中部的能源负荷聚集区，通过优化布局，建设一体化集成功能基础设施，实现多功能协同和梯次利用，满足用户电、热、冷、气等多种用能需求，以推动用能的清洁化。

可再生能源供热全面发展　太阳能、生物质能和地热能分布广泛、热利用技术相对简单，是重要的可再生能源热利用技术。清洁能源供热在环保、控煤、补贴、市场改革等综合政策推动下加快发展。2017 年 3 月发布的《促进可再生能源供热的意见》(征求意见稿)、5月发布的《关于开展中央财政支持北方地区冬季清洁取暖试点工作的通知》以及国家能源局正在编制的《北方地区清洁取暖规划》都明确支持可再生能源替代民用散煤取暖，以降低空气中污染物排放。同时，为解决弃风限电和促进当地消纳，一部分地区利用风电取暖的方案也在规划中。生物质锅炉、地源热泵、太阳能供暖在户用建筑供暖等供热技术已有一定规模的应用。通过规划引导，政策激励，以及关键技术研发和示范工程的推广，可以预计可再生能源供暖在未来发展具有广阔的前景，也将为能源转型和降低碳排放提供强大的支撑。

1.1.2 中国台湾地区

中国台湾地区一次能源资源匮乏，煤炭、石油和天然气等资源非常有限，远不能满足台湾经济发展的需求，约95%以上的能源来自进口。据BP世界能源统计，2017年台湾地区能源消费总量为1.15亿t标准油，折合约1.64亿t标准煤，同比2016年提高1.3%。其中石油、煤炭、天然气消费分别达到7 030万t标准煤、5 630万t标准煤、2 730万t标准煤，化石能源消费合计1.53亿t标准煤，在全部一次能源消费中占比达到93.6%，占比同比上年提高了2.1个百分点。2017年的非化石能源消费中核电占比最大，受台湾地区“无核家园”的政策目标影响，核电发电量同比下降近30%，非化石能源消费量同比下降23.5%。可再生能源消费总量同上年基本持平，合计约340万t标准煤，占全部一次能源消费总量的2%。

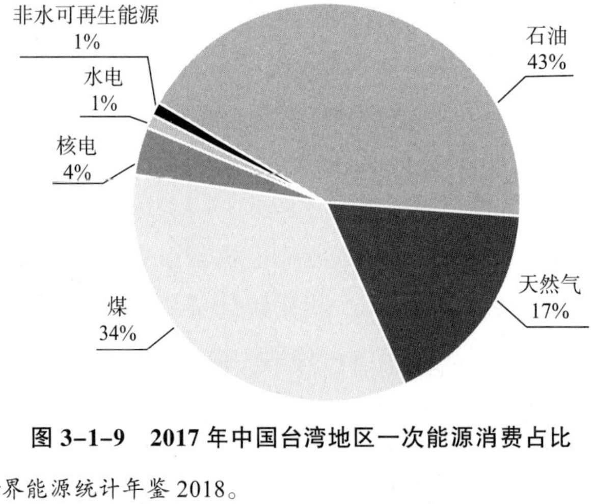

图 3-1-9 2017年中国台湾地区一次能源消费占比

数据来源：BP世界能源统计年鉴2018。

1.1.2.1 可再生能源战略目标

中国台湾地区于2016年公布了最新的可再生能源发展目标，规划到2025年可再生能源发电在总发电量的占比要达到20%，同时规划的可再生发电装机容量达2 736万kW，远高于之前政府制定的可再生能源目标。新规划目标到2025年太阳能发电目标由310万kW提高至2 000万kW；风力发电、地热能发电目标保持不变分别为420万kW及20万kW；生物质、水力发电则因料源、发展潜力等因素分别调整为81万kW和215万kW。

表3-1-2　可再生能源电力装机容量目标　单位：MW

	光伏发电	陆上风电	海上风电	地热能发电	生物质能发电	水电	合计
2020年目标	8 776	1 200	520	150	768	2 100	13 514
2025年目标	20 000	1 200	3 000	200	813	2 150	27 363

数据来源：中国台湾地区“能源局”。

1.1.2.2　主要政策措施

中国台湾地区在1998年的第一次能源会议中首次确定发展可再生能源，2000年，台湾地区“经济部”推动了5年可再生能源示范项目计划，并在2005年第二次能源会议上确定要制定可再生能源法；2009年，台湾地区第三次能源会议上宣布要加快可再生能源发展条例，并于同年7月8日公布了“再生能源发展条例”，2010年，台湾地区制定了发布“再生能源发展条例”相关子法，如再生能源发展基金收支保管及运用办法、再生能源发电设备示范奖励办法、再生能源发电设备管理办法等。为加速可再生能源的发展，2012年台湾地区制定公布了“千架海陆风力机”和“阳光屋顶百万座”方案。2013年台湾地区基本确立了能源发展战略为：以新能源政策为主轴，确保核能安全，推动稳健减核、打造绿能低碳环境、逐步迈向非核家园。

“再生能源发展条例”及相关配套子法的最主要的措施包括：一是规定了每2年，根据技术成熟可行、成本效益导向、分期均衡发展、带动产业发展及电价影响5大原则对可再生能源目标进行滚动检讨；二是制定了固定保障收购电价政策，按20年周期，每年核算适宜的固定电价水平，给投资者合理的投资回报；三是设立了基金，规定向单机容量在30万kW的发电企业（包括台湾电力公司、民间发电企业和自发自用的装机者）收取费用，并由政府编列预算辅助，专款专用于补贴可再生能源发展（表3-1-3）。

表 3-1-3　可再生能源政策主要涵盖内容

再生能源范围	太阳能、生物质能、地热、海洋能、风力、非抽水蓄能或其他经主管机构认定的可再生能源
目标滚动检讨	每 2 年，根据技术成熟可行、成本效益导向、分期均衡发展、带动产业发展及电价影响五大原则对可再生能源目标进行滚动检讨
设立基金	向发电企业收取（对单机容量 30 万 kW 以上的机组），并由政府编列预算补助。其中电力行业的缴纳金额，根据不同发电燃料对环境影响有差别的收取，并最终在售电价价格上体现
强制并网收购	电力企业应将可在生能源就近接入并趸购其发电量，没有正当理由，不得拒绝
采用 20 年固定费率	由“经济部”组成审定委员会每年公告电能趸购费率及其计算公式，趸购费率的确定，以投资者可回收成本并获合理报酬为原则，且不能低于国内化石燃料的平均成本
示范辅助	订定建筑结合太阳发电、氢能、海洋能及其他可在生能源示范项目的补助办法以规范政府；符合可再生能源条件的新建、改建公共工程或公共建筑物工程具有优先权
排除土地限制	可再生能源发电设备及其输变电相关设施所需土地，可以采用准用都市计划法、区域计划法、森林及渔港法的相关规定，并采用电业法中关于线路需用土地的程序和规程
趸购费率订购机制	主管机关应邀集相关各部会、学者专家、团体组成委员会，审定可再生能源发电设备产生电量的趸购费率及其计算公式，必要时走行政程序，举办听证会后公告。每年根据各种可再生能源发电技术进步、成本变动、实现目标情况及相关因素，检讨或修正费率计算公式，并由“中央主管机关”综合考虑各种可再生能源发电设备的装机成本、运行年限、运行维护费、年发电量及相关因素分别确定。为鼓励与推广无污染的绿色能源，提升可再生能源装机，确定的趸购费率对应结果不得低于国内化石燃料发电平均成本

资料参考：台湾地区“经济研究院”公开汇报，台湾“经济部能源局”能源年度报告。

为了实现 2025 年非核家园，以及再生能源发电量占比 20% 的目标，台湾地区“经济部”近年来积极通过政策推动、法规制定来推动可再生能源发展。2017 年 4 月推出绿证认购制度，建立了再生能源认证中心，希望让追求绿色供应链的厂商，能够买到再生能源发电厂发出的电力。以“优先采购绿电，鼓励用绿电”来刺激民间发展绿能，许多绿电公司甚至县市政府想投入建设小型电厂。另外，2017 年 1 月通过了电业法的修法，法案规定要在 2025 年之前将可再生能源占比从目前的不足

2% 提升至 20%，同时彻底关停核电厂，实现“天然气 50%、燃煤 30%、可再生能源 20%”的能源结构，达成“非核家园”目标。而且该修正改变台电长期独家垄断的问题，虽然后续还有数十项子法需修正，但“经济部”对于后续修法相当乐观。通过法规修订，将兼顾环境保护以及可再生能源开发的需求，如解决类似于湿地法会影响海岸湿地的可再生能源电厂开发的问题。

1.1.2.3　市场和产业发展

2017 年，中国台湾地区全部发电量 2 703 亿 kW・h，同比增长了 2.6%。其中，非水可再生能源发电量 52 亿 kW・h，占全部发电量的 1.9%。[①]

而依台电公布的 2017 年发电装机结构，燃气发电和燃煤发电分别占 34.6% 和 29.4%，分居前两位，核电 12.3% 和可再生能源 11.4% 紧随其后。而在发电量结构中，燃气发电占 38.6%、燃煤发电占 39.2%、核能首次跌破 1 成，占 9.3%，至于可再生能源若不包含抽蓄水力则占 4.9%，加上抽蓄水力则有 6.3%。台湾地区可再生能源发电仍以水力发电为主，2017 年因为水情吃紧，水力发电量减少，可再生能源发电量在全部发电量的比率从 5.1% 滑落至 4.9%，全年发电量略减至 112.5 亿 kW・h。风力发电和太阳能发电增长迅速，尤其是光伏发电，目前在可再生能源发电中占比皆为约 13%。值得注意的是，生物质能发电逐年减少，发电量已连续 3 年负增长，这是由于垃圾焚化发电近年来随着垃圾量的减少，发电量也随之减少。2017 年中国台湾地区各类电源发电量及装机容量占比情况如图 3-1-10 所示。

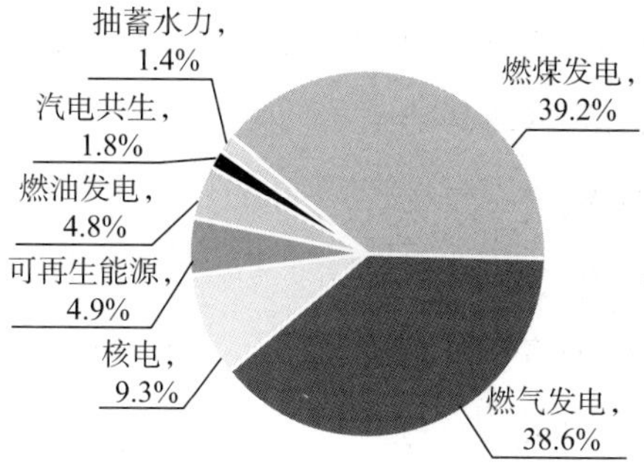

（a）发电量占比

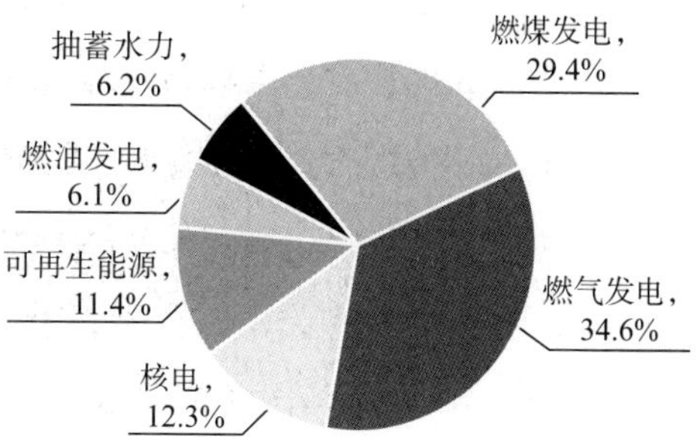

（b）发电装机占比

图 3-1-10　2017 年中国台湾地区各类电源发电量及装机容量占比情况

数据来源：台湾电力公司。

① BP 世界能源统计年鉴 2018。

台湾地区可再生能源装机容量近几年保持较快增长，2017 年新增并网容量 532MW，同比上年增长 32%。其中新增装机几乎全部来自光伏，光伏当年新增 523MW，占新装装机总量的 98%，另外只有风电新增了 10MW。而生物质和水电连续数年没有新增装机。

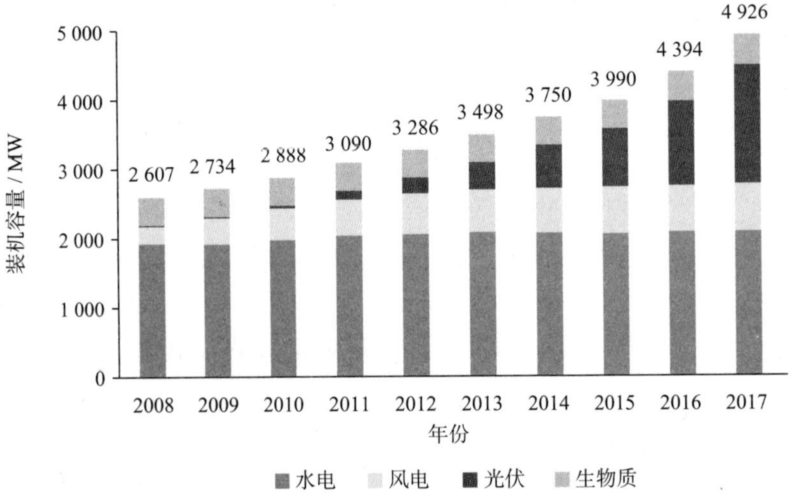

图 3-1-11 2008—2017 年中国台湾地区各类可再生电源装机容量变化情况

数据来源：IRENA *Renewable Capacity Statistics* 2018。

风电 2017 年，中国台湾地区新增风电装机容量 10MW，累计总装机 692MW，其中陆上风电装机 684MW，海上风电装机 8MW。2017 年实现风力发电 17.1 亿 kW·h、太阳能发电 16.9 亿 kW·h，皆为历史新高，年增率则分别高达 17.1% 及 49.4%。中国台湾地区陆上风场开发已基本趋于饱和，近 5 年的风电开发速度也较之前大幅放缓。为了实现 2050 年 3GW 风电装机总规模的规划，台湾地区将加速海上风力发电的开发。2017 年 3 月，台湾地区 128MW 海上风电项目的头两台 4MW 西门子风机并网发电，标志着台湾地区海上风电正式起步。台湾地区为海上风电提供了两种可选择的固定电价政策，第一种方案是 5.74 新台币 /kW·h，折合人民币 1.28 元 /kW·h，电价执行期限 20 年；第二种方案是头 10 年固定电价 7.108 新台币，折合人民币约 1.58 元 /kW·h，第二个 10 年固定电价 3.459 新台币，折合人民币约 0.77 元 /kW·h。

按规划，台湾地区的海上风电装机容量为 5.5GW，其中第二批配额指标通过竞标已经于 2018 年 5 月发布，包括 2020 年并网的 0.5GW 配额和 2021—2025 年并网的 2GW 的指标。7 家开发商竞得最终容量为 3 836MW。2020 年并网的配额出炉最终容量为738MW，比原定指标溢出0.238GW。德企达德能源（360MW）与台湾本土的上纬集团（378MW）顺利拿下指标。2021—2025年竞标最终容量为3 098MW，比原定指标溢出1 098MW。其中达德能源再得710MW；沃旭能源（前东能源）拿下彰化两个项目总计900MW；丹麦CIP联合中钢拿下三个项目总计1 032MW；台电在彰化海岸的300MW海上风电项目也有部分成功入选；北方电力和玉山能源总计获得300MW指标。

太阳能　台湾地区太阳能光伏发电也取得了较大发展，太阳能光伏建设初期由台湾电力公司带头，近期开发主力转移至民间，自台湾地区2009年制定再生能源发展条例、设置再生能源发展基金以来，太阳能光电发展迅速。尤其是台湾地区于2017年推出了“太阳光电两年行动计划”，目标是在2018年6月前新增1 520MW的光伏并网。在此计划推动下，台湾地区2016年全年实现368MW新增装机，同比增长66%，而这其中下半年即实现光伏装机299.34MW。2017年，全年台湾地区各类光伏（包括地面、水面、屋顶）新增装机523MW，同比上年增长42%。相当于一年半累计实现装机822MW，目标完成率只有54%。截至2017年年底，累计装机达到1.7GW，2017年实现太阳能发电16.9亿kW·h，同比增长49.4%（图3-1-12）。

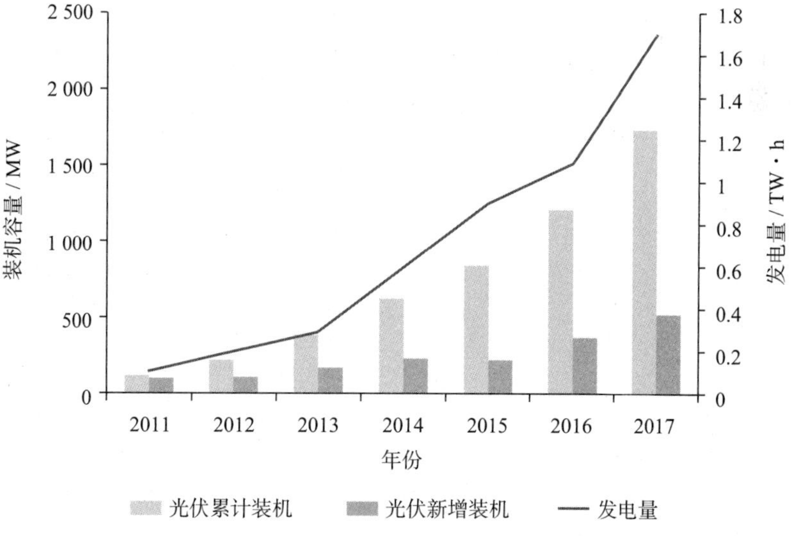

图3-1-12　2011—2017年中国台湾地区光伏发电装机容量和发电量

数据来源：BP世界能源统计年鉴2018，IRENA *Renewable Capacity Statistics* 2018。

1.1.2.4　未来发展形势

中国台湾地区进入 21 世纪后经济增速逐渐放缓，年均经济增长率约 3%，同时，能源消费形势也基本趋于稳定。从台湾地区的能源供应来看，煤炭、石油和天然气等化石能源资源有限，95% 以上来自进口。因此，从能源需求和能源安全上讲，提高本地自产能力，发展可再生能源是必然选择。根据台湾地区最新的可再生能源发展目标，未来将重点发展太阳能光伏发电，风电以海上风电为主，其他各类可再生能源的发展空间十分有限。

在台湾地区的电源结构中，核电一直占据重要地位。1978 年至今，台湾地区的核电装机已达 514 万 kW，共有核一发电厂、核二发电厂和核三发电厂。核四发电厂于 1980 年便提出，由于政局及经济、环境等变化影响，经近 40 年的兴建、停建风波，2018 年 3 月正式宣告了核四发电厂步入历史①。虽然当前的执政当局提出了 2025 年要建立无核家园的政策目标，但是由于台湾地区目前备用容量率远无法达到 15% 的目标，而且经历了 2017 年夏天的缺电、“815 大停电”后，当局重新启动了核二电厂的 2 号机组，因此可以预计核电依然会作为台湾地区重要的基荷电源继续运行。但由于当地能源匮乏，即使无法完成无核目标而继续发展核电，未来台湾地区多元化能源发展方向不会改变，对太阳能、风电等可再生能源的发展影响不会太大，预计未来几年，台湾地区将会按照既定的可再生能源目标不断发展。

相比于台湾地区对可再生能源的宏伟目标以及对电力的迫切需求，目前各项可再生能源装机量与 2025 年的目标距离不小，截至 2017 年，光伏累计装机相比 2025 年目标的完成率仅有 8.5%，风力发电也只有 16.5%，这意味着需要台湾地区执政当局与民间更多的努力来完成目标。

1.2　日本

1.2.1　日本能源发展现状

（1）日本能源概况

日本经济社会发展十分发达，能源消费总量和电力供应能力趋于稳定。但是自 2011 年日本大地震以来，受福岛核事故影响，日本大范围关闭核电站，传统能源安全受到挑战。自 2011 年以来，日本通过加强能效进步、用能管理，已经连续 6 年使

① http://news.bjx.com.cn/html/20180320/886426.shtml.

一次能源消费总量和电力供应下降，2017 年，一次能源消费总量和用电量略微回升，日本经济发展并没有因能源供需下降受到影响，继续保持平稳。2017 年，日本一次能源消费总量 4.56 亿 t 标准油（约等于 6.5 亿 t 标准煤），与上年相比略微上升 1.4 个百分点；年发电量 1 020TW · h，同比上升 2.0%（图 3-1-13 和图 3-1-14）。

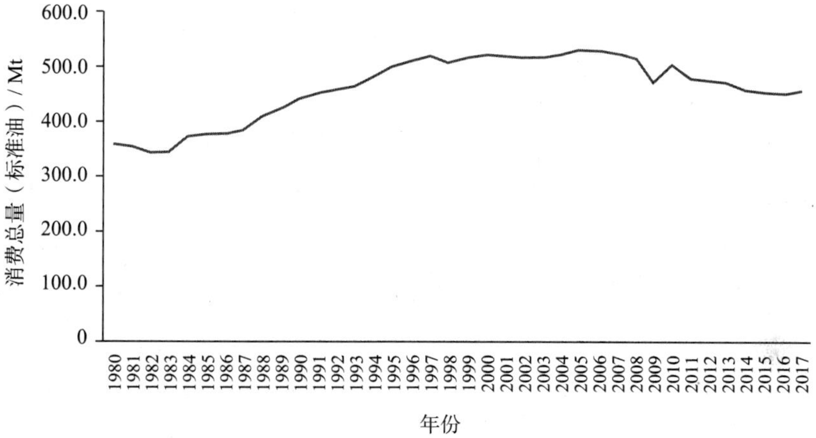

图 3-1-13　1980—2017 年日本一次能源消费总量

数据来源：BP 世界能源统计年鉴 2018。

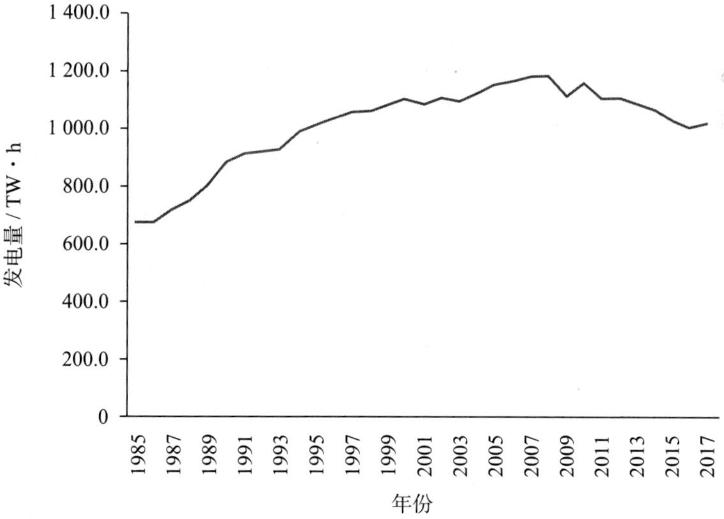

图 3-1-14　1985—2017 年日本发电量

数据来源：BP 世界能源统计年鉴 2018。

图 3-1-15 为日本 GDP 规模及增速。

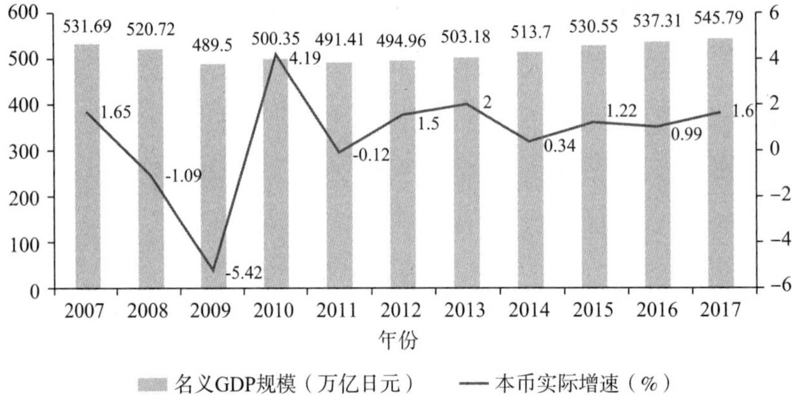

图 3-1-15　2007—2017 年日本 GDP 规模和增速

数据来源：日本内阁府。

2016 年，核电的重启给日本能源结构带来了新变化，化石能源消费总量持续下降。日本能源消费结构依然以化石能源为主。据《BP 世界能源统计 2018》统计，日本 2017 年一次能源消费总量为 4.56 亿 t 标准油，其中石油占 41%；天然气 22%，煤炭 26%，核电 2%，水电 4%，其他可再生能源约占 5%（图 3-1-16）。

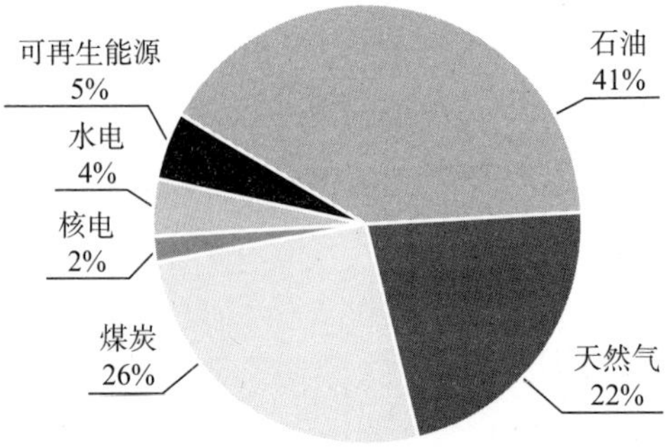

图 3-1-16　2017 年日本一次能源消费结构

数据来源：BP 世界能源统计年鉴 2018。

日本能源资源匮乏，自福岛核电站事故发生以来，受到关停核电站的影响，日本目前的能源自给率不足 10%[①]。2016 年，日本是世界第一大 LNG 进口国，第二大煤炭进口国，第四大石油消费国。日本石油进口主要来自中东地区，天然气进口来自东南亚地区。受国内资源的限制，日本能源企业积极参与海外上游油气项目的开发，提供技术资金项目管理等全方位的支持，以获得较稳定的廉价能源。以石油为

① 数据来源：EIA，美国能源署网站。https://www.eia.gov/beta/international/analysis.cfm?iso=JPN.

例，日本石油探明储量仅有 4 400 万桶，年原油产量为 167 万桶，每天消费量约为 403 万桶，几乎全部依靠进口（图 3-1-17）。

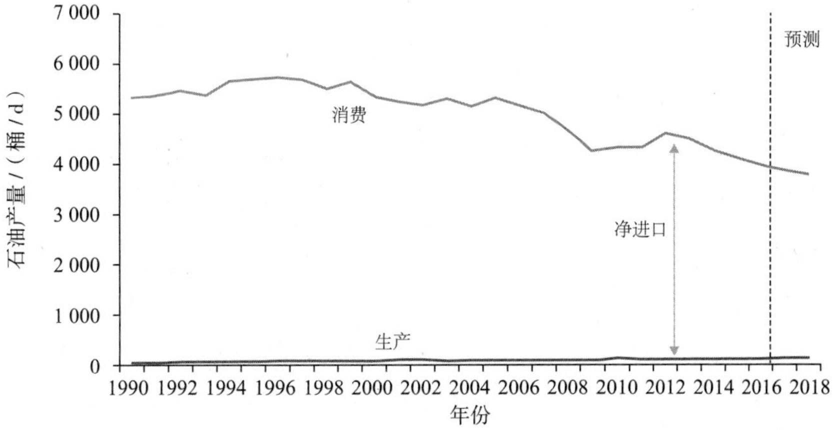

图 3-1-17　1990—2018 年日本原油生产及消费情况

数据来源：美国能源署 EIA。

2017 年，日本核电发电量为 29.1TW · h，同比增长 64.9%，在能源消费结构中占比 2%，核电在能源供应中的占比继续提高。基于对能源安全和国际能源价格等因素的考虑，日本政府决定重启核电，因为核电对于日本来说一直被视作本土能源供应的一种资源。日本政府为了刺激经济发展，降低能源价格和成本，逐步地恢复核电的供应。日本 2015 年、2016 年和 2017 年能源结构对比如图 3-1-18 所示。

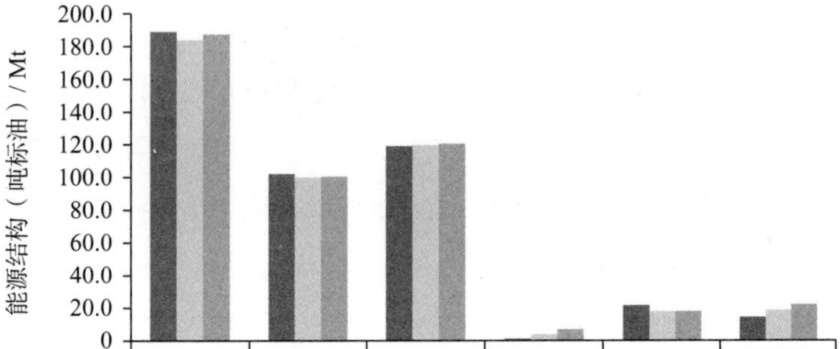

	石油	天然气	煤炭	核电	水电	可再生能源
2015年	189.6	102.1	119.4	1.0	21.9	14.5
2016年	184.3	100.1	119.9	4.0	18.1	18.8
2017年	188.3	100.7	120.5	6.6	17.9	22.4

图 3-1-18　日本 2015 年、2016 年和 2017 年能源结构对比

数据来源：BP 世界能源统计年鉴 2018。

（2）日本最新能源战略

由于日本能源自给率很低，一次能源储量非常有限，煤炭、石油、天然气、页岩气主要依靠大量进口，因此日本对能源安全问题格外重视。福岛核事故前，日本确定了能源政策的 3 个“E”的原则，即保证能源发展应符合安全供应（Energy Security），环境友好（Environment，应对气候变化），以及高效（Efficiency，可承担的成本）。在福岛核电事故后，关于弃核的争议不断。日本核电行业 7 年利润毁于一旦，企业发展状况不甚理想，后续环境治理和人员安置工作还将继续。核事故所带来巨大的经济损失、社会负面影响、生态破坏使得日本利用可再生能源的决心更加坚定。福岛核事故后，日本的能源方针变为“缩减核能利用，寻找替代能源”，在原有的“3E”原则下又增加了“安全”（Safety）和“宏观经济影响”（Macro Economy Impact）。

2014 年 4 月，日本更新了《战略能源方案》，其基本原则是坚持以安全为前提的能源供应，坚持能源的经济性和能源效率，节能减排，立足全球视野，保障经济增长。日本计划建立一个多层次、多元化的能源供需体系，实现在紧急情况下也能保障供应的灵活能源结构。为建立稳定、安全、低成本、环境可承受的能源供应体系，根据不同资源的特性，日本在电力部门中对不同能源资源进行评估，并确立相应的政策导向，明确了核电和可再生能源在电力系统中的地位。

到 2030 年，日本计划可再生能源占比 22%～24%，其中水电 8.8%～9.2%，光伏太阳能 7.0%，风电 1.7%，生物质能 3.7%～4.6%，地热能 1.0%～1.1%。日本能源战略已将可再生能源放在了首要位置，其次是核电，这也显示了日本发展可再生能源的决心。尽管目前可再生能源电力成本较高并且具有波动性，但作为国内能源安全供应的重要资源以及清洁绿色能源来源，日本将加以大力扶持。具体的政策方向是：继续加强电网升级，合理调度和监管，促进技术研发，降低生产成本等。日本政府还为此专门组织召开了内阁会议，推动政策协调，加强各部门之间的合作。同时，日本政府还希望借发展可再生能源的机会来提振经济，创造新的就业机会和经济增长点，近年来特别提出要重点发展漂浮桩海上风电技术和大规模储能电池技术。

到 2030 年，日本核电占比 20%～22%。在新的《战略能源方案》中对于核电的定位也十分明确，日本将核电视为价廉低碳的准国内能源资源，在日本的能源安全体系中占有重要地位，以日本现有的核能储备，核电依然可以持续运转多年。日本确定的核电政策方向是继续加强对核电设施的安全监管，执行最严格审核规范，以获得公众的认可和支持。此外，为降低对核电的依赖，同时采取节能措施、发展可再生能源和提高热电效率。在考虑能源供应稳定、能源价格、全球变暖以及维持核电技术和人力资源等因素后，日本政府将把核电的比例控制在一定范围内。到 2030 年，日本核电占比 20% ～ 22%。

总的来看，日本的能源战略设计意图明确，政策措施的设计也具有很强的针对性。对外依赖进口的化石能源，强调加强国际间合作，寻求多元化供应方；对内打造节能型社会和灵活的消费模式，高效有序地利用化石能源，坚持有序开发可再生能源，推动电力体制改革，重塑核能政策，并且着眼于未来的氢能等二次能源以及可燃冰等新能源开发利用，全力打造一个多元化、多层次的供需体系，建立新型的能源市场，并且通过技术进步和创新打造新的能源行业。预计到 2030 年，日本化石能源比例下降到 56%，其中天然气 27%，石油 3%，煤炭 26%。

（3）日本电力体制改革及启示

日本在 2015 年开启电力行业改革，该改革计划由 3 个阶段组成。第一阶段在 2015 年创建一个国家电网公司，合并不同的区域电网，旨在破除区域垄断、降低电价、大力发展可再生能源。国家电网公司成立之后，被授权统筹电力输送，尤其在供应短缺的时候通过调度保证各地用电安全。本次改革强调跨地区输电的可操作性，确保不会再出现福岛地震时发生的电力短缺情况。改革的第二和第三阶段力图建立自由售电竞争市场体系，破除主要电力公司的发电和输配电业务的垄断地位。到 2016 年 4 月，日本将完全放开零售市场，销售牌照将分别颁发给电力零售商和发电商。现行的部门的分类方式将废除，新的计划将把可再生能源电力附加与之前期货市场和 1h 前的电力市场价格相关联起来。

日本推行电力自由化以来，逐步打破 10 大电力公司的区域性垄断。目前第一阶段改革正有序进行，允许电力公司进行跨区电力交易和投资。此外，将现有的电力公司进行了内部拆分，以东京电力公司为例，拆分成三家独立的公司，发电、输电和售电子公司分别核算。在第一阶段过渡期，对 10 大电力公司的总体营收没有显著影响。为了保证跨区交易不受到垄断阻挠，日本政府成立了第三方监管机构，这个机构的主要作用有两个：一是保证跨区销售电力的公平性；二是保证一些区域的电力供应不因为公司业务的转移被削减，主要是保证地方电力供应的稳定，例如，人烟稀少的地区，虽然赚钱少，但也要有充足的电力供应。日本的电价曾经也是高度监管的，都是政府审核定价。但是电力自由化以来，政府开始允许企业对一部分销售电量自主定价。

日本的电力体制改革方式有几个明显的特点：第一，顶层设计周密严谨。以打破电力垄断、自由化为目标，从允许跨区交易、拆分现有大型电力公司为突破口，打破现有电力垄断经营模式；第二，可操作性强，阶段性目标落实稳步推进。日本逐步放开的配电市场，第一阶段对现有电力企业进行改革，进行发输配电的拆分和独立运营，避免新投资扰乱电力市场。这种做法同时兼顾了现有电力企业的利益，让他们可以接受改革；第三，成立第三方监管机构。为了打破垄断而设置的机构，推动日本电力自由化的目标顺利完成，这个机构严格审查各家电力公司在输配电方面的公平性问题。对比我国电力体制改革的杂乱无章，日本电力体制改革从一开始就做好了顶层机制的设计，并且有计划分阶段地推动，其打破垄断的决心和在实际操作过程中的周详布局，对我国输配电分开，以及配电市场化的管理提供了很好的借鉴作用。

1.2.2 日本可再生能源发展现状

日本可再生能源发展较早，但进展缓慢。2009 年之前，风电和太阳能光伏发电都保持平稳增长态势，风电和光伏发电增长率相当。2009 年之后，受益于日本新的光伏发电补贴政策，光伏发电呈现较快增长态势。

福岛核事故使得日本更加重视发展可再生能源，加快了发展可再生能源的速度。根据日本环境省估算，风能、地热能、太阳能等可再生能源的潜力如果都被充分开发，日本能够获得大地震前 10 家电力公司发电总量 5 倍的电能。其中海上风电及海洋能将成为未来日本可再生能源发展的重要方向。但由于受资源条件限制，不同可再生能源技术类型的发展速度不一。

日本风电发展缓慢，海上风电开始起步。2017 年，风电累计装机容量达到 3 400MW，增长率为 5.4%。新增装机容量 177MW，较 2016 年下降 10%[①]。发电量达到 5TW · h，约占总体电力供应的 0.56%。其中海上风电累计装机容量达到 64.6MW，共 29 台。2017 年 5 月，一台 5MW 的漂浮桩海上风电机组并网发电。日本风电发展缓慢的主要原因是政策不明。目前，日本政府正酝酿修改固定电价政策，将之改变为招标电价模式。环境影响评价的程序也有所改善，但是电网并网难给日本风电发展设置了障碍。根据日本经济产业省的规划，预计到 2030 年，日本风电装机容量将达到 10GW，其中 820MW 来自海上风电。日本政策目前公布的风电固定电价，陆上风电 2017 年 21～22 日元 /kW · h，2018 年降到 20 日元 /kW · h，2019 年 19 日元 /kW · h，

① GWEC, *Global Wind Statistics* 2017, 2018.

2020 年 18 日元 /kW · h。海上风电，固定桩在 2019 年前 26 日元 /kW · h，到 2020 年计划招标电价。漂浮桩到 2020 年都保持 36 日元 /kW · h（图 3–1–19）。

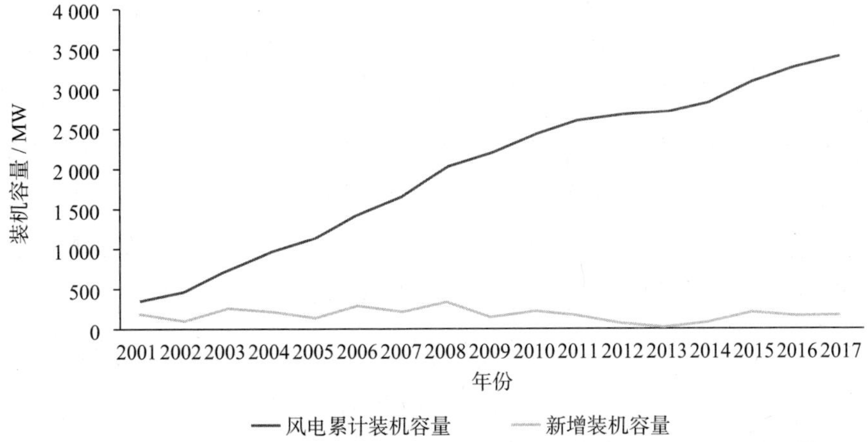

图 3–1–19 2001—2017 年日本风电累计装机容量和新增装机容量

数据来源：GWEC, Global Wind Statistics 2017。

日本光伏发展速度放缓，光伏电价进一步下降。2017 年，太阳能光伏发电累计装机容量达到 48 600MW，同比增长 16.8%，新增装机容量 7 000MW，同比下降 15.6%[①]。2017 年，日本光伏发电 62.3TW · h[②]，占电力供应的 6.1%，是日本除水电之外第二大可再生能源（图 3–1–20）。

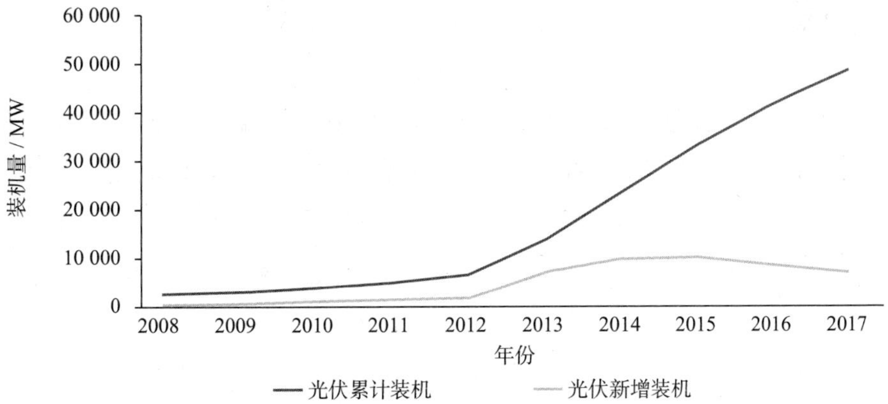

图 3–1–20 2008—2017 年日本光伏发电装机情况

数据来源：IRENA, RE Capacity Statistics 2018。

① IRENA, RE Capacity Statistics 2018, 2018.

② BP, "世界能源统计年鉴 2018", 2018.

地热和生物质。2017年，日本地热能发电累计装机达到549MW，新增5MW。据日本经济产业省统计，2012年7月至2015年3月在修订FIT政策后批准了280个、总装机约2GW的生物质发电项目，大多数为沼气和垃圾发电项目，装机超过10MW大型生物质发电项目都靠近生物质进口港口。2017年，地热、生物质等可再生能源发电量为30.9TW·h，占总电力供应的3%。

1.2.3 日本最新可再生能源发展目标和政策

（1）2030年日本可再生能源目标

受福岛核事故的影响，日本政府加大了对可再生能源的扶持力度。日本可再生能源的重点领域是太阳能光伏、离岸风电、海洋能和地热能。2015年6月，日本公布了最新的能源规划目标，预计到2030年，可再生能源在日本能源消费结构中的占比将达到22%～24%，其中大型水电站占8.8%，光伏7.0%，生物质能占3.7%～4.6%，风电1.7%，地热能1.0%～1.1%。届时，太阳能光伏装机容量需要达到65GW，风电装机达到10GW。其他能源的规划目标为：核电预计在能源消费中占比20%～22%，需要运行20座核电站；天然气占比达到27%，煤炭26%，石油3%。

（2）日本最新固定电价政策

2009年，光伏发电技术率先实施余电上网的固定电价政策，电力企业需收购光伏发电用户的剩余电量，这为日后日本制定全面的可再生能源电价政策打下了基础。2012年7月1日起，日本开始全面实施可再生能源固定电价制度（feed-in-tariff），要求公共事业单位以高于市场价的价格购买可再生能源电力，之前的光伏发电政策并入新的制度内统一执行。据《战略能源方案》规定，未来20年内，电力公司必须保证收购家庭和企业利用可再生能源所生产的全部电力，包括光伏、风电、地热发电、中小型水电。适用于固定电价的可再生能源发电设施必须经过政府认证，符合相关技术要求的项目才能享受相应电价。由于利用可再生能源发电成本高，日本通过设立一个第三方专委会，负责确定电力价格和担保期限，以确保电价的透明度。

2017年6月，《日本能源白皮书》中公布可再生能源电力最新的固定电价调整方案。2018年，日本经济产业省继续下调了大型光伏电站的固定电价，调整后的太阳能光伏电站的固定电价水平为18日元/kW·h（折合人民币约为1.06元/kW·h），户用光伏设备的电价到2019年的电价都已经公布，预计2019年，大型光伏电站的固定电价继续下降到国际平均的电价水平。其他技术的固定电价沿用《日本能源白皮书》中披露的电价。陆上风电、小水电和生物质发电又略微调整，整体电价水平保持平稳。具体调整如表 3–1–4 所示。

表 3–1–4　日本最新固定电价政策[①]

<table>
<tr><td>目录</td><td colspan="3"></td><td>FY2016</td><td>FY2017</td><td>FY2018</td><td>FY2019</td></tr>
<tr><td rowspan="3">光伏发电</td><td colspan="3">≥ 10kW</td><td>24 日元</td><td>21 日元</td><td>18 日元</td><td>待定</td></tr>
<tr><td rowspan="2">＜ 10kW</td><td colspan="2">不需要安装输出控制设备</td><td>31 日元</td><td>28 日元</td><td>26 日元</td><td>24 日元</td></tr>
<tr><td colspan="2">需要安装输出控制设备</td><td>33 日元</td><td>30 日元</td><td>28 日元</td><td>26 日元</td></tr>
<tr><td rowspan="2">陆上风电</td><td colspan="3">≥ 20kW</td><td>22 日元</td><td>21 ～ 22 日元</td><td>20 日元</td><td>19 日元</td></tr>
<tr><td colspan="3">＜ 20kW</td><td>55 日元</td><td>不变</td><td>不变</td><td>不变</td></tr>
<tr><td>海上风电</td><td colspan="3">≥ 20kW</td><td>36 日元</td><td>不变</td><td>不变</td><td>不变</td></tr>
<tr><td rowspan="2">地热发电</td><td colspan="3">≥ 15MW</td><td>26 日元</td><td>不变</td><td>不变</td><td>不变</td></tr>
<tr><td colspan="3">＜ 15MW</td><td>40 日元</td><td>不变</td><td>不变</td><td>不变</td></tr>
<tr><td rowspan="6">中小型水电站</td><td rowspan="2" colspan="2">1MW ≤ X ≤ 3MW</td><td>全部安装新设施</td><td>24 日元</td><td colspan="3">（5 ～ 30MW）20 日元
（1 ～ 5MW）27 日元</td></tr>
<tr><td>使用现有的沟渠</td><td>14 日元</td><td>不变</td><td>不变</td><td>不变</td></tr>
<tr><td rowspan="2" colspan="2">200kW ≤ X ≤ 1MW</td><td>全部安装新设施</td><td>29 日元</td><td>不变</td><td>不变</td><td>不变</td></tr>
<tr><td>使用现有的沟渠</td><td>21 日元</td><td>不变</td><td>不变</td><td>不变</td></tr>
<tr><td rowspan="2" colspan="2">＜ 200kW</td><td>全部安装新设施</td><td>34 日元</td><td>不变</td><td>不变</td><td>不变</td></tr>
<tr><td>使用现有的沟渠</td><td>25 日元</td><td>不变</td><td>不变</td><td>不变</td></tr>
<tr><td rowspan="6">生物质</td><td rowspan="2" colspan="2">木材（废弃的）</td><td>≥ 2MW</td><td>32 日元</td><td>不变</td><td>不变</td><td>不变</td></tr>
<tr><td>＜ 2MW</td><td>40 日元</td><td>不变</td><td>不变</td><td>不变</td></tr>
<tr><td colspan="3">木材（普通）</td><td>24 日元</td><td colspan="3">20MW 以内 24 日元
20MW 以上 21 日元</td></tr>
<tr><td colspan="3">木材（建筑拆除废料）</td><td>13 日元</td><td>不变</td><td>不变</td><td>不变</td></tr>
<tr><td colspan="3">垃圾</td><td>17 日元</td><td>不变</td><td>不变</td><td>不变</td></tr>
<tr><td colspan="3">沼气发电</td><td>39 日元</td><td>不变</td><td>不变</td><td>不变</td></tr>
</table>

由于固定电价政策导致日本能源价格的上升，造成了居民生活的负担，日本政府目前正在考虑改变 FIT 政策，计划转变为固定补贴政策或者招标电价政策或者直接参与电力市场竞价的模式。日本政府参考欧洲最新的电价政策，2017 年 4 月，开

① 数据来源：日本经济产业省。

始引入招标电价机制。2018 年起，对海上风电和生物质发电大规模推行招标电价。预计到 2020 年年底，日本的固定电价政策到期时将会出现巨大变化[①]。日本固定电价政策如图 3-1-21 所示。

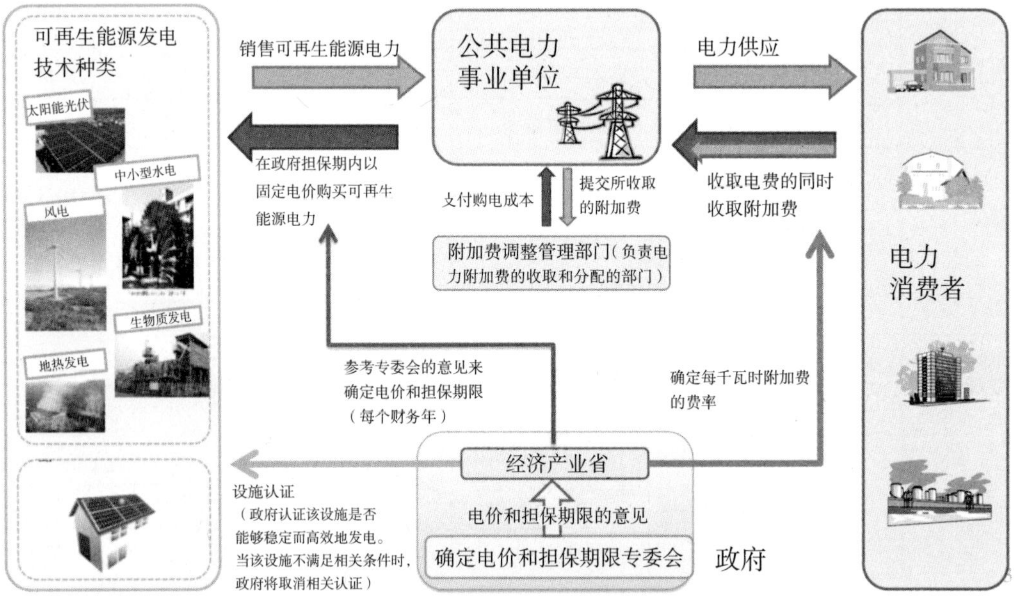

图 3-1-21　日本固定电价政策框架[②]

1.2.4　未来可再生发展展望

根据日本的能源规划目标，可再生能源发展的重点是大型水电、光伏发电和生物质能，风电和地热能的目标都较低，这也符合日本可再生能源资源的特点和地理特征。日本重视海上风电的技术应用，未来有可能在海上风电技术研发方面做出更多的投资和贡献。近年来氢能扶持政策和市场环境不断改善，可能成为未来日本替代能源的另一个重要领域。

（1）太阳能

按照 2030 年目标，日本将会在现在装机容量基础上再增加 30GW，年平均新增装机 2GW。不过随着日本逐年调降太阳能收购价格，市场衰退趋势明显。2017 年受内需萎缩影响，日本光伏市场持续衰退，日本市场中大型太阳能电站规模将稳步增长，而住宅和中等规模（小于 500kW）市场将继续下滑。

① 日本经济产业省，《総合資源エネルギー調査会 省エネルギー・新エネルギー分科会／電力・ガス事業分科会 再生可能エネルギー大量導入・次世代電力ネットワーク小委員会中間整理》。

② 图片来源：日本经济产业省。

（2）生物质

之前日本提出到2020年，使生物质发电量占全国家庭用电比例5%。最新的2030年目标，日本未来生物质能将占能源供应的3.7%～4.6%，其重要性超过风电和地热能。日本政府制定这个新战略的目的是要使生物质发电成为发展可再生能源的支柱之一。为实现这一目标，今后将把燃料液体化、直接燃烧等4项技术的产业化作为研发的重点，以便能使林地间伐木材、废弃食品、家畜排泄物等都成为发电的原材料。

（3）海上风电和海洋能

日本海上风电装机容量已经达到64.6MW。尽管2030年风电的目标只有10GW，但是日本风能协会认为日本风电的潜力还有较大提升空间。目前日本还有2 486MW海上风电项目正在规划中，预计到2018年，将有60MW的海上风电项目开始施工。随着日本海上风电技术研发的持续投入，在漂浮桩海上风电开发领域，日本将有更多的试验机型陆续投产，有望在海上风电技术方面取得一定的突破。

1.3　韩国

1.3.1　可再生能源战略目标

韩国是能源资源极度贫乏的国家，几乎没有任何化石能源储量，98%的化石能源依靠进口。韩国是世界第九大能源进口国。根据2017年BP能源统计年鉴，韩国是全球第九大能源消费国，全球第五大天然气、煤炭、石油等化石燃料进口国[①]。近年来，韩国政府也开始倡导能源转型，积极发展可再生能源，第21届气候变化大会（COP21）上，韩国宣布将大力发展太阳能和风力等可再生能源，到2030年，韩国的可再生能源市场规模将达100万亿韩元，同时创造50万人的就业机会。韩国政府计划到2035年，可再生能源在一次能源供应中的比例达到11%，在电力供应中的比例达到13.4%。预计到2035年，可再生能源的比重如下：垃圾发电占29.2%，风电18.2%，生物质18.0%，太阳能光伏14.1%，其他太阳能发电8%，地热能9%，水电3%，海洋能1%。到2035年，预计可再生能源发电量达到759 337GW·h，其中垃圾发电占23%，风电占30%，太阳能光伏发电23%，水电5%，燃料电池11%，海

① EIA：https://www.eia.gov/beta/international/analysis_includes/countries_long/Korea_South/south_korea.pdf.

洋能 2%。[①]

1.3.2 主要政策措施

目前韩国促进可再生能源发展的主要政策手段有两个，一个是 2012 年公布的可再生能源配额制（Renewable Portfolio Standard，RPS）；另一个是 2012 年公布的碳排放交易机制（Emission Trading System，ETS），其中配额制的实施取代了原有上网电价补贴政策（FIT）。

根据配额制政策的设计，韩国政府取消了 2010 年实施的可再生能源上网电价政策，代之以可再生能源配额制，并宣布从 2012 年全面实施。配额制政策要求发电装机大于 50 万 kW 的电力生产商必须保证其 2% 的电力来自于可再生能源；且配额比例每年增加 0.5%，到 2015 年要达到 3.5%；之后以每年 1 个百分点的速度增加，到 2022 年达到 10%（图 3-1-22）。

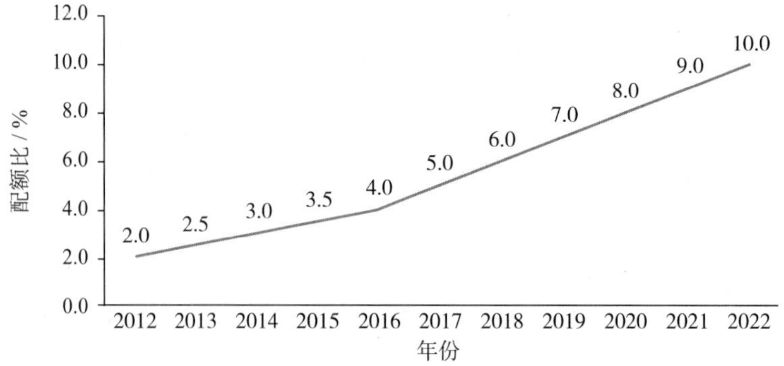

图 3-1-22 2012—2022 年韩国可再生能源配额比重目标[②]

数据来源：Korea New & Renewable Energy Center。

在配额制政策要求下，韩国的可再生能源电价由系统边际电价（电力市场最终交易价格）加上可再生能源证书（REC）价格组成。

韩国可再生能源配额制下的绿色证书政策 陆上风电场每生产 1kW·h 风电获得一个证书（REC），海上风电场每千瓦时获得 2 个 REC。目前 REC 价格为 40 韩元（约合 3.5 美分或 0.21 元人民币）。可再生能源证书为 20 年有效期，可为投资者提供长期的保证。

根据可再生能源的种类和安装方式，韩国对 REC 的计算方式给出了不同的计算

① 数据来源：韩国贸易工业能源部，2014。

② Reegle, http://www.reegle.info/policy-and-regulatory-overviews/KR。

系数，规定可再生能源证书（REC）= 1MW·h × 系数（表 3-1-5）。

表 3-1-5 韩国可再生能源证书计算系数值

<table>
<tr><th rowspan="2">类别</th><th rowspan="2">系数</th><th colspan="3">资源</th></tr>
<tr><th>安装类型</th><th>土地类型</th><th>容量</th></tr>
<tr><td rowspan="4">太阳能</td><td>0.7</td><td rowspan="3">不使用建筑和现有设施</td><td colspan="2">5 种土地类型（稻田，旱地，果园，牧场和森林）</td></tr>
<tr><td>1.0</td><td rowspan="2">其他类型</td><td>超过 30kW</td></tr>
<tr><td>1.2</td><td>低于 30kW</td></tr>
<tr><td>1.5</td><td colspan="3">建筑和现有设施</td></tr>
<tr><td rowspan="5">一般可再生能源</td><td>0.25</td><td colspan="3">煤气化联合循环发电技术（IGCC）</td></tr>
<tr><td>0.5</td><td colspan="3">废弃物填埋气</td></tr>
<tr><td>1.0</td><td colspan="3">水能、陆上风电、沼气、生物质、潮汐能（在已有岸堤建设项目）</td></tr>
<tr><td>1.5</td><td colspan="3">海上风电（距离并网点 5km 以内）</td></tr>
<tr><td>2.0</td><td colspan="3">海上风电（距离并网点 5km 以上）、燃料电池、潮汐能（新建岸堤建设项目）</td></tr>
</table>

数据来源：Korea New & Renewable Energy Center。

排放交易机制是韩国另外一个重要的促进可再生能源发展的政策手段 韩国国会于 2012 年 11 月通过了碳排放交易机制法案，将全国约 70% 温室气体排放量纳入其中。该交易机制 2015 年 1 月 1 日开始实施，计划到 2020 年将温室气体排放量降至基准水平（BAU level）的 30%（基准水平为不实施碳价情况下对排放量的预测）。

据韩国环境部（The Ministry of Environment，MoE）预测，韩国基准水平下 2020 年的温室气体排放量将达到 7.76 亿 t，这意味着为达到 30% 的减排目标，2020 年韩国温室气体排放量不得超过 5.43 亿 t[①]，这反过来也为可再生能源的开发利用建立了一定的市场需求，有效促进了韩国可再生能源产业的发展。

1.3.3 市场和产业发展

能源消费 韩国一次能源消费总量一直保持平稳上升的趋势。2017 年韩国一次能源消费总量达到近 4.22 亿 t 标准煤，较 2016 年增长 1.6%，其中石油 1.84 亿 t 标准煤，占比 44%；煤碳 1.23 亿 t 标准煤，占比 29%；天然气（LNG）6 060 万 t 标准煤，占比 14%；核电 4 800 万 t 标准煤，占比 12%，水电和其他可再生能源 620 万 t 标准煤，占比 1%[②]（图 3-1-23、图 3-1-24）。

① South Korean's Emissions Trading Scheme, White Paper 2013.

② BP, "世界能源统计年鉴 2018", 2018.

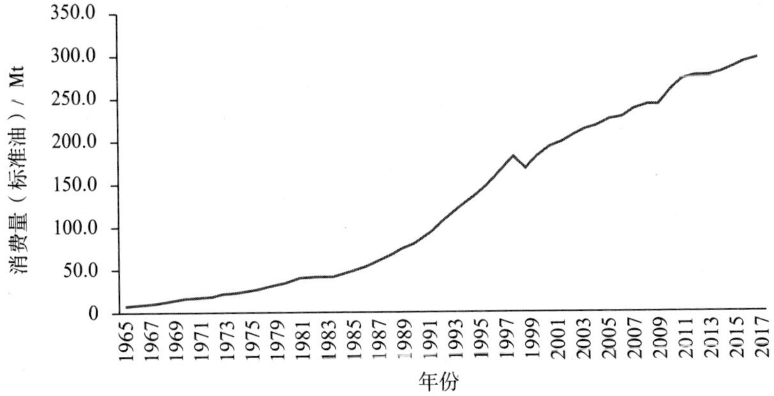

图 3-1-23　1965—2017 年韩国一次能源消费情况①

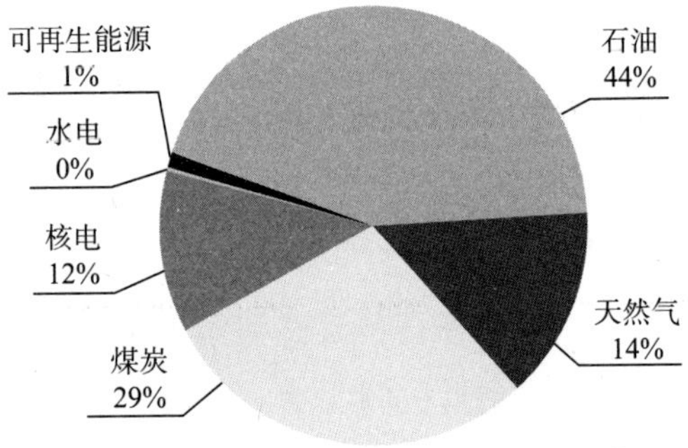

图 3-1-24　2017 年韩国一次能源消费结构

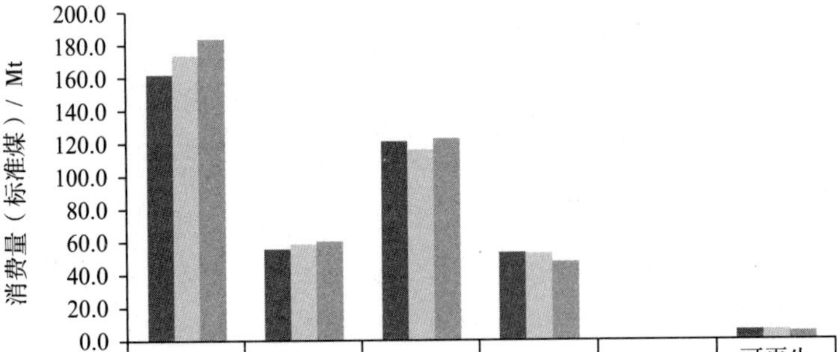

	石油	天然气	煤炭	核电	水电	可再生能源
■ 2015年	162.5	56.1	122.1	53.3	0.7	5.6
■ 2016年	174.5	58.5	116.6	52.4	0.8	6.2
■ 2017年	184.7	60.6	123.3	48.0	1.0	5.2

图 3-1-25　2015—2017 年韩国一次能源消费情况②

① BP，“全球能源统计年鉴 2018”，2018。

② BP，“世界能源统计年鉴 2018”，2018。

风电 受制于土地资源限制，韩国的风电资源并不丰富。2017 年韩国新增风电装机容量 106MW，累计装机容量 1 136MW①，总量仍很小。2017 年韩国的海上风电新增装机 3MW，累计装机容量达到 38MW（图 3-1-26）。

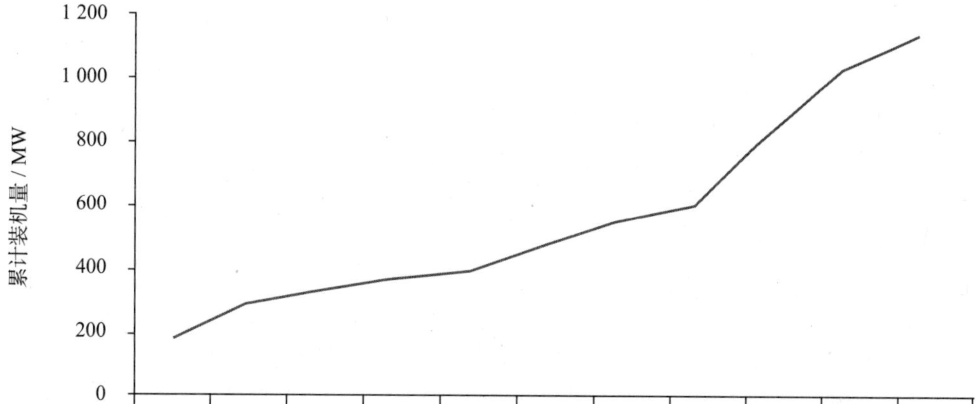

	2007年	2008年	2009年	2010年	2011年	2012年	2013年	2014年	2015年	2016年	2017年
—— 风电累计装机	189	297	341	374	401	482	561	610	835	1 031	1 136

图 3-1-26 2007—2017 年韩国风机累计装机量②

为加快促进海上风电发展，韩国知识经济部宣布投资 82 亿美元，到 2019 年开发 250 万 kW 的海上风电③。另外，2012 年济州政府与中央政府公布的“2030 年济州零碳岛”计划，提出到 2030 年济州岛建设 233 万 kW 的风电装机，包括陆上风电 35 万 kW，海上风电 200 万 kW。2013 年年末，现代重工开始在济州岛安装 5.5MW 机型，同时三星重工用最新开发的 7MW 机型在济州岛开始建设 8.4 万 kW 的风电场。韩国风电行业预计到 2030 年韩国风电装机容量可达 2 300 万 kW，包括 2 000 万 kW 海上风电和 300 万 kW 陆上风电④。

韩国有较为完备的风机零部件产业链，国内安装的大部分风电机组由本国供应商提供。现代重工、三星重工、大宇船舶、STX 等造船企业依靠自身技术实力均积极发展风电产业，其他本土生产制造商，如晓星（Hyosung）、斗山重工（Doosan）和 Unison 正在研制自己的风机技术。

太阳能 韩国光伏发电市场近几年呈现出较快的发展趋势，2017 年新增装机

① GWEC, “Global Wind Report-Annual market update 2017”, 2018.

② GWEC, Global Wind Report-Annual market update 2017.

③ ABTM WIND REPORT, World Market Update 2012.

④ GWEC,Global Wind Report-Annual market update 2012.

1 200MW，累计装机容量达到 5.6GW①，是全球第八大光伏市场，亚洲第三大光伏市场（图 3-1-27）。

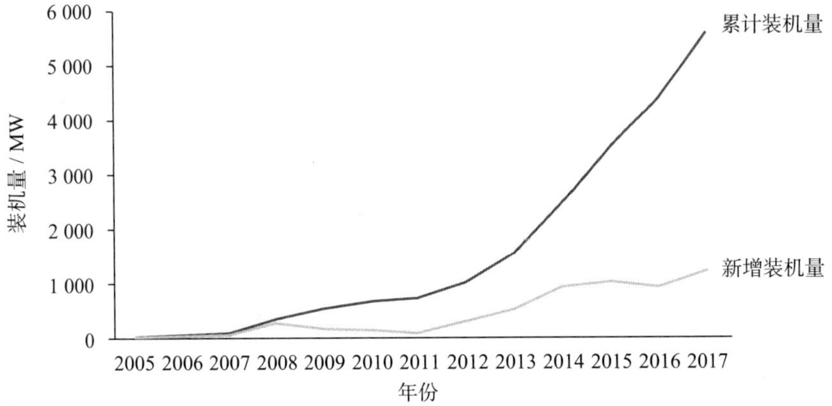

图 3-1-27　2005—2017 年韩国光伏累计装机和新增装机情况

韩国具有完整的光伏组件生产链和强大的制造能力。2016 年 1—7 月，韩国太阳能组件及相关光伏套件出口同比飙升 46.7%，达 20.1 亿美元。储能系统的出口量也跳升 87%，达 1.63 亿美元。在光伏电池领域，韩国的韩华、现代重工、熊津集团等大型企业都有较大的投入。2016 年，韩国最大光伏企业韩华集团光伏组件营业额 18 亿美元，全球光伏市场排名第八。

水电　水能是韩国最大的可再生能源资源，但近几年韩国水电发展处于停滞状态。从 2012 年水电新增 20 万 kW（包括小水电新增装机量 3.1kW）后，没有新增装机。截至 2017 年年底，韩国水电总装机 650 万 kW②，其中小水电总装机约 19.8 万 kW③。据可再生能源和能源效率合作组织（The Renewable Energy and Energy Efficiency Partnership，REEEP）估计，韩国的小水电潜力约 150 万 kW，目前还有大量尚未开发的资源。另据国际能源署预测，2020 年之前韩国不会增加水电装机容量，仍保持 650 万 kW④。

生物质能　截至 2015 年年底，韩国生物质装机 40 万 kW。根据 IEA 可再生能源中长期报告，预计到 2020 年，韩国生物质装机容量达到 80 万 kW。韩国主要利用国内制材厂的加工剩余物来生产木质颗粒燃料，但由于国内供应量不足，韩国木

① BP，“世界能源统计年鉴 2018”，2018。

② Renewable energy medium-term market report 2015.

③ http://www.reegle.info/policy-and-regulatory-overviews/KR.

④ Renewable energy medium-term market report 2015.

质颗粒燃料主要依赖进口。目前，韩国木质颗粒燃料的年消费量为几十万吨，据美国《全球木材和木制品市场动态》预测，韩国木质颗粒燃料的年消费量到2020年将达到500万t，其中75%～80%将通过进口解决。根据韩国可再生能源的发展目标，生物质能将是今后可再生能源的重要发展方向，到2020年生物质将占整个可再生能源供应的1/4。

海洋能 截至2017年年底，韩国海洋能装机容量约25.8万kW[①]，一直没有新增。作为海洋能的一种利用形式，韩国拥有当今世界上规模最大的潮汐能发电站——始华湖潮汐能发电站。此外，韩国还计划在加露林湾和仁川湾建设装机容量分别达到48万kW和100万kW的两个潮汐能发电站，仁川湾发电站已于2012年6月起开始建设。2013年年初发布的国家第六期电力计划（The Country's 6th Electricity Plan）提出建设81万kW的Ganwha和52万kW的Garorim潮汐能电站，但公众以影响生态为由反对这两个电站的建设[②]。据国际能源署预计，2020年韩国海洋能装机量可达70万kW，届时全球海洋能源发电量达2TW·h，其中作为最大的海洋能发电国家，韩国将占3/4的发电量[③]。

1.3.4 发展展望

作为亚洲第四大经济体，韩国能源供应主要依赖进口。为进一步减少能源进口依赖、改善能源消费结构、减少二氧化碳排放，韩国也把发展新能源和可再生能源作为未来能源发展的重要选择。2016年年底，韩国政府宣布将投入42万亿韩元（约合人民币2 483亿元）以扶持韩国的可再生能源产业，计划到2025年，可再生能源占全国电力总量比例将达到11%。比之前计划再提前5年[④]。2017年年底，韩国计划到2030年将可再生能源发电量占比从2016年的7%提高至20%。为实现这一目标，韩国计划增加30.8GW的太阳能发电量和16.5GW的风电装机容量。截至2017年年底，韩国的太阳能发电装机容量为5.6GW，风电装机容量为1.1GW。

此外，韩国拥有世界级的新能源制造企业和技术水平，韩国也把新能源装备技术发展作为推动经济持续增长的重要选择。从韩国可再生能源的发展目标来看，城市废弃物和农林生物质能将是今后可再生能源的重要发展方向，到2030年废弃物和生物质将占整个可再生能源供应比例的2/3。另外，依靠发达的造船业及丰富的海上

① IRENA，RE_Capacity_Statistics_2018.

② Renewables 2013，Global status report.

③ Renewable energy medium-term market report 2014.

④ http://news.solarbe.com/201612/14/105867.html.

风能资源，韩国未来海上风电发展也将得到政府的关注。

2016 年年底，韩国六大电力企业联合韩国电力工社 KEPC 宣布，将在 2017—2018 年投资 30.6 亿美元发展可再生能源，投资的 38.6% 将用于太阳能发电，35% 用于风力发电，17.9% 用于燃料电池。其中，燃料电池已成为交通领域最受关注的新兴市场，而韩国已经成为最具吸引力的燃料电池市场。政府和企业的投入将进一步推动该市场的发展。①

2017 年年底，首尔政府宣布，计划投资 1.7 万亿韩元推动“首尔太阳城”的项目，该项目计划到 2022 年增加 1GW 容量来推动住宅太阳能行业。“首尔太阳城”项目的目标是降低韩国首都对核电的依赖。总体规划分为 7 大类，共 59 个项目。该计划的一个主要组成部分是将户用光伏设施的数量增加到 100 万个，并且 1/3 的家庭配备太阳能电池板。此外，首尔还将在主要建筑物和公园安装光伏面板，并将这些地区指定为太阳能地标或太阳能特区。通过这一措施，首尔预计每年可减少 54 万 t 温室气体排放。②

1.4 印度

1.4.1 战略目标

印度是世界第二人口大国、第三大能源消费国。进入 21 世纪，印度经济持续快速增长，能源需求大增，能源供给压力日益加大。2017 年，印度一次能源消费总量为 10.8 亿 t 标准煤，一次能源消费总量占世界总一次能源消费量的 5.6%，超越俄罗斯成为世界第三大能源消费国。印度的能源结构以化石能源为主，煤、油、气资源储量和产量严重不足，对外能源依存度不断提高。2017 年，印度一次能源消费中，化石能源合计占 92%，水电和可再生能源合计 7%，核电占 1%。2017 年，印度的发电量为 1.497 万亿 kW · h，相较 2016 年增长了 5.6%。印度可再生能源发电量占总发电量的比重也在不断提升，从 2012—2013 年的 5.0% 提升到了 2017 的 6.4% 左右③。印度 1980—2016 年一次能源消费量如图 3-1-28 所示，2000—2016 年原油生产和消费量如图 3-1-29 所示，1985—2017 年电力消费总量如图 3-1-30 所示。

① http://news.solarbe.com/201612/30/106888.html.

② 北极星太阳能光伏网，http://guangfu.bjx.com.cn/news/20171124/863630.shtml.

③ BP，“世界能源统计 2018”，2018。

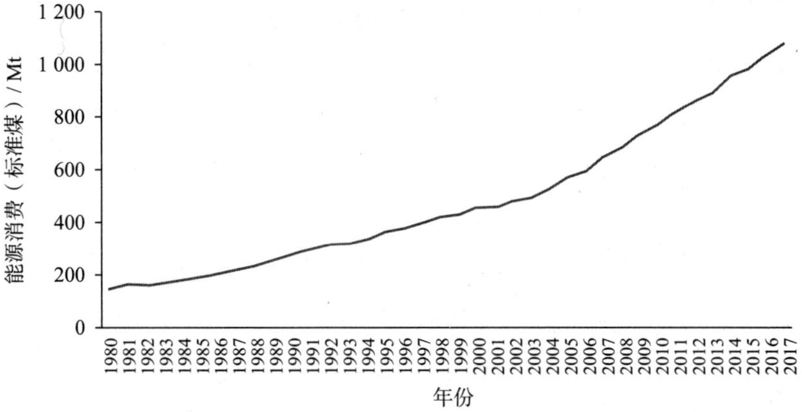

图 3-1-28　1980—2017 年印度一次能源消费情况

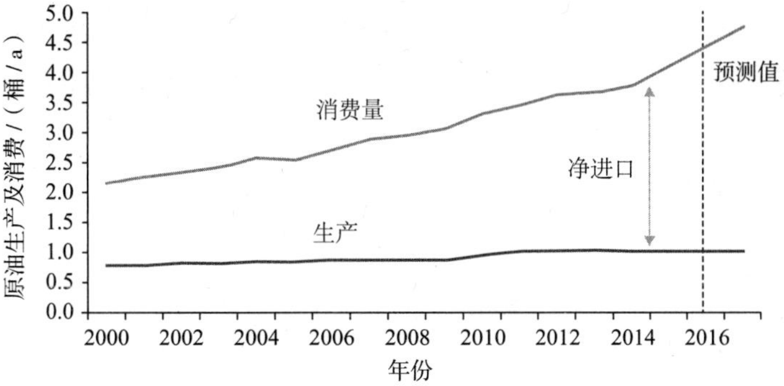

图 3-1-29　2000—2016 年印度原油生产和消费情况[①]

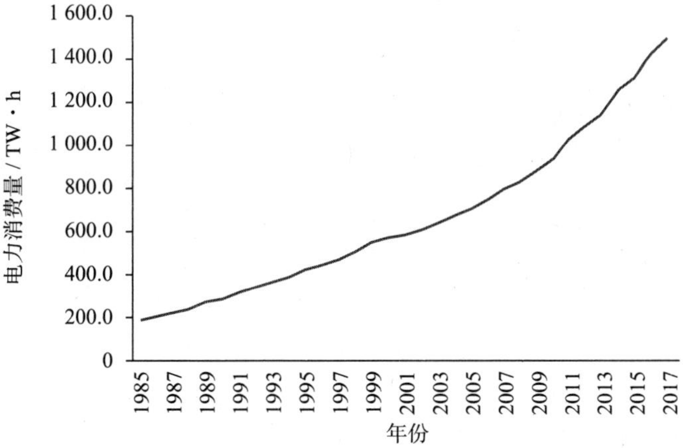

图 3-1-30　1985—2017 年印度电力消费总量

① EIA，美国能源信息部。

印度拥有丰富的可再生能源资源，特别是太阳能和风能资源。因此，印度把发展可再生能源作为国家的重要能源战略，成立了专门负责可再生能源管理的政府机构，确定了可再生能源规模化发展目标。近年来，印度不断提升可再生能源发展目标。印度当前的发电总装机容量尚不足中国的 1/5，中印两国均以煤电为主。

2016 年 12 月，印度中央电力管理局发布了《国家电力规划》(草案)。规划草案预测，今后 10 年(即到 2027 年)，可再生能源(小水电亦划分在此类)、核电、大水电等非化石燃料将占印度发电装机容量的一半以上(56.5%)。2022 年，煤电占比将从当前的 60% 降至约 47%。该草案明确了迅速发展可再生能源的战略，设定了在 2022 年将可再生能源装机提升至 175GW 的目标(该目标也与印度的《巴黎协定》承诺相一致，其中太阳能 100GW，风电 60GW)。这意味着印度的光伏装机在 5 年内将增长 10 倍、年均增速约 60%，风电装机也将翻一番。同时，未来 10 年，印度不仅无须新建任何燃煤电站，还将面临 6GW 的过剩煤电产能。[①]2017 年印度一次能源结构如图 3-1-31 所示。

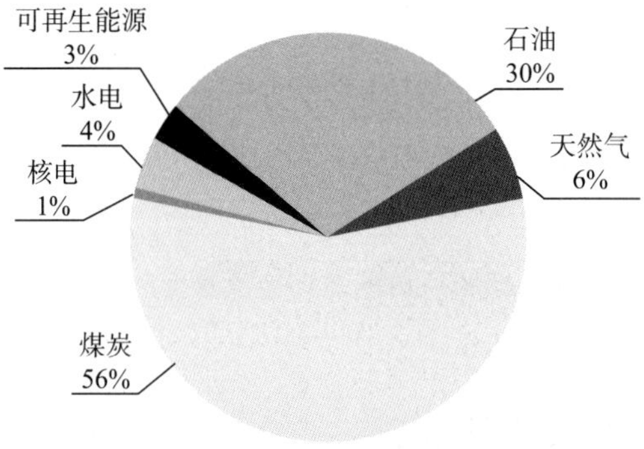

图 3-1-31　2017 年印度一次能源消费结构

1.4.2　主管机构

为了指导本国可再生能源的发展，印度在 1992 年成立了“非常规能源资源部”，2006 年 10 月改名为“新能源与可再生能源部”(MNRE)。该部管理所有与新能源和可再生能源相关的事项，是负责制定相关政策和规划的政府部门。超过 2.5 万 kW 的大中型水电项目均归电力部管理，与电力监管有关的还有中央能源管理局(CEA)，中央电力监管委员会(CERC)、邦电力监管委员会(SERC)等机构。MNRE 有 4 个专业技术支撑机构，分别是太阳能中心(SEC)、风能技术中心(C-WET)、国家可再生

① http://www.sohu.com/a/137376173_255911.

能源研究所（SSS-NIRE）和水能中心。此外，还有一个专门的金融机构——印度可再生能源发展机构（IREDA），为可再生能源和能源效率项目提供贷款。

1.4.3 政策措施

印度“十三五”电力规划[①] 截至2017年3月，印度“十三五”（2017—2022年）电力规划初稿已完成编制，正在征求意见。根据规划相关数据，印度“十三五”期间将不再规划新的煤电项目（目前印度已有5 002.5万kW火电在建，并将于“十三五”期间投产）。2017—2022年，印度装机增长目标按新能源装机目标分为3个情景（表3-1-6），目前政府推荐采用情景1模式。由规划初稿可知，新能源装机将成为印度“十三五”期间最大的增长点。若按情景1实现了规划目标，则到2022年印度累计电力装机如图3-1-32所示。

表3-1-6 “十三五”期间不同情景下规划新增装机情况 单位：万kW

情景	总计	煤电	气电	水电	核电	风电	光伏	生物质
情景1	13 779.6	0	434	1 533	280	2 903.4	8 123.7	505.5
情景2	11 279.6					2 403.4	6 123.7	505.5
情景3	8 779.6					1 903.4	4 123.7	505.5

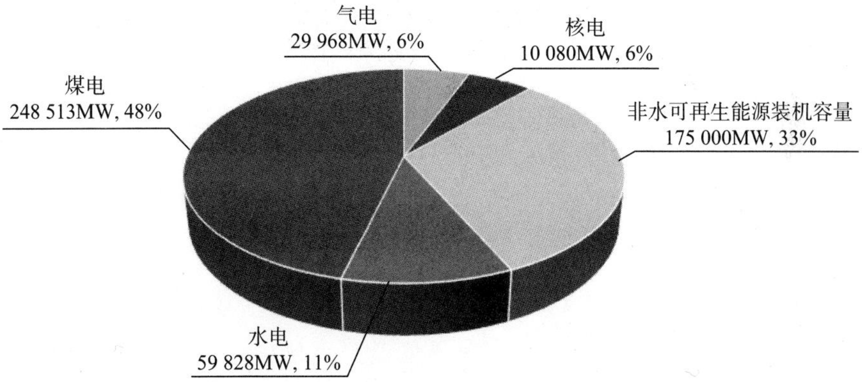

图3-1-32 到2022年年末印度累计装机容量与结构示意图

印度在《巴黎协定》国家自主贡献中承诺，到2030年非化石燃料发电在总装机容量占比将提高至40%。电力规划中的预测则更为乐观——其预计到2022年，非化石燃料发电将占总装机容量的46.8%；到2027年，占比将达56.5%。

快速下降的风能和太阳能发电成本降低了上述目标的实现难度。2017年2月，

① 2017-04-24国际电力观察。

印度太阳能招标电价降至每千瓦时 2.97～2.979 卢比（约合 0.3 元人民币）；在 2017 年 3 月风电招标中标价格也降至历史最低的 3.46 卢比 /kW·h（约合 0.37 元人民币）。IndiaSpend 在 2018 年 1 月发布的报告指出，预计近期（2018 年年初），光伏和风电将实现平价上网，即与传统电力的发电成本相当。

固定电价政策 印度电力法案（2003 年发布，2007 年修订）规定了太阳能等可再生能源的固定电价政策。此法案促使印度输电系统向消费者开放，消费者可以自由选择供电商。2009 年 9 月，中央电力监管委员会（CERC）实施了可再生能源固定上网电价的法规，涵盖所有的可再生能源发电技术。该法规规定，每 3 年审查一次各类可再生能源发电成本，其中太阳能光伏发电和太阳能热发电项目的发电成本每年审查一次，CERC 将根据发电成本及时调整固定电价。对于大多数可再生能源发电技术，固定电价的有效期是 13 年，小水电（低于 5 000kW）可延长至 35 年，太阳能光伏发电和太阳能热发电为 25 年。对于特定项目（如城市固体垃圾、混合太阳热能，某些太阳能光伏发电和太阳能热发电）的电价，根据有关指导方针另行制定。

可再生能源配额政策 为了迅速增加可再生能源在能源构成中的比例，2011 年，印度中央电力监管委员会颁发了《确认和发行可再生能源证书条例》，在印度全国范围实施可再生能源配额（RPS）及证书交易制度（RECs）[①]。政府规定电力企业应在其供应的电力中包含一定比例的可再生能源电力（即配额 RPO），允许电力企业通过自发或者通过交易完成其配额。每兆瓦时可再生能源电量生成一个 REC，可以在公开市场交易买卖，满足承担配额义务的电力企业的需求。已享受固定电价补贴的可再生能源发电项目不允许转换到 REC 机制。印度 RECs 证书分为太阳能发电和非太阳能发电两类。为鼓励发展太阳能发电，印度很多邦在实施 RECs 时，特别要求当地电力企业发电量中包含一定比例的太阳能电力，印度政府还对太阳能发电类 REC 的价格区间做出了规定，2012—2017 年，最低及最高价格分别为每兆瓦时 9 300 卢比（约合 145 美元）和 13 400 卢比（约合 209 美元）。获得 REC 证书需向国家负荷调度中心（NLDC）注册登记，获得该中心的认可。RECs 只能在印度能源交易所（IEX）进行交易。

国家海上风电政策 2015 年，新能源与可再生能源部（MNRE）被授权为开发国家专属经济区海上风能资源的管理机构。国家风能研究所（NIWE）被授权为海上风

① The Central Electricity Regulatory Commission (Terms and Conditions for recognition and issuance of Renewable Energy Certificate for Renewable Energy Generation) Regulations, 2010.

能发展的执行机构，负责执行海上风能模块的分配及相关机构部门的组织协调工作。该政策为印度的海上风电发展铺平了道路，并为国内外的投资者和参与者提供了一个公平的竞争环境。按计划第一个海上风电项目将在古吉拉特邦海岸建设。

风光互补发展政策　2018 年，为了落实 2022 年可再生能源发展目标，印度政府公布了最新的鼓励大型风光技术混合发展模式的政策。该政策的目标是推动大型风光互补发电系统的并网，以优化和有效利用输电基础设施和土地，减少可再生能源发电的波动性，并实现更好的电网稳定性。未来印度的可再生能源发展方向将鼓励风光互补系统作为一个项目进行并网运行。

其他优惠政策　为鼓励对可再生能源发电的投资，印度实行可再生能源发电项目快速折旧政策，第一年可计提 80% 的折旧，使投资者获得显著的税收优惠（注：于 2012 年 4 月 1 日起，该政策调整为第一年可计提 35% 的折旧）。对于根据所得税法案无法从快速折旧中获得税收优惠的独立供电商（IPP）和外国投资者，可以获得政府 0.5 卢比 /kW · h（约合 0.78 美分）的补贴，补贴期限是 4 ～ 10 年。此外，还有风力发电机指定零部件进口税优惠，风电项目免征 10 年营业税等优惠政策。

总的来看，印度政府为促进可再生能源发展，从财政、税收、价格、电力消费等各个方面建立了较为完善的可再生能源政策体系，为开发利用可再生能源创造了有利的政策环境。但印度在政策的稳定和可靠执行、融资成本、电网扩张和管理、可再生能源配额执行等方面还需要进一步加强。

统一的货物与服务税制度[①]　2016 年 8 月 3 日，印度第 122 条宪法修正案关于印度商品及服务税（GST）在印度上议院（联邦院）表决中获得多数通过。这意味着印度将在全国范围内建立起统一的税收体系，这将简化印度的税收政策，但也将同时取消部分可再生能源的免税项目。这样一来，新的税收政策可能会将印度国内风电与光伏发电的度电成本拉高 11% ～ 20%。

新能源汽车政策　印度空气污染问题严重，有 13 个城市排名全世界前 20 空气污染最严重城市。为减轻空气污染，印度政府从 2013 年起就推出国家电动汽车任务规划，随后又推出几项相关计划，旨在鼓励印度民众改用电动汽车，逐步减少燃油汽车的数量。印度政府和业内消息人士称，一家颇具影响力的政府智库已草拟一份报告，建议印度到 2032 年全面实现车辆电动化[②]。此外，印度政府也持续为车辆制造

① 商务部网站。

② http://www.wsche.com/new/xnyhy/2017071771965.html.

商提供资金支持，鼓励其研发生产电动汽车，并大力支持发展电动汽车充电设施。

印度电动汽车理事会 2016 年提出了一项“2020 年国家电动汽车发展 ”的计划[①]，其中对印度电动汽车发展目标进行了规划，力争在 2020 年之前大幅提升电动汽车市场份额。在这些目标中，印度政府希望，到 2020 年电动汽车新车销量能够达到 600 万～700 万辆。政府表示，将通过推出各项优惠支持措施来推进这一目标的实施，更有效地帮助消费者接受电动汽车。不仅如此，印度政府还将投入资金在该国构建电动汽车充电的基础设施；预计印度政府在该项目上的总投资将达到 36 亿～41 亿美元；印度政府将在未来 5～6 年里陆续投放 22 亿～25 亿美元的资金支持。

1.4.4 市场和产业发展

2017 年，印度可再生能源继续保持较快发展，可再生能源总消费量约为 7 500 万 t 标准煤（含大中型水电），约占一次能源消费总量的 7%。图 3–1–33 和图 3–1–34 给出了历年来印度可再生能源装机情况和发电量[②]。截至 2017 年年底，印度水电累计装机容量 4 938 万 kW，风电累计装机容量 3 288 万 kW，太阳能累计装机容量 1 905 万 kW，生物质累计装机容量 953 万 kW。

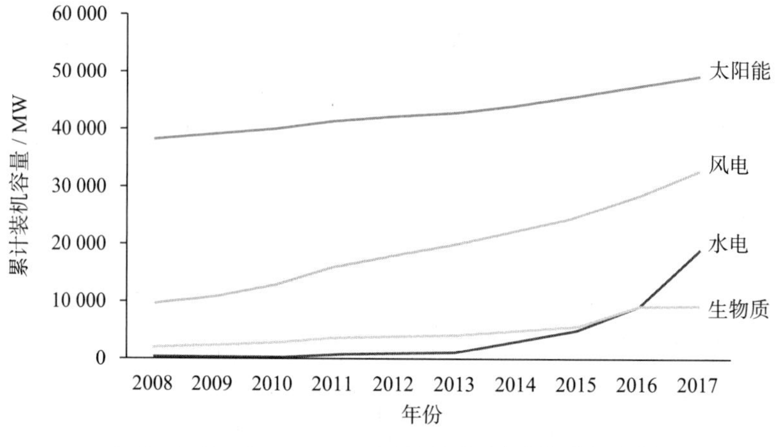

图 3–1–33 2008—2017 年印度可再生能源装机容量

小水电 根据印度新能源和可再生能源部的统计，印度小水电（不大于 2.5 万 kW）发展潜力约为 1 975 万 kW，已确定了 1 431 万 kW 的开发布局，从 2015 年 10 月底至 2017 年 3 月底新增小水电 22.3 万 kW，累计装机容量达到 438 万 kW。2016 年印度政府提高了小水电的发展目标，2022 年小水电的装机目标达到 500 万 kW。

① http://www.globalimporter.net.

② BP，“能源统计年鉴 2018”及 IRENA，可再生能源统计数据。

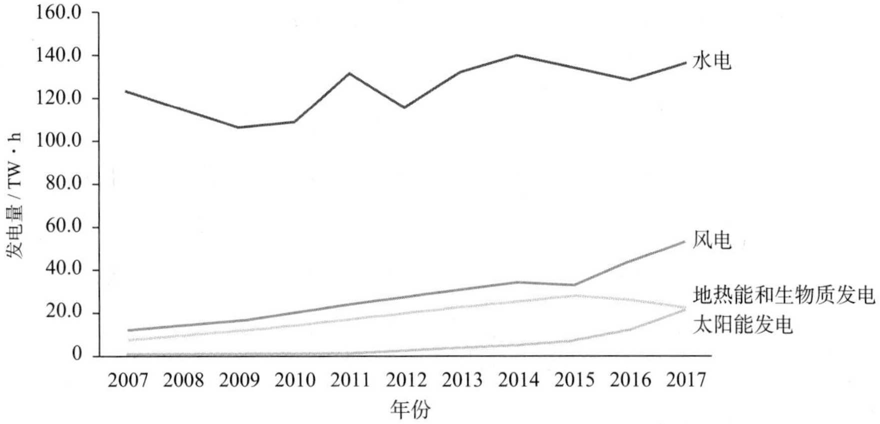

图 3-1-34 2007—2017 年印度可再生能源发电量

风能 印度是继中国之后风电发展规模最大的亚洲国家。印度风能技术中心（C-WET）对印度风资源的评估结果是 80m 高度资源潜力为 1.03 亿 kW，但美国劳伦斯伯克利实验室（LBNL）和风电生产商更乐观，认为印度的潜在风能资源高达 7 亿 kW。印度的风电发展集中在南部和西部的几个邦，特别是南部的 Tamil Nadu 邦，是印度风电装机容量最大的邦，其装机容量接近印度全国装机容量的 40%。根据 GWEC 的统计，印度 2017 年全年新增 41.5 万 kW 风电装机，新增容量位列全球第五位，累计装机容量达到 3 288 万 kW，同样紧随中国、美国、德国，位列全球第四位。

目前，印度已成为亚洲主要风机制造业中心之一，具有良好的风电设备制造基础，2014 年年底共有 20 家风机制造商，年风电机组制造能力为 950 万 kW。由于印度制造成本较低，国际主要风机制造商如 VESTAS、GE、ENERCON、SIMENS、GAMESA 纷纷在印度建设整机厂。印度风机自主品牌中，最著名的是苏司兰（Suzlon），2015 年位列全球新能源企业 500 强的第 28 位[①]。

风电在印度面临的主要问题是电力基础设施无法满足并网接纳的需求。2017 年，印度“十三五”电力规划中，分三个情景对风电发展提出了新的规划方案。

太阳能 印度有丰富的光照资源，年太阳辐射量在 1 200～2 300kW · h/m^2，绝大多数地区的辐射量大于 1 900kW · h/m^2，每年约 300 天是晴朗的天气[②]。如果利用印度 3% 的闲置土地，其太阳能的潜在装机容量将达到 7.49 亿 kW。

① 中国能源报社主办的“2015 全球新能源企业 500 强发布会暨新能源发展高峰论坛”。

② http://www.reegle.info/countries/india-energy-profile/IN#renewable_energy.

2008 年 6 月，印度总理公布了“应对气候变化的国家行动计划”。该计划提出到 2020 年印度的太阳能发电目标为 2 000 万 kW，其中正在进行的第一阶段（2010—2012 年）计划安装 100 万 kW。2010 年 1 月，印度新能源和可再生能源部（MNRE）正式发布了印度“国家太阳能计划”（贾瓦拉·尼赫鲁国家太阳能计划），预计到 2022 年太阳能安装量将达到 2 200 万 kW（2 000 万 kW 并网，200 万 kW 离网），总投资额达 200 亿美元。2015 年，印度政府进一步增加了对于太阳能的政策和补贴支持，并再次上调了太阳能的发展目标，2022 年目标达到 1 亿 kW，其中 4 000 万 kW 来自屋顶光伏发电，6 000 万 kW 规划大中型并网光伏项目。在国家太阳能计划的鼓励下，印度目前光伏发电发展较快，截至 2017 年 3 月，印度太阳能累计装机容量达到 12 504.50 万 kW。

虽然印度太阳能电力有了明显发展，但总体来看，实施进展仍较慢，主要原因是地方政策导致全国市场条块分割严重，没有形成合力，未能建立真正的市场机制。另外，有些邦发展光伏的积极性较高，如 Gujarat 等多个邦采用可再生能源配额制，强制要求当地电力企业提供一定比例的太阳能电力，较好地促进了太阳能光伏发展。

关于光伏领域的投资，2016 年第一季度，印度清洁能源领域共吸引了 21 亿美元的融资。由于未来将有更多光伏项目开始寻求投资，预计未来该领域的投资规模将继续扩大。此外，由于工商业用户的需求强劲，屋顶太阳能发电装置在印度可再生能源领域的增长最快。2016 年下半年，银行已同意为多项屋顶太阳能项目提供超过 10 亿美元的资金支持。对比而言，多家电厂级光伏项目却面临购电协议缓签的问题，投入使用时间也可能会延后至 2017 年。截至 2017 年年底，印度累计光伏装机容量 1 905 万 kW，新增装机达到 9.6GW。

生物质能 印度是世界农业大国，拥有世界 1/10 的可耕土地，面积约 1.6 亿 hm^2，生物质资源非常丰富，据印度政府评估，发展生物质发电装机的潜力为 2 509 万 kW。目前，印度生物质发电主要应用在三个方面——并网生物质发电厂、独立分散的生物质发电和制糖等行业的热电联产。2017 年，印度各类生物质发电新增装机 50.9 万 kW，累计装机容量 953 万 kW[①]。在 2016 年印度政府新的可再生能源发展目标中，各类生物质 2022 年装机总和需达到 1 000 万 kW。印度各投资主体装机数据如表 3-1-17 所示。

① IRENA，“RENEWABLE CAPACITY STATISTICS 2018”，2018.

表 3-1-7 印度各投资主体装机数据

投资主体	私企	邦企	央企
装机 / 万 kW	13 457.8	10 321.2	7 685.2
占比 /%	42.77	32.80	24.43

注：数据截至 2017 年 1 月底。

据印度 2016 年统计报告统计，印度城镇通电率达到 100%，农村通电率略低，为 95.7%。

1.4.5 发展趋势

从外部环境来看，印度 2010 年的人均碳排放为 1.4t，不到世界平均水平（4.5t）的 1/3，截至 2017 年 1 月 31 日，印度的电力总装机容量为 31 464 万 kW，人均装机约 240W，约为中国和美国的 1/5 和 1/20。2030 年预计仍明显低于世界平均水平，低碳发展主要靠自愿承诺和自觉行动。近 10 年来，印度经济保持约 7% 的年均增长率，能源需求大幅增加，一次能源消费由 2005 年的 5.6 亿 t 标准煤提高到 2017 年的 10.8 亿 t 标准煤[①]，年均增幅达 7.7%，能源供求矛盾日益突出。IEA 近期基础情景预测印度 2020 年的可再生能源发电装机可以达到 1.43 亿 kW，其中水电 5 720 万 kW，风电 4 950 万 kW，太阳能 2 850 万 kW[②]。

2014 年 4 月，为保障能源安全，更好地应对气候变化，减少温室气体排放，实现经济社会低碳、包容性发展，印度国家计划委员会发布了“低碳包容性发展战略报告”，提出了 2030 年印度能源生产和消费目标和政策建议。报告指出，假设从现在起至 2030 年，印度经济年均增长 6.9%，通过采取提高终端能效，完善电力基础设施，改进火电效率，大力发展可再生能源应用等措施，实现低碳包容性发展，可以在 2030 年将印度一次能源消费控制在 15.81 亿 t 标准煤，年均增长 4.0%，人均二氧化碳排放控制在 2.6t。在此情景下，2030 年印度一次能源消费组成如表 3-1-8 所示。

表 3-1-8 2030 年印度一次能源消费来源预测表 单位：Mt 标准煤

煤炭	石油	天然气	水电	风电	核电	太阳能	生物质
635	471	267	28	34	104	34	8

2030 年印度一次能源消费结构预测如图 3-1-35 所示。

① BP 世界能源统计 2016。
② IEA Renewable Energy Medium-Term Market Report 2015.

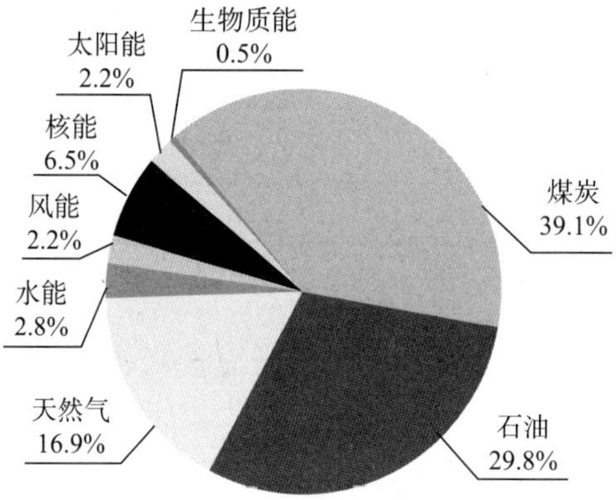

图 3-1-35　2030 年印度一次能源消费结构预测

按照上述分析，2030 年印度电力供应量将达到 3.4 万亿 kW · h，电量结构如图 3-1-36 所示。

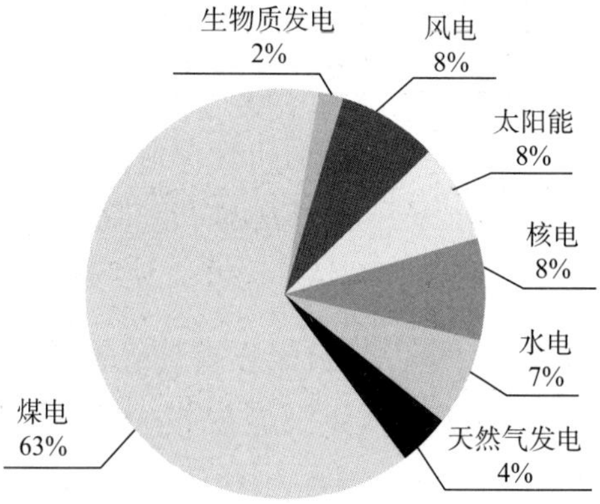

图 3-1-36　2030 年印度发电量结构预测

由此可见，2030 年印度可再生能源电量将占总电量的 25%。大力发展可再生能源和非常规能源，实现能源来源多样化，是印度成功实施低碳包容性增长的关键。根据“低碳包容性发展战略报告”，到 2030 年年底，印度水电装机需要达到 7 500 万 kW，风电装机需要达到 1.5 亿 kW，太阳能发电装机需要达到 1.1 亿 kW；生物质发电装机需要达到 2 000 万 kW。

从资源角度来看，印度的水电、风电、太阳能资源、生物质资源均可以满足开发要求；从产业配套能力来看，印度具备较好的可再生能源制造业、建设和运维基础，能够为大规模可再生能源应用提供支持；从电网和电力基础设施来看，印度电力系统基础薄弱，只能满足现在的基本需求，尚不具备大规模接入和消纳可再生能源的能力，需要大量投资进行建设和改造。

1.5　俄罗斯

1.5.1　俄罗斯能源概况

2017 年，俄罗斯一次能源消费量为 6.98 亿 t 标准油，其中天然气占 52.3%、石油占 21.9%、煤炭占 13.2%、核能占 6.59%，可再生能源占 5.99%[①]。可再生能源以水电为主。

1.5.2　主要政策措施

俄罗斯联邦能源部是联邦政府机构，负责能源领域的公共政策和法律法规的制定和实施，包括电力、石油、天然气、煤炭和可再生能源。

作为传统化石能源生产和出口大国，为了实现经济可持续发展，俄罗斯需要进行经济结构的调整，其中关键就是能源发展战略必须从传统模式向可再生能源转变，逐步减少对传统石油、天然气的依赖。因此，在发展可再生能源以替代化石能源已经成为全球共识的大背景下，俄罗斯能源政策也在开始转变。

俄罗斯能源部从 2013 年开始实施“在电力市场推广可再生能源的机制 ”的 449 号法令，通过每年一次的招标确定发电容量补贴合同。只有容量不小于 5MW 的风电、光伏和容量不大于 25MW 的小水电有资格参加。投资成本最低的项目中标。中标的项目可获得 15 年的电力容量补贴。一旦发电厂不能满足事先协议的发电能力，则其发电能力补贴就会相应降低。同时投标项目还必须满足本地化率要求。

通过招标产生的项目需要签署“供电协议 ”，协议规定了可再生能源电力价格和期限。449 号法令和联邦电力法 32 条都规定电网公司要优先购买可再生能源电力。

2015 年 3 月，俄罗斯总理梅德韦杰夫签署了俄罗斯电力法修订案，旨在刺激全国电力市场中的可再生能源销售。新措施适用于各类可再生能源，包括沼气、生物质能、填埋气、太阳能、风能以及小水电。修订案指出，可再生能源电价将由俄罗斯各地区的监管机构采用新方法制定。2015 年 7 月，俄罗斯政府颁布第 1472 号法令，提高了对风电和小水电项目的补贴额度，降低了 2016—2018 年风电项目的国产化率，同时将风电项目的实施期限延长到 2024 年。

2016 年 5 月批准的 850 号政府决议，规定了俄罗斯到 2024 年风电、太阳能、小水电的新增并网装机容量目标。在 2024 年前，俄罗斯计划将光伏发电、陆上风电

---

① BP2018 能源统计年鉴。

和地热发电的总装机容量达到5.9GW，其中光伏装机容量要达到1.52GW。2016年8月批准的1634号政府决议规定了俄罗斯国家发展能源计划，其中包括要在2030年前建成的水电和风电项目。决议规定新建15个风电场，每个风电场的装机容量在100MW以上，预计新建总装机容量为4 851MW。同期，将在14个现有水电站基础上，新建13个大型水电站，新建水电站的总装机容量为64GW。

1.5.3 市场和产业发展

2013年9月—2017年6月，俄罗斯先后启动了5轮可再生能源招标。2017年6月，在俄罗斯的第五次可再生能源招标中，有1 651MW风电、520MW太阳能和49.8MW输电项目中标。中标者可获得15年容量供应协议。风电容量的中标者分别是富腾集团－俄罗斯纳米技术集团（1 000MW），意大利国家电力（291MW），俄罗斯原子能公司子公司Vetro OGK（360MW）。

5次招标累计已经完成3.96GW的可再生能源系统竞标。俄罗斯能源部计划2018年再招标1GW可再生能源装机容量，包括57MW太阳能和899MW风电。根据国际可再生能源署（IRENA）预测，到2030年，俄罗斯有潜力将太阳能装机翻番至5GW。分布式光伏发电在俄罗斯偏远地区大有可为。

表3–1–9为2008—2017年俄罗斯可再生能源发电装机容量。

表3–1–9　2008—2017年俄罗斯可再生能源发电装机容量　　单位：MW

	2008年	2009年	2010年	2011年	2012年	2013年	2014年	2015年	2016年	2017年
所有可再生能源	47 194	47 419	47 504	47 552	49 518	50 177	51 095	51 294	51 350	51 779
水电（不含抽水蓄能）	45 850	46 092	46 214	46 262	48 228	48 888	49 629	49 772	49 802	50 122
生物质能	1 253	1 234	1 197	1 197	1 197	1 197	1 370	1 370	1 370	1 370
地热能	80	81	81	81	81	79	78	78	78	78
风电（陆上风电）	10	10	10	10	10	10	10	11	11	11
太阳能（光伏）	—	—	—	—	—	1	7	62	87	196
海洋能	2	2	2	2	2	2	2	2	2	2

注：风电、太阳能、地热能、海洋能装机容量非官方发布数据，为行业协会或专家估计值。

来源：IRENA, RENEWABLE CAPACITY STATISTICS 2018, 2018年4月。

图 3-1-37 为俄罗斯可再生能源发电装机容量。

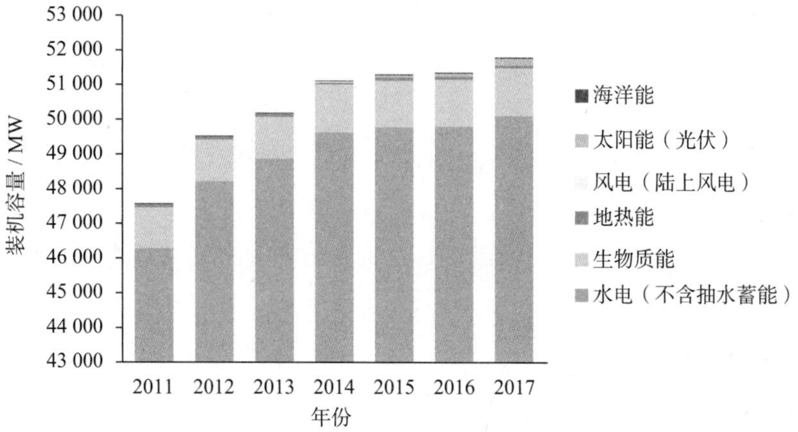

图 3-1-37 2011—2017 年俄罗斯可再生能源发电装机情况

数据来源：IRENA, RENEWABLE CAPACITY STATISTICS 2018。

水电和生物质能发电是俄罗斯可再生能源发电的主要形式。2017 年，俄罗斯可再生能源总装机容量达到 51.8GW，约占全国电力装机容量的 20%。2017 年水电装机容量（不含抽水蓄能）达到 50.1GW。除水力发电和生物质能发电外，太阳能光伏、风能、地热、海洋能发电容量总共 287MW。2017 年，俄罗斯新增可再生能源装机容量约 429MW，其中太阳能光伏发电新增约 109MW①。

生物质能发电集中在俄罗斯西北部。太阳能光伏、风电和小水电主要分布在可再生能源资源丰富的南部地区。大多数太阳能光伏、陆上风力发电场位于俄罗斯西南部。

（1）水电

水电在苏联时期便得到重视并一直发展至今。2017 年俄罗斯水电装机达 4 845 万 kW②。

在俄罗斯东部与中国、日本、蒙古和朝鲜半岛接壤的地区，有广阔的水电资源亟待开发。俄罗斯电力公司认为，该区域完全有潜力建立起 3 000 万 kW 的水电系统。2016 年，俄罗斯水电股份公司与中国三峡集团确定将在阿穆尔河流域俄方侧建设防洪水电站，并提高俄方水电站总体效率。俄罗斯水电股份公司还与中国电力建设集团就在俄罗斯建设小水电站和抽水蓄能电站进行了谈判。

① IRENA，RENEWABLE CAPACITY STATISTICS 2018，2018 年 4 月。

② 国际水电协会——2018 国际水电发展状况报告。

（2）风电

俄罗斯拥有世界上最大的风能潜力，风力发电站的工业潜力约为每年 2.47 万亿 kW · h[①]。风能区广泛分布在沿海、伏尔加河中下游和中部湖区。2016 年 11 月，俄罗斯工业和贸易部宣布，将投资约 300 亿卢布在俄罗斯境内建设风电站。目前正在组建大型财团，其任务是风电站的设计、施工、安装、调试、投产和运营。首个 35MW 风电站已于 2017 年 12 月底在乌里扬诺夫斯克州投入运行。

乌里扬诺夫斯克（Ulyanovsk）项目是俄罗斯开发的首个大规模风电项目，项目业主为富腾（Fortum）公司。富腾公司是欧洲著名的跨国能源集团，总部位于芬兰。项目首期装机 35MW，安装 14 台由中国东方电气集团提供的 DF2.5MW-110LT 型 2.5MW 直驱永磁低温型风电机组。该机型机组已于 2016 年在瑞典布莱肯项目批量投运，具有良好的发电、除冰性能。2017 年 12 月 21 日，14 台机组全部成功并网，2018 年 1 月业主正式签发设备移交证书，标志着该项目全部机组进入质保。乌里扬诺夫斯克风场的顺利投运，实现了该地区风力发电机组零的突破，对俄罗斯进一步发展可再生能源具有重要意义。

其他风能设施将建在摩尔曼斯克州和俄罗斯南部地区。到 2024 年计划建成 3 600MW 的风电设施[②]。俄罗斯还将努力实现可再生能源设施的国产化，本土化率从 2016 年的 25% 提高到 2019 年的 65%。这对于吸引俄罗斯生产商参与项目实施至关重要，还有助于刺激对风电设备的需求水平，鼓励外国风电设备制造商在俄境内实现关键零部件的生产。

（3）光伏发电

俄罗斯南部地区，尤其是北高加索地区，太阳能的潜力最大。克拉斯诺达尔地区和西伯利亚大部分地区的日照水平可与法国南部和意大利中部相比拟。事实上，俄罗斯一些地区的日照水平已经超过了成功开发太阳能的欧洲地区。俄罗斯的太阳能的规模化应用已经起步。近 5 年，太阳能发电设备价格大幅下降，发电效率不断提升。2017 年年底，俄罗斯太阳能发电装机已达 196MW[③]。俄罗斯的目标是到 2024 年使太阳能装机达到 1.52GW[④]。根据国际可再生能源署（IRENA）预测，到 2030 年，

① 俄罗斯风能潜力世界最大，《大陆桥视野》2011 年 第 21 期。

② 俄罗斯政府 2016 年 5 月批准的 850 号决议。

③ 来源：IRENA，RENEWABLE CAPACITY STATISTICS 2018，2018 年 4 月。

④ 俄罗斯政府 2016 年 5 月批准的 850 号决议。

俄罗斯有潜力将太阳能装机翻番至5GW，分布式光伏发电在俄罗斯偏远地区大有可为。

（4）地热和海洋能发电

位于俄东北部的勘察加州拥有4座地热电厂，2017年装机总容量约78MW[①]，政府正在制订新的地热电厂建设计划。

俄罗斯拥有巨大的潮汐能资源，但只有很少应用。在Kislaya Guba地区的潮汐电站建造于1968年，装机容量1 700kW[②]。

（5）生物燃料

俄罗斯林业资源丰富，是生物质固体燃料出口大国。俄罗斯最大的生物质固体容量生产商是Vyborgskaya Forest公司，其年生产能力为100万t，该公司的产量决定了俄罗斯生物质固体容量整体生产和出口量，其95%的产量用于出口。2015年，该公司的产能利用率达到50%。除Vyborgskaya Forest外，在过去10年中，俄罗斯已经建成了200多个生产工厂，年产能在1 000t～10万t之间[③]。

根据联合国粮食及农业组织（FAO）的一项研究，到2030年，俄罗斯能源用林业生物质产量将从2010年的3 200万m^3提高到7 500万m^3（约为850PJ/a）。木炭生产预计达到12万t，生物质固体容量生产将达到850万t，使用木材生产的液体生物燃料可达到40.5万t。在俄罗斯，农场在生产沼气方面具有巨大潜力。俄罗斯大约有10座沼气工厂，2012年3月，第一座沼气工厂总装机容量为2.4MW。自2015年以来，该沼气工厂的装机容量已经增长到3.6MW[④]。

（6）太阳能热利用

在俄罗斯，太阳能集热器安装的总面积仍然很小，不超过3万m^2，相当于0.2m^2/1 000人[⑤]，远远低于中欧国家的水平。大多数俄罗斯太阳能集热器安装在全国南部地区，包括Krasnodar、Stavropol Krai和Astrakhan地区，这些地区的太阳辐射量最高。NPO Machinostroyniy是俄罗斯领先的机械制造公司之一，也是俄罗斯最大的太阳能集热器制造商之一。

① 来源：IRENA，RENEWABLE CAPACITY STATISTICS 2018，2018年4月。

② 来源：IRENA，RENEWABLE CAPACITY STATISTICS 2018，2018年4月。

③ 来源：https://www.irena.org/remap/IRENA_REmap_Russia_paper_2017.

④ 来源：https://www.irena.org/remap/IRENA_REmap_Russia_paper_2017.

⑤ IRENA，REMAP 2030 RENEWABLE ENERGY PROSPECTS FOR THE RUSSIAN FEDERATION，2017年4月。

1.6 哈萨克斯坦

哈萨克斯坦共和国国土横跨中亚和东欧，面积位居世界第 9 位，是最大的内陆国。哈萨克斯坦拥有丰富的自然资源和较雄厚的工业基础，是世界主要粮食出口国之一。作为新兴经济体和我国“一带一路”战略重要节点国家，也是全球发展最快的国家之一。

2017 年，哈萨克斯坦一次能源消费量为 6 740 万 t 标准油，其中煤炭占 53.7%、石油占 21.7%、天然气占 20.8%、可再生能源占 3.9%。可再生能源以水电为主①。

尽管经济高度依赖传统能源，但是随着国际上应对气候变化压力的增大，哈萨克斯坦政府已经将发展可再生能源列为国家能源发展主要方向之一。在《哈萨克斯坦国家战略 2050》中，提到大力发展可替代能源，积极利用太阳能和风能技术，建立新能源模式。哈萨克斯坦积极转向发展替代能源和可再生能源的客观原因：一是实现绿色经济，降低温室气体和其他有害物质排放的迫切要求。哈萨克斯坦单位 GDP 温室气体排放量上位居世界前列，经济高能耗降低了产品竞争力并严重污染环境。二是日益增长的电力短缺问题有可能成为经济发展的制约因素。

1.6.1 战略目标

2015 年 1 月，在阿布扎比举行的国际可再生能源署年会上，哈萨克斯坦政府表示计划在 2020 年、2030 年和 2050 年实现可再生能源在国家能源体系中的占比分别达到 3%、10% 和 50% 的目标。2017 年 6 月，哈萨克斯坦总统纳扎尔巴耶夫表示，到 2020 年年底，哈萨克斯坦计划建成使用超过 50 个可再生能源项目，发电能力达 2 000MW；到 2050 年前，可替代能源的比重应提高至能源总量的 50%。同时，他强调指出，对哈萨克斯坦而言，发展混合型电力生产体系是最佳选择，即在发展传统电力生产的同时大力推进可再生能源建设。

1.6.2 主要政策措施

哈萨克斯坦可再生能源政策制定和项目管理由环保部负责，工业和新技术部负责项目实施管理。

2013 年年底，哈萨克斯坦政府对可再生能源法做了修订。修改后的可再生能源法于 2014 年 1 月生效。可再生能源法修订案引入了可再生能源上网电价机制、税收

① BP2018 能源统计年鉴。

减免机制、补贴和可再生能源设施的土地利用原则。

根据国家相关法规要求，输电企业必须向可再生能源发电企业提供并网基础设施，且可再生能源电力输送是免费的。从事可再生能源发电设施设计、施工和运营的企业可以获得投资优先权。

2018 年 1 月，哈萨克斯坦共和国能源部宣布启动 1GW 可再生能源项目招标，预计包括 290MW 太阳能项目、620MW 风电项目、75MW 水电项目和 15MW 生物质能项目。这些项目在 2018 年春季和秋季分别举行。招标文件显示，外国法人享有与哈萨克斯坦法人相同的权利和条件。此次招标为针对电价招标，低价者赢。在招标日 14：00—17：00 可以投标。17：00 后自动计算招标电价，1h 后公布中标者。中标者将获得 15 年的售电合同。

投标文件规定的最高电价限定：

太阳能发电：34.61 坚戈 /kW · h（106.5 美元 /MW · h）。

风电：22.68 坚戈 /kW · h（69.8 美元 /MW · h）。

水电：16.71 坚戈 /kW · h（51.4 美元 /MW · h）。

沼气发电：32.23 坚戈 /kW · h（99.2 美元 /MW · h）。

汇率：1 美元兑换 325 坚戈。

1.6.3 市场和产业发展

哈萨克斯坦每年可再生能源供应潜力超过 2 万亿 kW · h，全国每年水利发电潜力为 1 700 亿 kW · h、风能发电潜力 1.8 万亿 kW · h、太阳能发电潜力为 25 亿 kW · h。发展可再生能源在哈萨克斯坦大有可为（表 3–1–10）。图 3–1–38 为哈萨克斯坦可再生能源发电装机容量。

表 3–1–10 哈萨克斯坦可再生能源发电装机容量 单位：MW

	2012 年	2013 年	2014 年	2015 年	2016 年	2017 年
所有可再生能源	2 665	2 682	2 734	2 807	2 855	2 901
水电	2 664	2 675	2 675	2 678	2 699	2 730
风电（陆上风电）	2	6	53	72	98	112
太阳能（光伏）		1	5	57	57	59

注：风电、太阳能装机容量非官方发布数据，为行业协会或专家估计值。

来源：IRENA, RENEWABLE CAPACITY STATISTICS 2018, 2018 年 4 月 .

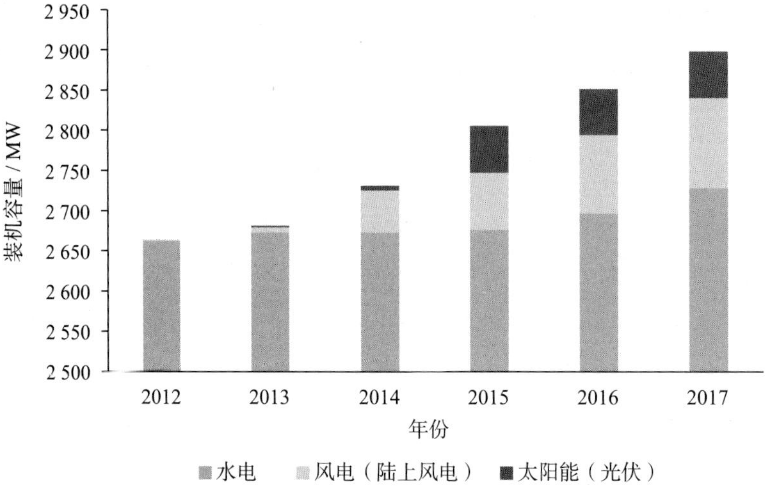

图 3-1-38　2012—2017 年哈萨克斯坦可再生能源发电装机容量

数据来源：IRENA, RENEWABLE CAPACITY STATISTICS 2018.

2017 年年底，哈萨克斯坦国内可再生能源发电总装机容量达 2 901MW。其中，水电 2 730MW，风力发电 112MW，太阳能发电 59MW[①]。

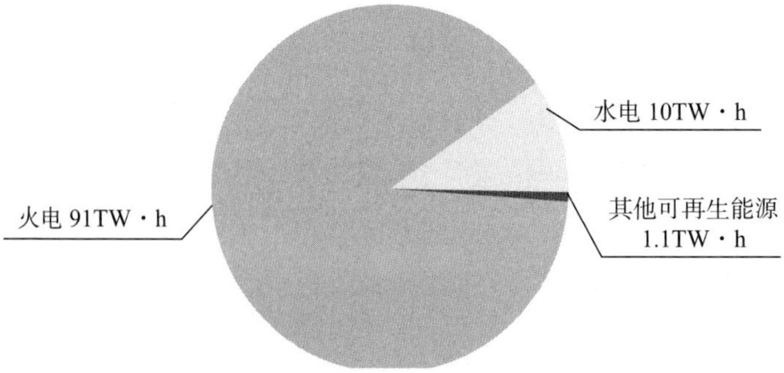

图 3-1-39　2017 年哈萨克斯坦分技术发电量

来源：哈萨克斯坦能源部部长讲话。

2015 年 5 月，在中国广核集团牵头下，上海电气、东方电气、金风科技、英利集团等中国企业强强联合，组团赴哈萨克斯坦首都阿斯塔纳，推介中国核电、风电、太阳能等清洁能源的发展优势和竞争力。推介活动期间，中广核与哈萨克斯坦国家原子能工业公司还签署了《开发清洁能源合作谅解备忘录 》，标志着中哈双方在清洁能源领域的合作进入了新的阶段。

---

① IRENA，Renewable capacity statistics 2018，2018 年 4 月。

2016年，中国电建集团所属水电顾问公司与哈萨克斯坦巴丹莎公司签署了巴丹莎风电一期的EPC合同。巴丹莎风电项目一期装机容量200MW，位于哈萨克斯坦西部阿克托别州，是哈萨克斯坦和中亚地区最大的新能源工程，是哈萨克斯坦政府重点项目之一。

2017年，阿斯塔纳世博会以“未来能源”为主题，于2017年6月10日—9月10日举行，这是世博会首次在中亚国家举办，共有100多个国家和国际组织前来参展。中国馆占地面积1 000m^2，是参展面积最大的国家馆之一。国家电网公司、中核集团、国电集团、中广核集团、中国石化和江苏协鑫集团等企业参加了展览。除了展出新能源领域最前沿技术以及最新开发成果，阿斯塔纳专项世博会还关注能源节约以及太阳能、风能等可替代能源开发。

1.7 乌兹别克斯坦

乌兹别克斯坦拥有丰富的天然气资源，可再生能源的发展才刚刚起步。2017年，乌兹别克斯坦一次能源消费量为4 300万t标准油，其中天然气占83.26%、石油占7.67%、煤炭占2.79%、水电占6.28%①。表3-1-11为乌兹别克斯坦可再生能源发电装机容量。

表3-1-11 乌兹别克斯坦可再生能源发电装机容量 单位：MW

	2012年	2013年	2014年	2015年	2016年	2017年
所有可再生能源	1 746	1 747	1 762	1 762	1 797	1 797
水电	1 746	1 746	1 761	1 761	1 794	1 794
太阳能（光伏）		1	1	1	3	3

注：水电、太阳能装机容量非官方发布数据，为行业协会或专家估计值。

来源：IRENA, RENEWABLE CAPACITY STATISTICS 2018, 2018年4月。

图3-1-40为乌兹别克斯坦可再生能源累计发电装机容量。

① BP2018能源统计年鉴。

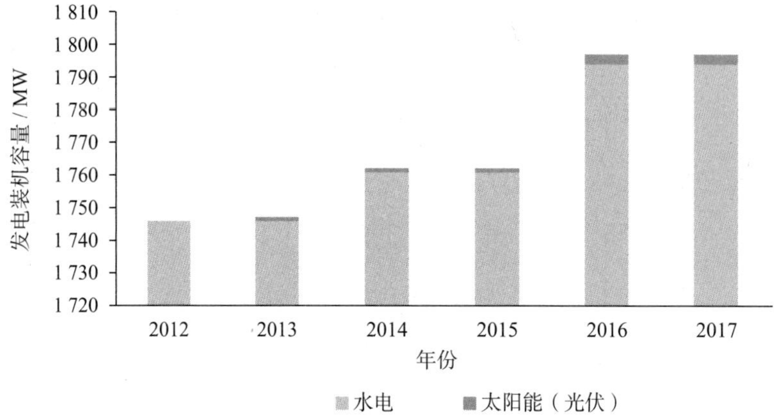

图 3-1-40　2012—2017 年乌兹别克斯坦可再生能源累计发电装机容量

来源：IRENA, RENEWABLE CAPACITY STATISTICS 2018。

2016 年，乌兹别克斯坦政府批准在 2017—2021 年建设 5 座太阳能发电站[①]。由乌兹别克斯坦国家能源公司通过外方贷款、吸引投资、自筹资金等方式，投入 11.15 亿美元在撒马尔罕州、苏尔汉河州、纳曼干州、卡什卡达里亚州、纳沃伊州建设总发装机 500MW 的 5 座太阳能发电站。2016 年 12 月，兴业太阳能成功中标乌兹别克斯坦共和国撒马尔罕省的 100MW 并网光伏电站项目，负责电站的设计、建造和运营。兴业太阳能与乌兹别克斯坦国家能源公司签订项目协议，一期装机规模为 100MW，合同总金额约 1.47 亿美元。乌兹别克斯坦国家能源公司是乌兹别克斯坦的国有股份电力公司，为该项目的投资主体。该项目主要通过亚洲开发银行获得资金支持。

1.8　东盟国家

东盟全称为东南亚国家联盟（ASEAN），成员国包括文莱、柬埔寨、印度尼西亚、老挝、马来西亚、缅甸、菲律宾、新加坡、泰国和越南，总面积接近 450 万 km^2。东盟是世界上目前发展最快的经济体之一。东盟的发展关乎整个亚洲地区的区域经济发展态势。

东盟各国把东盟协定作为清洁能源发展和应对气候变化的一个蓝图和基础的文本。此外，东盟各国在能源领域为统一行动，加强发声，1999 年 1 月 1 日成立东

① 中国驻乌兹别克斯坦经商参处，2017 年 3 月 20 日。

盟能源中心（ASEAN Centre for Energy），该中心为政府间能源组织，东盟10个成员国一般派任本国能源部部级领导任该中心董事会成员。东盟能源中心自1999年每5年发布一个5年东盟能源合作行动计划，这是东盟各国能源合作及发展的纲领文件，指导成员国在能源领域的合作，加强地区能源领域的凝聚力，截至2018年已发布了4个5年计划。2015年5月，东盟能源中心进一步强化和聚焦了职责，主要包括三个方面：一是成为东盟能源发展的高端智库，支持东盟在能源政策、立法和技术发展方面提供解决方案；二是通过能力建设和开发项目不断凝聚和加强东盟的能源合作；三是成为东盟的能源信息中心和知识枢纽，为东盟各国提供智力支持①。

东盟协定和东盟能源合作5年行动计划都积极提出支持可再生能源在各行各业使用，不断推动可再生能源的使用和部署，表3-1-12为东盟各国能源政策和目标。当前，东盟各国主要依赖化石能源，2017年一次能源消费中，东盟各国煤油气占比都高达79%（越南占比79%）以上，甚至100%②。预计到2030年，东盟84.4%的能源需求还将依赖化石能源③，煤炭届时占比约23.7%、石油占比约41.5%、天然气占比约19.2%。但是，东盟可再生能源资源十分丰富，最为突出的是水能、生物质能和地热能，东盟地区的水电开发、地热能利用以及各类生物质能的发展也是全球这些领域的代表。东盟能源合作2016—2020行动计划④提出，到2025年，东盟一次能源需求总量中，23%将来自可再生能源，相比2005年的水平，到2020年能源密度下降20%，2025年下降30%。

表3-1-12 东盟各国能源政策和目标

序号	国家	官方能源政策及目标	官方文件出处
1	文莱	到2035年能源密度相比2005年水平降低45%	能源白皮书（2014）
2	柬埔寨	（1）到2035年能源消费总量比常规情景（BAU情景）降低20%； （2）到2040年，不含大水电，水电装机达到2 242MW（约占电力总装机的80%）	柬埔寨能效规划电力发展规划（2008—2021）

① http://www.aseanenergy.org/about-ace/introduction/.

② BP，《能源统计数据概览》，2018。

③ ASENA，"Action Plan on Energy Cooperation 2016—2020"，2017.

④ ASENA，"Action Plan on Energy Cooperation 2016—2020"，2017.

序号	国家	官方能源政策及目标	官方文件出处
3	印度尼西亚	（1）到2025年能源消费总量中，相比常规情景，工业降低17%，交通降低20%，居民部门降低15%，商业建筑降低15%； （2）到2025年可再生能源占能源消费总量的23%；到2030年这一占比达到31%	政府第79/2014号令：国家能源政策
4	老挝	（1）到2030年能源消费总量比常规情景降低10%； （2）到2025年可再生能源占能源消费总量的30%（不含大于15MW的大水电）	国家能源效率政策（2016）； 可再生能源发展战略政策（2016）
5	马来西亚	（1）到2025年电力消费相对于常规情景降低8%； （2）到2020年，不含大水电可再生能源装机达到2 080MW	国家能源效率行动计划； 国家可再生能源政策和行动计划，第11个马来西亚计划
6	缅甸	（1）到2030年能源消费总量比常规情景降低20%； （2）2030—2031年的能源结构：38%水电，20%的天然气，33%的煤炭，9%的可再生能源	国家能源效率和节能政策、战略和路线图； 国家可再生能源政策和规划（草案）
7	菲律宾	（1）相对于2005年水平，到2040年，能源强度降低40%； （2）到2030年可再生能源装机达到15.2GW	能源效率路线图（2017—2020）； 国家可再生能源路线图（2010—2030）
8	新加坡	（1）相对于2005年水平，到2030年，能源强度降低35%； （2）到2020年，太阳能发电装机达到350MW，到2018年垃圾能源综合利用每天达到10 140t	新加坡可持续发展蓝图（2009/2015）
9	泰国	（1）相对于2010年，到2036年，能源强度降低30%； （2）到2036年能源消费总量中可再生能源占比达到30%	泰国能源效率政策（2015）； 替代能源发展计划（2015—2036）
10	越南	（1）相对于常规情景，到2020年能源消费总量降低8%； （2）到2020年电力总装机中可再生能源占比达到21%，到2025年这一占比为19%，到2030年这一占比为21%	国家能源效率和节能目标计划； 2016年3月28日发布的428/QĐ-TTg号决议

数据来源：东盟能源展望2015—2040。

电力可及性在东南亚和非洲较为突出，也是全球通电率最低的地区，表 3-1-13 为东盟各国的通电率和无电人口情况[1]，而可再生能源特别是离网可再生能源，包括迷你电网、小水电、分散光伏对解决电力可及性有重要贡献。

表 3-1-13 东盟各国通电情况及目标

序号	国家	无电人口（2016 数据）
1	柬埔寨	600 万 目标：到 2030 年农村地区达到 70% 的通电率
2	印度尼西亚	2 300 万
3	老挝	少于 100 万
4	马来西亚	少于 100 万
5	缅甸	2 200 万 目标：到 2030 年达到 87% 的通电率
6	越南	200 万
7	菲律宾	1 100 万
8	泰国	0
9	新加坡	0
10	文莱	0

数据来源：东盟能源合作行动计划 2016—2020。

据国际能源署发布的《东南亚能源展望 2017》分析，东盟地区的能源需求预计在 2011—2035 年将增长 80%。东盟各国出于对自身经济结构特点与能源结构转型、能源安全等角度考虑，提出提高能源效率和利用可再生能源是实现东盟可持续能源发展的核心出路[2]，各国出台了相应的可再生能源发展规划，制定了相关法律法规，但由于受到经济水平、社会、资源条件等的限制，发展规划的执行力度及效果也不尽相同。为了减少对化石能源的过度依赖，建设一个更加可持续和环境友好的能源供应链，东盟国家正在积极探索使用可再生能源或其他替代能源。然而，面对依然具有价格竞争优势的“褐色”化石能源，发展“绿色”可再生能源的道路不会平坦。

总的来说，东盟 10 国根据可再生能源发展情况的特点可分为三类：第一类为印度尼西亚、泰国、马来西亚和菲律宾，这 4 个国家可再生能源资源丰富，利用量相对较高，政府对可再生能源的发展高度重视，均出台了实际可靠的可再生能源发展

① REN21，“Global RE Status Report 2018”，2018.

② ASENA，“Action Plan on Energy Cooperation 2016-2020”，2017.

目标以及相应的配套政策，如可再生能源固定电价，政策执行力度较好，未来几年的可再生能源发展情况较为乐观；第二类为柬埔寨、越南、缅甸和老挝，这4个国家的可再生能源在本国的能源结构中占比较高，主要是由于传统生物质能源和水电的利用规模较大，但尽管拥有丰富的风能、太阳能等资源基础，由于缺乏资金与技术支持，这些新型可再生能源在这些国家的发展较为缓慢；第三类为新加坡和文莱，这两个国家经济发展水平很高，一次能源供应中以化石能源为主，文莱的油气资源也非常丰富，而可再生能源资源相对匮乏，因而，尽管两个国家也制定有相应的发展战略和目标，但总体利用规模小，发展速度比较缓慢。

水能 东盟国家山地多、落差大、雨量充沛，水能资源十分丰富，如横贯东南亚地区的湄公河、伊洛瓦底江等，都是水能资源潜力巨大的河流，柬埔寨、老挝、缅甸和越南开发潜力较大[①]。水电在东盟各国电力及能源供应中也占据重要地位，除文莱和新加坡两国外，各国均有水电装机，其中越南水电总装机量在2017年达到1 667.9万kW[②]，位列东盟国家第一，东亚和太平洋地区总装机第三，次于我国（34 119万kW）和日本（4 990.5万kW），越南是东盟各国中新增装机最多的国家，达37.3万kW，名列全球新增装机第七位，老挝新增装机16.6万kW，位列全球新增装机第十六位[③]（图3-1-41）。

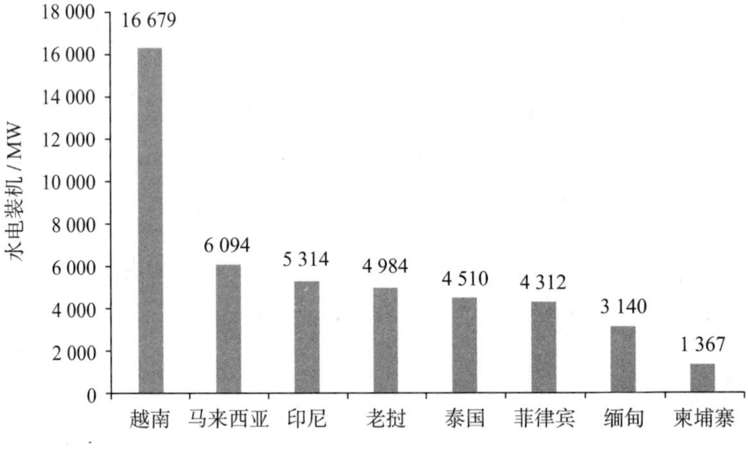

图3-1-41 2017年东盟各国水电装机

数据来源：2018 Hydropower Status Report.

① http://www.aseanenergy.org/blog/50-years-of-asean-meeting-the-energy-challenges/.

② 2017 Hydropower Status Report.

③ REN21, "Renewables 2018 GLOBAL STATUS REPORT", 2018.

生物质能 东盟国家多集中于热带亚热带地区，生物质资源极为丰富，生物质能源的利用方式多样，是东盟各国满足能源需求，降低能源进口依赖性的优先选择。由于各国社会经济发展水平相差较大，对于生物质能源的利用方式也不尽相同。目前，东盟国家的生物质能源主要用来烹饪和取暖，传统利用方式占主要地位，生物质能源现代化利用方式主要为生物质发电和生物质液体燃料，印度尼西亚、马来西亚和泰国的生物质能资源开发潜力较大[①]。泰国的生物质能发展较好，2017 年，泰国生物质能发电装机达到 316 万 kW，是泰国占比最大的可再生能源，达 30.8%，未来还有较大的发展空间，根据泰国的替代能源发展目标，到 2036 年泰国的生物质能发电装机将达到 557 万 kW，仅次于太阳能发电，占比达 28%。截至 2017 年年底，泰国沼气装机达 47.54 万 kW，垃圾发电装机 19.15 万 kW[②]。除发电外，东盟国家也是主要的生物质液体燃料生产地区，2017 年，印度尼西亚与泰国的生物质液体燃料产量分别达到了 232.6 万 t 标准油与 184.6 万 t 标准油[③]。就老挝而言，除了小水电，发展生物质能和生物燃料（特别是生物柴油）也是老挝在 2025 年可再生能源规划中重点发展的可再生能源技术领域，到 2025 年，小水电装机将达 200 万 kW，生物质能装机达 93.8 万 kW，生物乙醇装机达 60 万 L，生物柴油装机达 120 万 L[④]。

地热能 东盟地热能资源丰富，主要集中在印度尼西亚和菲律宾，其中印度尼西亚地热能发电潜在可开发量 2 900 万 kW，占全球的 40%。东盟地区地热能利用分为发电与直接热利用两种，地热能资源开发与利用最为成熟的两个国家也是菲律宾和印度尼西亚。2017 年，全球地热发电装机总容量 1 280 万 kW，其中菲律宾的地热发电装机 190 万 kW，印度尼西亚发电装机 180 万 kW，仅次于美国，分列世界第二位和第三位[⑤]。印度尼西亚政府预计到 2018 年地热发电达到 202 万 kW，将超越菲律宾成为全球第二大地热发电国，到 2021 年可达到 356 万 kW，将超越美国成为全球最大的地热发电国[⑥]。

① http://www.aseanenergy.org/blog/50-years-of-asean-meeting-the-energy-challenges.

② 东亚峰会清洁能源论坛，《东盟十国可再生能源发展情况——泰国》。

③ BP2018 能源统计年鉴。

④ 东亚峰会清洁能源论坛，《东盟十国可再生能源发展情况——老挝》，2017.

⑤ REN 21，"global renewable energy status report 2018"，2018.

⑥ http://www.escn.com.cn/news/show-520869.

太阳能和风能 东盟国家主要位于热带与亚热带地区，日照时间长，光线充足，太阳能资源丰富。但与欧美及亚洲其他国家和地区相比，东盟国家的太阳能产业发展处于起步阶段，特别是由于依赖化石能源，即使资源条件好，但受化石能源补贴的影响，太阳能和风能这些较为成熟的非水可再生能源技术在东盟发展非常缓慢，发展较好、支持力度较大的如泰国，泰国是东盟率先推行电价附加方案的国家，也是当前东盟太阳能光伏上网电价最高的国家[①]。2017 年泰国光伏装机总量达到了 269.7 万 kW，是增长最快的新能源装机技术，相对于 2016 年增长了 25.7%[②]。2017 年越南光伏市场有较大突破，4 月越南首次明确光伏推广政策，包括上网电价和净电表计价激励机制在内的措施，推广户用光伏系统，政策起到了较好效果，新增 120 万 kW 的光伏装机[③]。东盟地区风电发展比较缓慢，印度尼西亚、菲律宾、泰国和越南已启动风电开发，海上风电资源丰富，但与水能、生物质能相比，风电成本较高，并网困难，同时东盟国家也没有建立起相应的技术能力和产业基础，因此发展总量较小。2017 年东盟国家中，泰国的风电产业发展迅猛，装机增长近 1 倍，装机容量达 62.8 万 kW[④]。

中国与东盟的可再生能源合作前景

近年来，在“一带一路”和产能合作大框架引领下，中国与东盟能源合作进展迅速，取得重要早期收获。能源基础设施互联互通初显成效：中缅油气管道全线贯通并向国内输气输油，成为我国第四大能源通道和“一带一路”的代表性项目；中国南方电网公司与越南、缅甸、老挝等周边国家实现电网互联互通，电力贸易实现“零关税”，拉动双边电力贸易快速发展。能源投资以电力为主，相关项目进展顺利、硕果累累。BOT、BOOT、股权并购等多种方式并行，涵盖水电、火电、热电等多种领域，广泛分布于老挝、越南、缅甸、柬埔寨、印度尼西亚、马来西亚和菲律宾等多个东盟国家，成为中国—东盟产能合作的基础和典型。

东盟国家存在较为严重的能源供给与需求不匹配现象，泰国、越南等国电力需求旺盛，而柬埔寨、缅甸等经济较为落后的国家水能资源储量丰富，在实现次区域内电力基础设施互联互通、推动能源资源优化配置方面，中国与其有巨大合作空间。

① 东盟能源中心与水电水利规划设计总院，《东盟可再生能源上网电价机制报告》，2018。
② 东亚峰会清洁能源论坛，《东盟十国可再生能源发展情况——泰国》，2017。
③ REN 21，“global renewable energy status report 2018”，2018.
④ 东亚峰会清洁能源论坛，《东盟十国可再生能源发展情况——泰国》，2017。

合力开发清洁能源，共建绿色“海上丝绸之路”。2016年《巴黎协定》正式生效，构建清洁能源体系、打造绿色低碳经济成为全球发展共识，东盟国家以煤炭、石油等化石能源为主的能源消费结构有待转型。东盟清洁能源种类繁多，风能、太阳能、地热能、生物质能等储备丰富，发展清洁能源体系具备天然优势。缅甸、泰国、越南等东盟多国出台能源发展规划，拟提高清洁能源消费比重，成为中国与东盟能源合作的新契机。2017年“一带一路”国际合作高峰论坛在北京举行，东盟国家积极参会，并在包括能源等多个领域开展了研讨和务实合作。中国和东盟持续举办东亚分会清洁能源论坛，对加强双方资源共享，合作共赢起到了重要作用。在各国政府能源发展规划推动下，中国—东盟的清洁能源合作前景广阔。

东盟虽具备充足的可再生能源，但开发能力、能源设备等技术层面的短板无法使资源优势真正转化为能源优势。中国多年来在煤炭清洁技术、太阳能风能等新能源设备制造、水电开发、生物质能等能源技术领域积累了丰富的经验，业已形成相对完整的产业链，与东盟各国的技术需求形成有效互补。东盟是“一带一路”上的重要地区，清洁能源领域有很多共同的利益，我国也希望把清洁能源领域的发展经验分享给东盟各国，真正实现合作共赢。

1.9 中东地区

1.9.1 能源概况

中东是目前世界上石油储量最大、生产和输出石油最多的地区，石油主要分布在波斯湾及沿岸地区。沙特阿拉伯、科威特、阿拉伯联合酋长国等海湾国家是中东主要的产油国。主要中东国家加上北非、拉美一些国家组成了石油输出国组织（OPEC），对世界经济发展具有重要影响（表3-1-14）。

表3-1-14 中东、海湾和OPEC国家列表

中东国家	海湾国家	石油输出国组织成员国
巴林、埃及、伊朗、伊拉克、以色列、约旦、科威特、黎巴嫩、阿曼、卡塔尔、沙特阿拉伯、叙利亚、阿拉伯联合酋长国、也门、巴勒斯坦、塞浦路斯和土耳其	巴林、伊朗、伊拉克、科威特、阿曼、卡塔尔、沙特阿拉伯、阿拉伯联合酋长国	伊朗、伊拉克、科威特、卡塔尔、沙特阿拉伯、阿拉伯联合酋长国6个中东国家加上利比亚、尼日利亚、阿尔及利亚、安哥拉、厄瓜多尔和委内瑞拉

由于天然油气资源优势，长期以来，中东地区的能源生产和消费结构单一，以化石能源为主，如巴林、卡塔尔等国电力供应100%都来自天然气。2017年，中东地区的一次能源消费总量约为8.97亿t标准油，其中石油4.2亿t标准油，天然气4.61亿t标准油，煤炭850万t标准油，水电450万t标准油，核电160万t标准油，可再生能源140万t标准油[①]。

中东地区的能源需求增长迅速，海湾国家的人均能源消费量远远超过了美国、中国和欧盟几大经济体。电力和水资源短缺是中东国家能源发展的薄弱环节，特别是该地区属于热带沙漠气候，年降水量不足200mm，夏季干旱燥热，用电高峰时节常常遭遇拉闸限电，给工业生产和居民生活带来了很大影响。近10年来，中东国家认识到应建立一个可持续发展的能源体系，把发展新能源和核能作为与传统能源并驾齐驱的重要选择。图3-1-42为2004—2017年中东和非洲可再生能源投资额变化。

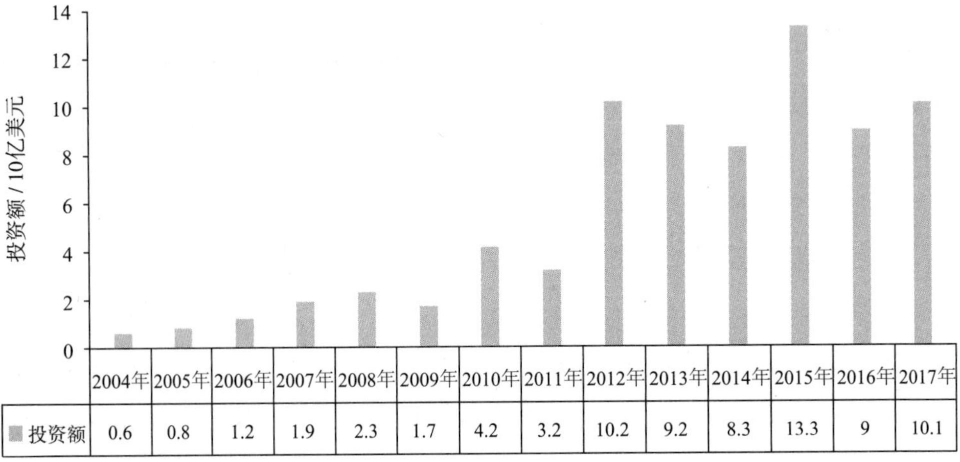

	2004年	2005年	2006年	2007年	2008年	2009年	2010年	2011年	2012年	2013年	2014年	2015年	2016年	2017年
投资额	0.6	0.8	1.2	1.9	2.3	1.7	4.2	3.2	10.2	9.2	8.3	13.3	9	10.1

图 3-1-42　2004—2017 年中东和非洲可再生能源投资额变化

数据来源：UNEP Global Trends in Renewable Energy Investment 2018.

1.9.2　可再生能源发展概况

中东是全球原油储量最丰富的地区之一，在国际社会积极推动全球可持续发展、应对气候变化的形势下，中东国家的能源发展战略已调整转变，尽管各国步骤各异，但利用当地丰富的太阳能、风能等可再生资源，改善水资源短缺和仅依靠化石能源

① BP，《2018年世界能源统计年鉴》，2018。

的问题已达成共识。特别是阿联酋和沙特阿拉伯发展尤为超前。各国通过制定新能源发展目标、激励政策引导产业发展，规划一系列国家或地区级示范项目计划推动可再生能源的发展。近年来，中东各国的可再生能源发展主要靠政府投入，通过建立政府基金或直接支持技术研发和示范项目建设。

阿联酋是中东国家发展可再生能源的典型代表，开展了一系列旨在推进可再生能源发展的重大行动，提出到2021年能源消费24%来自清洁能源①。2017年1月，阿联酋能源部发布了2050国家能源战略，提出到2050年电力装机的一半来自清洁能源，其中44%来自可再生能源，6%来自核能；15%的一次能源来自清洁能源，其中核能占10%，可再生能源占5%，为此阿联酋将投资1 630亿美元实现这一目标②。阿布扎比和迪拜两个酋长国是主要力量，已分别制定了可再生能源发展目标，到2020年阿布扎比可再生能源发电在全部发电中的比重达到7%；到2030年可再生能源将满足迪拜5%的电力需求，形成500万kW的太阳能光伏装机，在有关研究中，迪拜电力部门的消费可比常规情景下降30%③。迪拜有望在2050年成为世界上碳排放最少的城市，迪拜2050清洁能源战略框架提出，清洁能源的供能比例在2020年提高至7%，2030年提高至25%，2050年达到75%。

作为全球石油储量最大的国家，沙特阿拉伯希望通过出口更多的石油来发展可再生能源和核电项目，以优化自身的经济结构。2016年4月，时任副王储穆罕默德·本·萨尔曼（Muhammed bin Salman）批准了一项经济改革计划，提出2020年前可再生能源将满足10%的电力需求。“沙特2030年愿景”报告中指出，到2030年，沙特将实现950万kW的可再生能源“初步”装机目标④，届时该国七成电力需求将由天然气满足，其余电力来源于可再生能源及核能供给。目前沙特阿拉伯产生的可再生能源电力很少，不到总发电量的1%，除了一个较小的试点项目，目前沙特阿拉伯唯一在运行的太阳能发电厂位于沙特阿美公司总部的停车场屋顶的1万kW发电机组。因此沙特阿拉伯实现可再生能源发展的目标面临的挑战很严峻。

据路透社报道，沙特多年来一直试图使其能源结构多样化，以便能够出口更多

① 国际可再生能源署，《海湾国家市场报告2016》，2016。
② 阿联酋能源部，阿联酋2050国家能源战略，2017年1月。
③ 国际可再生能源署，《海湾国家市场报告2016》，2016。
④ 沙特阿拉伯2030年愿景报告，2016年4月。

的石油，而不是在发电厂或海水淡化厂直接燃烧使用，但进展缓慢。该国的电力需求每年增长 8%，迫使其国企沙特电力公司（Saudi Electricity）花费数十亿美元用于增加产能。

风能 中东地区风能资源虽然丰富，但发展很慢，据全球风能理事会风电发展报告，2017 年全年中东地区无任何新增装机[①]。截至 2017 年年底，仅约旦累计装机 11.9 万 kW，伊朗 9.1 万 kW，以色列 6 250kW。尽管如此，专家对中东地区的风能发展前景很乐观。据预测，2018—2027 年，中东地区将新增 1 200 万 kW 的风电装机[②]，沙特阿拉伯、伊朗和约旦将是中东地区风电发展的主要推动力，将约占未来新增装机的 70% 以上。沙特阿拉伯政府对风电发展也寄予厚望，预计 2019 年沙特阿拉伯的第一个商业风电项目将正式开始运行，其红海地区具有很好的风能资源，在沙特阿卜杜拉国王原子能与可再生能源城计划（KACARE）中，提出 2032 年风电将达到 900 万 kW。在该计划中，还提出到 2032 年沙特阿拉伯的国家氢能、核能和可再生能源装机发展目标：氢能：6 000 万 kW，核能：1 760 万 kW，太阳能光伏：1 600 万 kW，太阳能热发电：2 500 万 kW，地热：100 万 kW，风电：900 万 kW，垃圾能源化利用：300 万 kW。

太阳能 太阳能光伏发电和光热发电是中东地区应用的热点可再生能源技术，也是全球发展较快，通过招标屡屡爆出低价的热点地区。特别是中东可再生能源发展较好的阿联酋和沙特阿拉伯尤为突出。

根据国际可再生能源署发布的《阿联酋 2030 可再生能源路线图》，阿联酋有能力实现到 2030 年可再生能源满足 10% 的能源需求，报告认为，在阿联酋，光伏技术是最有应用前景的可再生能源技术，特别是随着全球光伏技术成本下降，阿联酋的光伏示范项目屡屡爆出全球竞标低价。2016 年 5 月，阿联酋太阳能公园三期 800MW 投标中，马斯达尔与西班牙 FSV 的联合投标低至 0.029 9 美元 / 千瓦时，再创全球太阳能发电成本新低。中国晶科能源的 0.036 9 美元 / 千瓦时和 First Solar 的 0.039 6 美元 / 千瓦时也很低。这三个投标价表明，在中东地区没有补贴的太阳能发电已低于化石燃料发电。2017 年 5 月，晶科公司与阿布扎比水电局签署协议计划开

① GWEC，《全球风电发展报告 2018》，2018。

② https://www.windpowerengineering.com/business-news-projects/middle-east-to-add-12-gw-of-wind-capacity-over-the-next-10-years/.

发全球最大的太阳能光伏发电站。该项目容量为 1 177MW（DC），已经与阿布扎比水电局签署了 25 年的购电协议，预计于 2019 年 4 月开始商业运营。阿布扎比计划在 2020 年之前从可再生能源中获得 7% 的资源，投标价为 0.024 2 美元 / 千瓦时，这将是光伏行业有史以来最具竞争力的价格之一。

2016 年，迪拜水电局启动新的聚光太阳能热发电技术，能在没有日照后继续发电，新项目将成为世界上最大的太阳能发电项目，一期发电能力达到 20 万 kW，2021 年 4 月完工。迪拜马克图姆太阳能公园项目取得巨大进展，作为地区内最大的太阳能项目，其二期大部分项目已经完工。项目三期协议已经签署，预计在 2020 年提升发电能力到 100 万 kW，2030 年达到 500 万 kW。

中东地区其他国家也相继制定可再生能源发展目标，规划和开发了一些规模不等的可再生能源示范项目。总体而言，虽然这些国家具有丰富的化石能源，但其致力于能源转型的积极性很高，已着手推动新能源开发利用，并逐步引导产业和融资投向可再生能源。

不过，由于长期依赖丰富、成本低廉的石油天然气等化石资源，中短期内中东地区的可再生能源在能源结构中的地位不可能像欧美等地区有巨大的转变。大部分中东国家确定了可再生能源发展目标，但由于缺乏有力的、有保障的可再生能源立法环境、行动方案，实现这些目标也存在很大挑战，仅靠国家资金支持有限的示范项目无法达到产业规模化和商业化有序发展。同时中东地区各国家具体情况也很不一样，受经济、政治、宗教纷争等多种因素影响，可再生能源的长期发展还有待各国根据具体问题制订有效政策和行动计划。

1.9.3 中东各国的发展目标、政策和项目

中东各国的发展目标、政策和项目如表 3-1-15 所示。

表 3-1-15　中东主要国家可再生能源规划、政策和项目

国家	可再生能源目标	激励政策 / 财政支持	重点项目
沙特阿拉伯	2018 年太阳能光伏装机达 150 万 kW，CSP 达 100 万 kW，陆上风电达 70 万 kW 情景研究目标　2020 年：可再生能源满足 10% 的能源需求，装机达 2 400 万 kW 情景研究目标　2040 年：可再生能源发电总装机 5 400 万 kW，其中，4 100 万 kW 的太阳能发电，900 万 kW 的风电，100 万 kW 的地热发电 官方目标　2030 年：950 万 kW 的可再生能源“初步”装机目标	城市和国家层面都有相应支持政策 投资 30 亿美元支持建太阳能电池板厂； 计划对太阳能、风电和垃圾发电项目开展 2 轮招投标，对国产化率提出硬性要求，第一轮须达到 50%；第二轮提高到 70% 正在考虑对小型可再生能源项目采用固定电价政策	规划了 4 000kW 的太阳能热发电项目和一个 1 万 kW 的利用太阳能发电的停车场； 2 000kW 的太阳能光伏屋顶在建项目以及一个 3 500kW 的太阳能园区
阿联酋	到 2021 年，能源消费 24% 来自清洁能源 阿布扎比　到 2020 年 7% 的发电量来自可再生能源 迪拜　到 2020 年 1% 的电力装机来自可再生能源 到 2030 年可再生能源满足 5% 的能源需求 到 2030 年，太阳能项目总装机预计达到 5 360MW，其中光伏装机 4 050MW、CSP 1 310MW	2011—2015 年投资 740 亿美元 大型可再生能源项目采用招投标 迪拜正在考虑对小型可再生能源项目采用固定电价政策	马斯达尔计划　将建设以可再生能源利用为主的零排放生态城——马斯达尔城。其中，已经建成马斯达尔学院 1MW 的光伏屋顶项目和 1 万 kW 的光伏园区。建成了一个 1 000kW 的浮动式光伏岛屿项目。 2013 年 3 月，建成 Shams Ⅰ期 10 万 kW 的太阳能热发电项目，包括 768 个抛物面槽式太阳能聚热器① 迪拜政府 2012 年启动 Mohammed binRashid Al Maktoum（MBR）太阳能园区（又称马克图姆太阳能园区）规划，计划到 2020 年太能发电系统总装机量达到 1 000MW，2030 年实现 5 000MW（包括 1 000MW 的光热发电站），占迪拜发电总量的 25%。该园区第三阶段的 800MW 光伏项目创造出 2.99 美分 / 千瓦时（约合人民币 0.2 元 /kW・h）的破纪录低电价② 该项目共分为四期，第一和第二期已分别于 2013 年 10 月和 2017 年 3 月安装完成 1.3 万 kW 和 20 万 kW 的光伏装机，第三期共 80 万 kW，截至 2018 年 5 月已完成 20 万 kW，2019 年和 2020 年各安装 30 万 kW。此外，预计 2020 年年底将再实现第四阶段的 70 万 kW CSP 的安装计划。届时，迪拜太阳能光伏和光热发电总装机占比将达迪拜电力总装机的 4%③

① https://masdar.ae/en/energy/detail/shams-1.
② https://www.sohu.com/a/163778873_734062.
③ https://gulfnews.com/news/uae/environment/dubai-solar-park-enters-phase-3-adds-200mw-more-1.2214687.

国家	可再生能源目标	激励政策 / 财政支持	重点项目
伊朗	2013 年风电发展到 150 万 kW 的发展目标	2005 年对非化石能源的清洁电力给予激励政策，2009 年颁布了可再生能源上网电价，2010 年政府决定从国家发展基金中利用 5 亿欧元发展可再生能源① 2011 年实施了信贷优惠，主要鼓励风电和太阳能发电发展	
伊拉克	2012—2016 年可再生能源规划；2016 年风电和太阳能装机达 40 万 kW 2020 年 10% 的发电量来自可再生能源	无	计划建设 15 个、总计 5 万 kW 的风光互补发电站，解决偏远地区无电户的用电问题
科威特	2015 年　太阳能和风能满足电力需求 1% 的目标； 2020 年　可再生能源满足 10% 的能源需求；5% 的发电量来自可再生能源 2030 年　15% 电力需求来自可再生能源，其中 CSP570 万 kW，太阳能光伏 460 万 kW，风电 70 万 kW	政府投资政策保守。但科威特国家石油公司（KPC）设立了风险资本基金，国家投资委员会也在引导一些私有融资投资该产业，包括下属的圈子子公司国家技术公司； 2007 年设立的海湾国家多极能源基金也提供积极支持 大型可再生能源项目采用招投标	规划了 12.5 万 kW 的太阳能热发电项目以及 6 万 kW 的太阳能与 22 万 kW 燃气联合循环电厂； 1 万 kW 的风电场已开工； 5 万 kW 太阳能热发电项目已开工； 1 万 kW 光伏发电项目已开工
卡塔尔	2014 年　太阳能发电装机容量将达到 180 万 kW；2020 年，6% 的电力装机来自可再生能源，其中太阳能发电量占可再生能源总发电量的 2%，其中光伏装机达 64 万 kW。 2030 年　可再生能源占能源供给 20%（非官方数据），相当于 180 万 kW 的装机	投资 10 亿美元建多晶硅生产设备	建成 4 万 kW 的生物质能电厂； 规划了 10 万 kW 的太阳能项目

① 德黑兰时报 2010 年。

国家	可再生能源目标	激励政策 / 财政支持	重点项目
巴林	2020 年　可再生能源满足 5% 的能源需求，但不倾向发展大规模可再生能源，重点发展垃圾利用和已商业化的节能和能效技术	没有明显激励政策，更多是科研人员对一些研发类项目的积极探索和推动	规划了风光互补项目 1 万 kW；50 万 kW 的太阳能热发电项目。 已开展了风能和太阳能资源利用潜力分析和一些试验性小型研发项目 已开工 2.5 万 kW 的垃圾发电项目
阿曼	无	大型可再生能源项目采用招投标	建成 1.2 万 kW 的光伏示范项目。 规划 20 万 kW 的太阳能热发电项目，液体燃料以及太阳能咸水淡化和石油回收厂
约旦	2015 年　可再生能源装机占电力总装机的 7%，其中，6 万 kW 的风电，30 万 kW 的太阳能光伏 2020 年　可再生能源装机占电力总装机的 10%，其中，120 万 kW 的风电，30 万 kW 的太阳能光伏，30 万 kW 的 CSP，3 万～5 万 kW 的垃圾发电	固定电价；净电表；税收激励；大型可再生能源（风电、光伏）项目采用招投标 约旦能源和矿产资源部建立了约旦可再生能源和能效基金（JREEEF），支持可再生能源和能效项目，资金来自国家财政和国外赠款	截至 2017 年年底，风电装机为 11.9 万 kW
土耳其	可再生能源电力法（2005）和地热资源和矿产水利法 (2007)；《2010—2014 年能源战略规划》规定：到 2023 年可再生能源电力供应占比提高到 30%	固定电价； 85% 系统入网许可、土地租用等费用折扣	2011 年太阳能热水器新增装机占全球新增装机 2.6%，排名第一，国内市场在没有政府激励的情况下迅猛增长，宾馆、医院，甚至低收入家庭、几代同堂家庭都成为市场扩张的重要对象

数据来源：IRENA Pan-Arab RE Strategy 2030, IRENA RE Prospects: UAE，各国能源主管部门官网，REN21 Renewables 2014 Global Status Report, IEA 可再生能源中长期报告。

《海湾国家可再生能源发展 Renewable Energy in GCC Countries》—海湾研究院（GRC）。

中东绿色技术展览会：http://www.green-middleeast.com/AE/default.

国际可再生能源署：海湾国家市场报告 2016。

2 欧洲

2.1 欧盟

2017 年欧盟经济形势进一步向好，全年 GDP 总量达 15.3 万亿欧元，较上年增长 2.4%，为 10 年来最快增速，欧盟所有成员国首次实现 10 年来共同正增长。受益于 2015 年以来持续的量化宽松政策，欧元区通缩现象得到有效遏制，通胀水平明显回暖。劳动力市场状况也显著改善，失业率持续下降，欧盟平均失业率达到了金融危机以来的最低点 7.4%。欧盟财政赤字也达到近年来最低水平，平均累计公共债务较 2015 年大幅降低[①]。图 3-2-1 为 2010—2017 年欧盟经济能源主要指标。

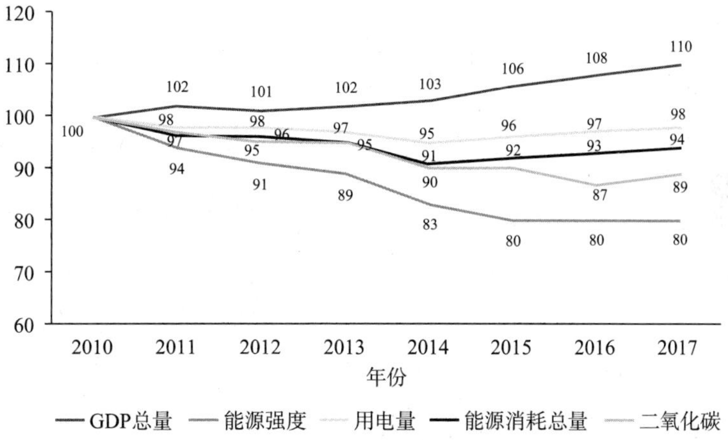

图 3-2-1 2010—2017 年欧盟经济能源主要指标

注：参数 2010=100。

2014 年，随着欧盟经济复苏，欧盟能源消耗总量及全社会用电量也小幅回升，2017 年，欧盟能源消费总量达到 1.69 万亿 t 标准油，全年用电量约 3.3 万亿 kW・h，分别较上年增加和 1.6% 和 1.3%[②]。能源强度连续 3 年保持同一水平，表明欧盟在提

① Eurostat 数据库。

② BP Statistical Review of World Energy 2018.

高能效方面需要进一步加强政策力度。2017 年，欧盟二氧化碳排放量自 2010 年以来首次回弹上浮 1.8%，使欧盟“全球减排领头人”的称号遭到质疑。其中，马耳他和爱沙尼亚增幅超过 10%，芬兰、丹麦、英国、爱尔兰、比利时和拉脱维亚为欧盟成员国中为数不多的实现二氧化碳减排的国家。

从能源消费结构看，尽管经济增长较为明显，但欧盟煤炭消费量继续保持稳步缩减，2017 年煤炭消费量较上年降低 1.9%；虽然交通能源转型已被写入“巴黎气候协定”，但石油在欧盟交通领域仍为绝对主力，特别是陆运和远洋航运，2017 年欧盟石油消费量较 2016 年上涨 1.8%，连续 3 年保持增长；天然气利用量继 2014 年后，连续保持明显增长，2017 年达到 4000 亿 t 标准油，主要原因是冬季气温偏低和人口增加；核能继续稳定下降，特别是核能利用大国 - 法国 - 核电年发电量达到历史最低水平；可再生能源在电力领域的亮眼表现，使可再生能源消费量持续增加，2017 年，欧盟可再生能源利用量较上年有小幅上涨。欧盟 2017 年各类能源种类的一次能源占比为：煤炭 14%，石油 38%，天然气 24%，核能 11%，可再生能源 13%。能源对外依存度较高，2008—2016 年一次能源进口总量均占能源供应总量的一半以上，进口率在 52% ～ 54% 浮动[①]。2000—2016 年欧盟能源消费结构如图 3-2-2 所示。

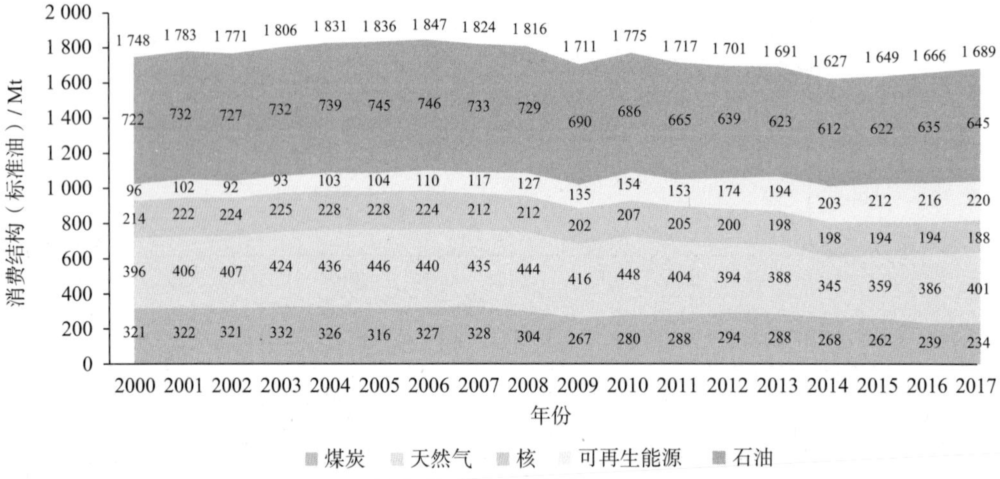

图 3-2-2　2000—2016 年欧盟能源消费结构[②]

当前，应对气候变化，寻求新的经济增长点，降低能源对外依存度，已经成为欧盟推动能源系统清洁、低碳、可持续转型的硬约束，在提高能效的基础上优先发

① Eurostat 数据库。

② BP Statistical Review of World Energy 2018.

展可再生能源，也已经成为欧盟内部各成员国的广泛共识。

2.1.1 可再生能源战略目标

欧盟主要能源战略文件如图 3-2-3 所示。

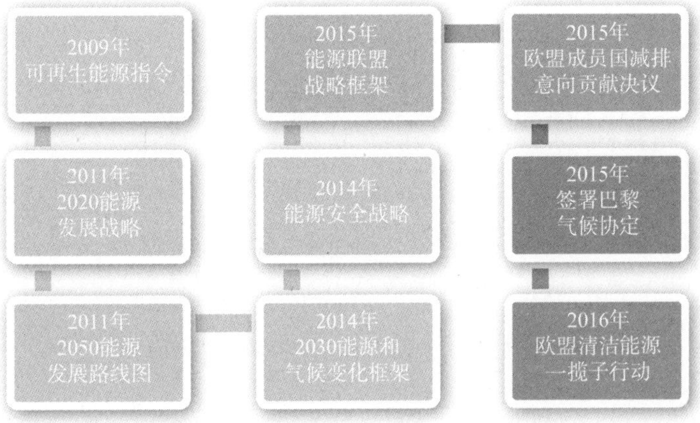

图 3-2-3 欧盟主要能源战略文件

进入 21 世纪，欧盟先后制定了能源发展 2020 年、2030 年及 2050 年战略[①]，清晰指导能源转型，特别是可再生能源发展的方向和路径，并确保可再生能源享有优先权，其中以“20-20-20 指令”为核心明确能源近期发展目标，以“2050 能源发展路线图”为核心指明能源中远期发展方向。2014 年欧盟又分别通过《2030 能源和气候变化框架》《能源安全战略》，进一步量化欧盟能源转型的进程，调高包括可再生能源在内的多项 2030 能源战略发展目标（图 3-2-4）。

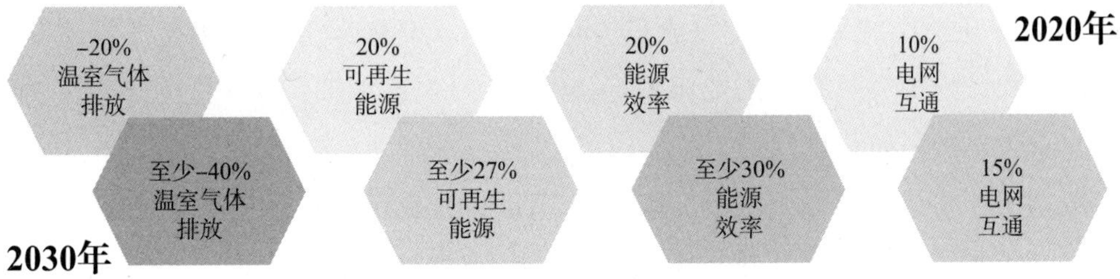

图 3-2-4 欧盟能源转型战略目标[②]

在有利的政策环境和发展战略指引下，基于有效的实施，欧盟可再生能源发展引领全球的步伐，整体取得显著成效。从实现 2020 年目标的进程看，尽管欧盟各国

① 2009 年欧盟理事会发布《可再生能源指令》、2011 年发布《2020 能源战略》和《2050 能源发展路线图》。

② 欧盟委员会。

进展不一，但总体进展良好。

2017 年，欧盟可再生能源占终端能源消费总量的比例进一步提高至 17%，可再生能源电力占比首次达到 30%[①]（图 3-2-5）。根据欧盟 2017 年 11 月发布的“能源联盟第三次进展报告”，随着可再生能源占比的持续提升，欧盟预计按照计划实现 2020 年可再生能源发展目标。

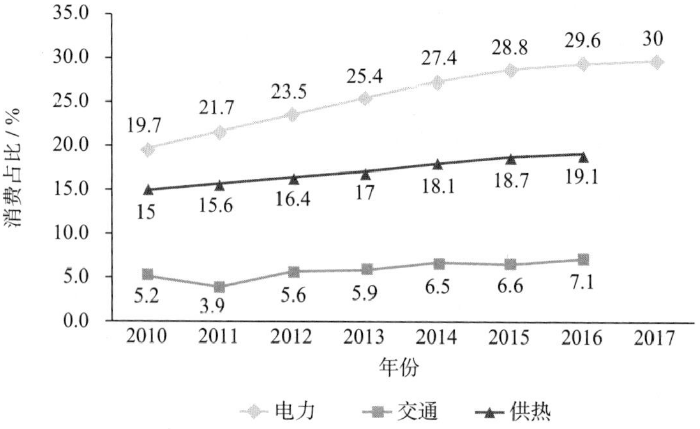

图 3-2-5　2010—2017 年欧盟可再生能源消费占比[②]

但从更长远的角度分析，为了实现 2030 年、甚至 2050 年温室气体减排目标，欧盟及全体成员国需要做出更积极的努力，在进一步提升能效的同时，通盘考虑电力、交通、供热等各类用能终端的化石能源替代，提高可再生能源综合利用水平。

2.1.2　主管机构和主要政策措施

目前，欧盟能源与应对气候变化相关事务，由欧盟委员会副主席牵头，协调能源与气候变化总司统筹管理，重点任务包括（1）实现团结互信基础上的能源安全；（2）创建欧盟内部完整统一的能源市场体系；（3）提高能效；（4）气候行动；（5）确立清洁能源创新科研优先权。

欧盟对于各成员国需要遵循“辅助性原则”，也就是说欧盟只可以在统一政策实施效果优于国家层面政策实施效果时采取相应辅助行动。能源相关事务是欧盟一体化进程中至关重要的核心事务，过去几十年间欧盟及其相关机构在能源政策领域的角色有很大的变动。

2009 年以前，欧盟与成员国之间的能源政策并没有实现互通对接，且欧盟把更

① 德国 Agora 能源转型智库。

② Eurostat 数据库。

多的关注投向了贸易和市场，在能源领域并没有确立相应权限。随着 2009 年“里斯本条约”的生效，欧盟正式明确同成员国一道共同承担欧盟能源政策和发展战略的制定和实施。具体来讲就是，欧盟和成员国都可以在能源领域立法并采取具有法律效力的行动，但成员国仅可以在欧盟暂无或放弃设立相关政策的前提下制定本国政策；且一旦欧盟通过某项能源政策，各成员国需要相应调整本国能源政策目标，以确保欧盟实现整体能源战略目标。

条约规定，欧盟将与各成员国“本着辅助性原则的精神，确保能源市场运转良好，保障欧盟内部能源供应安全，促进能效的提高及能源网络的互联互通”[①]，并首次提出在欧盟范围内支持可再生能源规模化发展。然而需要说明的是，条约强调各成员国保留决定本国能源结构及如何开发能源资源的权利，也就是说欧盟不可对成员国设立强制性可再生能源占比目标。可以说，里斯本条约是欧盟支持可再生能源发展的基础性法律文件。

目前，欧盟最主要的两个能源政策是“能源联盟战略框架”（2015）和“欧盟清洁能源一揽子行动计划”（2016），是继 2030 能源战略后欧盟委员会发布的最新能源发展战略政策。其中，“能源联盟”重点关注：（1）欧洲能源体系的多元化及合作下的能源安全；（2）破除体制和技术障碍，建立欧盟统一能源市场；（3）提高能效，降低能源对外依存度及温室气体排放；（4）气候行动—发展低碳经济，引领全球可再生能源发展[②]；（5）保障低碳清洁能源技术创新研发优先权。此外，成员国被要求制定各自 2030 能源气候行动计划，并每两年提交行动计划进展报告。“能源联盟”一方面强调了欧盟与成员国间的合作，另一方面又可以充分发挥各国的自主性，欧盟委员会每年发布能源联盟报告，用以监测政策总体执行进展。

2016 年 11 月，欧盟委员会起草发布了一系列法律草案，统称为“欧盟清洁能源一揽子行动计划”，也简称为“冬季计划”。“冬季计划”旨在细化欧盟 2030 年能源发展目标的战略实施并推进“能源联盟”，能效、可再生能源、电力市场、能源安全及“能源联盟”治理为主要涉及主题。“冬季计划”当前正在接受欧盟国会及包括各国能源部长在内的欧盟理事会的审议，并被希望可以在新一届欧盟国会选举前（2019 年年初）完成一般性立法程序，但受各成员国实际情况影响，预计三方磋商过程将比较艰难。

① 里斯本条约第 194 条。

② 具体措施：开放欧盟碳排放交易市场，设定分领域温室气体减排目标，低排放交通路线图，可再生能源支持政策。

可以看出，不同时期欧盟都把可再生能源作为能源政策的一个重要靶向。近几年，在正确研判可再生能源正由政策驱动型向市场驱动型技术转变的大背景下，欧盟提出在境内全面推广可再生能源招投标，并将于 2030 年之前逐步取消对风电和光伏发电等成熟技术的补贴。此外，欧盟还充分肯定可再生能源的技术进步对拉动能源系统成本下降的促进作用。

为适应持续增加的可再生能源份额，应对电力系统输发配各环节面临的新挑战，欧盟注重能源的商品属性，在碳市场、环境税等财税手段辅助下，完善欧盟能源市场机制，推动能源市场特别是电力市场改革，在确保电力系统安全的前提下，为可再生能源电力高比例消纳打通体制障碍。此外，欧盟紧抓能源转型机遇，在强调电网设施互联互通的基础上，积极推动基础设施互联互通、智慧能源、智能电网、需求侧管理、储能、热泵、电动汽车等辅助服务市场，力求在整个欧盟范围内实现能源供应系统的稳定和资源的最优配置，为波动性可再生能源的进一步大规模发展克服技术障碍。

目前欧盟 28 国中除挪威以外，全部制定了完整的可再生能源发展目标[①]，一些可再生能源领军国家自 2016 年也开始对激励政策进行较大调整，以提高可再生能源整体市场化水平，欧盟成员国可再生能源政策概览如表 3-2-1 所示。

表 3-2-1　欧盟成员国可再生能源政策概览[②]

国家	（意向性）国家贡献决议	政策法规							财税激励	
		FIT/FIP	RPS	净电量	交通	供热	绿证	招标	投资 / 生产税抵免	税率优惠[③]
奥地利		●			●		●		●	
比利时			◆	◆	●		●	●	●	●
塞浦路斯		●		●	●			●	●	●
捷克		●			●		●			
丹麦		●		●	●		●	●	●	●
爱沙尼亚		●			●					
芬兰		●			●			●		

① 包括：一次 / 终端能源占比、可再生能源电力、可再生能源供热、可再生能源交通，挪威仅设立了终端能源占比及可再生能源交通发展目标。

② 节选自“Renewables 2018 Global Status Report”●表示国家层面；◆表示非国家层面。

③ 主要包括消费税、能源税、碳税、增值税等。

国家	（意向性）国家贡献决议	政策法规							财税激励	
		FIT/FIP	RPS	净电量	交通	供热	绿证	招标	投资 / 生产税抵免	税率优惠
法国		●			●	●	●	●	●	●
德国		●			●	●	●	●	●	●
希腊		●	●	●	●	●	●	●	●	●
匈牙利		●			●			●		●
爱尔兰	●	●			●	◆	●	●		
意大利		●		●	●	●		●		●
拉托维亚		●		●	●			●		●
立陶宛		●	●	●	●					●
列支敦士登		●			●					
荷兰		●		●	●		●	●	●	
挪威	●		●		●		●	●		●
波兰		●	●		●		●	●		●
葡萄牙		●	●		●	●	●			●
斯洛伐克		●			●		●			●
斯洛文尼亚		●		●	●		●	●	●	●
西班牙					●	●	●	●	●	
瑞典		●				●	●			●
英国		●	●	●			●	●		●
保加利亚		●			●					●
马其顿		●								
罗马尼亚			●		●		●			

2.1.3 可再生能源市场和产业

2017 年，欧盟可再生能源电力发展较上年略有回升，全年可再生能源新增装机量 2 214 万 kW，较上年上涨 5%，占欧盟全年新增发电装机的 85%。风电方面，随着欧盟风电领域竞标机制的引入，欧盟 2017 年实现新增装机量 1 484 万 kW，占全年欧盟电力新增装机量的 55%，其中陆上风电占 3/4，海上风电占 1/4 并创欧盟历史新高（图 3-2-6）。德国、英国、法国、比利时、爱尔兰及克罗地亚 6 国表现较为突出，排在欧盟 28 国风电新增装机量的前列①。欧盟近年来光伏发展的主要驱动因素来

① 德国 Agora 能源转型智库。

自招投标机制的扩大及自用项目需求的增加，2017 年新增装机量为 538 万 kW，远低于 2011 年的 222 万 kW，占欧盟全年新增电力装机量的近 1/4，全球 2017 年光伏新增装机量的 5.7%。德国、英国、法国、意大利及西班牙进入全球光伏 2017 年新增装机量前 10 名[①]。

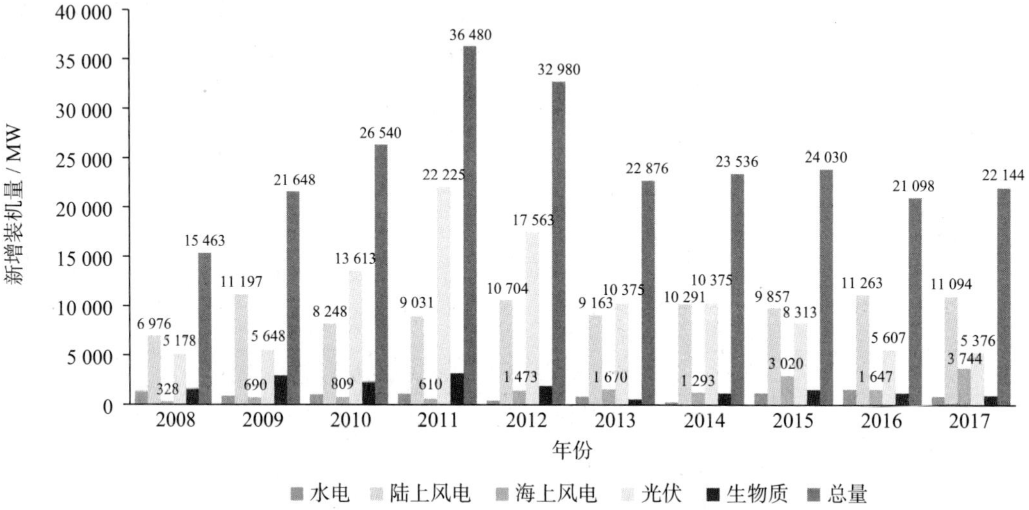

图 3-2-6　2008—2017 年欧盟可再生能源电力新增装机量[②]

截至 2017 年年底，欧盟累计可再生能源电力装机量达到 4.5 亿 kW，增速为 5.2%，占全球可再生能源装机量的 14.6%。非水可再生能源占欧盟电力总装机量的 20.9%，较 2010 年上涨近 10 个百分点[③]，德国和英国分别以 1.1 亿 kW 和 3 800 万 kW 位列全球非水可再生能源电力装机的第二位和第五位。风电连续第 3 年成为欧盟最大可再生能源发电技术，目前累计装机量为 1.7 亿 kW · h，其中陆上风电 1.5 亿 kW · h，海上风电 1 639 万 kW · h。欧盟 28 国中，有 16 个国家风电装机超过 100 万 kW，9 个国家超过 500 万 kW，德国、西班牙、英国、法国及意大利为欧盟最大的风电基地[④]。光伏方面，2017 年欧盟累计装机量为 1.1 亿 kW，增速连续 4 年下降，占欧盟可再生能源累计装机量的 24%。德国、意大利、英国、法国和西班牙为欧盟五大光伏发展国家（图 3-2-7）。

---

① Renewables 2018 Global Status Report.

② 国际可再生能源署。

③ 德国 Agora 能源转型智库。

④ Renewables 2018 Global Status Report.

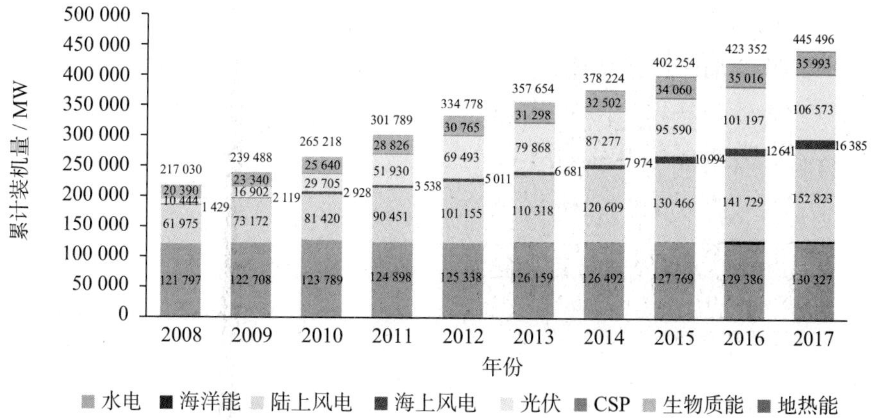

图 3-2-7　2008—2017 年欧盟可再生能源电力累计装机量[①]

近几年，欧盟可再生能源发电量增速明显放缓，过去 3 年的平均增速只有 1.6%，仅为 2011—2015 年平均增速的 47%。但 2017 年欧盟可再生能源发电量实现了占比首次突破 30% 的里程碑，全年发电量约 9 730 亿 kW · h，是 21 世纪初的 1.3 倍。其中，受全年风资源条件较好及风电装机量整体上涨幅度较大影响，2017 年风电发电量较上年大幅增加 580 万 kW · h，增速近 20%，占欧盟电力需求的 11%；太阳能光伏发电量增速恢复至前几年水平，全年发电量达到 1 200 万 kW · h，但在考虑到欧盟光伏成本下降幅度因素时，2017 年整体发展差强人意。此外，受到全欧洲范围来水条件限制，欧盟水电全年发电量创 21 世纪以来最低纪录，仅为 3 000 万 kW · h，这也是 2017 年欧盟风电发展势头强劲但可再生能源总体电量并没有大幅上涨的原因（图 3-2-8）。

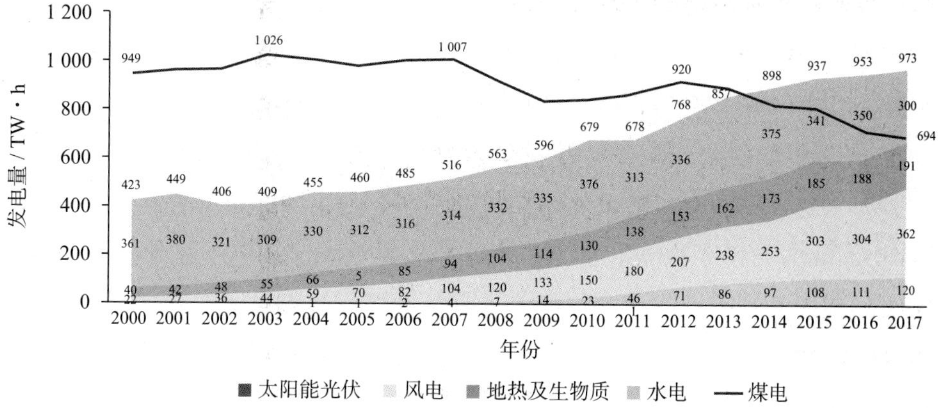

图 3-2-8　2000—2017 年欧盟可再生能源及煤炭发电量[②]

① 国际可再生能源署。

② BPStatistical Review of World Energy 2018.

从发电量占比看，2017 年除实现可再生能源电量占比首次突破 30% 以外，欧盟非水可再生能源电量还首次与煤电发电量基本持平，而 5 年前煤电发电量还是风电、光伏、生物质发电量总和的 2 倍，这也是继 2013 年欧盟可再生能源（含水电）电量超过煤电发电量后，欧盟能源转型的又一重要成果。截至 2017 年年底，欧盟风电、光伏及生物质在欧盟电力供应的占比分别为 12.3%、4% 和 6.6%。其中，丹麦非水可再生能源以 54% 的电力供应占比领跑欧盟乃至全球各国，德国、葡萄牙、英国、爱尔兰、西班牙、意大利、瑞典及希腊贡献也较为突出[①]（图 3-2-9）。

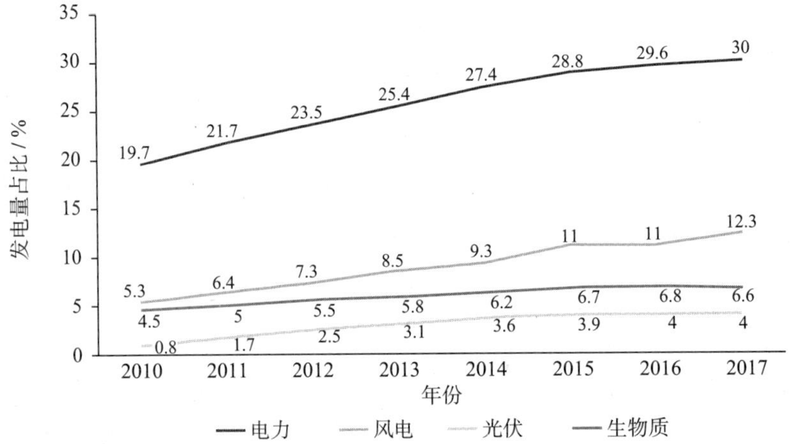

图 3-2-9　2010—2017 年欧盟可再生能源发电量占比[②]

2017 年，欧洲清洁能源投资总额为 574 亿美元，较 2016 年下降了 26%。根据德国 Agora 能源转型智库分析造成下降的主要原因并非可再生能源发展速度放缓，更主要的是因为技术进步有效促进了投资成本的下降。此外，随着欧盟逐步扩大招投标范围，市场对于相关政策的不确定也直接导致了欧洲可再生能源总体投资的下降。按照技术种类看，风电大约占 2017 年欧洲清洁能源总投资的一半，光伏产业投资总额与海上风电基本持平，约占总投资额的 1/6。作为欧洲最大的可再生能源市场，2017 年英国和德国清洁能源投资总额有较明显的下滑，降幅分别为 56% 和 26%，同时德国超过英国成为欧盟最大可再生能源投资国；希腊、荷兰、瑞典及西班牙分别以 287%、127%、52% 和 38% 的投资增长率成为欧盟 2017 年可再生能源发力点[③]（图 3-2-10）。

① 德国 Agora 能源转型智库及“Renewables 2018 Global Status Report”。

② 德国 Agora 能源转型智库。

③ Renewables 2018 Global Status Report.

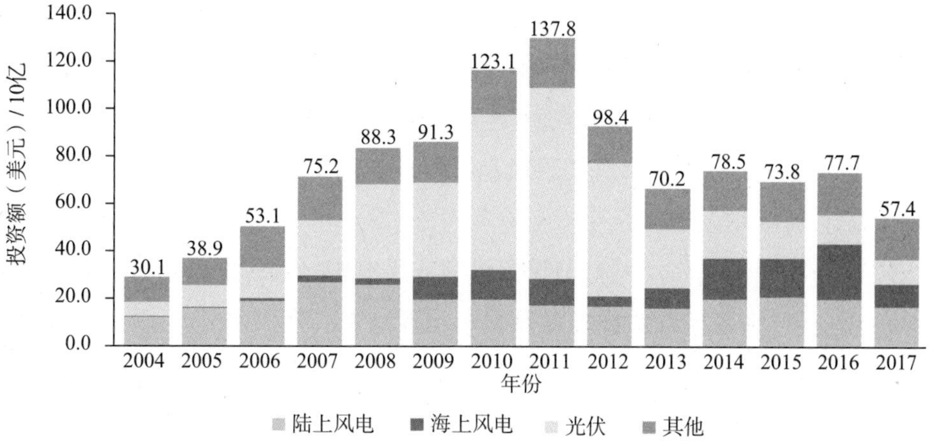

图 3-2-10　2007—2017 年欧洲清洁能源投资[①]

欧盟可再生能源总体发展势头良好的同时，也伴随着一定程度的不均衡问题。从技术种类分析，综合考虑新增装机量、新增发电量及投资流向等因素，风电成为近年绝对赢家。根据德国 Agora 能源转型智库研究报告分析，2011—2014 年，风电占欧盟非水可再生能源电量增长的 46%，而 2014—2017 年，这一数据提高到 72%。与此同时，光伏占欧盟非水可再生能源电量的比例由 2011—2014 年的 32% 大幅下降到 2014—2017 年的 14%。

风电	德国	西班牙	英国	法国	意大利
光伏	德国	意大利	西班牙	英国	法国
生物质	德国	英国	意大利	瑞典	芬兰
水电	瑞典	法国	奥地利	意大利	西班牙

图 3-2-11　2017 年欧盟各类可再生能源技术发电量前 5 名国家[②]

从地域来看，主要集中在德国、英国、丹麦等西欧和北欧地区，其中德国和英国在 2014—2017 年承担了欧盟非水可再生能源发电量 57% 的新增量，而其他欧盟 26 国在过去 3 年非水可再生电量仅上涨 43%。这一现象，一方面是因为部分欧盟国家已经提前完成“可再生能源指令 ”2020 年设定目标[③]；另一方面也表明了中东欧国

① Clean Energy Trends 2017（BNEF2018）.

② 德国 Agora 能源转型智库。

③ “欧盟委员会可再生能源进展报告 ”：2017 年已完成 2020 年可再生能源电量目标的欧盟国家包括保加利亚、捷克、丹麦、爱沙尼亚、芬兰、匈牙利、意大利、立陶宛、瑞典和罗马尼亚。

家的政策机制正在阻碍可再生能源发挥真实成本的市场优势。截至 2017 年年底，欧盟非水可再生能源电量占比低于 10% 的 6 个国家中除法国外，均来自中东欧地区[①]，分别为斯洛文尼亚（4%）、保加利亚（7%）、斯洛伐克（8%）、捷克（9%）及保加利亚（10%），且目前该区域只有斯洛文尼亚和克罗地亚两个国家正在研究“退煤”方案，能源转型整体推进缓慢。

2017 年，欧盟正式启动风电招投标机制，风电中标电价大幅下降。其中，德国陆上风电在 2017 年第三轮招标中实现最低电价 3.8 欧分 /kW·h，西班牙在第二轮招标中的最低中标价格 3.3 欧分 /kW·h 已经低于批发电价水平。目前，西班牙以 400 万 kW 的招标容量成为全球最大的陆上风电招标规模国家。欧盟陆上风电招投标如图 3-2-12 所示。

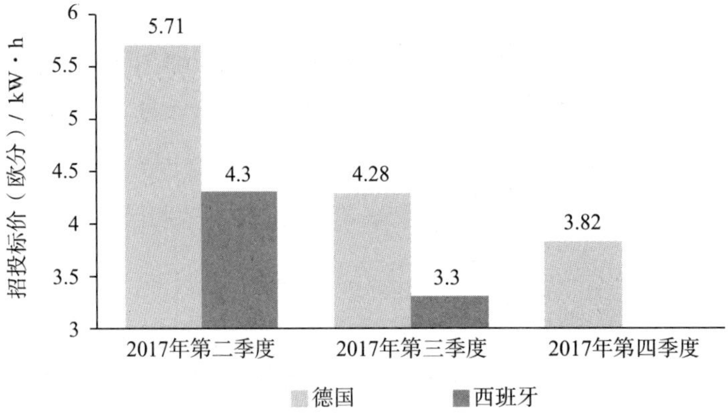

图 3-2-12　欧盟陆上风电招投标

海上风电招投标方面，德国巴登 - 符腾堡州能源集团（ENBW）及丹麦 Ørsted 能源（原 DONG 能源）在 2017 年以零补贴分别中标德国 He Dreiht（90 万 kW）、OWP West（24 万 kW）和 Borkum Riffgrund West 2（240 万 kW）海上风电项目。项目将于 2025 年完工投产，建设成本预计为 5 ～ 6 欧分 /kW·h。英国截至 2017 年年底完成 300 万 kW 海上风电招投标，成为全球最大的海上风电招标规模国家。

太阳能光伏中标价格 2017 年继续下降。2016 年 12 月—2017 年 10 月，德国光伏中标价格由 6.9 欧分 /kW·h 下降至 4.9 欧分 /kW·h，跌幅近 30%；西班牙于 2017 年第三季度进行第一轮光伏招标，平均中标价格为 3.3 欧分 /kW·h（图 3-2-13）。

① 德国 Agora 能源转型智库。

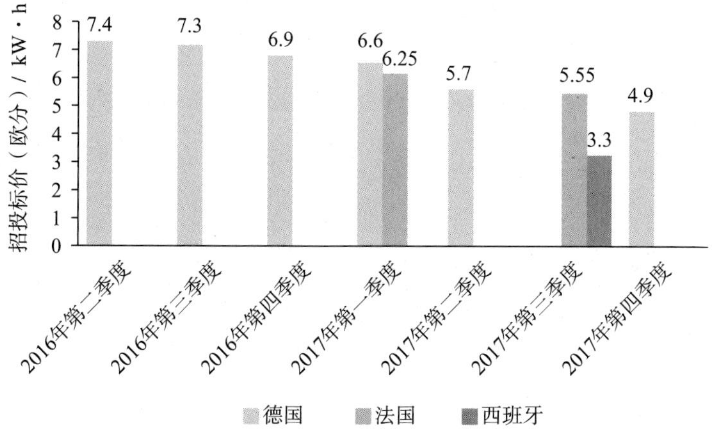

图 3-2-13　欧盟光伏发电招投标

2.1.4　未来展望

2018 年 6 月 13—14 日，欧盟议会、欧洲理事会及欧盟委员会就欧盟 2030 年可再生能源发展目标召开三方磋商谈判，并最终确定将 2030 年可再生能源发展目标由原来的终端能源占比至少 27% 上调 5 个百分点，达到 32%。包括欧盟各成员国能源部长在内的参会各方修订并签署新的《可再生能源发展指令》，正式将 32% 设定为具有法律约束力的目标，并允许在 2023 年审查阶段再次上调指标，2020 年可再生能源发展目标保持不变，仍为 20%。

新的目标，被欧盟各界一致认为是负责任且可实现的；这次目标的调整也将再次燃起各成员国发展可再生能源的雄心和决心。2018—2019 年欧盟各成员国为实现新的欧盟整体目标，将集中调整各自可再生能源中长期发展目标，欧盟可再生能源市场也将得到新一轮提振。

据德国 Agora 能源转型智库估计，在水电发电量进入常规年份情境，非水可再生能源电量保持近几年发展水平的情况下，预计欧盟可再生能源电量（含水电）2018 年将增加 1 000 亿 kW·h，2018 年可再生能源发电占比将进一步提高到约 33%。预计 2020 年，可再生能源电力将满足欧洲 36% 的电力需求，较 2010 年上涨 20%。

在供热及交通领域可再生能源替代发展相对较为缓慢，且供热及交通能源转型将大幅提高总体电力需求的前提下，欧盟的新目标给可再生能源电力提出了更高的要求。粗略计算，到 2030 年可再生能源电力占比需要达到约 60%，也就是说，届时风电及光伏发电量将至少是 2017 年的近 3 倍，风电和光伏成为欧洲电力系统的支柱电源。

2.2 德国

德国位于欧洲中部，面积 35.7 万 km^2，人口约 8 250 万（截至 2016 年年底）。德国经济长期扮演欧元区领头羊角色，根据德国联邦统计局公布的数据，受内需推动 2017 年德国经济强劲增长，GDP 总量达到 82.7 万亿元人民币[①]，涨幅达 2.5%，比近 10 年平均增速高出 1 个百分点。政府财政连续 4 年保持盈余，其中 2016 年盈余达 384 亿欧元。就业总人数创下两德统一以来最高纪录。2000—2017 年德国经济与能源主要指标比较如图 3-2-14 所示。

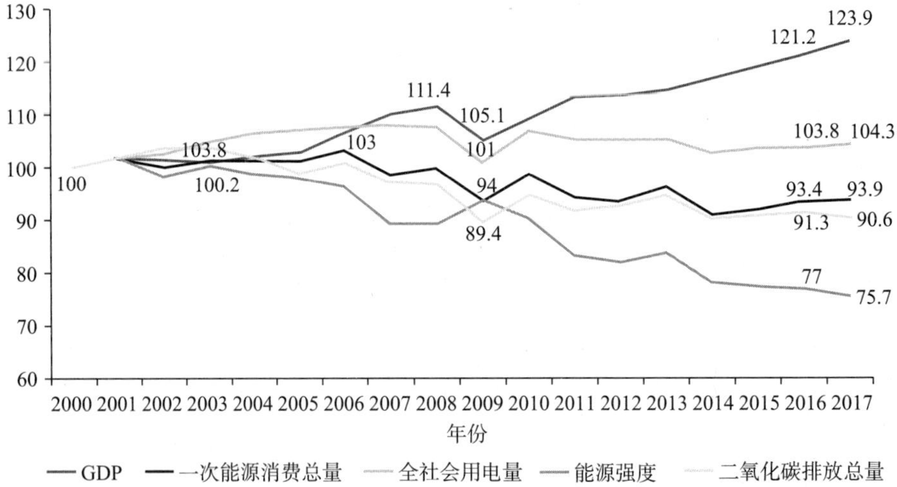

图 3-2-14　2000—2017 年德国经济与能源主要指标比较

注：参数 2000 年 =100。

德国一次能源消费总量以 2006 年为分水岭，2006 年以前稳步提升并达到峰值 4.97 亿 t 标准煤；2006 年后随着提高能效战略的实施，能源消费总量逐年减少，2010 年后德国能源消费量呈总体平稳、各年间小幅度波动态势。2017 年受到经济、人口双增加，以及气温略低等多方面因素影响，能源消费总量和全社会用电量分别较 2016 年小幅上涨 0.8%，达到 4.61 亿 t 标准煤和 6 002 亿 kW · h（图 3-2-15）。尽管电力部门结构调整，但工业、交通及建筑领域油气消耗上涨，使德国二氧化碳排放量连续 3 年保持同一水平。

① 世界经济信息网。

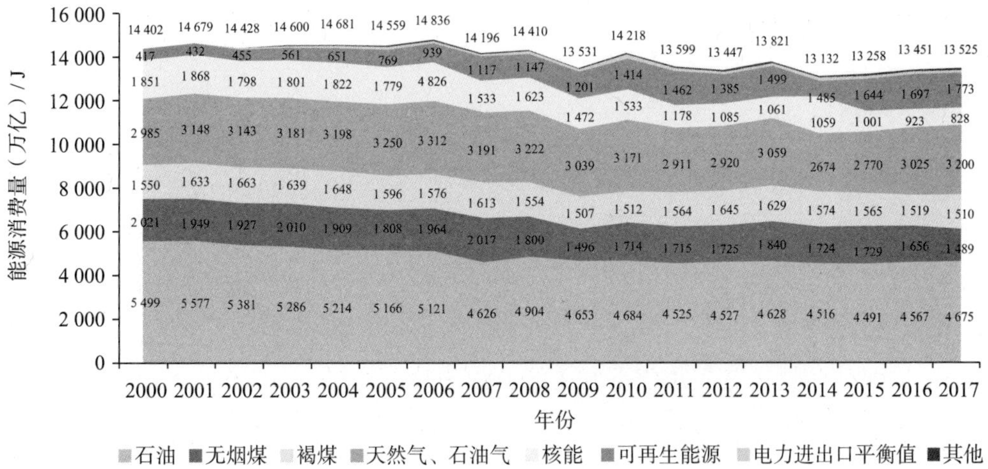

图 3-2-15　2000—2017 年德国一次能源消费量[①]

从能源消费结构看，尽管近年来可再生能源发展势头良好，但德国的能源结构仍以化石能源为主。2017 年一次能源消费中，化石能源占比接近 80%，其中石油占 34%，煤炭占 22%，天然气占 23%；非化石能源占比超过 20%，其中可再生能源 13.1%，核电占 6%。与 10 年前相比，传统化石能源占比基本相同，可再生能源完全替代“退核”所减少的 5 个百分点（图 3-2-16）。

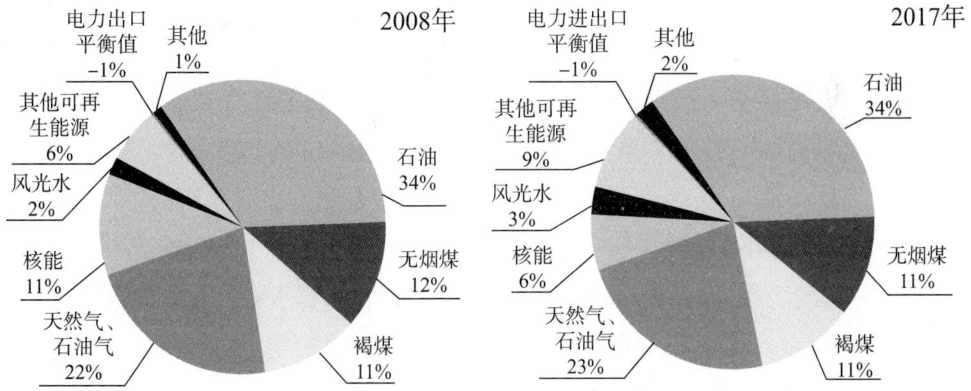

图 3-2-16　2008 年和 2017 年德国一次能源消费结构

能源供应方面[②]，德国能源仍保持较高进口率。2016 年德国能源生产总量 1.35 亿 t 标准煤，仅占一次能源消费量的 29%（较 2015 年下降 1 个百分点），其余 71% 依靠能源进口，主要是化石能源，其中无烟煤、石油和天然气分别占总进口量的 16%、

① 德国联邦经济与能源部。
② 2017 年数据德国相关部门尚未提供结果。

47.5% 和 28.7%（图 3–2–17）。

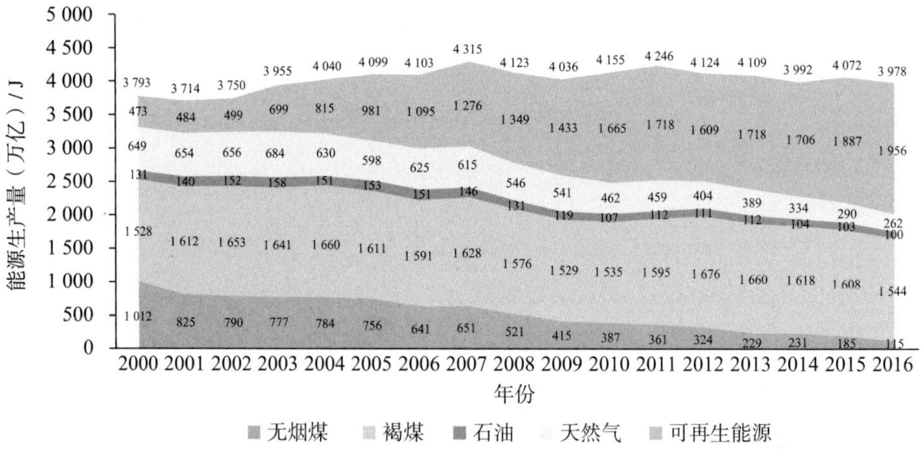

图 3–2–17　2000—2016 年德国能源生产量和结构[①]

能源供应结构进一步清洁化，可再生能源发展迅速在能源生产总量中的占比不断提升，2016 年占比 12.3%；同时天然气和无烟煤在能源供应中的占比持续下降，2016 年无烟煤产量仅 392 万 t 标准煤。但由于德国褐煤开采成本低，褐煤产量居高不下，占 2016 年能源生产总量的 38.8%，成为德国实现 2050 年全面退煤计划的主要障碍。

进入 21 世纪以来，在优化能源结构及保障能源安全的双重压力下，德国致力于发展可再生能源，坚定实施能源转型战略，成为可再生能源和能源转型的领跑者，并为实现“巴黎气候协定”和“联合国 2030 可持续发展议程”在全球范围内做出表率。

2.2.1　可再生能源战略目标

德国长期致力于以可再生能源为主的能源转型，并在 2010 年专门制订了《能源转型方案》，将可再生能源发展与应对气候变化相结合，促进可再生能源技术在交通、建筑、工业等重要用能领域的广泛应用。

通过近 20 年的发展，德国可再生能源利用总量占 2017 年德国一次能源消费的 13.1%，其中可再生能源发电量占全社会用电量比重达到 36.2%，较上年增长 4.6%；可再生能源在 2017 年德国供暖和交通领域占比近几年保持停滞，但也分别达到 12.9% 和 5.2%，是 2000 年各自占比的 3 倍和 10 倍（图 3–2–18）。

① 德国联邦经济与能源部。

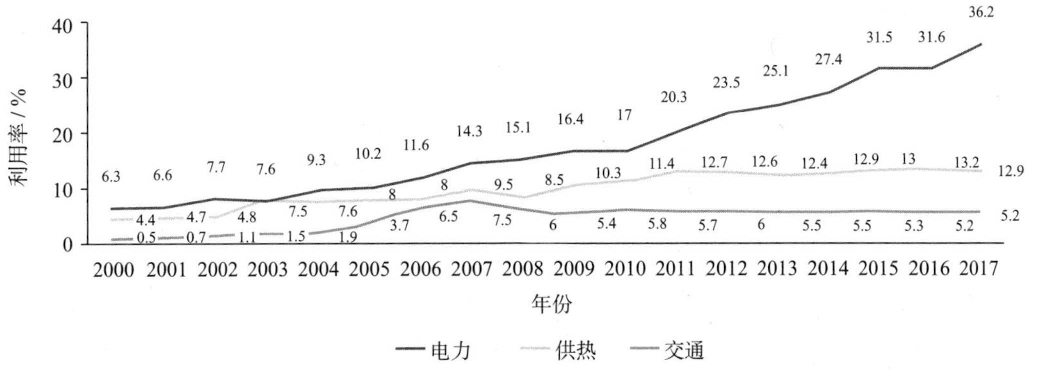

图 3-2-18 2000—2017 年德国可再生能源利用占比情况

可再生能源的发展，一方面有效促进了德国经济的稳定增长，另一方面对扩大就业、维护社会稳定发挥着积极作用。2017 年德国可再生能源电厂投资总额达到 162 亿欧元，同比增长 6.7%，是 21 世纪初的 4 倍。截至 2017 年年底，能源领域 70 万从业人员中，有近一半从事与可再生能源相关的工作（33.2 万）[①]。可再生能源产业已成为德国工业 4.0 以及能源转型的重要推动者。

德国推动能源转型，重在强调建立安全、经济和环保的能源供应体系，淘汰核电，在 2016 年年初又提出到 2050 年全面退煤的目标，继续积极发展可再生能源，实现能源结构调整，把提高能源效率作为降低能源消费总量的首要基础措施。目前，发展可再生能源已成为德国能源战略转型的重点措施之一，并得到了社会各界的极大支持。德国 IASS 2017 年对 7 313 名德国民众进行民意测验，其中 75% 的人表示支持能源转型并愿意亲自参与，只有 3% 认为能源转型不正确。

2015 年 10 月，德国联邦经济事务与能源部对德国能源转型设立了详细的分类定量发展目标，提出到 2030 年可再生能源发电比例达到 55% 以上，可再生能源占终端能源消费的比重达到 30%，到 2050 年可再生能源发电提高到 80% 以上，可再生能源占终端能源消费比重达到 60%，主要指标如表 3-2-2 所示。截至 2017 年年底，可再生能源中电力消费占比目标已超额完成，热力消费占比 2020 年目标实现可能性较大，可再生能源在终端能源消费占比及温室气体减排目标的实现需要采取更积极有效的措施。2018 年德国政府上调 2030 年可再生能源电力消费占比目标，原定 2040 年的目标被提前至 2030 年。

① IRENA Jobs Data Base.

表 3-2-2 德国能源转型可再生能源相关目标

指标类型	2017 年	2020 年	2030 年	2040 年	2050 年
温室气体排放					
排放量（基于 1990 年）/%	-27	至少 -40	至少 -55	至少 -70	至少 -（80～95）
可再生能源					
终端能源消费占比 /%	15[①]	18	30	45	60
电力消费占比 /%	36.2	至少 35	65		80
热力消费占比 /%	12.9	14			
交通领域占比 /%	5.2				
能源消费和能源效率（基于 2008 年）					
一次能源消费 /%	-5.9	-20～-50			
电力消费 /%	-2.9	-10～-25			
建筑一次能源需求 /%		-80			
建筑用热 /%		-20	—	—	—
交通终端能源消费 /%	7.4	-10～-40			

2.2.2 主管机构和主要政策措施

2014 年机构改革后，德国可再生能源发展由联邦经济与能源部（BMWi）管理，包括可再生能源领域的基础技术发展、可再生能源法和支持政策的修订以及可再生能源发展目标制定等。德国联邦网络局（BNA）主管电力、天然气、电信、邮政和铁路等行业的网络建设和监管，隶属德国联邦经济与能源部，业务相对独立，负责对电网投资运行及可再生能源并网消纳等监管事务。德国联邦网络局不仅是许多欧洲和国际组织的成员，同时代表德国联邦经济与技术部参与到众多欧洲和国际组织的活动中。此外，德国环境、自然保护和核安全部（BMUb）对气候变化及城市发展领域中所涉及能源转型相关事务也就有一定影响力。

支持德国可再生能源发展的两个基本法律是《电力入网法》和《可再生能源法》，可以认为是德国可再生能源发展的基石。

1991 年，德国制定了《电力入网法》，核心即规定上网电价政策，强制要求公用电力公司购买可再生能源电力，奠定了可再生能源发展最重要的强制入网原则（图 3-2-19）。

① 初步数据。

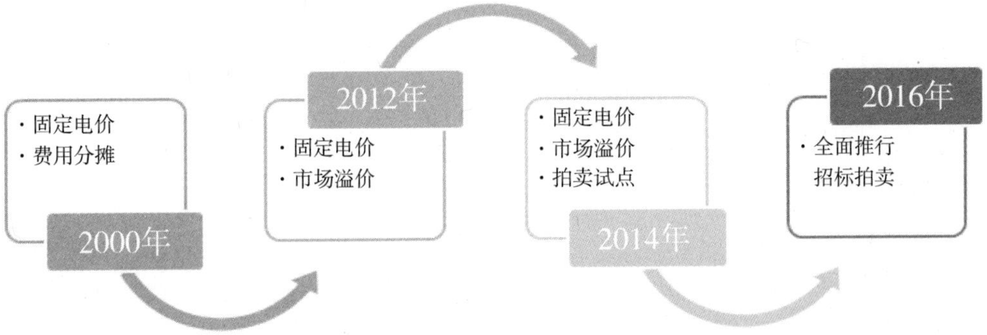

图 3-2-19 德国可再生能源法修订要点

为了支持可再生能源电力发展，德国在 2000 年以《可再生能源法》(EEG)的形式，逐步建立了基于成熟电力市场的分类可再生能源固定电价机制，极大地促进了各类可再生能源电力的发展。

随着可再生能源应用规模扩大，欧盟对成员国提出逐步将可再生能源推向市场的要求，德国也根据可再生能源电力发展情况，不断调整可再生能源电价机制。在最近的调整中，考虑可再生能源技术成本下降及补贴总额增加电力用户负担等因素，德国可再生能源定价机制在历经固定电价(Fit-In-Tariff)、市场溢价(Market Premium)、可再生能源项目规模拍卖试点(Auction)三个阶段后，完全进入由市场发挥主体作用的拍卖模式。

2.2.3 可再生能源招标

为了顺应欧盟委员会建立以市场为基础的可再生能源支持机制目标和要求，更好地控制可再生能源发展规模并提高德国乃至欧洲电力供应安全，德国在 2017 年正式生效的第六版 EEG 中放弃了固定电价政策，明确可再生能源发电成熟技术，新的机制为降低用能成本和适应能源转型创造了有利条件。结合“规模总量控制”，新的 EEG 全面转向可再生能源规模招标拍卖制度，确认政府制定发展规模和市场决定价格的科学机制。装机容量不足 750kW 的光伏和风力发电机组、小于 150kW 的生物质能发电机组以及水力和地热发电机组，豁免不参加招投标程序。

2014 年版 EEG 中对大型地面光伏项目实施招标拍卖试点，并于 2015 年完成第一批三轮招标，效果良好，2016 年又进行三轮招标。结合光伏招标试点经验，2017 年 1 月 1 日起正式实施的可再生能源发电招标体系主要规定如下：

- 德国联邦网络管理局负责管理可再生能源规模招标，招标总量符合 2025 年可再生能源份额目标——40% ～ 45%。

- 2017 年开始，每年对陆上风电和大型光伏项目进行 3 ～ 4 轮招标；竞标企业需缴纳一定保证金，确保竞标有效性；陆上风电项目竞标成功后获得的电价权益不得转让，光伏项目如转让电价权益则补贴额将相应下调。
- 拍卖遵循“按报价费用”原则。
- 竞标成功项目将持续享有 20 年竞标补贴费率。

具体到各可再生能源技术种类招标方案细则，如表 3-2-3 所示。

表 3-2-3　德国各类可再生能源招标政策情况

<table>
<tr><th>技术种类</th><th>光伏</th><th>陆上风电</th><th>海上风电</th><th>其他</th></tr>
<tr><td>适用范围</td><td>大于 1MW 的全部地面及屋顶项目</td><td>通过《联邦污染物排放法案》要求的项目</td><td>2021 年开始投运的项目</td><td rowspan="4">生物质、水电、地热及垃圾填埋气等发电项目由于相对缺乏竞争性，因此不在竞标范围内</td></tr>
<tr><td>年招标轮数</td><td>3</td><td>2017 年 3 次
2018 年 4 次</td><td>2021—2024 年
2 次 / 年</td></tr>
<tr><td>年总量控制规模</td><td>250 万 kW</td><td>290 万 kW</td><td>到 2025 年
1 100 万 kW</td></tr>
<tr><td>年招标规模</td><td>50 万 kW</td><td>200 万 kW</td><td>80 万 kW</td></tr>
</table>

根据预期，80% 以上的可再生能源电力都应该参与竞标，其中陆上风电和光伏发电是核心和主力。此外，对海上风电的激励也将通过招标机制降低成本。但是对于不同技术类别，招标机制有所区别，如海上风电和建筑光伏的招标流程将有很大不同。招标面向全国范围，所有发电商都有公平参与竞争的机会。

根据德国联邦经济事务与能源部在 2016 年 2 月发布的《可再生能源法修订要点》报告，德国国内对全面推行可再生能源规模招标拍卖制度给予高度评价，认为这一制度是完全建立在欧洲自由电力市场上的可再生能源补贴制度，是可借鉴的可再生能源创新激励机制。通过将可再生能源完全推向市场，一方面更准确地反映市场需求及发电成本，另一方面减轻可再生能源补贴资金压力和负担，符合德国一贯遵循的补贴成本有效性原则。

2.2.4　终端用户电价水平

德国《可再生能源法》的另一个核心就是通过费用分摊机制以电价形式直接向德国全社会电力用户收取可再生能源附加费（EEG-Surcharge），用以支付德国可再生能源发展的各项补贴。

2000 年以来，随着德国可再生能源整体规模稳步发展，每年的可再生能源附加费征收总额也在持续上升，2017 年达到 292 亿欧元，2010 年后年均增速达 149%，直接引起部分德国民众对于德国能源转型及可再生能源发展的质疑和争议。但是根据德国 Agora 能源转型智库 EEG Calculator 模型推算，随着可再生能源招投标机制的全面引入，德国可再生能源附加费规模将于 2023 年达到峰值，随后平缓下降，能源转型将进入“可负担”阶段（图 3-2-20）。

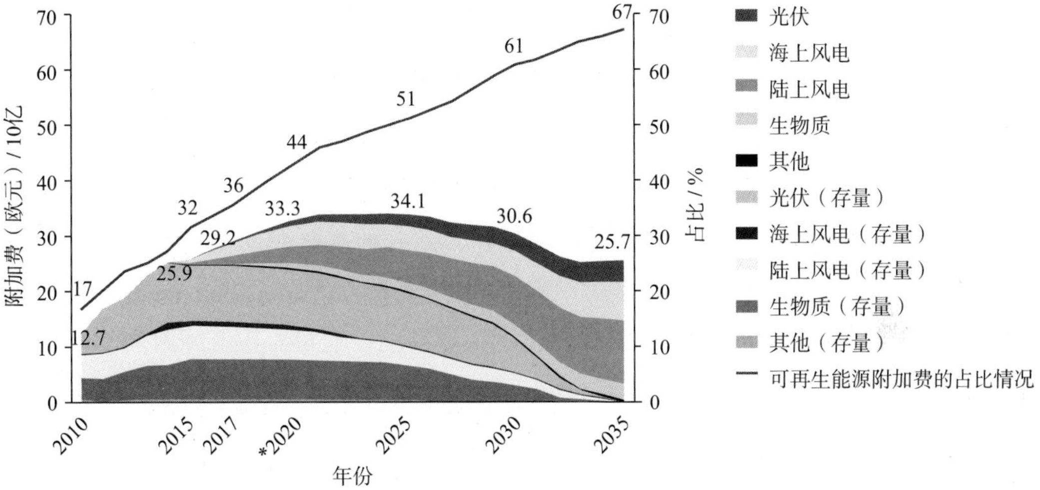

图 3-2-20　2010—2035 年德国可再生能源附加费[①]

目前德国零售户用电价一直处于 OECD 国家中的最高水平。为此，德国也在近几年的《可再生能源法》修订中调整了可再生能源附加费征收原则，以减轻电价附加给居民带来的生活压力。与此同时，为了使全社会各用电主体可以更加公平地承担可再生能源发电成本，德国不断缩小可再生能源附加减免行业和企业范围，并提高其相应电价附加征收标准。

2017 年德国居民电价中，电网、可再生能源附加费、零售及增值税所占比重最高，2017 年占比分别为 26%、23%、19% 及 16%。其中可再生能源附加费在 2017 年有较大程度上调，这也是 2014 年以后的首次上浮，主要原因是上年可再生能源附加费总额出现亏空。受到可再生能源附加费上涨及电网改造等因素的影响，2017 年德国居民电价较 2016 年上涨 1.7%，为 29.28 欧分 /kW·h（图 3-2-21）。

① 德国 Agora 能源转型智库 EEG Calculator。

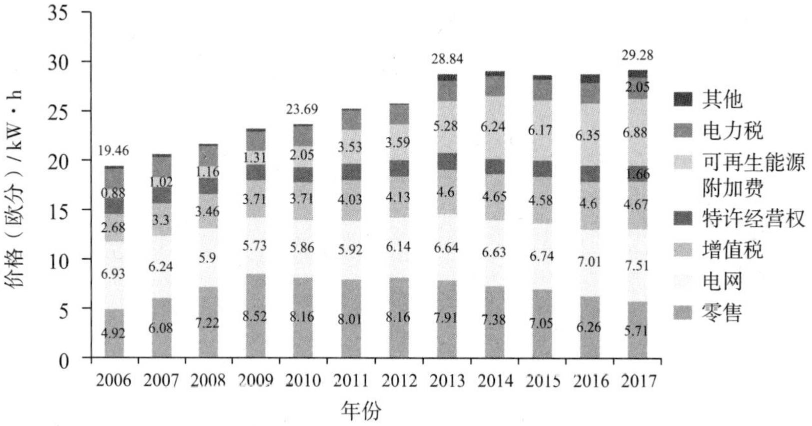

图 3-2-21　2006—2017 年德国居民电价组成及变化趋势①

相较于负担更重的居民电价，德国对于符合条件的高耗能产业给予了非常有利的可再生能源附加优惠政策（最低 0.05 欧分 /kW·h），这也是德国一般用户高可再生能源附加费的重要原因。尽管 2015 年德国将高耗能产业可再生能源附加标准上调到 1.23 欧分 /kW·h，但在欧盟内部也处于较低水平（图 3-2-22）。

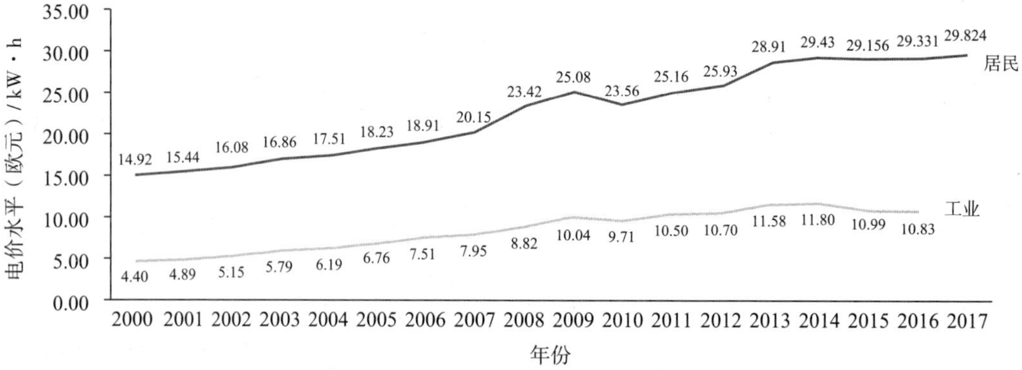

图 3-2-22　2000—2017 年德国终端用户电价水平

对工业企业采用优惠的电价政策，增强了德国工业和产品的国际竞争力，但也因此受到了广泛质疑和争议，直接表现是居民电价不断攀升。尽管德国政府已经采取措施，但居民电价仍保持小幅增长态势，一般电力用户仍将是负担德国能源转型成本的主力。

2.2.5　其他政策

电网基础设施限制已经成为制约德国可再生能源发展和能源转型公认的主要因

① 德国可再生能源协会（BDEW）。

素之一。尽管德国政府近几年一直强调电网的重要性，但由于公众反对，电网扩容建设速度依旧显著落后于德国可再生能源发展的速度。考虑到德国“退核退煤”的战略目标，具有充足输电能力、智能化、灵活度高的电网是能源转型成功的关键。

与我国类似，德国也存在电源与负荷不平衡的问题。目前在德国的电源结构中，风电已成为除煤电之外的最大电源，其中 2/3 位于相对德国工业和商业中心的南部来说用电需求较低的北部。

德国南北之间现有输电线路 3.5 万 km，但远不足以将北方丰沛的风电输往德国西部和南部的电力负荷中心，一方面使德国北部弃风率居高不下，另一方面为平滑系统，电网企业用于“再调度”的费用高昂，2017 年相关费用达到 12 亿欧元。根据 Agora 能源转型智库统计，2017 年德国负电价小时数创历史最高纪录，达到 146h，直接折射德国电网系统在容量和灵活性上的欠缺（图 3-2-23）。

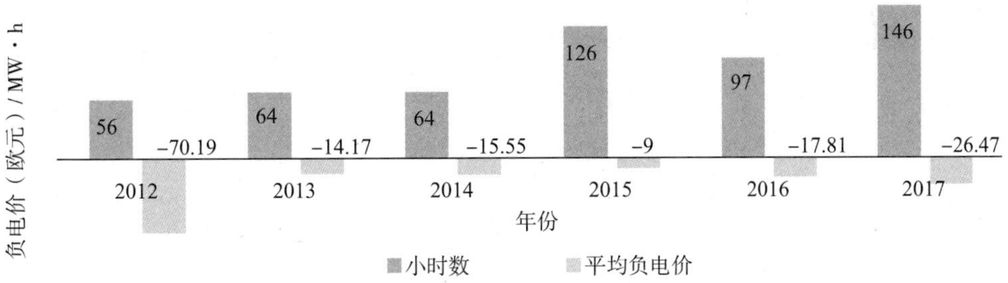

图 3-2-23　2012—2017 年德国负电价小时数及平均负电价

德国联邦网络管理局（BNetzA）2015 年 12 月发布了 10 年电网发展规划。根据规划，截至 2025 年，德国需要新建 4 条输电线路（共计 2 850 km）①，并完成 3 050km 线路的翻新。BNetzA 发布的最新报告显示，截至 2017 年年底共收到 450km 电网扩建申请，并有 150km 的线路处于施工阶段，总体进展较为明显。此外，根据“电网扩容法案 2009”（EnLAG）要求，截至 2017 年年底还有 750km 电网完成建设。

预计德国的电网扩建速度还将继续加快。从欧盟整体来看，欧盟委员会要求在欧盟境内实现统一的电力市场，以降低能源消费成本，这就需要跨境电网设施的进一步完善，德国作为欧盟重要的电力进出口国，也被欧盟重点提出加大电网建设力度。从国内看，随着德国可再生能源，特别是北部风电的进一步发展以及南部核电项目的逐步关停，电力远距离输送需求将进一步提高，德国国内包括 50Hz 在内的电网企业都已开始着手研究相关应对措施（图 3-2-24）。

① 4 条新建输电线路：ANord，SuedLink（两条）及 SuedOstLink.

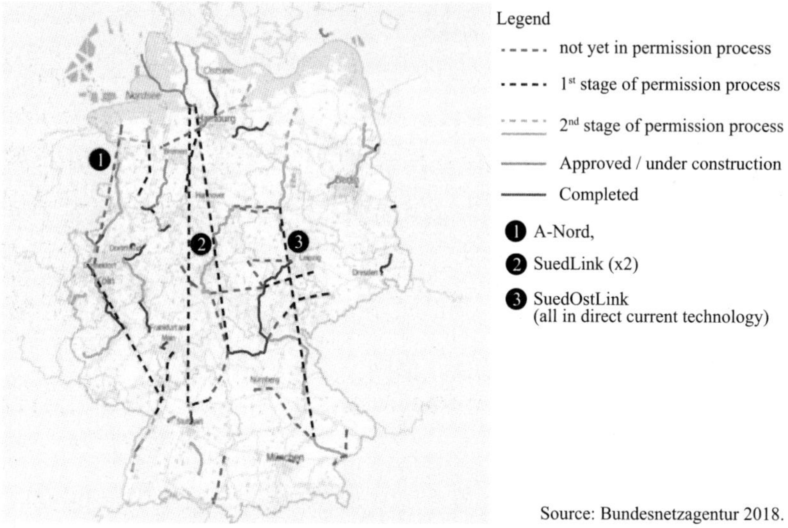

图 3-2-24　德国电网建设规划（2025）实施情况①

2014 年实施光伏招标取得成功后，德国政府开始逐步研究并实施新的招标模式——可再生能源联合招标。继 2016 年年底德国和丹麦发起跨境光伏联合招标试点后，德国、丹麦和比利时三国政府联合海上风电领军企业在 2017 年签署联合声明，开始研究海上风电跨境联合招标，招标计划在 2020—2030 年新增 600 亿 kW 海上风电装机，2030—2040 年每年至少新增 40 亿 kW。

除跨境联合招标外，应欧盟委员会要求德国联邦经济能源部还宣布拟于 2018—2020 年进行风光补贴联合招标。按照方案，跨技术联合招标将分别于每年 4 月和 11 月执行两轮，不论哪种发电技术种类，补贴报价较少的企业获得政府补贴。每年采用跨技术联合招标形式的装机容量为 40 万 kW。针对风能和光伏分别进行的补贴招标将继续保留，不过容量会相应减少。

2.2.6　市场和产业发展状况

2017 年，德国可再生能源总体利用水平进一步提升，主要表现在可再生能源电力领域。德国可再生能源电力 2017 年新增装机 829 万 kW，同比增长 23.5%，继续保持德国电力装机增量主体地位。截至 2017 年年底，德国可再生能源电力累计装机量达到 1.12 亿 kW，较上年增长 8%，可再生能源首次成为德国电力装机存量主体（图 3-2-25）。

① 德国联邦网络管理局（BNetzA）。

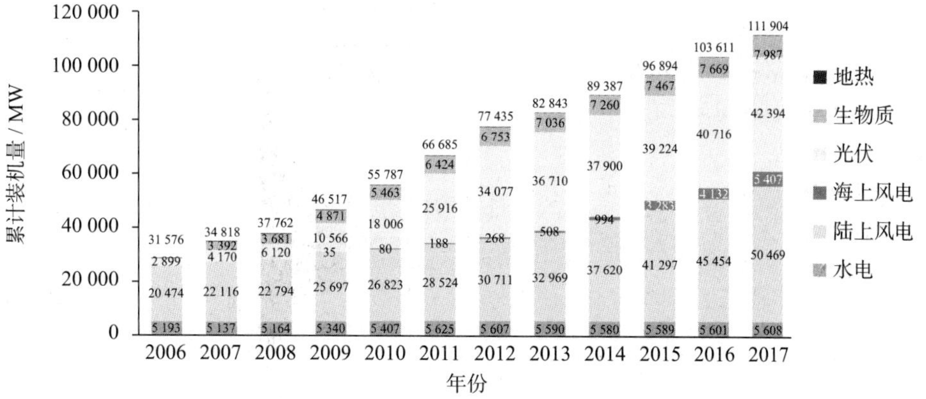

图 3-2-25 2006—2017 年德国可再生能源电力累计装机量

其中，陆上风电连续 3 年保持高速增长，2017 年新增 500 万 kW，创单年新增装机量历史新高，累计装机量达到 5 041 万 kW。海上风电在 2016 年增速下降后，再次迎来新一轮强劲发展势头，2017 年新增装机量达到 128 万 kW，实现累计装机量 540 万 kW。受到总量调控影响，2017 年德国光伏发展水平与 2016 年基本持平，新增装机量 168 万 kW，累计装机量达到 4 300 万 kW，继续保持德国第二大可再生电源地位（图 3-2-26）。

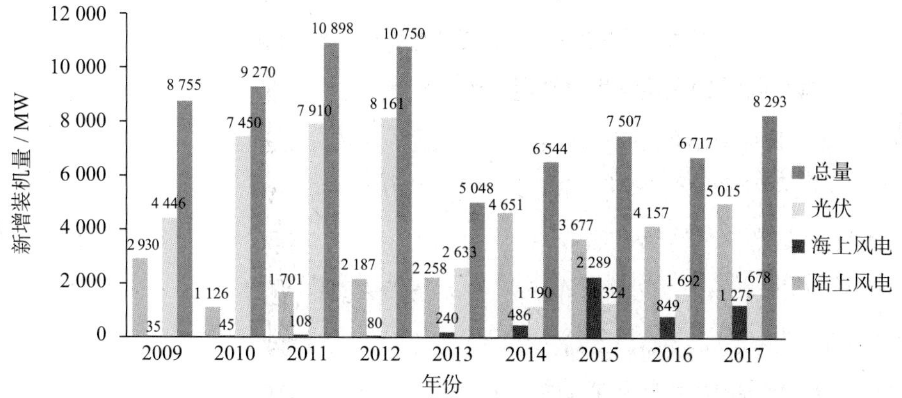

图 3-2-26 2009—2017 年德国可再生能源电力新增装机量

2017 年德国可再生能源发电量较 2016 年大幅提高 14.9%，全年可再生能源发电量达到 2 179 亿 kW · h，占德国电力消费总量的 36.2%，同比增长近 5 个百分点，提前 3 年超额完成 2020 年德国可再生能源电力占比目标。此外，德国可再生能源在 2017 年 4 月 30 日再创单日再生能源电力比例纪录，当日德国全部电力消费的 85% 来自太阳能，风能和水电等可再生能源（图 3-2-27）。

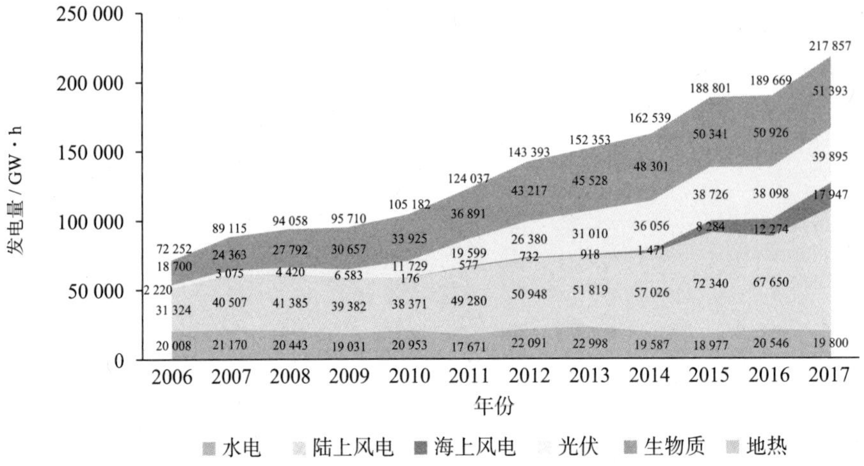

图 3-2-27　2006—2017 年德国可再生能源发电量

2017 年德国陆上风电贡献较为突出，全年发电量 887 亿 kW · h，较上年增加 210 亿 kW · h（3%），占德国全年电力消耗的 14.7%，比 2016 年提高 3.7%，首次超过天然气（860 亿 kW · h）成为德国第三大电源[①]。光伏发电量 399 亿 kW · h，同比增长 4.7%，在德国 2017 年用电量中的占比小幅上涨达到 6.6%。海上风电并网电量上年涨势迅猛，2017 年发电量达到 179 亿 kW · h，较 2016 年提高 46%，占当年德国电力消耗的比重提高到 3%，过去 5 年平均增速超过 120%（图 3-2-28）。

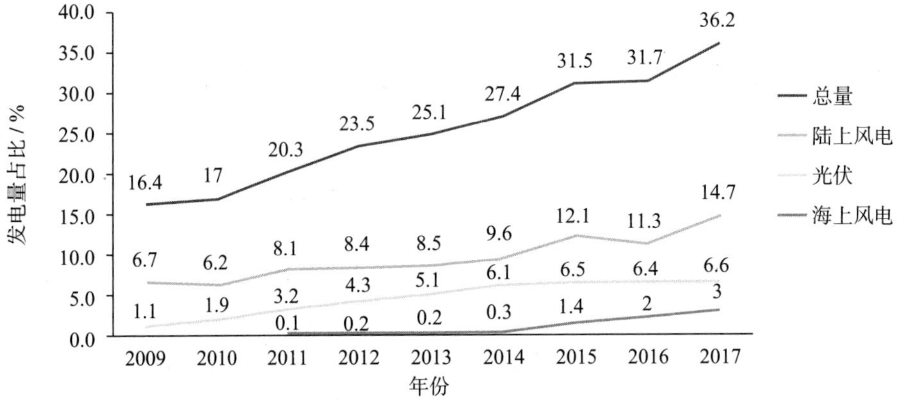

图 3-2-28　2009—2017 年德国可再生能源电量占比

2017 年德国可再生能源发电成本进一步大幅下降。光伏 3 轮招标[②]（50 万 kW）的平均中标价格为 4.91 欧分 /kW · h，最低中标价格 4.29 欧分 /kW · h。根据德国弗劳

① 德国 Agora 能源转型智库，前两位为褐煤和无烟煤，发电量分别为 1545 亿 kW · h 和 1177 亿 kW · h。

② 光伏三轮招标分别为 2017 年 2 月、6 月和 10 月。

恩霍夫研究院的研究结论，综合考虑发电量、初始投资、维修费用、燃料与碳价等因素，光伏已经成为德国最经济的电源[①]，成本为 3.71～11.54 欧分 / 千瓦时。

陆上风电在完成 2017 年的 3 轮招标后[②]，平均价格下降至 3.82 欧分 /kW · h，最低中标价格 2.2 欧分 /kW · h，陆上风电发电成本在 6 个月中下降了 33.1%。经弗劳恩霍夫研究院测算，德国陆上风电度电成本为 4～8.23 欧分 /kW · h，是德国经济性排名第二的发电技术。2017 年德国可再生能源中标情况如图 3-2-29 所示。

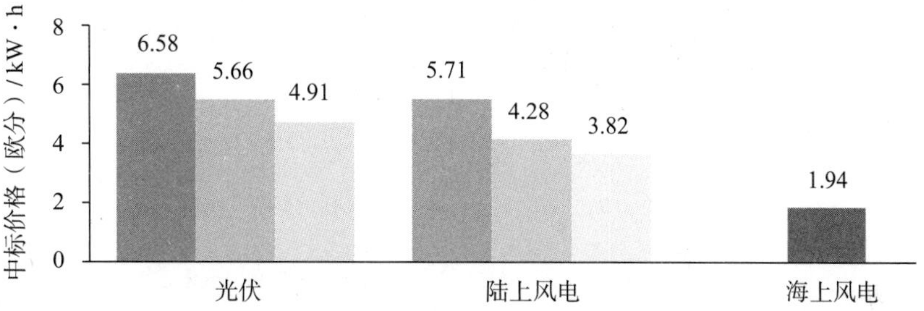

图 3-2-29 2017 年德国可再生能源中标情况

海上风电在 2017 年完成针对北海海域的首轮招标，总规模 149 万 kW，平均中标价格为 1.94 欧分 /kW · h。招标中首次出现“零补贴”海上风电项目，由德国电力公司 EnBW 负责建设，总容量 90 万 kW。弗劳恩霍夫研究院认为当前德国海上风电度电成本为 7.5～13.8 欧分 /kW · h，随着技术进步，海上风电成本也将进一步下降。

2.2.7 未来展望

总体来看，德国能源转型对德国经济的影响是积极正面的，德国国内对于能源转型的支持范围正逐步扩大，特别是德国工业、制造业开始视能源转型为机遇，如何正确推动能源转型以实现德国 21 世纪中叶碳中和目标，已成为德国全社会广泛讨论的议题。

德国正式启动“2050 退煤”倒计时。2018 年 2 月，历经 7 个月完成组阁的德国总理默克尔正式发布新政府能源政策，能源转型将更加注重“清洁、安全和可负担”，其中正式研究关停煤电厂时间、进一步加快可再生能源部署并制定气候保护法成为亮点。2018 年 6 月初，默克尔完成“经济增长、结构性改革及就业促进特别委员会”（“退煤委员会”）的提名组建，事实推进德国关停煤电厂和煤矿事项并确定具体时间。委员会由联邦经济能源部牵头，环境部、劳动部及内政部等多个联邦

① 弗劳恩霍夫研究院：德国燃气发电度电均化成本为 11～21.9 欧分 /kW · h，褐煤燃发电为 4.6～7.9 欧分 /kW · h，大型燃煤发电为 6.3～9.9 欧分 /kW · h，燃气蒸汽综合发电为 7.8～10 欧分 /kW · h。

② 陆上风电三轮招标分别为当年的 5 月（80 万 kW）、8 月（100 万 kW）和 11 月（100 万 kW）。

政府重要部门均参与其中。

可再生能源将继续保持稳定发展。2018 年 1—5 月，德国在两个公共假日（1 月 1 日和 5 月 1 日）分别实现短暂 100% 可再生能源电力供应。尽管电力需求下降和有利的气象条件是前提，但“两次 100%”进一步证明德国实现高比例可再生能源电力已无技术障碍，同时提振了德国发展可再生能源、推动能源转型的信心。据德国 Agora 能源转型智库预测，2018 年德国电力企业将至少新建 40 亿 kW 风电发电容量和 20 亿 kW 光伏发电容量，以弥补于 2017 年年底关停的核电机组以及即将于 2018 年 10 月转为应急储备的褐煤发电机组。

2.3 英国

英国位于欧洲大陆西北面的不列颠群岛，由大不列颠岛上的英格兰、苏格兰和威尔士，以及爱尔兰岛东北部的北爱尔兰和一系列附属岛屿共同组成，国土面积 24 万 km^2，截至 2017 年年底全国人口约 6 601 万。受退欧不确定性影响，2017 年英国经济增速跌至 5 年来最低水平，全年 GDP 为 2.6 万亿美元，较上年增长 1.8%，2013 年以来首次被法国挤出世界前 5 大经济体①，同时也是欧盟及 G7 国家中整体经济表现最弱的国家（图 3-2-30）。

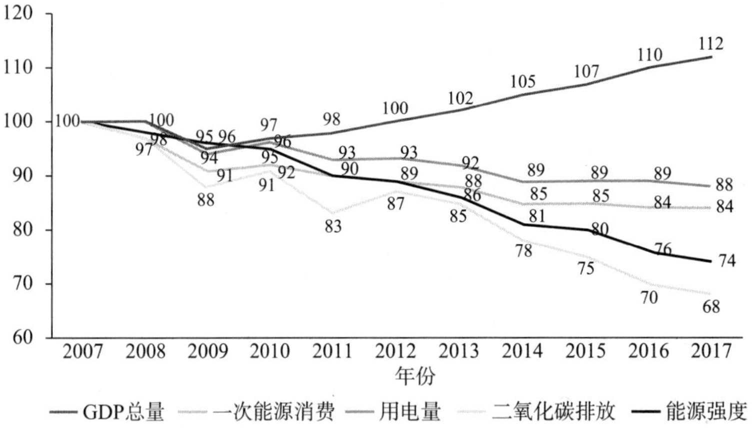

图 3-2-30　2007—2017 年英国经济能源主要指标②

注：参数 2010=100。

① 数据来源：国际货币基金组织 IMF。

② 数据来源：商务、能源与工业战略部（BEIS）。

英国是世界上最早进入工业化的国家，也是最早开始现代化能源革命的国家。从 20 世纪 50 年代开始的“去煤”进程，到 70 年代的油气大规模开发，再到 80 年代大力推动核能、可再生能源等清洁能源的发展，英国对能源环境关系的认知及全社会推动能源转型的共识不断提高。进入 21 世纪后，英国的一次能源消费总量、全社会用电量、能源强度以及二氧化碳排放总量除特别年份小幅波动外，保持总体明显下降趋势，2017 年均达到历史最低水平，同时英国也是欧盟仅有的 6 个当年实现二氧化碳减排的国家之一；而英国经济在 2009 年金融危机爆发后连续 8 年保持正增长，年均增速达 2%，可以说英国的能源和经济已经完成“去关联”，并为应对气候变化做出切实努力。

从能源消费结构看，随着近年来弃煤措施的不断出台，英国煤炭消费量逐年递减，2017 年全年煤炭消费量 1 000 万 t 标准油，较 2012 年大幅缩减 3/4，仅占全年一次能源消费总量的 5%。英国北海油气资源丰富，2010 年以来石油消费量保持平稳，连续两年占英国一次能源消费的 35%；天然气继续保持英国第一大能源地位，2017 年全年消费总量达 7 800 万 t 标准油，一次能源消费占比过去 10 年间在 40% ～ 42% 浮动。核能消费总量连续 3 年达到 1 500 万 t 标准油，一次能源占比由 2015 年的 7.5% 小幅上涨至 7.7%。可再生能源发展势头良好，2014 年首次超过核能成为英国第二大清洁能源，2017 年消费总量 2 200 万 t 标准油，一次能源占比达到 11.3%（图 3-2-31）。

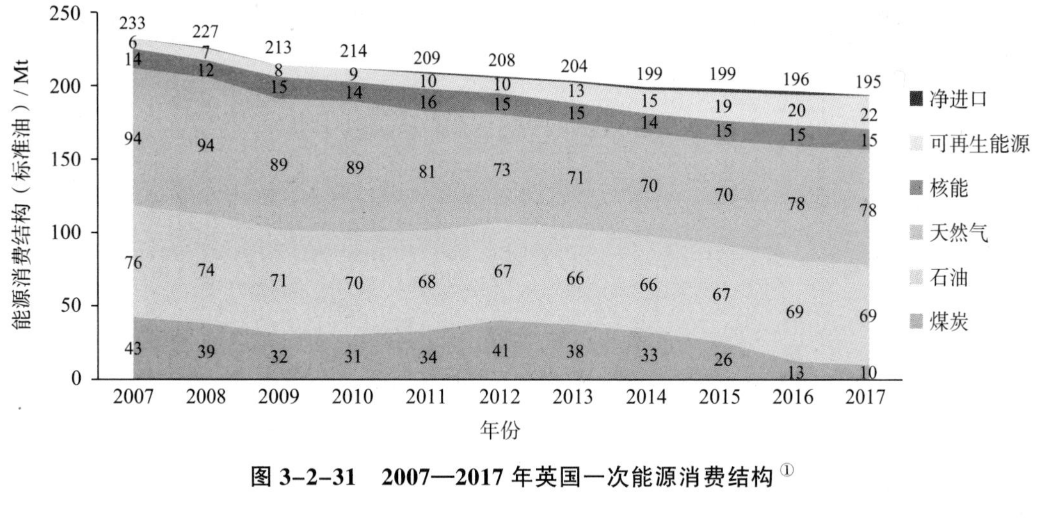

图 3-2-31　2007—2017 年英国一次能源消费结构[①]

① 数据来源：商务、能源与工业战略部（BEIS）。

从能源供应结构看，随着北海油气资源总量的逐步减少，英国油气进口总量在过去 10 年涨幅较大，直接导致英国能源对外依存度激增，2013 年达到历史最高点 48%。2013 年后，受可再生能源利用量上涨影响，英国能源对外依存度逐步回落，2017 年能源进口比例为 36%，较 2013 年下降 25%。此外，值得重点指出的是，2015 年年底英国煤炭公司关闭其最后一个深层煤矿，标志着英国在降低煤炭产能方面实现又一实质性阶段目标，2017 年英国煤炭产量进一步缩减，已降至 200 万 t 标准油，仅占全年能源生产总量的 1.5%，10 年内产量下降近 82%。截至 2017 年年底，英国清洁能源已占能源生产总量的接近 60%，较 2007 年上涨约 10 个百分点，清洁能源对于传统化石能源，特别是煤炭的替代效果显著。

2.3.1 可再生能源发展目标和实施进展

根据《欧盟可再生能源指令 2009》的要求，英国政府承诺到 2020 年可再生能源占终端能源消费总量的 15%，其中可再生能源在英国电力、供热及交通领域占比将分别达到 30%、12% 和 10%，此外英国政府还制定了到 2050 年二氧化碳排放总量较 1990 年下降 80% 的目标。2015 年 11 月，英国政府提出从 2023 年开始限制燃煤电厂使用，2025 年前逐步关停目前满足其电力需求 1/3 的燃煤电站，以实施燃气、核电和可再生能源替代的计划。此外，英国政府还承诺到 2040 年完全禁售汽柴油汽车。

2017 年英国可再生能源的终端能源消费占比为 10.2%，较上年上涨 10.9%，其中可再生能源电量占总发电量的 27.9%，较 2016 年显著上涨 3.5%；此外可再生能源供热占比达到 7.7%，同比增加 6.9%；可再生能源交通占比为 4.6%，是 2017 年唯一负增长的可再生终端用能，同比减少 4.2%（图 3-2-32）。总体来看，英国可再

图 3-2-32　2004—2017 年英国可再生能源利用水平[①]

① 数据来源：商务、能源与工业战略部（BEIS）。

生能源电力实现2020年既定目标可能性较大；但为确保终端能源占比目标的实现，在接下来的3年内需要实现年均增速14%，是2015—2017年年均增速的2倍，也就是说可再生能源电力，特别是供热和交通还需进一步加快发展。为此，不排除英国政府下一阶段加大可再生能源供热和交通支持力度的可能性。

2.3.2 主管部门及主要政策措施

2016年7月14日，英国新首相特雷莎·梅正式上任后宣布裁撤原设的能源与气候变化部（DECC），该部门职责被并入新部门——商务、能源与工业战略部（BEIS），前任能源与气候变化部部长Amber Rudd被任命为内政大臣。另外，原属于商业、创新和技能部的能源方面的相关事务也将移交给该新成立部门。BEIS主要职能包括：制定和提供全面的工业战略并领导政府与企业的关系；确保英国拥有可靠、可负担和清洁的安全能源供应；确保英国保持在科学、研究和创新的前沿位置；应对气候变化；促进市场竞争和保护消费者利益。此外机构设置和职能均未变化的机构如下：

- 天然气和电力市场监管办公室（OFGEM）作为独立能源监管机构在《2012能源法案》颁布后权力得到加强。
- 英国贸易和投资部（UK Trade & Investment，UKTI）负责对英国可再生能源产业竞争力给予支持。
- 交通运输部（Department for Transport，DfT）负责出台交通可再生燃料相关政策。
- 气候变化委员会（Committee of Climate Change，CCC）作为独立咨询机构，向英国政府和议会提供二氧化碳减排目标及预算建议。
- 国有差价合同订约方（CfD Counterparty）作为电力市场改革新生部门负责与发电商签订和执行差价合同。

目前英国的可再生能源发电政策主要由可再生能源义务（RO）和差价合同固定电价（CfD）构成。2017年前可再生能源发电项目可在RO和CfD之间任选其一。2017年开始CfD完全取代RO（指的是财年，即2017年4月开始）。此外，装机容量不大于5MW的水电、光伏和风电发电商可申请小型清洁发电厂固定电价，申请该电价的项目将失去获得CfD和RO的资格[①]。

可再生能源义务（RO） 英国自2002年开始实施“可再生能源义务”制度

① https://www.gov.uk/government/uploads/system/uploads/attachment_data/file/65635/7077-electricity-market-reform-annex-a.

（RO）。该制度规定电力供应商售电结构中必须有一定量的可再生能源电力。RO 制度实施的具体流程为：

首先由 DECC 在每年 10 月 1 日前公布下一年电力供应商的 RO 指标（即单位兆瓦时售电所需 ROC 证书数量）；Ofgem 再根据发电商所发可再生能源电量按照既定的兑换计量标准给予其一定数量 ROC 证书；发电商在售电给售电商的同时出售 ROC 证书，并在批发电价的基础上获得出售 ROC 的收益[①]；售电商根据其供电量以及 RO 指标向 FERC 呈交所需数量的 ROC 证书；无法呈交足够数量 ROC 证书的售电商需要按照"证书买断价格（Buyout-Price）"购买差额部分。

可再生能源发电商按照规定的证书兑换计量方式（表 3-2-4）获得可再生能源义务 ROC 证书，并出售给售电商。如 2016 年 1MW·h 陆上风电可获得 0.9 个 ROC，按同期 44.77 英镑 /ROC 证书买断价格[②]，折合 40.23 英镑 /MW·h。

表 3-2-4　可再生能源义务证书兑换计量[③]

技术	2013 年之前	2013—2014 年	2014—2015 年	2015—2016 年	2016—2017 年
水电	1	0.7	0.7	0.7	0.7
建筑光伏	2	1.7	1.6	1.5	1.4
地面光伏	2	1.6	1.4	1.3	1.2
陆上风电 /（ROC/MW·h）	1	0.9	0.9	0.9	0.9
海上风电 /（ROC/MW·h）	2	2	2	1.9	1.8
地热能	2	2	2	1.9	1.8
波浪及潮汐能	2	2	2	2	2

目前由 BEIS 负责制定每年电力供应商的 RO 义务指标，2017—2018 年，售电商单位兆瓦时售电需要提供 0.409 个 ROC，按照 2017 年 ROC 买断价格 45.58 英镑 /ROC，则售电商每兆瓦时供电中 ROC 成本为 18.64 英镑（表 3-2-5）。

自 2015 年，英国政府陆续停止光伏发电及陆上风电 RO 补贴，2015 年 4 月 1 日停止新建大型光伏电站（5MW 以上）的 RO 补贴；2016 年 4 月 1 日停止全部新建

① 2027 年前 ROC 价格由发电商与供电商协商决定；2027—2037 年将由政府决定买断价格。

② 2014—2015 年证书买断价格。

③ 来源：英国能源监管机构 Ofgem，2014。

表 3-2-5　单位兆瓦时发电 ROC 义务及买断价格[①]

时　　间	ROC 义务（ROCs/MW·h）	买断价格（英镑/ROC）
2011 年 4 月 1 日—2012 年 3 月 31 日	0.124	38.69
2012 年 4 月 1 日—2013 年 3 月 31 日	0.158	40.71
2013 年 4 月 1 日—2014 年 3 月 31 日	0.206	42.02
2014 年 4 月 1 日—2015 年 3 月 31 日	0.244	43.30
2015 年 4 月 1 日—2016 年 3 月 31 日	0.290	44.33
2016 年 4 月 1 日—2017 年 3 月 31 日	0.348	44.77
2017 年 4 月 1 日—2018 年 3 月 31 日	0.409	45.58

光伏发电 RO 补贴；2016 年 5 月开始，停止陆上风电 RO 补贴（已建风电和光伏项目不受影响，且符合要求发电企业可申请 RO 延期）；到 2017 年 3 月停止全部新建发电项目的 RO 补贴。由于 RO 政策适用于 20 年，因此最多到 2037 年 3 月，英国消费者的电费单中，将不再包括有 RO 项目的电费支出。ROC 的退出表明英国对可再生能源发电支持机制全面转型。

差价合同固定电价（CfD）　由于 ROC 价值的不确定性增加了可再生能源项目的风险和项目融资的困难，英国政府在《2011 电力系统改革白皮书》中提出从可再生能源义务证书（ROC）向固定电价，即差价合同固定电价（CfD）的过渡方案。在 CfD 模式下，差价合同订约方（CfD counterparty）与发电商签订长期合同确定合同价格，在交易过程中如果市场平均电价低于合同价，则向发电商予以补贴至合同价；反之则发电商返还高出的部分。在 ROC 机制逐步退出后，针对大型项目的 CfD 和针对小型项目的固定电价成为支持可再生能源发电的经济政策。

小型清洁发电厂固定电价　除 RO 和 CfD 外，英国政府从 2010 年 4 月开始对包括水电、风电和光伏发电等小型清洁发电厂实施固定电价（表 3-2-6）。固定电价针对小型清洁发电厂生产的全部可再生能源电力（包括自用和上网部分）执行。若发电厂将剩余电力输送电网，则上网部分在下表固定电价水平的基础上，额外获得 45 英镑/MW·h 的补偿以鼓励节能和提高能效。享受小型电厂固定电价的项目无资格参与 RO 和 CfD。

① 来源：英国能源监管机构 Ofgem，2016。

表 3-2-6　英国小型风电厂项目固定电价水平[①]　　单位：便士 /kW · h

技术	装机规模	2016 年 12 月 31 日前	2017 年 3 月 31 日前
光伏	≤ 10kW	4.18	4.11
	10 ～ 50kW	4.39	4.32
	50 ～ 250kW	2.03	1.99
	250kW ～ 1MW	1.69	1.65
水电	＞ 100kW	7.65	7.63
	10kW ～ 2MW	6.12	6.11
	2 ～ 5MW	4.43	4.43
风电	≤ 50kW	8.33	8.26
	50 ～ 100kW	6.08	6.02
	100kW ～ 1.5MW	3.92	3.90
	1.5 ～ 5MW	0.83	0.82

交通可再生燃料义务、可再生能源供热激励政策和气候变化税　除可再生能源发电外，英国政府在可再生能源交通及供热领域也分别出台了交通可再生燃料义务（Renewable Energy Transport Fuel Obligation，RTFO）和可再生能源供热激励政策（Renewable Heat Incentive，RHI）。RTFO 规定 2014 年后供应商所销售的液体燃料中 4.75%（按体积计量）需要由可再生能源燃料提供。RHI 是全球第一个针对低碳供热的财政补贴政策，补贴范围包括空气源、水源、地源热泵和生物质锅炉等。此外，英国自 2001 年就针对非居民电力用户征收气候变化税（Climate Change Levy，CCL），2016 年 4 月征收标准为 0.568 英镑 /kW · h，较 2015 年增加了 9 英镑 /MW · h。

2.3.3　电力市场改革

20 世纪 90 年代初，电力工业改革作为撒切尔政府推行的整体经济体制变革的一部分，私有化步伐拉开序幕。经过 20 多年的不断重组、并购和改革，目前英国电力行业呈现以下结构：

（1）发（售）电环节

6 家同时拥有发配售（或发售、发输配售）垂直一体化集团公司，占据英国发电市场 65% 和售电市场 87% 的市场份额，其余市场份额由独立发电或售电公司占有。

（2）输电环节

英格兰和威尔士地区输电资产归属于英国国家电网公司（National Grid）；苏格

① 数据来源：http://www.fitariffs.co.uk/eligible/levels.

兰地区输电资产归属发输配售垂直一体化的苏格兰电力公司以及苏格兰和南方能源集团公司。输电网在英格兰和威尔士地区以及苏格兰地区实行全国统一调度，调度机构隶属于国家电网公司。此外，国家电网公司作为系统运营商负责审核差价合同（CfD）发电商资质、执行差价合同拍卖及容量市场（Capacity Market）改革。

（3）配电环节

英国有7个主要的配电网运营机构拥有并运营配电网资产。此外，英国特定地区还有一些独立配网运营机构，主要拥有和运营部分接入既有电力配送网络的电网扩展项目。

目前，电力与天然气办公室（Ofgem）负责对英国电力系统整体进行市场监管。英国现有100家公司持有民用用户的供电牌照以及39家公司持有非民用用户的供电牌照，其中有6大电力供应商为99%的民用用户提供服务，它们分别是British Gas，EDF Energy，E.ON，RWE power，Scottish Power和SSE。各家的市场份额大致维持在11%～25%。电力消费者的用电账单中只有不到一半的成本是电价的批发成本。除此之外，还包括建造、运营与维护输配电网络的网络成本，供应商运作成本，政府构建的环境和社会责任成本，以及电力供应商的利润等。

近年来，随着北海油气资源的逐渐消耗，英国能源对外依存度不断上升，保持能源供应安全的压力开始显现。此外，由于碳排放目标的压力，英国提出了到2025年全部关停燃煤电站的计划，大量的燃煤和燃油机组逐步关闭，取而代之的是可再生能源机组、核电机组和燃气等运行灵活的低碳机组。这就需要通过充足的电网备用、先进的需求侧管理机制、储能以及电网基础设施的升级改造支撑其发展。为此，英国能源部在2011年7月正式发布了《电力市场化改革白皮书》，以此为标志启动了以促进低碳电力发展为核心的新一轮电力市场化改革。电力市场改革的两个主要机制包括容量市场（Capacity Market）和差价合同（Contracts for Difference）。

容量市场通过给予可靠容量以经济支付，确保在电力供应紧张时市场拥有充足的发电容量保证电力供应安全。英国的容量市场对电力供应端和需求端资源（例如需求响应和储能）开放。目前英国国家电网（National Grid）已开展三轮容量市场竞标，最新一轮竞标针对2020/2021年交付的发电容量，最终成功出清的发电容量合计52.4GW，市场出清价格为22.5英镑/kW·a，该轮容量市场交易总额约11.8亿英镑。

差价合同CfD的设计是为了给予所有的低碳电力长期支持。在差价合同下，发电商像往常一样通过电力市场出售电力产出，然后获得电力售价与执行电价（Strike

Price）之间的差别支付（Difference Payment）。截至 2017 年 7 月，英国已完成一次差价合同竞标，受 CfD 支持的项目包括陆上及海上风电、光伏发电、生物质发电、波浪能、潮汐能及地热能发电等，第二轮差价合约竞标的申请也在 2017 年 4 月结束。

此外，英国电力市场改革也包含其他一些相关政策。例如，最低碳价（Carbon Price Floor）、适用于化石燃料电厂的碳排放绩效标准（Emissions Performance Standard）、节约用能的激励措施以及支持市场流动性和独立可再生能源发电商进入市场的措施。

在机构设置方面，英国国家电网具体执行电力市场改革，并向政府提供有关容量市场和差价合同的分析。在差价合同制度下，政府设立并拥有差价合同订约方（CfD Counterparty），负责签署和管理差价合同以及管理差价合同支付。

2.3.4 可再生能源产业及市场

2017 年英国可再生能源保持稳定增长，全年电力新增装机量达 53 亿 kW，增速显著回升 10.8%；截至 2017 年年底，英国累积装机量实现 408 亿 kW · h，较 2016 年大幅增加 15%（图 3-2-33）。

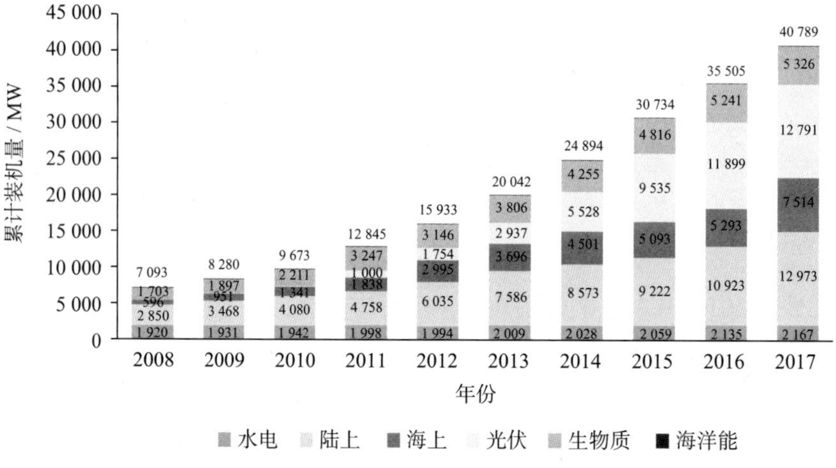

图 3-2-33 2008—2017 年英国可再生能源累计电力装机量[①]

受可再生能源义务证书（RO）政策期限影响，2017 年英国风电整体发展迅猛，新增装机量（43 亿 kW）再创英国最高纪录，是 2016 年风电新增装机量的 2.25 倍，占 2017 年可再生能源新增装机量的 80.8%，列全球第四位。海上风电成绩亮眼，以 22 亿 kW 新增装机排在 2017 年全球新增装机量第一位，并首次成为英国当年可再生

① 数据来源：国际可再生能源署。

能源电力新增最大增长贡献。此外，2017 年英国完成 1 800 万 kW 风机的换代升级，并在 10 月实现全球首个漂浮海上风电项目 Hywind 的并网运行，总装机量 3 000 万 kW。截至 2017 年年底，英国风电总装机量达 205 亿 kW，其中陆上风电 130 亿 kW，海上风电 75 亿 kW，同比增长 26.5%，排在全球累积风电装机量的第六位。

尽管 2017 年英国启动了部分大型光伏电站的建设及规划，但英国光伏没有延续 2014—2016 年的强势增长，2017 年新增装机 89 万 kW，仅占 2015 年的 22%，较 2016 年大幅下降 62%。造成光伏发展速度减缓的主要原因是光伏可再生能源义务证书政策的终止，2016 年 4 月起英国完全停止对新建光伏项目发放补贴，直接造成 2017 年第一季度光伏抢装 64 万 kW。截至 2017 年年底，英国光伏累计装机量达到 1 279 万 kW，同比增长 7.5%，目前排在全球光伏累计装机量的第七位。

由于整体市场及政策的不确定，和其他欧盟国家一样，英国的生物质近年来发展逐渐放缓，2017 年新增电力装机为 8.5 万 kW，仅为 2016 年新增装机量的 20%，主要技术为颗粒燃料（7.5t）、沼气及垃圾发电。截至 2017 年，英国生物质累计装机量达 533 万 kW，占英国可再生能源装机总量的 13%，同比下降近 2 个百分点（图 3-2-34）。

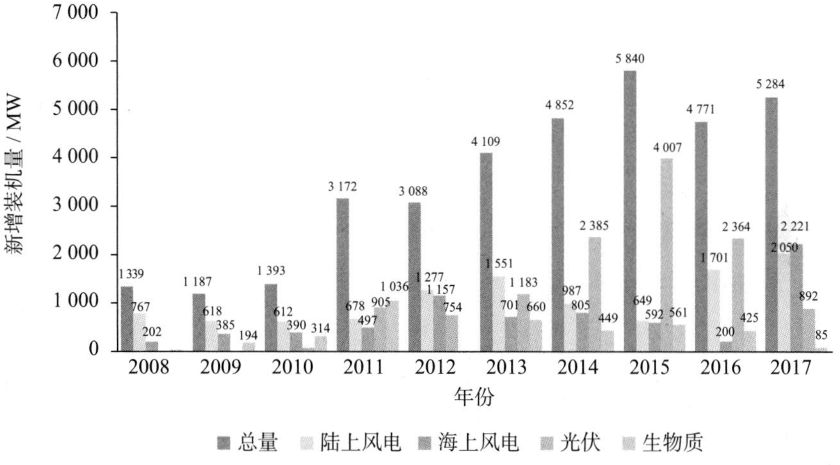

图 3-2-34　2008—2017 年英国可再生能源新增电力装机[①]

海洋能方面，2017 年英国潮汐能和波浪能均有不同程度的发展，新增装机主要以潮汐能技术为主，增量为 4 000kW，主要分布在苏格兰地区。截至 2017 年年底，英国海洋能累积装计量达到 2.5 万 kW，其中 17 万 kW 为潮汐能，8 万 kW 为波浪能（图 3-2-34）[②]。

① 数据来源：国际可再生能源署。

② 数据来源：Renewables 2018 Global Status Report.

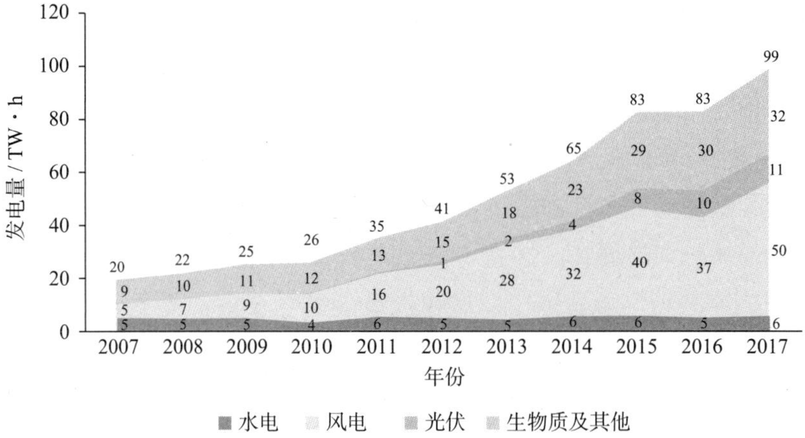

图 3-2-35　2007—2017 年英国可再生能源发电量 ①

2017 年英国可再生能源发电占当年可再生能源总体利用量的 69%②，受风电装机量增长及风资源条件影响，总发电量较 2016 年大幅增长 19%，达到 990 亿 kW · h。其中，陆上风电电量涨幅最高，2017 年全年电量较上年增加 82 亿 kW · h，海上风电电量增长 45 亿 kW · h，风电全年电量 500 亿 kW · h，涨幅达 35%。尽管全年水资源小幅下降，但小型水利发电装机量的增加使水电电量保持平稳，较 2016 年小幅上涨 5 亿 kW · h，全年发电量实现 60 亿 kW · h。太阳能光伏发电较上年增加 11 个百分点，全年发电量达到 110 亿 kW · h。生物质发电上涨 6%，2017 年发电量达 318 亿 kW · h，其中大型固体生物燃料发电量保持平稳增长，而填埋气和生物质 + 煤炭混合电量相对降低。

综合分析英国可再生能源电力系统，风电持续保持英国第一可再生能源电源地位，在英国总发电量的占比由 2016 年的 11% 显著提升至 15%，是英国 2017 年可再生能源电力的主要增长发力点。生物质及光伏发电占比与上两年基本保持同一水平。目前，英国非水可再生电力占比接近 30%，位列全球第 7 位，欧盟 28 国中排在第 6 位③。

根据英国国家电网在 2017 年年底发布的公告，2017 年英国清洁电量已占总电力供应的 90%，全年风煤电量之比已经达到 15∶7，2017 年 6 月英国风光核单月发电量首次超过化石能源发电量（煤炭、天然气发电之和），并在 2017 年 4 月和 10 月分别创造工业革命后首个 24h 无煤和 40h 无煤电的纪录（图 3-2-36）。英国国家电网

① 数据来源：BP Statistical Review of World Energy 2018.
② 数据来源：商务、能源与工业战略部（BEIS）。
③ 数据来源：Renewables 2018 Global Status Report.

表示，2017 年是英国电力系统史上最“绿色”的一年。目前，英国已经完成欧盟第四大、全球第七大清洁电力系统建设的任务。

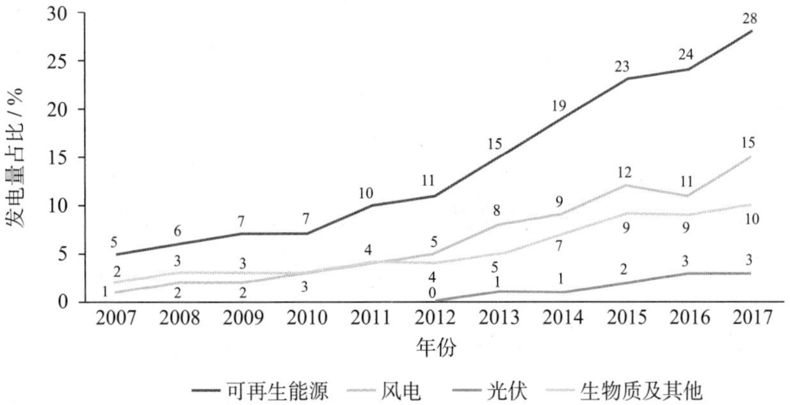

图 3-2-36　2007—2017 年英国非水可再生能源发电量占比[①]

进入 21 世纪，英国可再生能源供热一直是全球发展最快的生物质供热市场，但受到欧盟整体生物质政策的不确定性，近年来发展逐步趋缓。2017 年英国可再生能源供热占当年可再生能源总体利用量的 26%[②]，同比下降 27%。英国可再生能源供热的四个主要利用方式包括生物质能直接燃烧、热泵、能动式太阳能供热及地热。2017 年，直接燃烧占英国可再生能源供热的 79%，木屑、颗粒燃料及林业废弃物为主要燃料来源。2017 年英国电力系统结构如图 3-2-37 所示，2017 年英国可再生能源供热燃料占比如图 3-2-38 所示。

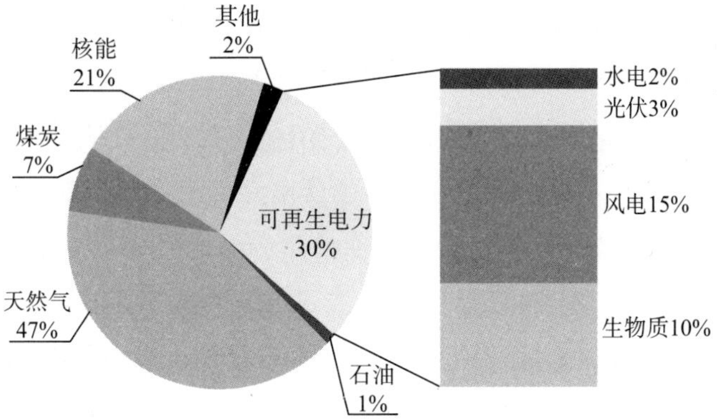

图 3-2-37　2017 年英国电力系统结构[③]

① 数据来源：BP Statistical Review of World Energy 2018.

② 数据来源：商务、能源与工业战略部（BEIS）。

③ 数据来源：BP Statistical Review of World Energy 2018.

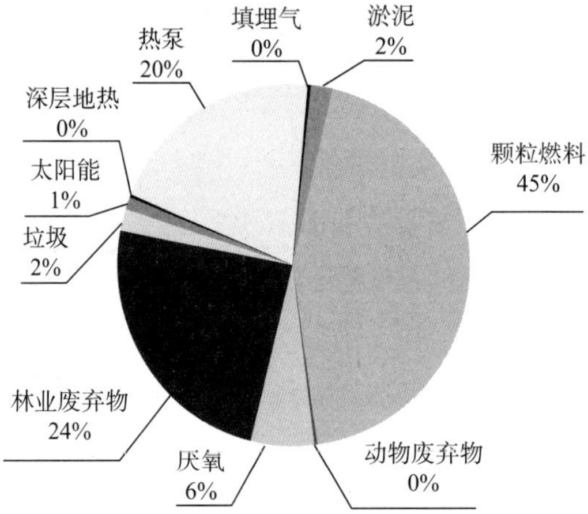

图 3-2-38　2017 年英国可再生能源供热燃料占比[①]

交通方面，2017 年，英国可再生能源交通占可再生能源总体利用量的近 5%，主要是生物质液体燃料——与传统柴油和汽油捆绑销售的生物柴油和生物乙醇——全年消费量折合油当量分别达到 5.73 亿 t 标准油和 4.24 亿 t 标准油，较上年下降 2.3% 和 4.5%，总体发展缓慢。但英国电动汽车在 2017 年销售总量实现 4.7 万辆，在考虑到汽车市场整体销售量下降 5.7% 的情况，电动汽车销售增长率同比超过 27%。其中，纯电动汽车增长 33.5%，混合动力电动汽车同比增长 25%。截至 2017 年年底，英国电动汽车保有量已达 13 万辆[②]。根据英国国家电网分析，英国政府逐步出台的交通能源转型政策，预计将成为可再生能源发展下一阶段的重要支持措施之一。

从投资来看，作为 2016 年全球可再生能源投资最大的国家，2017 年英国可再生能源总体投资额下降幅度较大，全年投资达 103 亿美元，同比减少 56%。投资大规模的降低，一方面是由于处在海上风电差价合约招投标期间，实际项目投资没有启动；另一方面也折射出英国陆上风电及太阳能光伏电站补贴的终止，对于可再生能源产业仍有较大冲击，促进可再生能源完成由政策向市场驱动这一根本动能的转换，依旧是英国及世界各国需要解决的重大课题（图 3-2-39）。

2.3.5　差价合约实施进展

2014 年 10 月，DECC 实施了第一轮差价合约竞标，2015 年年初 25 个可再生能源发电项目与定约方签订了差价合约（表 3-2-7）。

① 数据来源：商务、能源与工业战略部（BEIS）。
② 数据来源：商务、能源与工业战略部（BEIS）。

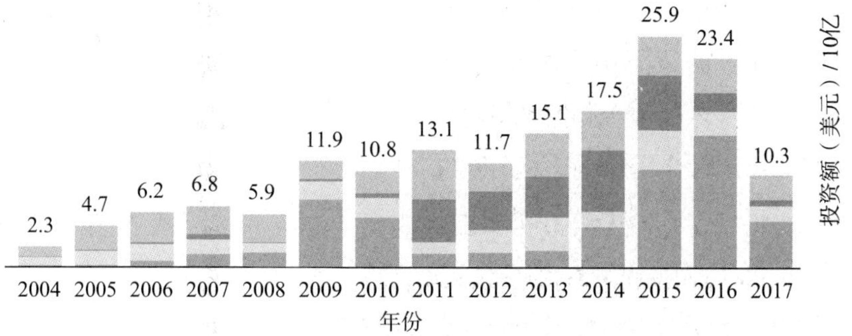

图 3-2-39　2004—2017 年英国可再生能源投资[①]

表 3-2-7　第二轮 CfD 固定电价（2012 年价格）[②]

技术类别	2021—2022 年				2022—2023 年			
	管理成交价格 / 兆瓦	结算价格 / 兆瓦	规模 / 兆瓦	节约比例 /%	管理成交价格 / 兆瓦	结算价格 / 兆瓦	规模 / 兆瓦	节约比例 /%
先进能源转换技术	125	74.75	56.31	40	115	40	8	65
生物质热电联产	115	74.75	85.64	35	115	N/A	0	N/A
海上风电	105	74.75	860	29	100	57.50	2 336	43

2017 年 9 月，BEIS 公布了第二轮差价合约竞标结果，共有 11 个项目竞标成功，其中 8 个项目位于英格兰地区。与第一轮相比陆上风电、光伏发电以及垃圾发电热电联产（CHP）项目等成熟技术未被列入第二轮 CfD 竞标范围，而波浪能和潮汐能等技术在取消最低 CfD 预算后受成本较高影响在竞标中被淘汰。为此，英国第二轮可再生能源 CfD 最终涵盖技术主要包括先进能量转换技术（ACT）[③]、纯生物质热点联产以及海上风电，各技术种类总体招投标规模分别为 6 431 万 kW、8 564 万 kW 及 32 亿 kW，其中海上风电成为绝对主体支持技术。其中，海上风电 2022—2023 年项目中标价格已低至每兆瓦时 57.5 英镑，比 2015 年下降一半，首次低于核电，标志着英国能源革命向前迈出了重要一步。

① 数据来源：BNEF Clean Energy Investment Trends 2017.

② https://www.gov.uk/government/publications/contracts-for-difference-cfd-second-allocation-round-results.

③ 高温分解或气化技术以降低传统燃机排放。

2.3.6 未来展望

2017 年 3 月 29 日，英国首相特蕾莎 · 梅向欧盟提交脱欧意向书，标志着英国正式进入脱欧进程。一年已经过去了，尽管英国脱欧还没有实际进展，但对英国能源领域的影响已经开始显现。

随着近几年“退煤”战略的逐步深入推进，英国的电力供给形势呈趋紧态势，此外英国政府对于可再生能源的大力支持所带来的巨额清洁电力补贴使得英国电价长期高于欧盟平均水平①。一直以来，英国缓解电力供需矛盾以及电力系统低碳性经济性矛盾的主要途径正是借助欧盟能源，特别是电力一体化市场，一方面依靠电力进口提高电力供应，另一方面通过引入价格相对低廉的欧盟邻国电力减轻消费者负担②。

2015 年欧盟委员会提出“能源联盟”战略框架，其中一个重要内容就是通过加强欧盟成员国间电网设施的互联互通，在更大范围内保证电力供应的稳定性和经济型，并专门设立“连接欧洲设施基金”用以支持电网互联水平低于 10% 的欧盟成员国进行跨境电网基础设施建设。

英国当前的电网联通率仅有 6%，为提高这一指标英国目前共有 7 条跨境输电线路处于建设或规划阶段③，而这 7 条输电线路均需要跨海，技术要求高，施工难度大，风险相对较高。尽管 BEIS 已经表态脱欧后继续参与欧盟能源市场，并进一步扩大与欧盟国家电网互联互通，但一旦英国完成脱欧程序，欧盟是否会保留英国申请专项基金申请的资格，在很大程度上将影响项目投资及工程进度。在这种情况下，通盘考虑电力供应安全及可负担因素，英国政府是否还会一如既往地大力支持可再生能源的发展，多少带有一定的不确定性。

此外，2017 年年底英国政府公布了产业战略白皮书，在强调核电对推动英国经济增长的情况下，目前没有对可再生能源做出明确的中长期部署规划。尽管欧盟在今年 6 月通过最新可再生能源指令，将 2030 年可再生能源在终端能源消费的占比目标由原来的 30% 上调至 32%，但处于脱欧进程中的英国是否也会相应做出调整还不明确。政策信号的缺失使得投资者和开发商调低产业发展的预期和信心，也成为英国可再生能源长远发展的不稳定因素。

从可再生能源技术角度分析，在清晰的发展目标指导下海上风电预计仍将是未来数年内英国可再生能源重点发展方向。辅助服务方面，近年来英国高度重视储能

---

① 2016 年英国平均电价约 0.15 欧元 /kW · h，比欧盟平均水平高 15%; 比临近的法国和丹麦分别高 36% 和 50%。

② 绿色能源补贴占据了英国大约 7% 的能源费用。

③ 输送容量总计为 7.3GW，法国联网输电线路 3 条：ElecLink、FABLink 和 IFA2 输电线路；比利时、挪威、丹麦和爱尔兰联网连接输电线路各 1 条，分别是 NEMO、NSN、Viking 和 Greenlink。

的发展，2017 年 4 月推出了“法拉第挑战”，旨在推动英国成为储能技术研发和储能市场的先驱国家，项目第一阶段投入资金 24 600 万英镑，预计对于提高可再生能源稳定性将发挥一定作用。

2.4　丹麦

丹麦地处欧洲大陆西北端日德兰半岛，东靠波罗的海与俄罗斯隔海相望，西濒临北海，北面隔斯卡格拉克海峡、卡特加特海峡和厄勒海峡与挪威、瑞典隔海相望，南部毗连德国，并与瑞典、挪威和芬兰统称为斯堪的纳维亚国家。面积为 43 096km^2，人口约 578 万。2014 年起，丹麦经济形势逐步向好，2017 年 GDP 总量达 3 245 亿美元，较上年增加了 2.2%，创近 10 年新高；政府总债务率（36.4%）和失业率（5.8%）继续稳步下降，均达到金融危机以来最好水平[①]。图 3-2-40 为 2000—2017 年丹麦主要经济能源指标。

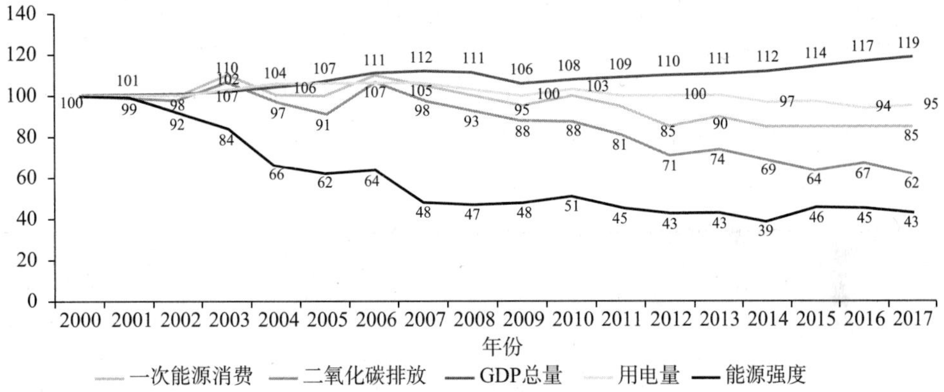

图 3-2-40　2000—2017 年丹麦主要经济能源指标[②]

注：参数 2000=100。

进入 21 世纪，丹麦的经济与能源总体“去关联”，呈相背增长态势，也就是说在大规模提高能效和推进可再生能源发展的前提下，丹麦在保证经济增长的同时已经可以减少一次能源消耗总量及二氧化碳排放总量。2000—2017 年，丹麦国内生产总值[③]总体上涨近 20 个百分点，而一次能源消费总量和二氧化碳排放量分别减少

① 丹麦国家统计局 Statistics Denmark。

② 丹麦国家统计局 Statistics Denmark（经济）; BP Statistical Review of World Energy 2018（能源）。

③ GDP 以 2010 年价格标准计算。

15% 和 37.9%，全社会用电量基本保持相同水平，能源强度大幅下降 57%。丹麦能源署研究认为，制造业迁出丹麦对于降低丹麦整体能耗并减少温室气体排放的作用有限，起到根本性作用的还是以热电联产和区域供暖为主的能效手段和高比例可再生能源的应用[①]。

在能源消费总量总体下降的同时，丹麦一次能源消费结构也在发生着根本性的变化。2016 年，丹麦可再生能源利用量达 420 万 t 标准油，可再生能源占一次能源消费的比重为 24%，分别较 21 世纪初大幅提高 290 万 t 标准油和 18%；2017 年，可再生能源利用量进一步提高，占一次能源比重达 27%，继 2013 年超过天然气后连续 5 年成为丹麦第二大能源品种。与可再生能源的强势增长截然相反的是煤炭，2000—2017 年丹麦煤炭消费量由 480 万 t 标准油递减至 160t 标准油，降幅达 2/3，并成为欧盟 2017 年煤电比例降幅最高的国家。天然气消费量 2000—2017 年年均递减 3%，保持稳步下降，受经济增长及气候条件影响 2014 年以来减速放缓。尽管石油消费总量及占比均平稳递减，但仍是丹麦第一大能源种类，2017 年丹麦石油消费占比较 2016 年小幅上涨 1%，总量是可再生能源的 1.7 倍。总体来看丹麦的可再生能源正在不断挤压传统化石能源的发展空间。2000—2017 年丹麦一次能源消费结构如图 3-2-41 所示。

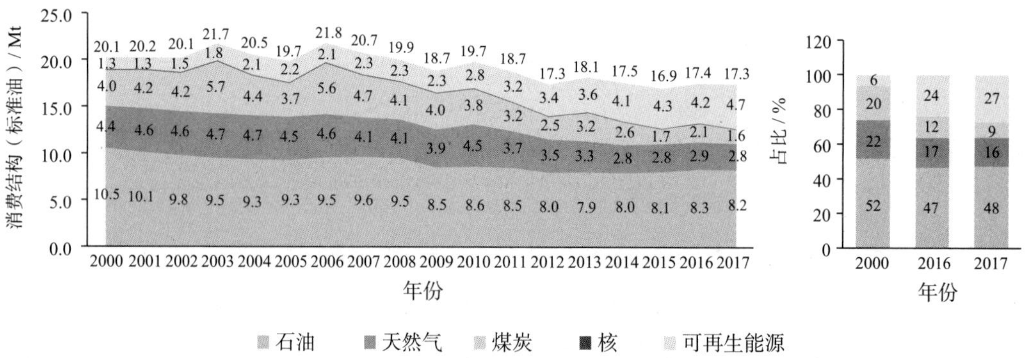

图 3-2-41　2000—2017 年丹麦一次能源消费结构[②]

丹麦油气资源相对丰富，是欧盟内部唯一的油气净出口国家，但其他矿产资源相对匮乏，煤炭完全依靠进口。能源对外依存度自 2005 年以来逐年小幅提升，2017 年由于煤炭消费量明显下降，能源自给水平上涨 2 个百分点，达到 85%[③]，相比其他欧盟成员国处于合理范围。

① 选自中国可再生能源展望 2017。

② BP Statistical Review of World Energy 2018.

③ 丹麦能源署“Preliminary Energy Statistics 2017”。

2.4.1　可再生能源发展战略目标及实施进展

20 世纪 70 年代的石油危机是丹麦能源推动绿色转型的根源。高企的油价带来的经济危机、就业问题以及贸易逆差，促使丹麦社会及政府将更多的注意力转向通过能源供应的多样化提高整体能源安全，并通过制定能效及能源标准满足全社会能源需求。

过去的 50 年，丹麦通过一系列综合政策法规，在降低总体能源消费总量的同时，引导能源供应主体由石油、煤炭、天然气向以风能和生物质为主的可再生能源逐步过渡。特别是进入 21 世纪以来，应对气候变化、保护环境、促进绿色可持续增长渐渐成为与能源安全同等重要的议题，为此丹麦制定了低碳、绿色的可持续能源发展战略，并决定建立以可再生能源为主体的能源体系，逐步摆脱对传统化石能源的依赖。此外，由于受到社会的广泛抵制，丹麦决定放弃发展核能，这就使可再生能源在丹麦能源系统中的地位更加稳固。

丹麦与欧盟可再生能源各阶段发展目标如图 3-2-42 所示。

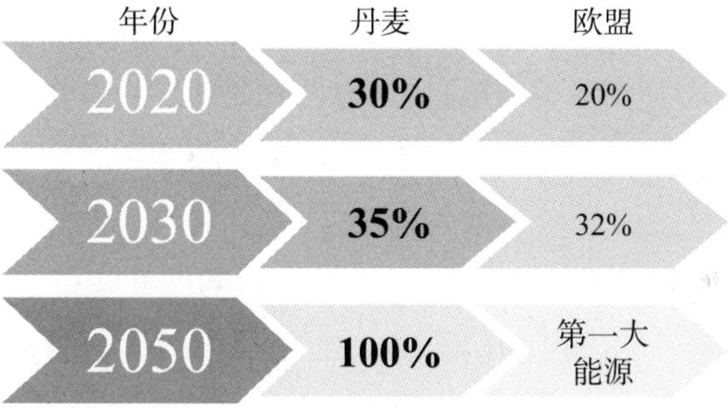

图 3-2-42　丹麦与欧盟可再生能源各阶段发展目标[①]

作为欧盟最早的成员国之一，丹麦一直致力于推动欧盟能源转型目标的实现，并且是欧盟内部第一个制定可再生能源宏伟目标的国家。2009 年丹麦通过了《可再生能源行动计划》，设定到 2020 年可再生能源占终端能源消费总量达到 30%，温室气体排放量较 1990 年下降 31%，均高于欧盟相关发展目标。截至 2015 年，丹麦充分发挥其“早鸟优势”，超额完成相关短期发展目标。

对比欧盟 2018 年 6 月刚通过的最新中期可再生能源发展目标来看，丹麦毫无意外将继续保持更加宏伟的决心。在刚刚结束的三方谈判中，欧盟已经决定上调可再生能源 2030 年发展目标至 32%，但早在 2016 年丹麦政府就已经设定了到 2030 年可再生能源占终端能源消费总量至少 50% 的目标，即使欧盟内部可再生能源支持派的

① 欧盟 2050 年可再生能源发展目标：欧盟 2050 能源战略。

目标 35% 也远不及丹麦的原定目标。

丹麦是全球第一个提出到 2050 年实现 100% 可再生能源的国家[①]，但值得注意的是这并不表明丹麦将完全摆脱化石能源，而是强调在同时满足应对气候变化和能源供应安全需求的前提下，实现 2050 年丹麦能源系统的“碳中和”。相比欧盟远期碳排放减排义务，即到 2050 年相较 1990 年总体减少 85% ～ 90%，丹麦能源署研究显示到 2050 年如果丹麦可以实现 100% 可再生能源电力即可完成欧盟碳减排义务的要求。

经过近半个世纪的发展，丹麦已经成为全球可再生能源发展以及推动绿色增长的领军国家。目前，丹麦以 68% 的非水可再生能源电力供应占比领跑欧盟乃至全球各国，并在 2017 年 3 月实现不间断 24h 完全依靠风电满足用电需求的突破。可以说，丹麦已经提前完成可再生能源电力供应主体地位的建立。

2.4.2 主管部门及主要政策措施

丹麦能源、公用事业及气候部总体负责丹麦国内能源、应对气候变化的事务管理，并统筹协调相关国际事务、参与能源与气候全球治理。其下属机构丹麦能源署，承担具体能源供应及开发的政策制定、发展规划及监管职能。丹麦能源部及丹麦能源署与中国政府能源主管部门一直保持良好合作关系，并于 2012 年出资支持中国成立国家可再生能源中心。

为了引导可再生能源健康合理发展，丹麦注重通过立法的不断完善，确保能源转型的经济性和“可负担”。20 世纪 70 年代的《供电法案（1976）》和《供热法案（1979）》可以看作是丹麦可再生能源发展的基础性支持政策文件。丹麦可再生能源主要支持政策如图 3-2-43 所示。

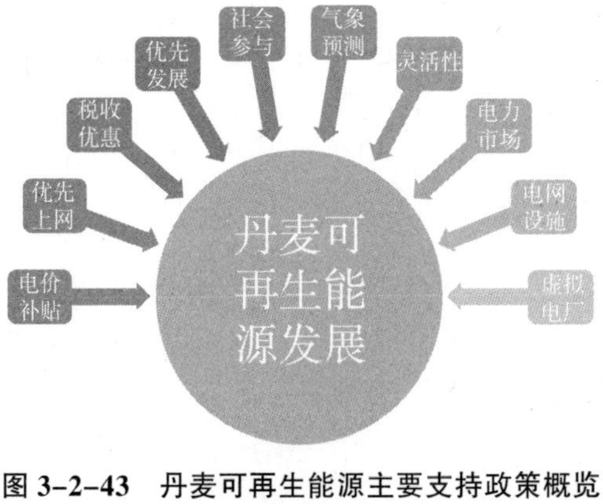

图 3-2-43 丹麦可再生能源主要支持政策概览

① 《能源战略 2050》，2011 年 2 月。

丹麦的可再生能源电力价格政策主要分两类：一类是固定上网电价政策（FIT），政府确定价格或者通过招标确定价格；一类是固定补贴电价政策（FIP），即在市场价格的基础上，增加一个固定补贴。以风电为例，在市场竞价的基础上，根据不同的并网年份，采取差异化的电价补贴政策，确保补贴的合理性。对于陆上风电和非招标海上风电，政策规定 2014 年 1 月 1 日后并网的风电实行固定补贴，在满负荷发电 6 600h 内，在市场成交价基础上补贴 0.25 丹麦克朗 /kW · h，如果市场成交价格达到 0.58 丹麦克朗 /kW · h 或更高，补贴为零。2017 年，丹麦政府表示由于技术的不断进步和成本下降，可再生能源已经具有一定市场竞争力，预计将在 2020—2030 年彻底取消对可再生能源的全部补贴。

丹麦《电力供应法（1989）》要求可再生能源发电必须优先上网，电网有责任收购并付款，如果风场建成后不能及时入网，电网公司必须对风电场业主给予损失经济赔偿。新的《可再生能源法》中还规定，对于新建的海上风电场，在运行过程中如遇特殊原因被限制入网，电网公司也必须对风电场业主给予经济赔偿。2016 年，为了刺激分布式可再生能源的发展，丹麦国家电网公司精简针对装机量小于 5 万 kW 的小型风电及太阳能光伏项目的入网评价流程。

丹麦对部分小型可再生能源系统免征公共义务附加税（PSO），大型可再生能源系统降低相应税率。对以生物质为原料的能源项目实施供暖税减免。按照 2012 年《丹麦能源政策协议》规定，由于化石燃料的消耗将会减少，煤炭、石油和天然气的税收收入也将减少，为此丹麦设置“能源供应安全税”，以作为可再生能源补贴的部分资金来源，征收对象为包括采暖用的生物燃料和化石燃料在内的所有燃料。

丹麦政府于 1985 年和 1989 年分别对核电及新增燃煤发电机组的叫停，确保了可再生能源在丹麦享有法理优先发展权。尽管目前丹麦还没有明确具体的完全“退煤”日程，但 2017 年 2 月丹麦最大的能源公司 Ørsted 能源（原丹麦国家石油天然气能源公司，DONG 能源）明确将于 2023 年将煤炭彻底排除在其公司发展战略外。此外，欧盟的碳排放交易市场也从另一个角度为丹麦可再生能源提供了促进机制和资金保障。

在制定可再生能源中长期发展目标的过程中，丹麦政府一直注意保持政策的连贯和透明，并争取包括企业、行业协会、研究机构、消费者在内的广泛社会共识和支持，从而确保了丹麦可再生能源市场的稳定和可持续发展，以及可再生能源发展 2020 目标的提前实现。

近年来，为了适应大规模可再生能源的发展，丹麦重视常规电厂的灵活性改造及备用电源的储备，目前丹麦大部分常规电厂已经可以做到将发电小时数下降到满负荷运行的 50% 以下，为可再生能源作为丹麦电力系统基础负荷做出重大贡献。与此同时，作为北欧电力市场的重要组成部分，丹麦的可再生能源电力在清晰的优势价格信号指导下，享有北欧电力日前交易市场实际优先调度权限，为此成熟透明的电力市场机制也被认为是丹麦可再生能源发展的绝对支柱之一。在欧盟建立统一电力市场的要求下，电网设施与邻国互联互通的重要性日益凸显。丹麦的跨境电网系统较为完善，使丹麦可以与北部的挪威和瑞典，以及南部的德国和荷兰配合，在大规模波动性可再生能源并入系统的同时实现电力供应的稳定。图 3-2-44 为丹麦可再生能源 2016 年利用水平及 2020 年目标。

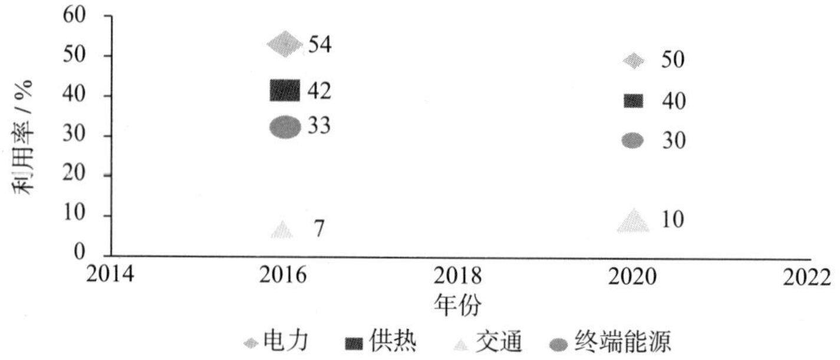

图 3-2-44　丹麦可再生能源 2016 年利用水平及 2020 年目标

2.4.3　产业及市场发展情况

近年来，丹麦可再生能源总体保持良好发展势头，2016 年除交通领域以外，可再生能源电力、供热均提前完成 2020 年设定发展目标。受风电拉动，2017 年丹麦可再生能源电力发展迅猛，其中新增电力装机 40 万 kW，较 2016 年涨幅超过 40%。截至 2017 年年底，丹麦可再生能源电力总装机量达 779 万 kW，比上年增加 5%，人均非水可再生能源装机占有量近 1.6kW，位列全球第二位[①]。丹麦可再生能源总发电量 2017 年突破 20 亿 kW · h，较上年大幅上涨 14 个百分点，占丹麦全年发电量的 68%，再创历史新高。图 3-2-45 为 2018—2017 年丹麦可再生能源新增装机容量，图 3-2-46 为累计装机容量。

风电　2017 年，在退役全球第一座海上风电场（5MW）的同时，丹麦风电实现净增装机量 27.5 万 kW，占全年可再生能源新增装机的 69%，其中陆上风电占 92%，海上风电占 8%。截至 2017 年年底，丹麦风电累计装机量实现 552 万 kW，较上年增加了 5.2%，总装机量位列欧盟第四位，同时也是欧盟第三大海上风电市场。全年风电发电量达到 148 亿 kW · h，比 2016 年大幅上涨 15.6%，是当年丹麦可再生能源

① Renewables 2018 Global Status Report.

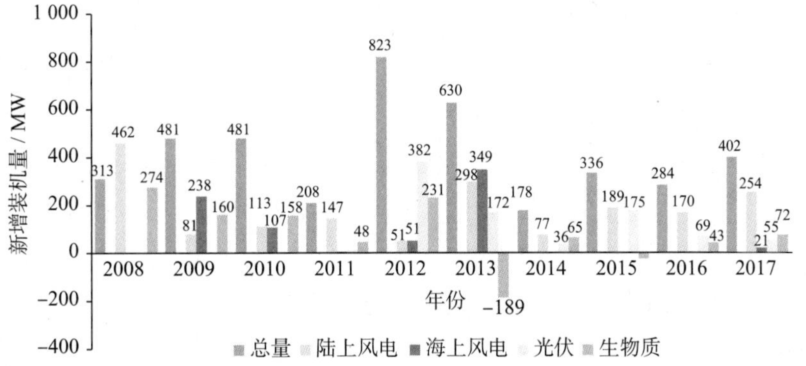

图 3-2-45　2008—2017 年丹麦可再生能源新增装机量

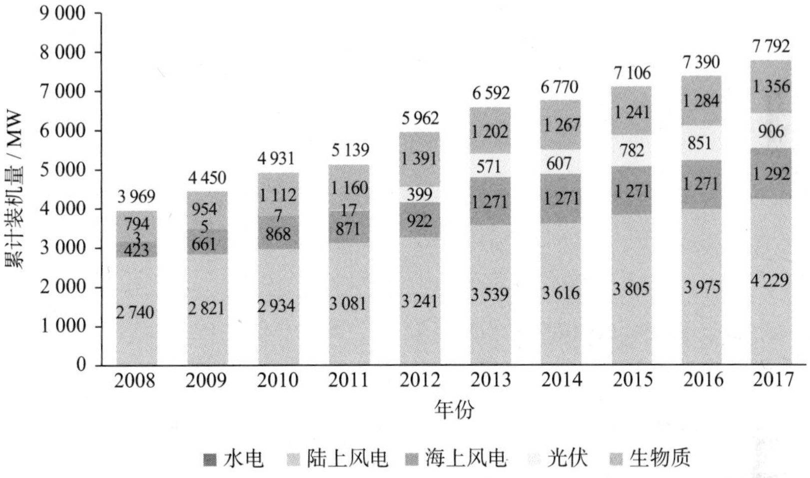

图 3-2-46　2008—2017 年丹麦可再生能源累计发电装机量①

电量增长的主要发力点，占丹麦全年发电量的 48%，并在 2017 年 3 月实现全天完全由风电满足丹麦电力需求的突破。

受益于广泛的全球市场布局，丹麦风机制造企业维斯塔斯顶住日益激烈的国际市场竞争，保住其全球最大整机供应商的地位，并确定在俄罗斯开设第一个风机叶片生产基地。丹麦 Ørsted 能源（原丹麦石油天然气能源公司）是全球最大的海上风电运营商，2017 年 Ørsted 继续出售其石油和天然气业务板块，未来将进一步扩张其在海上风电及生物质能源领域的布局和国际影响力。

太阳能　丹麦太阳能光伏发电在 2012 年开始进入规模化发展阶段，2017 年新增装机量 5.5 万 kW，约占全年可再生能源电力新增装机量的 13.7%。2017 年年底，

① 国际可再生能源署。

丹麦光伏累积装机量 91 万 kW，占丹麦可再生能源累积装机量的 11.6%，已经成为丹麦电力供应不可或缺的组成部分。发电量保持平稳增长，2017 年全年发电量达 8 亿 kW · h，较上年增加了 14.3%。

太阳能热利用一直是丹麦太阳能源利用的主要方式，2017 年尽管增速降低，但截至年底丹麦太阳能热力装机仍高达 93.2 万 kW，占全球太阳能热力装机总量的 76%。太阳能区域供暖没有延续 2016 年的高速发展（34.7 万 kW），2017 年新增热力装机仅为 1.97 万 kW，新增区域供热面积 2.7 万 m^2。造成太阳能区域供热增速大幅下跌的主要原因，一方面是由于新的公共设施能效标准 2016 年年底才正式出台；另一方面则是受制于项目较长的规划期和建设施工周期。

生物质能 生物质能是丹麦能源系统的重要组成部分，也是其开发利用规模最大的可再生能源之一。丹麦的生物质能源重要包括木块、木屑和秸秆，通过直接燃烧发电、供热。自 1993 年以来，丹麦注重开发大规模生物质热电联产。2017 年，丹麦生物质发电新增装机 7.2 万 kW，占可再生能源电力装机新增量的 18%，连续第二年保持增长。全年发电量达 54 亿 kW · h，较上年增加 10.2%，占丹麦 2017 年发电总量的 17.5%，继续保持丹麦第三大电源位置。此外，丹麦积极鼓励生物质在区域供热中的应用，2017 年丹麦生物质提供了全国 40% 以上的区域供热燃料。

截至 2017 年，丹麦已经实现非水可再生能源电力供应占比 68%，高比例可再生能源清洁电力一方面没有影响丹麦电力供应的稳定性；另一方面也已经转化为能源价格优势吸引着世界领先企业（图 3-2-47）。2017 年美国苹果公司在丹麦完成第一

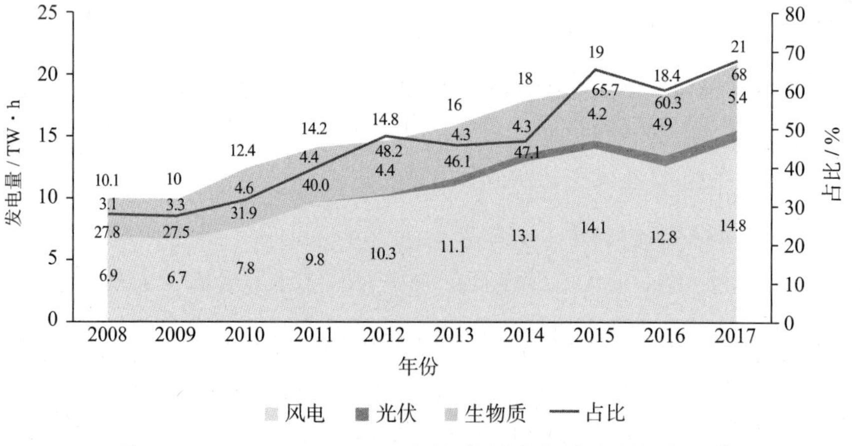

图 3-2-47　2008—2017 年丹麦可再生能源发电量及占比 [1]

① BP Statistical Review of World Energy 2018.

座数据中心的投产运营，并计划在 2019 年完成第二座 100% 可再生能源电力数据中心，用以支持欧洲各项业务的开展。此外，全球最大的社交平台 Facebook 也已选址丹麦第三大城市奥登赛，建设其美国本土以外的第三座海外数据中心。数据中心预计总投资额超 1 亿美元，将于 2020 年正式投入运营。可以说，丹麦的能源转型及绿色发展战略已经获得了国际社会广泛的认可，并在逐步转化为经济效益。

2.4.4 未来展望

总体来看，丹麦是欧盟内部少数的能效、可再生能源及二氧化碳减排目标实施效果都较好的国家之一。在欧盟新的可再生能源发展指令正式生效后，预计丹麦将对本国各项可再生能源发展政策进行相应调整，以促进欧盟整体能源转型及应对气候变化目标的实现。

为顺应欧盟建立统一能源市场，加强能源基础设施互联互通的要求，丹麦在 2017 年批准了全球最长的电力输送通道——Viking Link 以及 NordicLink 等跨境电网工程，这对于推动丹麦与邻国及欧洲电力市场的进一步融合、促进波动性可再生能源在更大范围内的消纳及电网系统的平衡和稳定有重要作用①。

从可再生能源技术种类来看，风电将继续作为丹麦最主要的可再生能源，但 2018—2019 年，丹麦预计将举行第一次的风光联合招标被认为将有效促进丹麦太阳能光伏发电的发展。此外，丹麦注重推行多能互补，并重视储能，随着技术和商业模式的发展和成熟，丹麦可再生能源的综合竞争力也将进一步得到提高。

2.5 法国

法国位于欧洲西部，面积 55.2 万 km^2，2017 年 GDP 总量达到 25 889 亿美元，增速约为 2.2%，总人口为 6 718.6 万，人均 GDP 为 38 578 美元②。法国的能源以核电为主，占全国电力供应的 75% 以上，正在建造自己的第三代核反应堆，同时大量出口核反应堆相关产品以及技术服务。法国的电力约 17% 来自其循环使用的核燃料，可再生能源如水电、风电、太阳能、地热、生物质能等资源也很丰富，可再生能源开发利用量较大。近年来风电、光伏等可再生能源是法国新增装机的主体，传统火电逐年退役（2016 年和 2017 年分别减少 83 万和 203 万 kW），2017 年法国总

① Renewables 2018 Global Status Report.

② https://countryeconomy.com/gdp/france.

的装机容量为 13 033 万 kW，减少 48.7 万 kW，其中，核电为 6 313 万 kW，水电 2 551 万 kW，传统火电装机 1 892 万 kW，风电 1 331 万 kW，光伏发电 750 万 kW，其他可再生能源 195 万 kW①，可再生能源总装机 4 828 万 kW，同比增加了 276 万 kW。法国电力装机情况如图 3-2-48 所示。

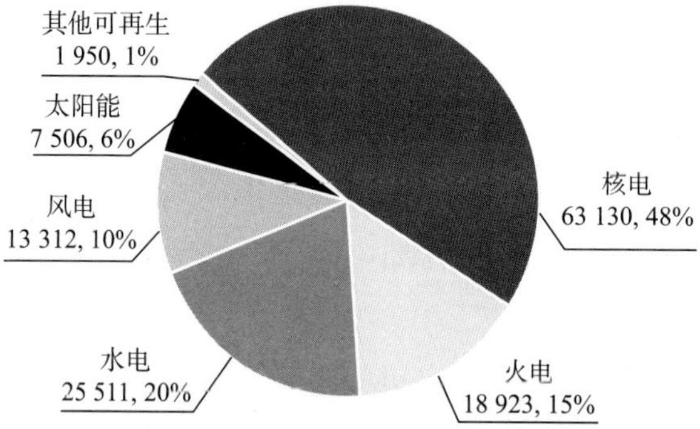

图 3-2-48　2017 年法国电力装机结构及占比（单位：MW）①

法国全社会用电量近 10 年来基本保持稳定，2017 年电力消费总量为 4 820 亿 kW·h，由于 2017 年温度有所升高（+0.6℃），较 2016 年下降了 0.32%。凭借较低的电价，2017 年法国净出口电量 380 亿 kW·h，其中出口电量 742 亿 kW·h，进口电量 362 亿 kW·h，位于德国之后，为欧洲第二大的电力出口国。法国的可再生能源发电量（含水电）占全国发电总量的 18%，其中，水电发电量 536 亿 kW·h；非水可再生能源发电量达到 423 亿 kW·h，如表 3-2-8 所示。

表 3-2-8　2017 年法国电力生产量与结构②

种类	发电量 / 亿 kW·h	同比（2016 年）/%	占比 /%
发电量合计	5 294	-0.40	100.00
核电	3 791	-1.30	71.60
传统火电	544	20.00	10.30
煤	97	33.10	1.80
燃油	38	45.30	0.70
天然气	409	15.40	7.70

① 法国电网公司 https://www.rte-france.com/。

② 法国电网公司（RTE）www.rte-france.com。

种类	发电量 / 亿 kW · h	同比（2016 年 ）/%	占比 /%
水电	536	–16.30	10.10
风电	240	14.80	4.50
太阳能发电	92	9.20	1.70
生物质能	91	4.10	1.70

2.5.1 可再生能源战略目标

按照欧盟要求，2010 年法国提出了国家可再生能源行动计划（NREAP）[①]：到 2020 年，可再生能源在能源消费总量中的比重由 2005 年的 9.6% 提高到 23%，达到 3 571 万 t 标准煤，可再生能源占电力供应总量、供热制冷以及交通领域的份额分别达到 27%、33% 和 10.5%。按照该行动计划，到 2020 年可再生能源发电总装机将达到 6 217 万 kW，具体见表 3–2–9。

表 3–2–9 2020 年法国可再生能源技术发展目标

技术类别	容量 / 万 kW
风电	2 500
陆上风电	1 900
海上风电	600
太阳能	540
光伏发电	486
光热发电	54
生物质能	301
成型燃料	238
沼气发电	63
水电	2 830
＜ 1 000kW	48
1 000kW ～ 1 万 kW	181
＞ 1 万 kW	2 121
其中：抽水蓄能	680
地热能	8
海洋能（包括海流能、波浪能和潮汐能 ）	38

① 法国国家可再生能源行动计划，2010 年 6 月，下载自欧盟网站 http://ec.europa.eu/energy/renewables/action_plan_en.htm。

2014 年 10 月 14 日，法国能源转型法案获得众议院通过，该法案首先是大幅削减能源消费总量，中期目标是到 2030 年能源消费总量比 2012 年减少 20%，到 2050 年减少 50%；到 2030 年法国化石燃料用量比 2012 年减少 30%。其次是调整能源供应结构，到 2025 年，核能发电从 75% 削减到 50%，将核能发电控制在 6 320 万 kW 的水平；到 2030 年，可再生能源消费比例提高到 32%，温室气体排放比 1990 年减少 40%，到 2050 年温室气体排放减少 75%。其中，2030 年减排 40% 的计划与欧盟 2015 年 1 月提出的减排方案完全一致。2015 年 7 月，能源转型法案通过参议院审议。

此外，法国将多措并举推进绿色增长，从 2017 年起每年翻新 50 万套房屋，加强太阳能热利用，到 2050 年法国全部建筑须符合“低能耗建筑”标准；到 2030 年法国境内电动汽车充电桩将达 700 万个；2020 年起法国垃圾场内垃圾量比 2010 年减少 30%，到 2025 年减少 50%。

2.5.2 主管机构及主要政策措施

法国能源主管部门为生态、可持续发展和能源部，负责制定和执行法国的能源、环保、交通、海洋和住房等多个领域的政策。

30 年来，法国能源政策主要立足于以下四个基点：（1）确保近期和中期能源供应安全，防止影响经济正常运行的供应中断或失衡。（2）从企业和用户的利益出发，研究能源成本的竞争力。（3）保护环境。根据欧盟制定的目标（二氧化碳减排、保护臭氧层、提高可再生能源的比重等），降低能源生产对环境的影响。（4）对社会弱势群体提供帮助。

法国涉及可再生能源的法律规范主要包括能源基本法、综合性法律以及专门性立法 3 类（具体内容附后）。法国激励风电等可再生能源技术发展的主要政策是固定电价，2000 年发布的 2000-108 号法令规定了固定电价政策，2006 年和 2008 年进行修订和完善，具体规定了水电、风电、生物质、光伏和地热发电等技术的电价水平（表 3-2-10）。2017 年法国宣布了一项新的能源转型投资计划，计划在 2018—2022 年投资 240 亿美元用于能效提高、可再生能源支持和清洁交通。

表 3-2-10 法国可再生能源电力的固定电价水平[①]

单位：欧分 /kW · h

水电		风电		生物质		光伏		地热	
类别	电价	类别	电价	类别	电价	类别	电价	类别	电价
新装机 20 年保证期	6.07	陆上风电 15 年保证期	前 10 年 8.2	沼气 15 年保证期		20 年保证期		1.2 万 kW 及以下	20 ～ 28
小水电额外补贴	0.05 ～ 2.5	每年进行调整	剩下 5 年： 2 400 h/a：8.2 2 800 h：6.8/a 3 600 h/a：2.8	小于 150kW	16.1	两套体系： （1）100kW 及以下的建筑一体化光伏（BIPV）装机固定电价，每季度调整 （2）大于 100kW 的装机和地面光伏电站招标	（1）9kW 及以下 BIPV：37.06 （2）9 ～ 36:32.42	额外节能补贴	8
冬季额外补贴	0 ～ 1.68	海上风电 每年进行调整	前 10 年 13	150 ～ 300kW	14.3				
现有装机 20 年保证期	5.49 ～ 6.1			300 ～ 500kW	13.2				

① 欧洲可再生能源电价报告 2011—2012，EREF。

鼓励电动“清洁车”发展：政府拨款 5 000 万欧元支持发展电动车的充电配套设施，同时简化补贴申办手续；政府还将出台新的停车与高速公路收费机制，旨在鼓励消费者使用电动车。法国政府的目标是：到 2020 年清洁汽车总产量增至 200 万辆，政府将拨款 15 亿欧元予以扶持。截至 2016 年年底，法国共有私人乘用电动汽车 83 279 辆，商用电动汽车 32 498 辆，电动汽车存量总计 115 777 辆。而法国目前共有 122 000 充电网点（总容量达 730MW），其中 51% 是企业单位内部充电网点，36% 是个人用充电桩，13% 是公共服务性的充电网点[①]，是欧洲拥有充电桩数量最多的国家。法国主要由政府部门和电力企业推进充电基础设施建设。法国将在 2020 年以前增设 100 万个电动汽车的充电桩[②]。此外，政府还强制性规定，新建公寓街区必须配备电动车充电站。2017 年法国宣布到 2040 年禁止销售新的柴油和汽油小汽车和箱式货运车。

大力发展风电等可再生能源电力：风电开发扶持政策主要体现在两个方面：一是建立全国范围内的风电开发区，确立的开发区可享受固定电价，政府审核时尤其要考虑是否符合城市建设规划要求，不能盲目乱建；二是风电开发项目要按照环保建设分类标准（1976 年《环境法典》）进行划分，如风电设施与居民区必须保持至少 500m 的距离等。风电审批政策有所简化。

增加可再生能源供热投入：法国政府在 2009 年启动了可再生能源供热利用基金，2009—2013 年共投入 15 亿美元，支持有关工业建筑、集体住房和商业建筑采用可再生能源供热，也支持供热管网的建设和相关可行性研究。对于可再生能源供热超过 50% 的供热管网建设实行减税政策（从 19.6% 降低到 5.5%）。为了促进地热能的大规模利用，从 2010 年 7 月起，法国政府规定法国本土地热能发电上网电价 25 美分 / 千瓦时（传统平均零售电价为 19 美分 / 千瓦时），境外 16 美分 / 千瓦时，如果同时供热可最高得到 8 美分 / 千瓦时的奖励。对使用地热能的个人家庭，政府减免相当于热泵和热交换器费用 26% 的税费。

对光伏发电实施招标机制。随着光伏发电成本的下降，法国大幅度调整了价格机制。如在 2015 年年底并网的 Cestas 光伏农场发电系统，装机 30 万 kW，是欧洲最大的光伏电站，电价水平仅约为 9.8 欧分 /kW · h，略高于法国风电电价，低于新建核电电价。2017—2019 年，法国计划采用招标制度推进光伏发电发展，从 2016

① http://www.chinasmartgrid.com.cn/news/20170207/621893.shtml.

② http://www.twwtn.com/detail_221507.htm.

年 8 月至 2019 年，每 6 个月一轮地面光伏电站招标，共 6 轮，每轮 50 万 kW，这将更有助于法国实现其能源部提出的光伏发电 2018 年累计装机 1 020 万 kW、2023 年超过 2 000 万 kW 的目标。

2017 年年初，法国宣布了首轮招标结果，共 79 个地面光伏发电项目，装机合计 53.45 万 kW，中标企业的平均报价为 6.25 欧分 /kW · h（约合 6.59 美分 / 千瓦时、0.49 元 /kW · h），已经低于风电（约 8 欧分 /kW · h），并显著低于新建第三代压水堆核电（如在建的法国弗拉芒维尔 EPR 核电站预期成本约 12 欧分 /kW · h）。

此外，法国在生物质能、生物汽油等新能源的开发方面均有相应的政策规定与法规保障。如法国的乙醇燃料技术与产业均进入了较为成熟的发展阶段，已在全国范围内推广添加 15% 乙醇的生态汽油。

2.5.3　主要法律

能源基本法

2005 年 7 月 13 日，法国颁布了《确定能源政策定位的能源政策法》（以下简称《能源法》），该法确定了法国未来能源政策的基本方向，即（1）控制能源需求，降低能源消耗；（2）坚持发展核能，促进能源供应的多元化，增加可再生能源消费比重；（3）加大能源产业研究和创新发展、清洁能源投资，包括生物质能源、燃料电池、清洁汽车、节能建筑、太阳能等；（4）提高能源运输和储备手段，保证电力供应质量，确保能源供应安全。法律不仅对发展核能给予了极大的支持，同时也规定了一系列激励和财政措施来保障风能、太阳能和生物质能等可再生能源发展。

法国制定的涉及可再生能源的综合性法律

（1）《电力公共服务的现代化与发展法》（以下简称《新电力法》）：2000 年 2 月 10 日颁布，规定法国电力公司（EDF）和其他的私人电力公司应按照政府规定的价格购买可再生能源电力，保证可再生能源电力进入电网和销售网络等。

（2）《格纳勒格法案一》（Grenelle 1）：2009 年 8 月 3 日颁布，在能源领域，主要规定实现两方面目标：一是到 2050 年温室气体排放量较 1990 年减少 75%；二是实现可再生能源利用比例达到 23%。

（3）《格纳勒格法案二》（Grenelle 2）：2010 年 7 月 12 日颁布，是制定不同领域具体实施措施的法律，在能源领域的规定主要是为了促进可再生能源的利用，推广节能，并建立温室气体报告和减少温室气体排放机制，确定将提高能效的重点放在建筑和交通领域，政府将进一步加强发展可再生能源、提高能效、减少气候变化的激励政策。同时，风电场的建设审批将更严格。该法案于2009年11月被法国参议院接受，这是第一部用一整章专门规定可再生能源规范的立法性文件，标志着可再生能源在法国发展的新动向。

（4）《金融法》：2008年12月27日颁布，2009年2月4日增加了对可再生能源支持的条款，为节能改造提供零息贷款，贷款总额不超过30万欧元。对生物燃料实行减税政策，逐步减少乙醇E85的消费税，2009年1月1日税收标准为0.238 5欧元/L，2010年1月1日下降到0.206 9欧元/L，2011年1月1日下降到0.172 9欧元/L。此外，该法降低了各类生物燃料的消费税，2009年税收标准为0.15～0.21欧元/L，2011年减至0.11～0.18欧元/L，2012年减至0.08～0.14欧元/L。

（5）《住宅用可再生能源设备增值税减税法案》：2002年12月颁布，两年以上的一级或者二级住宅用可再生能源生产和消费设备（必须是从同一公司购买并由同一公司安装的设备）的增值税率降为2.1%。

（6）《能源转型法案》：2015年7月参议院通过审议，制定了到2030年能源消费总量比2012年减少20%，到2050年减少50%；到2030年法国化石燃料用量比2012年减少30%。其次是调整能源供应结构，到2025年，核能发电从75%削减到50%，将核能发电控制在6 320万kW的水平；到2030年，可再生能源消费比例提高到32%，温室气体排放比1990年减少40%，到2050年温室气体排放减少75%。

专门性立法

法国制定了一系列保障可再生能源发展的政策，如1996年实施“太阳行动”、2003年颁布《可再生能源发电计划》、2005年颁布《实施加速发展生物能源计划》、2008年颁布《发展可再生能源的计划》、2010年颁布《国家可再生能源行动计划》，等等。

《可再生能源行动计划》明确提出了详细的可再生能源政策支持框架，主要涉及政策法规和财政支持，并针对相关的可再生能源技术提供补贴用于提高可再生能源技术研发水平，详情请见表**3-2-11**。

表 3-2-11 法国可再生能源政策和措施一览表①

政策名称	政策类型	政策目标	目标群体 / 活动	政策期限
行政程序修正	法律法规	简化小型可再生能源发电或热生产项目，大型项目要更好地考虑环境（太阳能光伏、风电、生物质）	个人，投资商	从 2001 年开始，2010 年建立简化的 ICPE 管理体制
区域供暖使用超过 50% 的可再生能源可减免增值税	财政政策	2020 年可再生能源供热达到 320 万 t 标准油	规划人员，供热网的投资商	2009 年—
社区供热系统分类	法律法规	2020 年可再生能源供热达到 320 万 t 标准油	规划人员，供热网终端用户	1997 年—
特许权项目延续	财政政策	2020 年可再生能源供热达到 320 万 t 标准油	规划人员，供热网的投资商	2010 年—
可再生能源电价	财政政策	提高可再生能源电力利用量	个体，投资商	2000 年开始 / 2006—2010 年基于不同的技术进行修订
协议证书	财政政策	提高可再生能源电力利用量	投资商	2010 年评估规定
可再生能源发电项目筹建	财政政策	提高可再生能源发电的安装能力（风电、海上风电、生物质、光伏、海洋能）	投资商	2005—2020 年
ADEME 示范资金	财政政策	刺激研发	投资商，研究人员	2009—2013 年
NRA	补贴	刺激研发	研究人员	2009—
竞争力中心	补贴	刺激研发	公私合作伙伴	2005—

2.5.4 市场及产业发展状况

法国水能、风能和地热资源丰富，可再生能源装机容量位居欧洲第四位，位列德国、意大利和西班牙之后。

风电 法国的陆上风能资源潜力居欧洲第二位②，分布较均衡。近 3 年法国风电

① 法国《国家可再生能源行动计划》。

② IEA, Energy Polices of IEA Countries-France 2009 Overview http://www.iea.org/publications/freepublications/publication/name,3901,en.html.

连续 3 年保持稳步增长，2017 年新增装机容量 169.4 万 kW[①]，位居全球新增市场第七位，占全球新增市场的 3%。截至 2017 年年底，法国风电累计装机容量为 1 375.9 万 kW，居全球第七位。预计至 2020 年法国的风电装机容量将达到 1 900 万 kW[②]。

法国近年来积极发展海上风电，2013 年，政府启动了 100 万 kW、投资 48 亿美元的海上风电项目招标。截至 2013 年年底，批准了四个海上风电场，均位于法国的北部海岸，总容量为 190 万 kW，法国电力公司（EDF）开发其中位于布列塔尼和诺曼底的 3 个海上风电场，建设规模为 140 万 kW，西班牙电力公司开发位于圣布里厄的 50 万 kW 的一个海上风电场。同年，又启动了两个海上风电的建设和运营启动招标流程，这两个风电场分别位于：上诺曼底大区的特堡港附近海域和卢瓦尔大区的约岛及努瓦尔慕捷岛中间海域，每个风场规划 48 万～50 万 kW，将在 2021—2023 年投入运营。另外，法国政府批准了 GE 公司收购阿尔斯通电力部门的计划，Areva 和 Gamesa 成立合资公司进军海上风电领域。伴随对于环境问题的越来越关注，法国上调了海上风电的发展目标，2020 年将达到 30 万 kW。

太阳能 随着光伏发电成本的进一步下降，2017 年法国光伏发电快速增长，新增装机近 90 万 kW，同比增长 63%，总装机容量 800 万 kW，位列全球第八位。

生物质能 法国生物质发电新增装机缓慢，2017 年新增装机 0.26 万 kW，总装机达到 135.7 万 kW，农林剩余物直燃发电是生物质发电装机的主要类型，约占生物质发电装机的 72%。

地热 法国中低温地热资源分布较广，地热能的开采和利用主要是通过地源热泵。虽然当前存在技术和经济问题，地热能仍具有巨大的发展潜力，法国是欧洲第五大地热利用国。2013 年法国环境部批准了 2 项新的地热能研究开发项目，另有 18 个类似申请正在预审中；这些项目将开发活跃火山地区地下 5 000m 的高温含水层中的地热能。这几年地热供热正在延伸到巴黎的大部分区域，取得了非常显著的发展；2017 年波尔多市将开发地热资源满足 28 000 个家庭的供热需求。2016 年法国建成了第一座高温地热供工业用热项目（高于 150℃），容量为 24MW 热，资源为地下深度 2 500～3 000m 的 170℃的地热水。截至 2016 年年底，法国地热发电装机容量为 2 万 kW，主要分布在法属瓜德罗普岛。未来 5 年，法国有望成为世界地热利用增长

① GWEC ,PRStats2017.

② 法国风能协会（France EnergieEolienne）。

第二快的国家[①]。2017 年法国建成了 6 个区域地热供热项目。

海洋能　法国最大的海洋能发电项目是兰斯潮汐电站，建于 1966 年，装机容量 24 万 kW。位于英法间的奥尔德尼岛附近潮汐能资源约有 140 万 kW，法国政府计划大力开发这些潮汐能。2013 年，法国启动了 8 万 kW 海洋能示范项目的招标，预期投资为 2 亿欧元。2014 年，通过招标确定由阿尔斯通和法国燃气苏伊士集团联合为该项目提供四台新型发电机组，采用变距桨叶和旋转发动机舱技术提高发电效率，使用寿命可达 20 年。项目 2017 年投入运行。在法国瑟堡，Naval 能源公司开始建设一座生产潮汐涡轮机的设施，计划年产能为 25 台。该工厂将与法国 EDF Energies Nouvelles 合作，由 OpenHydro（Naval Energies 的子公司）生产 2MW 的开放式中心水轮机，标志着潮汐能产业化开始和技术商业化。其中 7 台涡轮机计划于 2018 年开始在拉兹布兰查德的诺曼底水电站项目中部署。由于政府支持和产业倾向，法国海洋能发电装机近期可能有明显增加，截至 2017 年年底，法国海洋能装机容量为 241 万 kW。

2.5.5　未来展望

随着减少核能依赖的能源转型政策的实施，法国核能发电的比例将逐渐减少，可再生能源发电比例将逐渐增加，力争在 2025 年核电的比例下降到 50% 以下。

法国政府鼓励可再生能源的发展以促进本国电力结构的多元化和清洁化。随着一系列政策法规的颁布实施以及风电、光伏发电成本的进一步下降，为法国可再生能源项目的发展提供了更大空间。

风电领域：随着法国陆上风电项目审批程序简化以及新的招标计划启动，未来 3 年仍将保持稳步增长。法国能源部将启动每 6 个月一次的 50 万 kW 的陆上风电项目招标，预计到 2020 年将开展 300 万 kW 的陆上风电招标；海上风电，法国进行了 2MW 漂浮海上风电机组示范，随着成本下降法国进行新一轮招标。

太阳能发电：随着光伏发电成本的下降，法国将开始新一轮光伏发电装机增长。2017 年年底，法国能源部宣布将太阳能发电年度目标从 145 万 kW 提高到 245 万 kW。法国电力公司（EDF）宣布将在 2020 年和 2035 年建设 3 000 万 kW 太阳能发电电站。

生物质发电：在有关激励政策以及欧盟 2020 年生物质供热目标的刺激下，生物质热电联产项目的增加将为生物质能发展带来新的动力，据 IEA 预测，未来 5 年法国生物质发电装机将增加 150 万 kW。但固体生物质原料的收集和成本仍是一个主要的障碍，大型生物质发电项目和混燃发电项目的出现将促使原料供应系统得到进一

① Renewable Energy Medium-term Market Report 2015.

步发展。

地热利用：法国地热资源丰富，近两年法国开展了 8 个地热区域供热项目，获得了较好的效益。未来法国政府将进一步推广地热区域供热项目，提高可再生能源利用水平。可再生能源其他领域都趋于稳定。

2.6 西班牙

西班牙位于欧洲西南部，面积 50.6 万 km^2，人口 4 650 万人。中部高原属大陆性气候，北部和西北部沿海属海洋性气候。首都平均气温 1 月 4.9℃，8 月 22.5℃。西班牙化石能源资源缺乏，能源供应高度依赖外部能源。为了加强能源安全，完成欧盟减排目标的承诺，西班牙非常重视可再生能源的发展。

2008—2014 年，西班牙一次能源消费量持续下降，2015 年开始连续 3 年保持增长趋势。2017 年西班牙的一次能源消费量为 1.98 亿 t 标准煤，同比上升 1.8%，但相对于 2007 年的一次能源消费总量最高点下降了 13%。煤炭在西班牙一次能源中的比重持续下降，同比降低 3 个百分点，石油比重提高 1.2 个百分点，天然气比重基本持平，可再生能源（含水电）在能源消费中的比重持续提升，同比提高 1 个百分点，达到 17.48%，再加上核电，非化石能源一次能源消费量中的比例达到 27.33%，同比提升 1.5 个百分点。2015—2017 年西班牙能源消费情况如表 3-2-12 所示。

表 3-2-12　2015—2017 年西班牙能源消费情况[①]

能源种类	2015 年		2016 年		2017 年	
	消费量 / 万 t 标准煤	在一次能源消费占比 / %	消费量 / 万 t 标准煤	在一次能源消费占比 /%	消费量 / 万 t 标准煤	在一次能源消费占比 /%
煤炭	2 057	10.72	1 486	7.70	1 921	9.7
石油	8 643	45.05	8 929	46.30	9 253	46.7
天然气	3 543	18.47	3 600	18.67	3 931	19.8
水电	900	4.69	1 157	6.00	597	3.0
核电	1 843	9.61	1 900	9.85	1 878	9.5
非水可再生能源	2 200	11.47	2 214	11.48	2 248	11.3
总计	19 186		19 286		19 829	

① BP，Statistical Review of World Energy, 2018.

2017 年，西班牙电力生产量为 2 626 亿 kW · h，同比上升 1.3%，电力消费量同比增加 1.1%，达到 2 681 亿 kW · h。当年可再生能源发电量占到电力总生产量的 32.1%，同比下降 6.3 个百分点。由于一些核电机组和余热余压发电机组的退役，2017 年年底，西班牙电力累计装机容量减少到 1.04 亿 kW，其中可再生能源装机（含水电）占比达到 49.5%（图 3-2-49）。

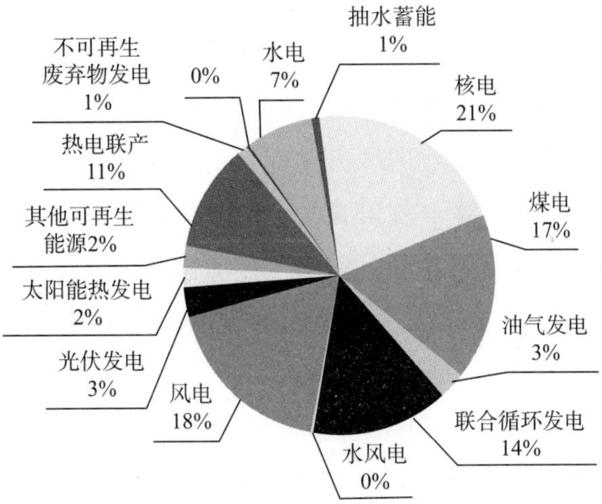

（a）发电量

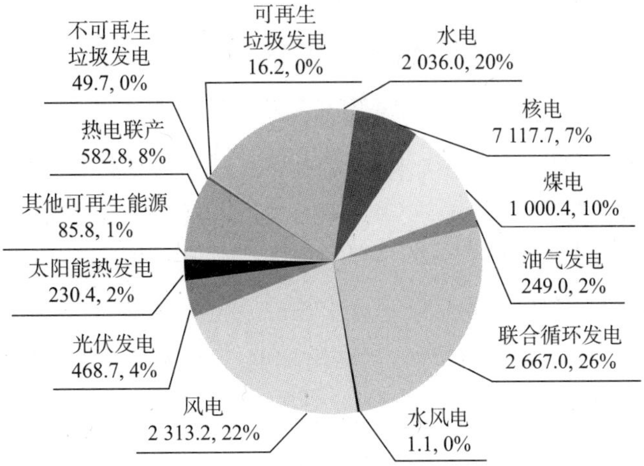

（b）装机结构

图 3-2-49　2017 年西班牙发电量及电力装机机构（单位：万 kW）①

① National statistical series from Red Electrica de Espana Corporate website.

2.6.1 可再生能源发展战略目标

为响应欧盟提出的 2020 年可再生能源占比 20% 的总体目标，西班牙制定了国家可再生能源发展目标，2010 年西班牙在提交欧盟委员会的《国家可再生能源行动计划》中提出，到 2020 年西班牙可再生能源供应满足能源需求的 22.4%，其中电力需求的 40% 由可再生能源提供。2017 年，可再生能源在一次能源消耗中的比例为 14.3%，同比下降了 3 个百分点，离发展目标还有一定差距，而可再生能源电力发展的目标已经达成。

2.6.2 主管机构及主要政策措施

西班牙的能源主管部门是工业能源旅游部，主要负责提出和执行与产业发展创新、贸易、中小企业、能源矿业、旅游和电信等领域相关的政策。西班牙能源署向工业、旅游和贸易部的国家能源秘书处汇报，任务是提高能源效率并促进能源的合理利用，支持能源供应多元化，促进可再生能源使用，开发和集成相关决策能源模型。

西班牙是可再生能源发展最好的欧盟成员国之一，特别是风电和太阳能热发电，一直走在欧洲和世界前列，这与其开展电价激励政策以及配套的机制体制建设有关。但是，近年来西班牙受整体经济环境恶化影响，可再生能源发展速度有所放缓。

2012 年 2 月，西班牙宣布暂停所有针对新建风电场、太阳能发电、热电联产在内的可再生能源发电项目的补贴，对已经建成运行的可再生能源发电项目的补贴政策保持不变，西班牙可再生能源市场的增速明显放缓。

2013 年西班牙在可再生能源方面并没有新的政策推出，新增的风电、太阳能发电项目也都是 2012 年暂停对可再生能源发电项目补贴政策出台前已经注册备案的项目。

2014 年 6 月西班牙批准了一项清洁能源法案（皇家法令 413/2014）引入了全新的补贴制度。这项法案将限制所有可再生能源发电的盈利水平，根据该法令，可再生能源发电获得的回报率约为 7.5%，该数据每 3 年修订一次，核算原则是基于 10 年期主权债券的平均利率加上 3 个百分点。

2015 年 5 月，西班牙工业能源旅游部发布了《环境能源可持续发展规划 2015—2020》，提出了到 2020 年计划增加 853.7 万 kW 的可再生能源装机[①]。同时，发布了以支持提高能效的西班牙既有建筑能源改造项目，以促进既有建筑通过节能及使用

① EurObserv’ER，Country policy profile Spain 2015.

可再生能源等方式，提高建筑的能源使用效率，达到国家的整体节能减排和能源发展目标。同时研究启动200万欧元的项目行动计划，主要支持四个领域，即建筑外围护结构的能源效率、供暖照明的效率、生物质供暖的应用和地热的应用，初步方案是给予太阳能热利用、生物质供热、地热供热以及建筑保温不同比例的初投资补贴，比例分别为20%、25%、30%和30%，此外为这类项目系统投资提供初投资70%的贷款。

2015年，西班牙内阁出台了向光伏自发自用系统（大于10kW）征收电网容量费的法案，这项规定被称为"太阳税"。该税计划从2016年3月12日开始征缴，这项法案使 西班牙太阳能应用市场进一步下滑。

2012—2015年，西班牙出台的可再生能源政策几乎都是不利于可再生能源的，结果导致可再生能源应用市场规模急速下降，许多领域处于停滞状态。为实现2020年可再生能源占比达到20%的目标，西班牙决定在2016—2018年实施可再生能源项目。2016年1月启动首轮招标工作，招标项目包括50万kW风电项目和20万kW生物质能项目，并计划2017年启动第二轮招标，包括300万kW装机的可再生能源项目且不限制技术种类。

2.6.3 可再生能源产业及市场

风电 受可再生能源政策调整影响，西班牙风电2013年开始新增装机急剧下降，2017年装机较上年有所提高新增约8万kW。2017年底累计装机仍列世界第五位，达到2 313万kW，当年风电电量占西班牙电力生产量的18.2%①，同比持平。制造业方面，西班牙风电制造商歌美飒2016年被西门子收购，西门子歌美飒在2017年全球年新增市场份额中占比达到16.6%，全球制造商排名第二位。

光伏 自2013年西班牙取消光伏发电FiT政策以来，光伏发电新增装机近四年大幅下降，年平均新增装机0.12万kW，仅为2010—2013年新增装机的4%左右，2017年新增装机仅约1 000kW。2017年西班牙光伏发电累计装机容量达到5 600万kW，当年光伏发电量占西班牙总电力生产量的3.2%①。根据西班牙《国家可再生能源行动计划》，到2020年西班牙太阳能发电装机容量将达到1 340万kW，考虑目前的西班牙的可再生能源相关政策环境和太阳能发电近期发展趋势，实现这一目标难度很大。

太阳能热发电 西班牙是世界上太阳能热发电装机容量最大的国家，但由于政策

① National statistical series from Red Electrica de Espana Corporate website.

调整，近几年西班牙都没有新的太阳能热发电站建成，2017 的太阳能热发电总装机容量仍然为 230.4 万 kW，当年太阳能热发电生产电力约占西班牙电力生产量的 2%[①]。

2.6.4 未来展望

由于西班牙再生能源补贴政策的调整，可再生能源项目的开发进程变得缓慢。根据西班牙 2015 年颁布的《环境能源可持续发展规划 2015—2020》，到 2020 年计划增加 853.7 万 kW 的可再生能源装机，但达成这一目标仍需要政策激励。依据 IEA 可再生能源中期报告预测，到 2018 年，西班牙的风电将达到 2 350 万 kW，光伏发电将保持缓慢增长态势，到 2018 年装机达到 620 万 kW；太阳能热发电也将保持缓慢增长，到 2018 年装机达到 250 万 kW。随着西班牙新一届政府的就任，西班牙将开始新的能源政策。2017 年西班牙开展了 410 万 kW 的陆上风电招标和 390 万 kW 的光伏发电招标，2018 年仍将开展一批项目招标，如果招标计划和项目建设能够顺利执行，有望实现其规划目标。

2.7 荷兰

荷兰是欧盟和北约成员国，位于欧洲西北部，濒临北海，与德国、比利时接壤，国土总面积约 41 864km^2，人口约 1 703 万。2017 年荷兰 GDP 总计 8 257 亿美元，GDP 增长率 3.1%，人均 GDP 约 48 345 美元，位列欧州第八位。

荷兰是传统天然气净出口国，据 2011 年年底探测结果，荷兰天然气储量 1.1 万亿 m^3，占全球总储量的 0.5%。2000—2013 年，荷兰天然气出口量是进口量的两倍多，2013 年之后荷兰天然气进口量逐年增加，2017 年天然气出口仅比进口高 3%。受格罗宁根省地震影响，荷兰天然气开采量连续第四年下降，2017 年天然气生产总量 366 亿 m^3，同比下降 12.6%。

荷兰能源消费总量受欧洲经济增长乏力影响，2010 年以来连续 4 年能源消费总量下降，2015 年能源消费企稳回升，同期，可再生能源量却呈不断上升态势，2017 年一次能源消费总量达到 1.23 亿 t 标准煤，同比增长 1.3%。2017 年荷兰一次能源消费结构中，石油、天然气、煤炭占比分别为 47.4%、36.0% 和 10.6%，可再生能源和核电占比分别为 4.6% 和 1.4%，煤炭占比同比下降 14 个百分点，可再生能源占比同比上升 0.7 个百分点。1990—2017 年荷兰一次能源消费结构如图 3-2-50 所示。

① National statistical series from Red Electrica de Espana Corporate website.

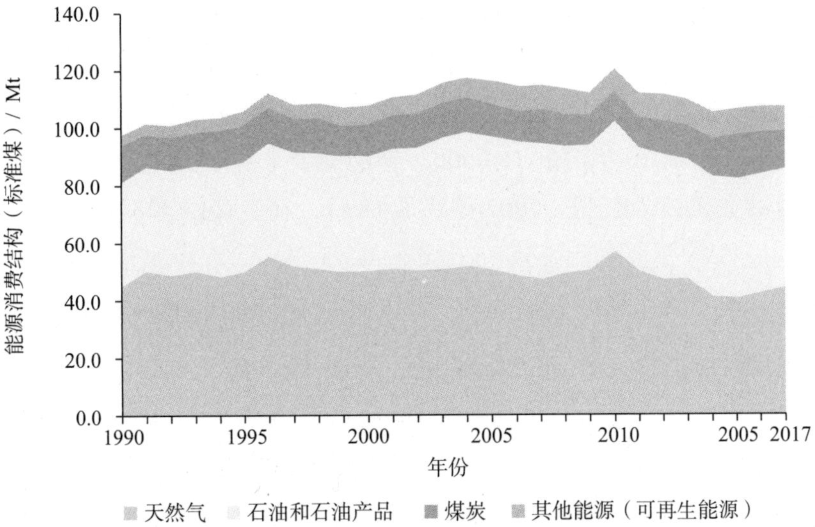

图 3-2-50 1990—2017 年荷兰一次能源消费结构[①]

2.7.1 可再生能源发展目标

荷兰开发利用可再生能源始于 20 世纪 80 年代。按照《国家可再生能源行动计划》（NREAP），2020 年荷兰总体目标是可再生能源要占能源消费总量的 14%，其中：可再生能源电力占比达 37%；可再生能源热力占比达 9%，可再生能源在交通能源占比达 10%。2012 年 10 月 29 日，荷兰达成全社会可持续发展的能源协议，明确到 2020 年，实现可再生能源消费占能源消费总量的 14%，到 2023 年，实现可再生能源消费占能源消费总量 16%。

2.7.2 主管部门及主要政策措施

荷兰能源政策的总体方向是促进节能和可再生能源发展，一方面严格要求老旧燃煤电厂的环境影响规定；另一方面大力发展风电，以减少对化石能源的依赖，同时确保能源供应和能源成本的控制。

为实现可再生能源发展目标，荷兰建立了较为全面的法律和行政框架，一方面通过立法要求各电力公司全额收购可再生能源发电电量，并实施了强制性能源配额及绿色证书交易制度；另一方面积极加强可再生能源的补贴力度和覆盖范围。目前，荷兰支持可再生能源发展的主要政策是上网电价贴政策（Feed-in tariffs）。

2003 年 7 月，实施电力生产环境质量控制法（MEP），该法是促进荷兰国内可再生能源技术开发、生产和消费的主要法律。规定对可再生能源生产电力并入国家电网的生产者给予最多达 10 年的补贴。补贴的金额随生产者采用的可再生能源技

① 荷兰中央统计局 https://www.cbs.nl。

术变化而变化。如 2006 年，对海上风电、太阳能、小型（< 50 MW））独立的生物质利用设施、海洋潮汐发电实行最高补贴，为 9.7 欧分 /kW・h，补贴最低的是垃圾填埋气 1.3 欧分 /kW・h。陆上风电、大型生物质和混合生物质根据溢价进行补贴，陆上风电补贴前 10 年内的 18 000h。补贴资金来源于国家预算资金，通过对所有并网电力的征税收入获得。2007 年 8 月 18 日，荷兰经济部部长暂停了这项补贴政策。

2008 年 4 月，推出新的补贴计划 SDE（Stimulering Duurzame Energie），该计划对各种类可再生能源总补贴金额总量进行控制，通过招标方式选择补贴项目实施固定补贴，依据化石能源的价格确定补贴标准，并估计了 2008—2011 年各年的装机容量，但 2008 年和 2009 年海上风电项目不在补贴范围。

2011 年，发布了“SDE +”政策。该政策调整根据各类可再生能源生产成本补贴电价，并按照先到先得的原则，设置了 0.9 欧元 /kW・h、0.11 欧元 /kW・h、0.13 欧元 /kW・h 和 0.15 欧元 /kW・h 4 种补贴阈值，但由于规定在第一轮补贴由较低电价项目申请后，剩余补贴资金才能由较高成本的发电项目申请补贴，因此电价成本越低的项目更容易获得补贴，2012 年至今“SDE +”仍在实施，2014 年“SDE +”为企业和其他组织（包括非营利组织）提供了总计 35 亿欧元的补贴。

此外，对于个人光伏自用发电给予了减免 7.5 欧分 /kW・h 的税收优惠政策，对于并网的电力最多可节省 23 欧分 /kW・h 的税金。荷兰还建立了可再生能源投资基金，对可再生能源投资商提供贷款或优惠融资等服务。

近年来，荷兰政府加大了对可再生能源技术创新的支持力度，尤其是高度重视海上风电相关的技术创新和研发，荷兰政府鼓励企业、研发机构和大学积极参与海上风电相关技术创新，并设立专门基金对创新企业提供资助。

2.7.3 可再生能源产业及市场

荷兰属温带海洋性气候，冬温夏凉，与南欧国家相比日照时间少，但其农业发达，风能资源丰富，因此荷兰发展可再生能源的重点是生物质能和风能。

据荷兰统计局（CBS）数据，2017 年荷兰可再生能源消费总量约折 472 万 t 标准煤，较 2016 年增长 10%，占其全国终端能源消费总量的 6.6%。从终端应用结构来看，可再生能源供热占能源消费总量的 3.3%，可再生能源电力占比 2.84%，生物质交通燃料占比 0.59%（图 3-2-51）。

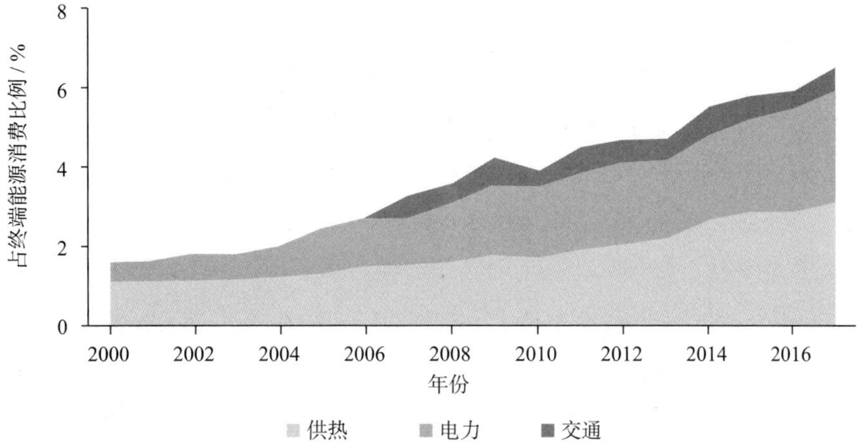

图 3-2-51　2000—2017 年可再生能源终端消费占比[①]

2017 年，荷兰总发电量 1 165 亿 kW · h，可再生能源发电量 175.6 亿 kW · h，同比增长了 19.5%，可再生能源发电量在全部电力生产中的比重从 2016 年的 13% 提高到 15%。荷兰可再生能源发电量主要来自风电和生物质，分别占比 60% 和 30%（图 3-2-52）。

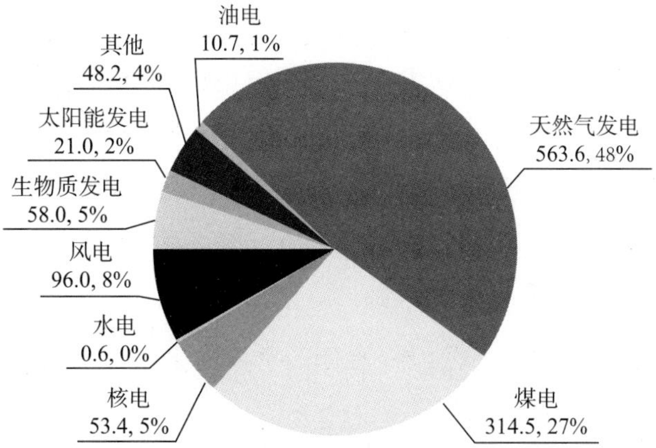

图 3-2-52　2017 年荷兰可再生能源发电量情况（单位：亿 kW · h）[②]

风能　荷兰具有丰富的陆上和海上风能资源，是世界上较早利用风能并规模开发陆上风电的国家之一，也是海上风电开发的主要国家之一。由于国土面积有限以及相关海洋政策限制[③]，近年来风电增长放缓，特别是海上风电，2008 年之后基本处

① CBS，荷兰统计局公布数据。

② BP Statistical Review of World Energy 2018.

③ 2008 年荷兰通过法案，规定在离岸 12 海里范围内禁止建设海上风电场。

于停滞状态。直到 2015 年年初，荷兰议会同意了在泽兰省、北荷兰省和南荷兰省的离岸 18 ～ 22km 海上建设 3 个大型海上风场，并将通过 SDE 获得补贴。自 2015 年荷兰海上风电开始了新一轮建设，并且进展很快，2015 年新增海上风电装机约 18 万 kW，2016 年新增海上风电装机 69.1 万 kW，2017 年累计装机 111.8 万 kW，位列全球第五位。从风电发展总量上看，2017 年，荷兰新增风电装机容量 8.1 万 kW，同比持平，截至 2017 年年底，累计装机容量达到 428.1 万 kW（图 3-2-53）。

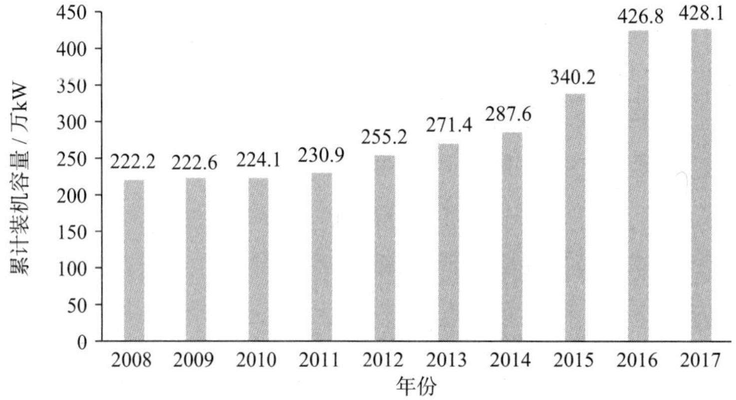

图 3-2-53　2008—2017 年荷兰风电累计装机容量[①]

太阳能　荷兰日照时间相对较少，太阳能发电应用规模较小。随着光伏发电成本的下降，荷兰近两年光伏发电新增装机增长明显，2017 年新增装机 85 万 kW，同比增加了 40 万 kW，截至 2017 年年底累计装机容量达到 290 万 kW（图 3-2-54）。

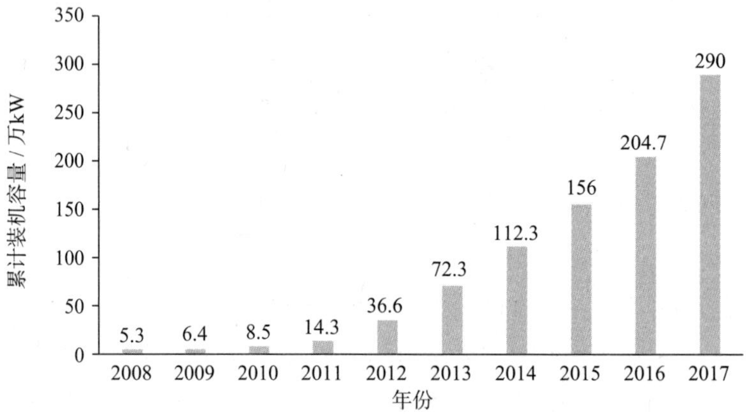

图 3-2-54　2008—2017 年荷兰太阳能发电累计装机容量[②]

① BP ,Statistical Review of World Energy 2018.

② BP, Statistical Review of World Energy 2018.

生物质能　荷兰的生物质能利用已经相当充分，近些年利用量比较稳定。根据荷兰统计局 CBS 统计数据，2017 年荷兰生物质能源利用总量为 83.99PJ，折合 287 万 t 标准煤，较 2016 年增长 8%，垃圾发电、户用生物质和交通生物燃料是生物质主要应用方式。2017 年，荷兰政府宣布了促进生物液体燃料应用的新政策，鼓励飞机采用生物燃料，并推动 18 辆采用生物柴油的火车投入运行。2017 年荷兰交通生物燃料利用量 13.48PJ，折合 48 万 t 标准煤，同比增长 30%（图 3–2–55）。

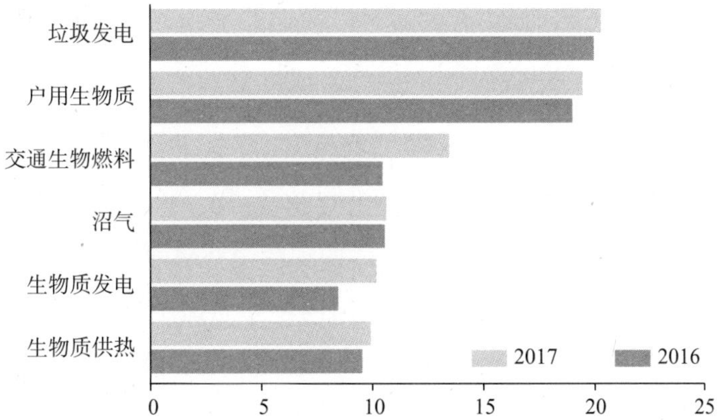

图 3–2–55　2016—2017 年荷兰各类生物质的利用情况（单位：PJ）[①]

2.7.4　未来展望

按照荷兰统计局 CBS 的统计，目前荷兰可再生能源占能源消费总量为 6.6%，距 2020 年 14% 的目标还有很大差距，要实现 2020 年的目标，需要很大的挑战。

第一，当前荷兰几乎所有的家庭供暖、工业用能的 21%、发电用能的 35% 都是依靠天然气，但由于天然气产量逐年下降和今后非常规天然气的不确定性，2025 年荷兰将从能源净出口国成为能源进口国，对荷兰的能源发展格局会带来一些影响。

第二，伴随着欧盟及周边国家低碳零边际成本和低碳价格带来的电力市场变化，对天然气发电的竞争压力越来越大，荷兰作为一个开放体，将会受益，但也会对全球能源市场趋势和周边国际能源政策的选择带来影响。

第三，荷兰能源行业约占全国 GDP 的 11%，尽管荷兰经济增长已经与碳排放和工业能源效率脱钩，但荷兰仍然是欧盟最大的化石燃料和二氧化碳排放国之一，化石燃料在能源结构的占比份额在 90% 以上，对实现欧盟和国际气候承诺目

① 荷兰统计局，https://www.cbs.nl/en-gb/news/2018/22/share-of-renewable-energy-at-6-6-percent.

标(即在 2014 年基础上，到 2030 年实现二氧化碳减排 17%、2050 年实现二氧化碳减排 60%、到 2030 年温室气体减排 40%、2050 年减少到 85% ~ 90%)具有很大挑战。

3 美洲

3.1 美国

美国国土面积约 962.9 万 km^2，位居世界第 4，人口约为 3.24 亿人(截至 2017 年 1 月)，位列世界第三。美国有高度发达的现代经济体系，是世界第一经济强国。据国际货币基金组织的统计，2017 年美国国内生产总值 19.56 万亿美元，位居世界第一；人均国内生产总值 59 501 美元，位居世界第七。作为世界上的能源消费大国，化石燃料一直是美国消耗最多的能源品种。近年来，美国能源消费结构变化主要得益于美国能源政策的调整，以及先进能源技术不断涌现推动了美国非常规油气资源的大规模开采和可再生能源的蓬勃发展。

据美国能源信息署统计，2017 年，美国一次能源消费量 35.21 亿 t 标准煤(97.728 quadrillion Btu)(EIA 数据)，其中化石能源约占 80.1%，核电约占 8.6%，可再生能源约占 11.3%，化石能源比例继续稳步下降，核电比例波动不大，可再生能源略有增加。从发电量方面看，煤炭和天然气发电仍占据主要市场，核电占 20.86%，可再生能源电力所占比例为 16.93%(2016 年为 14.71%)。2017 年美国天然气发电比例略低于 2016 年，主要是因为天然气价格上涨；2017 年用于发电的天然气价格为 3.33 美元 /MB_{tv}，比 2016 年平均价格上涨 16%。从新增装机容量看，天然气发电依然是 2017 年市场的主力，占新增总装机容量的 39%，光伏以 32% 位居第二，风电以 26% 位列市场第三。2017 年煤电新增装机为零。图 3-3-1 为 2017 年美国一次能源构成。

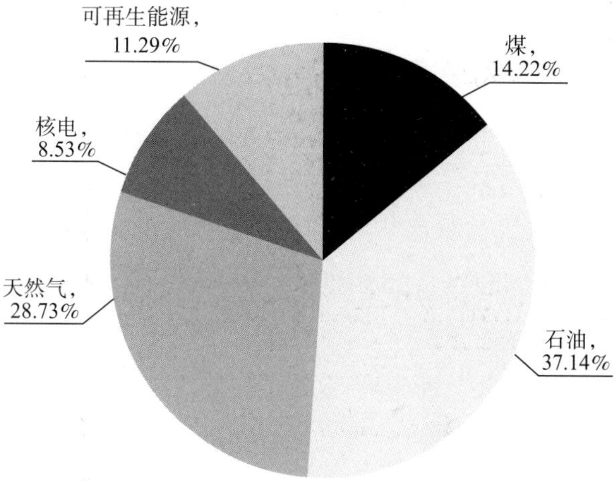

图 3-3-1 2017 年美国一次能源消费构成

3.1.1 可再生能源战略目标

美国是联邦制国家，联邦政府负责联邦级的能源政策制定、协调州能源管理。各州政府独立性很强，可再生能源政策、战略和规划都以各州政策为主，时至今日美国仍没有制定联邦级的可再生能源战略目标。但联邦政府针对某些战略性领域出台了一些发展目标，例如，建立了可再生燃料配额制度（RFS），规定 2022 年美国年交通部门可再生能源燃料消费量需达到 360 亿 t 加仑。美国能源部能效与可再生能源办公室组织国家可再生能源实验室（NREL）等机构开展了可再生能源电力未来情景研究（REF），提出即便从如今现有技术的角度来看，到 2050 年美国可再生能源可以达到 80% 的比例目标。

奥巴马政府期间倡导大力发展清洁能源，2017 年特朗普执政后，能源政策发生了巨大转变。特朗普政府发布了以化石能源开发为核心的“美国第一能源计划”，作为新一届政府能源政策的总体纲领。该能源计划强调“美国第一”和“能源独立”、为促进就业增加化石能源开采、放松对油气公司的管制、开放更多联邦土地供能源开发、拯救煤炭产业等。2017 年 6 月 1 日，特朗普正式宣布退出《巴黎气候协定》，否认人类活动所排放的二氧化碳是全球变暖的主要原因。同年 10 月份，奥巴马签署的旨在减少燃煤发电厂温室气体排放的“清洁能源计划”（Clean Power Plan，CPP）也被正式废除。特朗普大力推动天然气生产，并重视清洁煤技术的发展；其能源战略包含核能、风能和太阳能等清洁能源，但前提是不能以牺牲化石能源为代价去发展清洁能源。面对特朗普政府重点发展化石能源的做法，许多州采取自主行动，继续发展清洁低碳能源，并表示将推动落实《巴黎气候协定 》。

3.1.2 可再生能源主要政策措施

为促进可再生能源技术研发和市场应用，自 20 世纪 70 年代以来，美国联邦和州政府通过一系列立法和项目，建立了可再生能源扶持政策措施，主要有税收抵免、直接补贴或赠款、债券和贷款担保、可再生能源市场份额（RPS）、净电量计量（Net Metering）等。联邦政府和州政府还利用联邦级和州级项目和计划支持可再生能源设备的制造。

目前，美国所有 50 个州、华盛顿联邦直辖特区及部分美属海外领土都制定了不同类别的可再生能源相关立法、政策和激励措施，如表 3-3-1 和 3-3-2 所示。美国联邦和州政府仅在 2010 年就有 23 个联邦级部门共开展了 700 项针对各个领域的可再生能源行动计划[①]，这些行动计划重点集中在可再生能源市场和价格激励领域。2009 年美国复兴和再投资法案提出了一揽子支持可再生能源市场投资和产业创新的政策措施。

表 3-3-1 美国可再生能源的有关立法历程

年份	立法
1978	能源税收法案；公共电力公司监管政策法案
1980	联邦可再生能源研发资金 13 亿美元的支持（相当于 2004 年 30 亿美元 ）
1992	作为 1992 年联邦能源政策法案的一部分内容，联邦生产税收抵减（PTC）生效实施
1996	很多州开始实施净电流表法
1997	作为电力体制改革的一部分，有些州开始实施可再生能源配额制（RPS）以及公共效益基金（PBF）
1999	加利福尼亚州通过并网标准（21 号法则 ），为其他州为独立的电力生厂商制定并网标准提供样板
2005	2005 年能源政策法案规定了投资税收抵减（ITC），联邦贷款保证计划，清洁可再生能源债券，并鼓励各州更新并网标准
2007	2007 能源独立和安全法案，规定提供资金支持可再生能源研发和就业培训
2009	2009 年美国复兴和再投资法案，对可再生能源提供资金支持和税收信贷，共有 157 个可再生能源行动计划得到支持[①]

① Renewable Energy: An Inventory of Fiscal Year 2010 Federal Initiatives (GAO-12-259SP, February 2012), an E-supplement to GAO-12-260. Available at: http://www.gao.gov/special.pubs/gao-12-259sp/index.htm.

年份	立法
2012	8月1日美参议院财政委员会宣布，对纤维素燃料产品提供每加仑1.01美元、对生物柴油每加仑1美元的联邦税收减免
2013	7月，夏威夷立法发行绿色基础设施债券为清洁能源设施低成本融资
2015	美国环境保护署发布了最终的“清洁电力计划”（CPP）
2016	8月，马塞诸塞州立法机关签署法令，要求公用企业2027年前必须购买1.6GW海上风电； 9月，哥伦比亚特区政府决定，进一步提高本区电力供应可再生能源比例标准，到2020年达到20%、2032年达到50%
2017	10月，特朗普宣布撤销“清洁电力计划”（CPP）

数据来源：http://www.dsireusa.

表3-3-2　美国各州以及相关地区可再生能源立法、规定和政策一览

州	公共效益基金	RPS	净电量计量	州际电网	设备证书	立法	施工和设计	绿电输出
联邦级别				1-F			1-F	
亚拉巴马								
阿拉斯加			1-S	1-S		1-S		
亚利桑那		1-S	1-S 1-U	1-S	1-S	1-S	3-S 5-L	
阿肯色			1-S	1-S			1-S	
加利福尼亚	1-S	1-S	1-S 1-U	1-S		2-S 7-L	5-S 14-L	
科罗拉多	1-L	1-S	1-S	1-S		1-S 1-L	3-S 5-L	1-S
康涅狄格	1-S	1-S	1-S	1-S			3-S	
特拉华	1-S 2-U	1-S	1-S	1-S		1-S	2-S	
佛罗里达		1-U	1-S	1-S	1-S	1-S 1-L	1-S 1-L	
乔治亚			1-S	1-S		1-S	2-L	
夏威夷	1-S	1-S	1-S	1-S		1-S	2-S	
爱达荷			3-U			1-S		
伊利诺伊	1-S	1-S	1-S	1-S		1-S	2-S	

① According to the GAO Report: Federal Agencies Implement Hundreds of Initiatives, Feb 27th 2012, GAO-12-260. http://www.gao.gov/assets/590/588876.pdf.

州	公共效益基金	RPS	净电量计量	州际电网	设备证书	立法	施工和设计	绿电输出
印第安纳		1-S	1-S	1-S		1-S	1-S 1-L	
爱荷华		1-S	1-S	1-S		1-S	1-S	1-S
堪萨斯		1-S	1-S	1-S		1-S	1-L	
肯塔基			1-S	1-S		1-S		
路易斯安那			1-S 1-L	1-S		1-S		
缅因	1-S	1-S	1-S	1-S		2-S	2-S	1-S
马里兰		1-S	1-S	1-S		1-S	2-S	
马萨诸塞	2-S	1-S	1-S	1-S		1-S	3-S	
密歇根		1-S	1-S	1-S			1-S 1-L	
明尼苏达	1-S	2-S	2-S	1-S	1-S	1-S	1-S	
密西西比								
密苏里		1-S 1-L	1-S	1-S		1-S	1-S	
蒙大拿	1-S	1-S	1-S 1-U	1-S		1-S		1-S
内布拉斯加			1-S	1-S		1-S		
内华达		1-S	1-S 1-U	1-S		1-S	1-S 1-L	
新罕布什尔		1-S	1-S	1-S		1-S	1-S	
新泽西	1-S	1-S	1-S	1-S		2-S	4-S	
新墨西哥		1-S	1-S 1-U	1-S		1-S		1-S
纽约	1-S	1-S 1-U	1-S 1-U	1-S		1-S	1-S 1-L	
北卡罗莱纳		1-S	1-S	1-S		1-S 1-L	4-S 12-L	
北达科他		1-S	1-S			2-S		
俄亥俄	1-S	1-S	1-S	1-S		1-S	2-S	
俄克拉荷马		1-S	1-S				2-S	
俄勒冈	1-S	1-S	1-S 1-U	1-S		1-S 2-L	4-S 2-L	1-S
宾夕法尼亚	1-S	1-S	1-S	1-S			1-S	
罗德岛	1-S	1-S	1-S	1-S		1-S	1-S	
南卡罗莱纳			3-U	1-S			1-S	

州	公共效益基金	RPS	净电量计量	州际电网	设备证书	立法	施工和设计	绿电输出
南达科他		1–S		1–S		1–S	2–S	
田纳西						1–S		
得克萨斯		1–S 1–U 1–L	4–U	1–S		1–S 1–L	2–S 5–L	
犹他		1–S	1–S 3–U	1–S		1–S	1–L	
佛利蒙	1–S	1–S	1–S	1–S		1–S	1–S	
弗吉尼亚	1–S	1–S	1–S 1–L	1–S		2–S	2–S 1–L	1–S
华盛顿		1–S	1–S 1–U	1–S		1–S	1–S 1–L	1–S
西弗吉尼亚		1–S	1–S	1–S		1–S		
威斯康星	1–S	1–S	1–S	1–S		1–S 1–L	2–S	
怀俄明			1–S	1–S			1–S	
哥伦比亚区	1–S	1–S	1–S	1–S			1–S	
帕劳								
关岛		1–S	1–S				1–S	
波多黎各	1–S	1–S	1–S	1–S	1–S		1–S	
维尔京群岛		1–S	1–S			1–S	1–S	
北马里亚纳群岛		1–S						
美属萨摩亚			1–S					
合计	24	48	73	47	4	61	126	8

注：F = 联邦级别，S = 州或地区级别，L = 地方级别，U = 电力公司。

数据来源：http://www.dsireusa.

（1）税收抵扣和现金补助

1992 年 7 月的《能源政策法案》制定了生产税抵扣（PTC）政策，对一定技术范围内的企业给予按 1.5 美分 / 千瓦时补贴，补贴水平依据通货膨胀率进行调整（2009 年以后为 2.2 美分 / 千瓦时，目前为 2.3 美分 / 千瓦时），是目前最重要的可再生能源扶持政策。但这项政策的有效期很短，通常只有 2 年，近些年减为 1 年，能否延期需要国会投票决定，而国会通常是在 PTC 有效期满后才进行表决，影响了政策的延续性。2013 年年初，美国国会决定继续延长执行 PTC 政策 1 年，同时还做了一个重要的政策调整，即允许开发商在项目建设启动时申请补贴，而这项政策调整不仅适用于风电，所有享受同类税收减免的可再生能源产业都将受益，特别是地热、生物质能这类发展规模小、投资风险较大的绿色能源产业。2014 年年底，美国国会投票决定延长执行 PTC 政策至 2014 年 12 月 31 日[①]。2015 年 12 月共和党同意延长一系列已经过期或即将到期的可再生能源税收优惠，PTC 自 2016 年起将逐年降低至 2020 年取消。

2005 年的《能源政策法案》制定了投资税收抵扣（ITC）政策，规定项目投资额的 30% 可在所得税中抵扣，该政策对推动户用可再生能源、分布式和联网型太阳能发电技术应用方面发挥了重要作用。2015 年 12 月，美国国会通过一项法案提出，2016 年起太阳能的投资税收抵免（ITC）政策补贴将下调，2020 年调低至 26%，2021 年为 22%，2022 年起长期保持 10% 不变。

2009 年《美国复苏和再投资法案》增加了投资项目现金补助，规定一定期限内企业可在生产税抵扣、投资税抵扣和先进补助政策之间选择其一。另外，2009 年《美国复苏和再投资法案》还提供先进能源制造项目补助，即先进能源制造企业改扩建或新建生产设施，投资额的 30% 可在所得税中抵扣。此外，联邦政府还实施了联邦可再生能源生产激励（REPI），作为对生产税收抵扣政策的补充措施，让那些无法享受到 PTC 的企业可以得到可再生能源发电激励，但是由于受到政府年度预算周期的限制，资金拨付无法及时到位，给企业带来收益不确定性，实施效果受到了影响（表 3–3–3）。

表 3–3–3　美国生产税抵扣（PTC）和投资税抵扣（ITC）政策

	生产税抵扣政策（PTC）	投资税抵扣政策（ITC）
政策层级	联邦层面	联邦层面
技术范围	风电、生物质能发电、小水电、地热能发电、垃圾发电、潮汐能发电、波浪能发电、海洋热能发电	太阳能光伏发电、太阳能供热、太阳能热发电、风电、生物质能发电、地热能发电、燃料电池、地源热泵、热电联产、太阳能照明等
适用部门	商业、工业	商业、工业、公共事业、农业

① http://www.rechargenews.com/wind/1386834/Update-US-Senate-approves-one-year-wind-PTC-extension.

	生产税抵扣政策（PTC）	投资税抵扣政策（ITC）
补贴水平	1）风电、地热能发电、闭环生物质能发电：2.3 美分 / 千瓦时 2）其他技术：1.1 美分 / 千瓦时	1）太阳能、燃料电池和小型风电：30% 投资成本 2）地热能、热电联产、微型发电机：10% 投资成本
补贴说明	补贴期限：项目运营前 10 年	补贴上限： 燃料电池：1 500 美元 / 0.5 kW 微型电机：200 美元 / kW 小风机（10/4/08–12/31/08 建成）：4 000 美元 小风机（12/31/08 之后建成）：无上限 其他技术：无上限
项目规模	对沼气发电和畜牧业废物发电特别规定最小规模为 150 kW	1）小风机：不超过 100 kW 2）燃料电池：不低于 0.5 kW 3）微型发电机：不超过 2 MW 4）热电联产：不超过 50 MW
有效期	政策延长至 2014 年年底，如冲抵生产税中没有用完的 PTC 可以在未来 20 年有效期内使用； 2016 年起风电补贴逐步减少至 2019 年年底结束	政策 2016 年到期；2016 年起 光伏补贴逐步下调至 2022 年 20% 后无限延期

数据来源：http://www.dsireusa.

（2）公共效益附加

美国不少州还利用公共效益附加（PBC）用于支持可再生能源研发、教育培训、项目实施等活动，23 个州以及哥伦比亚区每年通过几百万到几亿美元不等的附加资金支持可再生能源发展[①]。2012 年能源合同管理（ESPC）的模式也普及到可再生能源企业产业，但需要通过电力公司具体实施。

（3）可再生能源发电配额（RPS）

20 世纪 90 年代开始，美国许多州陆续开始实施可再生能源配额制度（Renewable Portfolio Standard，RPS），要求电力公司（Utility）一定比例的供电量（如 10%）来自可再生能源，来推动可再生能源发电的市场发展。RPS 制度通常采用登

① http://www.epa.gov/chp/policies/funds.

记单位合格可再生能源电量的可再生能源“证书(certificate)”进行监管和市场交易，电力公司可以通过购买“证书”来满足配额要求。截至目前，美国有 29 个州和华盛顿特区及 2 个附属地区实施强制的 RPS 政策，另外 8 个州和 3 个附属地区设定了可再生能源配额目标(图 3–3–2)。

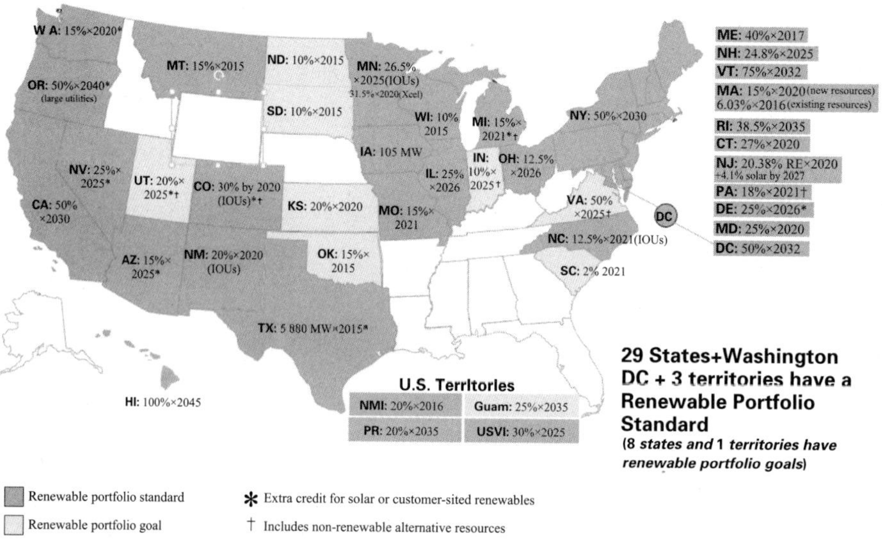

图 3–3–2　美国实施配额制的州及其可再生能源发展目标

数据来源：http://www.dsireusa.org/resources/detailed-summary-.

随着主要联邦政策机制在逐渐缩减，以及 CPP 未知的最终命运，目前可再生能源支持政策已经转移到了美国各州。2016 年，多个州政府提高了本州的 RPS 目标，目前有 5 个州和华盛顿特区的 RPS 目标超过了 50%。2016 年 2 月俄勒冈州通过立法提高 RPS 目标，要求到 2040 年可再生能源占比达到 50%。在东海岸，纽约通过立法要求到 2030 年可再生能源采购达到 50% 的比例，华盛顿特区提高 RPS 目标到 2032 年的 50%。罗德岛州把其 RPS 目标从 2019 年延长到 2035 年，最终要求到 2035 年可再生能源达到 38.5%。[①]

(4)净电量计量法(Net Metering)

“净电量计量法”允许建筑光伏系统等分布式发电用户的发电量自用，多余电量上网，按净电量与电网公司结算电费。值得注意的是，随着净电量计量在美国使用规模的扩大，出现了一些新的情况。2013 年 11 月，亚利桑那州公司委员会(ACC)

① GWEC，“Global Wind 2016 Report”，2017.

以 3∶2 投票赞成允许州级公共部门亚利桑那州公共服务公司（APS）对太阳能净计量客户每千瓦征收 0.70 美元的费用。APS 表示，净计量客户，能够通过将剩余电力注回电网而获得抵减费用，有效地将维护电网的成本转移到未使用太阳能的纳税人的身上。ACC 委员赞成对所有在 2013 年 12 月 31 日之后建设的新系统收费。预计该费用将使太阳能用户每月支付总计约为 5 美元。2014 年 12 月，纽约州把净电量计量上限翻倍，从 2005 年公用设施的峰值需求的 3% 上升至 6%[①]。2015 年 12 月内达华州公共事业委员会（PUC）最初裁决限制净计量并且提高对太阳能用户的收费时，引起强烈抵制[②]。加州公益事业委员会（California Public Utilities Commission，CPUC）也被电力公司要求 2015 年 12 月底之前提出新制度来取代现在的净计量电价制度[③]。截至 2017 年 11 月，美国有 38 个州、华盛顿特区和 3 个附属地区实行强制的净电量计量法[④]。

（5）碳交易市场

另外，田纳西、特拉维尔、缅因、马里兰、马萨诸塞、新罕布什尔、纽约、罗德岛和佛利蒙 9 州启动实施了跨州温室气体交易合作项目（RGGI），通过制定和实施各州独立的法规设定本州电力部门的碳排放最高限额，合作项目的目标是到 2018 年实现二氧化碳减排 10%，促进了可再生能源等低碳能源发展。在 2012 年，加利福尼亚州推出了碳交易市场，并最终寻求与加拿大几个州的碳交易市场进行合并，碳交易市场的建立可增加开发可再生能源的经济性。

（6）公共土地可再生能源项目

2013 年年初，美国内政部（Interior Department）在加利福尼亚州和内华达州批准了 110 万 kW 的公用事业 – 规模化（utility-scale）光伏及风电项目，并在 2015 年前希望再批准总额约为 530 万 kW 的项目规模。美国内政部还宣布，计划在 2013 年在美国东海岸的联邦海域内招标 400 万 kW 的海上风电项目。2013 年年初美国能源部（DOE）宣布对 7 个商业海上风电项目提供资助。联邦政府也在寻求通过其他方式发展可再生能源，例如，通过优先许可和环境审查流程促进在公共土地上开发部署太阳能、风能和地热能。2012 年 10 月，土地管理局通过了西部太阳能计划[⑤]，专注

① http://programs.dsireusa.org/system/program/detail/453.

② http://www.p-e-china.com/neir.asp?newsid=84630.

③ http://smartgrids.ofweek.com/2016-01/ART-29 0009-8110-29056976.html.

④ http://ncsolarcen-prod.s3.amazonaws.com/wp-content/uploads/2017/11/DSIRE_Net_Metering_November2017.

⑤ http://blmsolar.anl.gov/.

于发展西南六省太阳能区域（Solar Energy Zone）有潜力的项目，能加快项目审查和批准的速度，推动可再生能源项目的发展。现在西部太阳能计划下共有 19 个太阳能区域，覆盖了超过 29 万英亩公共土地，如果全部利用将安装 2.7 万 kW 太阳能，可以为 800 万家庭提供电力。2015 年 6 月，西部太阳能计划通过了三个在内华达州公共土地上的太阳能项目，总计 44 万 kW，可为 13 万家庭提供电力并带来 1 900 个建筑工作岗位。[①]

3.1.3 市场和产业发展

在美国政府的积极倡导和政策支持下，美国的可再生能源产业得到了迅速发展。据美国能源信息署统计，到 2017 年年底，美国可再生能源生产总量已达到 4 亿 t 标准煤（11.137 Quadrillion Btu），约为美国一次能源生产总量的 12.7%；可再生能源消费总量约 3.96 亿 t 标准煤（11.016 Quadrillion Btu），生产与消费基本持平，占一次能源消费总量的 11.3%。从发电量方面看，2017 年美国可再生能源电力所占比例为 16.9%，在稳步增加（2016 年 14.74%，2015 年 13.7%，2014 年 13.2%）[②]（图 3-3-3）。

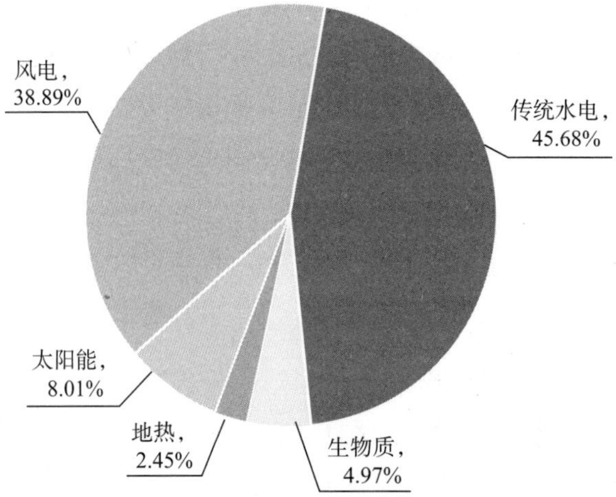

图 3-3-3 2017 年美国可再生能源发电构成

美国可再生能源历年装机容量及发电量如图 3-3-4 所示。

① http://www.altenergymag.com/news/2015/06/03/interior-department-approves-first-solar-energy-zone-projects/20170/.

② U.S. Wind Industry Annual Market report 2017.

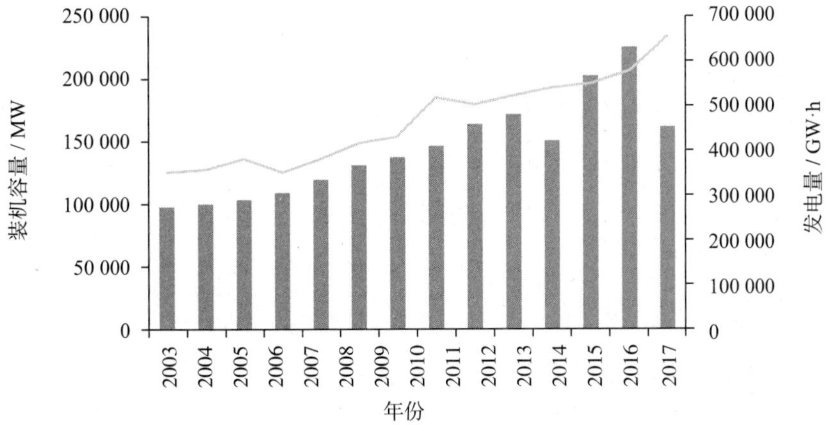

图 3-3-4　美国可再生能源历年装机容量及发电量

注：2014 年以及之后的装机容量数据来自 REN21，其余数据来自美国能源署。

（1）风电

2015 年年底得以延期的生产税抵免法案（PTC）继续支持着美国风电行业的发展。2017 年，美国风能产业新增装机 701.7 万 kW，比 2016 年增长 9%。截至 2017 年年底，美国共有近 54 000 台风机在运行，累计装机容量为 8 897 万 kW，占总电力装机容量的 8%。风电一直是美国新能源发电装机的主力军，过去 5 年里其新增装机容量占总新增发电装机容量的 1/4；在过去的 10 年中，风力发电占新增装机容量的 31%。过去 5 年里，得克萨斯州的风电总装机名列第一位，总装机容量超过 1 040 万 kW，平原地区位居第二，总共新增 772.7 万 kW，中西部地区排名第三位，总装机 724 万 kW。据美国能源信息署的统计，2017 年美国风力发电量达 2 540 亿 kW·h，相当于 2 400 万美国家庭的年用电量，创下了年度发电量的新纪录，比 2016 年的 2 260 亿 kW·h 增加了 12%，是 2010 年（950 亿 kW·h）发电量的 1.67 倍。3 月份是风力发电量创纪录的月份，单月发电量达 260 亿 kW·h。爱荷华州、堪萨斯州、俄克拉荷马州以及南达科他 4 个州 30% 以上的电力来自风电，爱荷华州以 37% 的发电量占比位列第一。在过去的 10 年中，美国风力发电量以年均 23 % 的速度增长。2017 年美国风电占总发电量的 6.3%，2016 年为 5.5%，2015 年是 4.7%，2010 年仅 2.3%，稳步增长（图 3-3-5）。

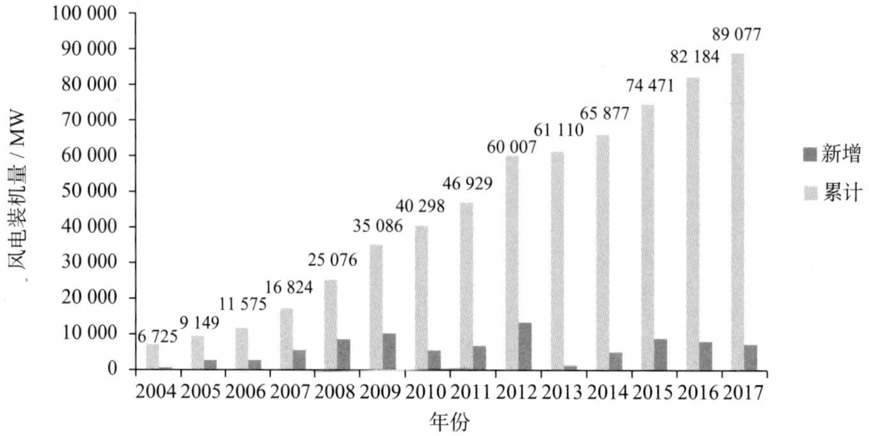

图 3-3-5　2004—2017 年美国风电累计及新增装机

数据来源：全球风能协会，Global Wind 2017 Report。

自 2009 年风电成本持续下降了 67%，经济性是推动美国风电行业持续发展的主要驱动力。今天的风电在美国许多州已经成为成本最低的新电力来源。过去 5 年里美国风电以 8% 的年增长率发展，吸引了超过 500 亿美元的投资。长期电力购买协议（PPAs）依然是风电采购机制的首选，尤其是当企业购买者续签风力发电合同时。据美国风能协会的“美国风电产业年度市场报告”统计，2017 年共有 4 367 MW 的发电合同是 PPA 的形式，其中 63% 的电力用于公用事业，剩下的 37% 承包给企业和其他自用客户。目前，美国的企业和其他自用买家签署了超过 8 000MW 的 PPA。截至 2017 年年底，美国风电产业提供了 105 500 个工作岗位，历史最高。2017 年美国风电产业建造了价值 110 亿美元的投资项目，在过去的 10 年平均每年投资超过 140 亿美元。

美国拥有巨大的海上风能资源，技术开发潜力超过 2 000GW，几乎是目前美国发电能力的两倍。自 2016 年年底美国第一个海上风电项目投产以来，美国海上风电行业的活动开始显著频繁。2017 年共有 14 个处于不同开发阶段的拟议海上风电项目，横跨 10 个州，分布在东海岸和大湖海岸。这些提议的项目代表了超过 12 500MW 的潜在海上风电开发项目，计划的项目规模为 12 ～ 2 000MW。为进一步加速美国海上风电产业的发展，美国能源部宣布，将为一个公私合营的海上风电研发联盟提供 1 850 万美元的融资机会，该联盟将重点开展美国海上风电的技术进步和成本降低的研究，并邀请研究人员、金融家、海上风力发电产业为研究工作提供资金和技术。

（2）太阳能

受益于可再生能源配额标准（RPS）和补贴政策，美国太阳能光伏产业发展迅速。近年来，私人第三方融资等创新型融资手段使住宅光伏设备安装投资增加，2008年开始美国光伏发电以每年大于40%的装机速度快速增长。2017年是美国太阳能市场的过渡年。所有的领域都经历了角色转换，比如住宅光伏项目和大型光伏电站长期以来一直都是太阳能市场增长的主力军，2017年第一次出现了下滑；同时长期处于困境的非住宅光伏项目，却是2017年太阳能市场唯一增长的版块。据美国太阳能产业协会的统计数据[①]，2017年美国光伏新增装机1 060.8万kW，比2016年降低30%，但依然比2015年增长40%。与前几年一样，59%的新增装机来自大型光伏电站项目，其余的由分布式太阳能贡献。截至2017年年底，美国太阳能光伏累计装机5 040.8万kW，位居世界第二。2017年美国光伏装机容量超过10万kW的州有19个，2016年是22个，2015年是13个。加州再次以260万kW的新增容量遥遥领先，其次是北卡罗莱纳州（120万kW）和弗罗里达州（74.88万kW）。2017年美国住宅光伏项目新增装机222.7万kW，比2016年下降了16%。由于太阳能贷款的增加和其他系统融资方式等因素，曾在美国住宅太阳能市场占据最大份额的第三方融资持续下降，2017年第四季度，以第三方所有权（TPO）模式融资的项目仅占新增装机的37%。加州尤其如此，该季度第三方持股比例创历史新低，仅为30%；大型光伏电站项目新增装机623.4万kW，占美国全年新增装机的59%；非住宅（商业和工业）项目领域新增装机214.7万kW，比2016年增加28%（图3-3-6）。

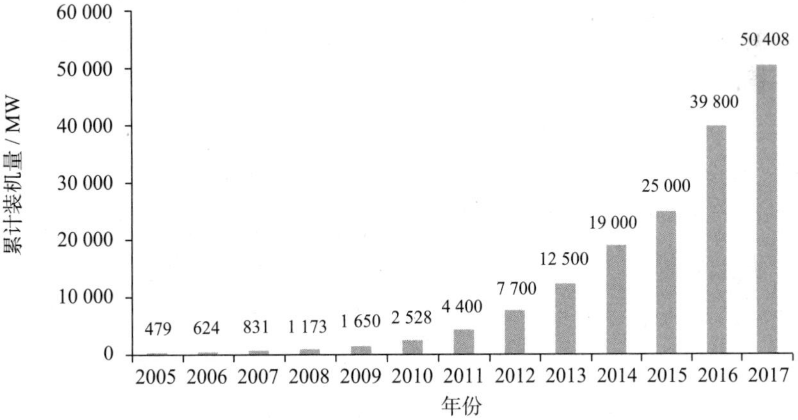

图3-3-6 2005—2017年美国太阳能光伏累计装机

数据来源：2015年之前的数据来自欧洲光伏产业协会；2015年及之后的数据来自美国太阳能产业协会。

① 美国太阳能产业协会，《美国太阳能市场洞察力报告：2017年》，2018。

太阳能产业的繁荣也刺激了美国经济发展。根据 Solar Foundation 的《2017 年国家太阳能工作普查》报告[①]，2017 年美国共有 11 529 个太阳能企业，共计有 250 272 个与太阳能相关的就业人员（26.9% 为女性），比 2016 年略有下降（-3%）。其中 51.7% 的工作岗位与太阳能安装有关，14.7% 与太阳能制造业有关；12.4% 与太阳能产品的销售与配送有关；14.3% 与太阳能项目开发有关。2017 年美国有 1 017 万户居民安装了屋顶光伏。

（3）生物质能

在过去 10 年里，由于缺乏强有力的政策驱动，以及其他可再生能源日益激烈的竞争，美国生物质发电产业发展平缓。2017 年发电量 690 亿 kW·h，仅比 2016 年的 680 亿 kW·h 增长 2%。尽管 2017 年新增装机 268MW，但部分现有产能退役，美国生物质发电能力整体有所下降，目前排名第二位[②]。

生物柴油作为一种新型替代能源，在美国已经发展了相当长的时间。2014 年，美国生物柴油的产量为 12.7 亿加仑，比 2013 年的 13.59 亿加仑减少了约 6.5%，产量的下降主要是由于原油价格的下跌导致生物柴油售价减低，以及 2014 年政策刺激的空缺。2015 年美国生物柴油勉强维持 2014 年的水平，总产量为 12.68 亿加仑[③]。目前，美国共有 96 个生物柴油生产厂，总产能为每年 24 亿加仑，中西部地区的产量占全国产量的 68%。2017 年产量为 15.95 亿加仑，略高于 2016 年 15.69 亿加仑的产量[④]。

燃料乙醇是美国目前应用最广泛的生物液体燃料。燃料乙醇在美国的发展起源于 20 世纪 70 年代的石油危机，而真正跨越式的发展是在最近的 10 年间，从 2006 年起，美国燃料乙醇的产量超过巴西成为世界上最大的生产国，出口量自 2010 年起一直位居世界首位。在国内使用和出口需求的驱动下，2017 年美国燃料乙醇发展再创新的纪录。经过长时间的斗争，可再生燃料标准（RFS）终于走上“正轨”，美国环境保护署在 2017 年恢复混合需求到法定水平。据美国可再生能源燃料协会统计，2017 年美国 28 个州的 211 个运行中的乙醇生物炼制厂共生产了 158 亿加仑的高辛烷可再生燃料。2017 年美国不但是世界最大的乙醇生产国和消费国，还首次成为最大的乙醇出口国，出口量突破 13 亿加仑；与此同时，美国燃料乙醇进口量持续

① http://guangfu.bjx.com.cn/news/20180402/889156.shtml.

② REN 21 Renewables 2018 Global Status Report.

③ EIA，“Monthly Biodiesel Production Report”，2015.

④ EIA，“Monthly Biodiesel Production Report”，2018.

低迷，仅从巴西进口 8 000 万加仑的甘蔗乙醇，主要出于享受加州的低碳燃料标准（LCFS）和 RFS 优惠政策（图 3-3-7）。

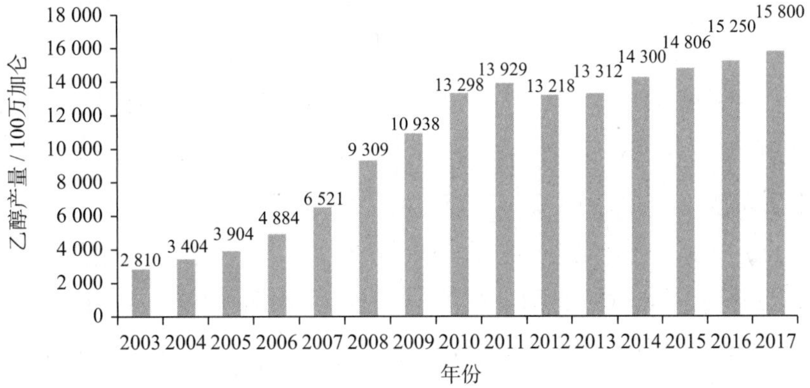

图 3-3-7　2003—2017 年美国燃料乙醇产量

数据来源：美国可再生能源燃料协会（RFA）。

美国一直重视对先进液体燃料的研发和示范应用，例如纤维素乙醇等。《能源独立和安全法案》提高了可再生能源燃料标准（Renewable Energy Standard），要求可再生能源燃料的消费量从 2008 年的 90 亿加仑提高到 2022 年的 360 亿加仑。其中，在 2015 年之后，传统燃料产量将保持不变，而纤维素乙醇和先进的燃料（Undifferentiated advanced biofuel）直线上升。图 3-3-8 为美国可再生能源燃料标准日程表，图 3-3-9 为美国先进可再生能源燃料标准日程表。

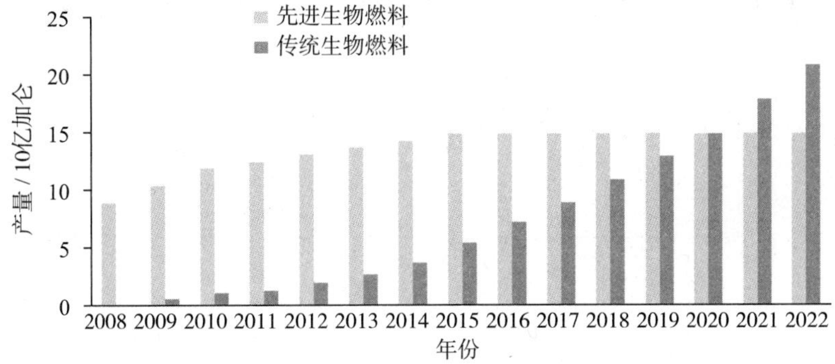

图 3-3-8　2008—2022 年美国可再生能源燃料标准日程表

数据来源：美国可再生能源燃料协会（RFA）。

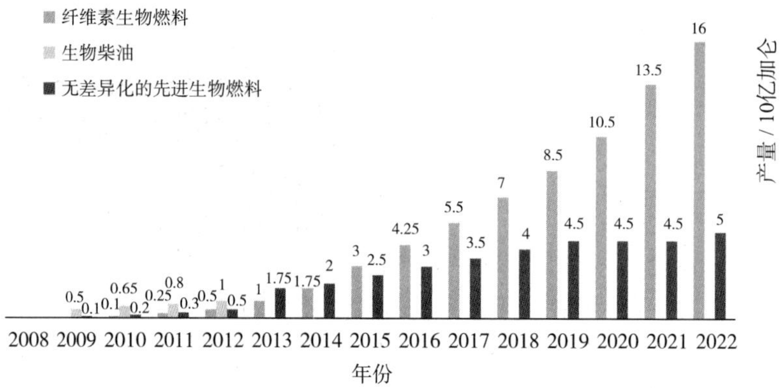

图 3-3-9　2008—2022 年美国先进可再生能源燃料标准日程表

数据来源：美国可再生能源燃料协会（RFA）。

（4）地热能

美国地热能产业的发展具有一定的先天优势，美国不仅地热资源多，而且利用充分，地热能已经成为美国实现能源可持续发展未来的重要因素。自 2005 年以来，美国地热能发展就一直处于增长态势，是世界上开发利用地热最好的国家之一。自 2013 年起，美国地热发展速度整体放缓。受廉价的天然气等化石燃料替代品和税收优惠政策力度下降等因素影响，2017 年美国地热产业依旧低迷，仅内华达州一个 24MW 的机组并网，同时两个 30MW 机组退役。截至 2017 年年底，总装机容量为 250 万 kW，当年的发电量为 16 TW · h，占美国净发电量的 0.4%[①]（图 3-3-10）。

图 3-3-10　1971—2013 年美国地热发电的铭牌装机容量

注：不包括 PCA（增加的计划容量）、示范电厂、20 世纪上半叶所建的公用事业规模地热发电厂和退役的电厂。

数据来源：美国地热协会，2014 Annual U.S. & Global Geothermal Power Production Report.

① REN 21, "Renewables 2018 Global Status Report", 2018.

3.1.4 可再生能源发展展望

综合考虑PTC的退出计划和RPS政策的增加以及技术成本下降，预计美国风能行业在2018年或以后会继续强劲增长。在过去的两年里，为使风电项目在时间节点前享受100%或80% PTC政策，开发商采取了快速行动，推动了装机的强劲增长，包括公共机构直接开发拥有自己的风电能力。越来越多的公共机构、企业和城市寻求获得更多的风能，这意味着美国风电行业的稳健增长。①

随着安装程序的商业模式成熟，贷款产品数量激增和关税逐渐下降，未来几年里美国住宅光伏装机新增预计将介于6%～12%，在一定程度和速度上取决于国家范围新的销售解决方案扩张。住宅光伏市场实现这一增长的能力主要源自短期政策支持；2020年以后，随着第三方融资解决方案扩展到中小型商业客户，低于1MW规模的非住宅光伏市场将逐步恢复增长；美国大型光伏电站项目的预测仍然是地理多样化的，有20个州市场预计在2018—2023年能有超过500MW_{dc}的新产能，而东南地区依然是最主要的力量，将占美国累计装机容量的38%。GTM Research预计，接下来的5年中西部和得克萨斯州将分别贡献44%和36%的占比。②

3.2 加拿大

加拿大为北美洲最北的国家，领土面积达998万km^2，为全世界面积第二大的国家。总人口35 873 000人③，人口密度非常低。加拿大是世界上最富有的国家之一，也是西方七大工业国家和世界十大贸易国之一。据国际货币基金组织的统计数据，2017年国内生产总值达1.68万亿美元，排名第十位；人均国内生产总值45 077美元，位居世界国家和地区第16位。加拿大是经济合作与发展组织和G8成员，也是世界十大贸易国之一，经济高度国际化。

加拿大能源丰富，主要包括石油、天然气、水利、铀和生物能源。能源生产在国民经济中的重要位置仅次于制造业，位居第二，在西部的艾伯塔省雄踞榜首。加拿大的石油矿藏量在全世界仅次于沙特阿拉伯排名第二位。据估计，加拿大相当于1 780亿桶的石油储量均以油砂形式存在。加拿大是全球第三大天然气生产国，而不

① GWEC, "Global Wind 2017 Report", 2017.

② 美国太阳能产业协会，"U.S. Solar Market Insight Report 2017"，2017。

③ 2016年数据，联合国人口司。

列颠哥伦比亚省是其国内的天然气主要产区。加拿大人烟稀少，能源消费有限，能源工业严重依赖国际市场。原油、天然气、煤等各种产品的出口均在 40% 以上[①]。

由于加拿大能源资源丰富的背景，它在提高能源效率的政策力度上没有资源有限的欧洲国家那样大，而是将其重点放在能源对环境的影响上，也积极发展清洁的可再生能源。

3.2.1 可再生能源战略目标

加拿大制定的国家应对气候变化行动方案规定到 2020 年温室气体比 2006 年减少 20% 的目标，90% 的电力来自零排放能源，包括水电、核电、清洁煤和风电。各省通过可再生能源电力配额制定了本省 / 地区的可再生能源电力发展目标（表 3-3-4）。

表 3-3-4 加拿大主要可再生能源发展目标

加拿大各省可再生能源电力发展目标[②③]		
省	政策工具	可再生能源电力占比
英属哥伦比亚	目标	到 2016 年，清洁或可再生能源电力占总装机容量 90%，电力部门实现零排放
阿尔伯特	目标	2016 年 12 月通过了可再生电力法案，要求 2030 年全省 30% 的电力需求来自可再生能源
安大略	部长指令	2007 年指令提出，到 2012 年可再生能源电力装机增加 2 200 MW 2006 年指令提出，到 2025 年可再生能源电力占总装机 40% 2016 年安大略省政府发布了气候行动计划，目标是到 2050 年实现温室气体在 1990 年的水平上减排 80%
魁北克	能源政策	2016 年魁北克公布了一项新的长期能源政策，旨在 2030 年提高 25% 的可再生发电比例，减少 40% 的化石燃料的使用
新布朗斯维克	电力配额	到 2020 年可再生能源电力占发电的 40%
西北领地	目标	2010 年可再生能源电力占总装机 10%，到 2025 年达 25%
新斯科舍	电力配额	2015 年可再生能源电力占 25%，2020 年 40%
育空	目标	2020 年可再生能源电力装机增加 20%

① http://wenku.baidu.com/view/93bb3a7ea417866fb84a8ea4.html?re=view.

② 偏远和农村地区的可再生能源推广政策——能源政策评估报告终稿，加拿大农村伙伴关系，加拿大政府信息网 www.rural.gc.ca。

③ REN 21，" Renewables 2014 Global Status Report"，p122，2014.

3.2.2 主要政策措施

加拿大能源政策体系与美国类似，包括联邦级和各省 / 地区政策。联邦级可再生能源政策体系的重要组成部分即国家应对气候变化行动方案，以及 2 个具有深远影响的国家级项目，一个是“生态能源项目——可再生能源（ecoEnergy for Renewable Energy program）”，另一个是“生态能源项目——生物质液体燃料（ecoEnergy for Biofuels Initiative）”。

加拿大环境部于 2007 年 4 月启动了“生态能源项目——可再生能源（ecoEnergy for Renewable Energy program）”，旨在鼓励利用风能、低生态影响水能、生物质能、光伏和地热等可再生能源发电，电力公司与项目开发商签订协议，购买可再生能源电力。虽然自 2011 年 3 月后不再有新项目签署承诺协议，但已签署的协议有效期直至 2021 年 3 月 31 日。截至 2011 年 3 月 31 日，共计 104 个项目得到资金支持，总投资额约 14 亿美元，到 2021 年总装机可达 4 500MW。

加拿大政府为了推广生物质燃料乙醇和生物柴油，制定了生物质液体燃料战略，2007 年 7 月，启动了“生态能源项目——生物质液体燃料（ecoEnergy for Biofuels Initiative）”，在 2016 年前将提供 15 亿美元的财政支持用于鼓励生物质液体燃料生产，行动计划于 2008 年 4 月 1 日正式运行，计划于 2017 年结束。此外，加拿大众议院（House of Commons）2008 年 5 月 28 日通过的国家可再生能源燃料标准的立法，规定到 2010 年前在加拿大出售的汽油中含有 5% 乙醇。2012 年前在该国出售的柴油中有 2% 来自可再生资源。

加拿大省 / 地区级可再生能源政策和项目由各州相对独立制定和实施，大部分省 / 地区都实施了可再生能源电力配额（RPS），积极发展非水可再生能源。安大略制定的《绿色能源和绿色经济法》（GEA）于 2009 年通过实施，旨在通过排除煤炭鼓励清洁能源技术投资使该省成为可再生能源领头羊，同时通过在国内创造就业机会推动经济发展。该法案中的上网电价项目（Feed-in Tariff Program，简称 the FIT program）包括生物质、沼气、填埋气、离岸风能、太阳能光伏和水能，为可再生能源电力供应商提供长期的高于市场价格的电价，满足当地可再生能源配额要求。

2016 年联邦政府制定了一系列的政策，如 2018 年开始的公布国家碳排放价格的计划；并承诺在 2030 年彻底取缔全国所有的燃煤电站；制定 2030 年 90% 的电力来自减排能源（non-emitting sources），并致力于推动 2025 年联邦政府 100% 使用可再生能源。

3.2.3 市场和产业发展

加拿大是一个资源大国，传统能源资源和可再生能源资源都很丰富，分布较广。水电是加拿大主要可再生能源，次之是生物质能，由于受到各省发展目标及政策的支持，近十多年加拿大陆上风电和光伏发电持续快速发展，2018 年开始放缓，至今加拿大仍缺少国家级的可再生能源发展目标及扶持政策。据 2018 年发布的《BP 世界能源统计评估报告 》，2017 年加拿大一次能源消费量 4.98 亿 t 标准煤（348.7Mt 油当量 ），其中化石能源占 64.9 %，核能占 6.3 %，可再生能源占 28.5 %（图 3-3-11）。2017 年加拿大发电总量为 6 934 亿 kW · h，非水可再生能源贡献 6.58%。

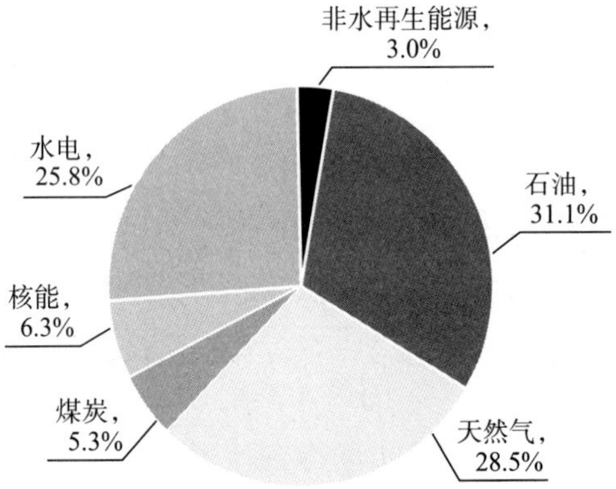

图 3-3-11 2017 年加拿大一次能源消费比例

（1）水电

加拿大河流众多，加国各省（除爱德华王子岛省 ）都有一定的水电装机容量，其中名列榜首的为魁北克省、不列颠哥伦比亚省、纽芬兰省和拉布拉多半岛、马尼托巴省和安大略省。魁北克省和不列颠哥伦比亚省，分别拥有可开发水能资源各占全国的 41.7% 和 16.8%，水电比重分别达 93% 和 86%，比全国水电比重还要高。

2015 年，加拿大水电新增装机为 70 万 kW，累计装机容量约为 7 900 万 kW，稳居世界第四位，占全球总装机容量的 7.4%；水电产量与 2014 年持平，为 376TW · h[①]。2017 年加拿大水电累计装机占全球总装机的 7%[②]，比 2016 年的 9% 有所下降，位列第三；发电量为 3 969 亿 kW · h[③]。

① REN 21，"Renewables 2015 Global Status Report"，2015.

② REN 21，"Renewables 2018 Global Status Report"，2018.

③ BP，《世界能源统计年鉴 2018》，2018。

（2）风能[①]

加拿大是世界上风能资源最丰富的国家之一，其边界与北极接壤，大部分地区属于寒带，冷风资源丰富，最适合发电。加拿大的阿尔伯塔省、安大略省、五大湖沿岸等地区都是风力发电的绝佳场所。

2017 年，加拿大风电行业新增 341MW 的装机，大幅下降。但 2017 年 12 月阿尔伯塔省的一场电力供应竞拍产生了加拿大风电历史上的最低价格，使风电成为加拿大新发电成本最低的选择。此次拍卖以 37 加币 /MW · h（28.8 美元 / MW · h）的加权平均价格获得了 600MW 的装机容量。

截至 2017 年年底，加拿大风电累计装机 12 239MW，发电量 30 081GW · h，为全国提供大约 6% 的电力需求，足以满足超过 300 万加拿大家庭用电。加拿大联邦政府仍然致力于逐步淘汰煤电、履行《巴黎气候协定》义务并最终发展脱碳经济，这需要大量增加少排放的发电方式，包括风能。但是，在一些地区短期和中期电力盈余，加上全国短期需求增长低迷，在一定程度上给投资降温。毫无疑问，加拿大风电发展的未来是积极的，但与过去 10 年的飞速扩张比较，加拿大的风能行业正在进入一个缓慢增长的时期。2004—2017 年加拿大风电累计装机如图 3-3-12 所示。

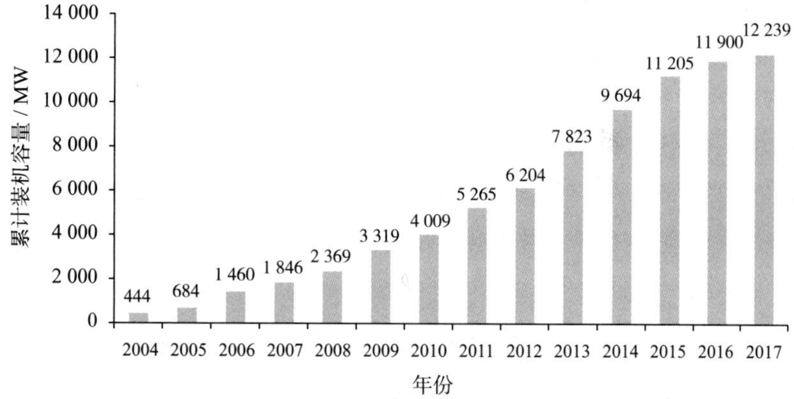

图 3-3-12　2004—2017 年加拿大风电累计装机

数据来源：全球风能协会，Global Wind 2017 Report。

（3）太阳能

加拿大光伏发电容量增长很快，但在总发电份额中仍占据很小的比例，受益于安大略省的固定电价政策，2015 年加拿大新增装机 60 万 kW，累计装机容量超过

① GWEC，“Global Wind 2017 Report”，2018.

250 万 kW[①]。2017 年光伏发电累计装机 293.8 万 kW[②]。

（4）生物质

加拿大共有 42 座成型燃料厂，总产能超过 300 万 t，实际产量约 200 万 t。加拿大最大的成型燃料厂是英属哥伦比亚工厂，产能和产量约占全国的 65%，以大型工厂为主，分布在艾伯达、魁北克、新布伦瑞克、新斯科舍等省，各厂平均产量约 15 万 t，其余 35% 产能和产量主要分布在东部的纽芬兰，以小型工厂为主，最大产量不超过 5 万 t[③]。2014 年加拿大生物燃料产量占世界总产量的 2%；生物质成型燃料产量位居世界第三，其产量占到全球产量的 8%[④]。2016 年加拿大生物质成型燃料出口量为 250 万 t，上涨 47%[⑤]。2017 年加拿大燃料乙醇产量全球排名第四位，增长了 3%，达到 17 亿 L[⑥]。

3.3 墨西哥

3.3.1 可再生能源战略目标

2014 年，墨西哥政府公布了《能源改革二级法案》，该法案涵盖的电力法设定了明确的清洁能源（包含可再生能源、余热、核电、带有 CCS 的火电以及其他低碳技术）发展目标，到 2018 年清洁能源发电量占总发电量的 24.9%，到 2024 年占比为 35%，到 2035 年占比为 40%，2050 年占比达到 50%[⑦]。

3.3.2 主管机构及主要政策措施

墨西哥能源部（SENER）负责制定国家能源政策，制定能源规划（涵盖领域包括石油、电力、天然气）以及对出台的政策执行情况进行评估和监管，研究开发国家节能科技技术，发展可再生能源和可持续利用能源，促进替代能源的广泛使用和推广。在 2013 年启动能源改革进程以前，墨西哥的电力生产和传输主要由国有企业完成，国家电力公司（CFE）负责全国 2/3 的电力供应，CFE 拥有墨西哥国家电网，提供发、输、配电一体化服务。由于传统电力体制的内在弊端得不到有效解决，使

① REN 21,"Renewables 2016 Global Status Report", 2016.

② IRENA,"Renewable Capacity Statistics 2018", 2018.

③ Wood Pellet Association Canada.

④ REN 21,"Renewables 2015 Global Status Report", 2015.

⑤ REN 21,"Renewables 2017 Global Status Report", 2017.

⑥ REN 21,"Renewables 2018 Global Status Report", 2018.

⑦ IRENA,"RE Latin America Policies 2015 Country Mexico", 2015.

高度垄断的墨西哥能源行业缺乏竞争，其工业用电价格远远高于其邻国美国和其他发达国家，同时为了贴补居民电价，产生大量交叉补贴，难以建立起有效的市场化机制。

（1）能源改革

2015 年 9 月，能源部颁布了最终电力市场方案。该方案共分 19 部分，内容涵盖了电力市场设计和运营的各个方面，主要内容有：现货市场的构成，包括日前市场和实时市场；现货市场的组织，包括发电公司的竞价规则，虚拟报价，以及双边合同等；中期以及长期市场的运营规则；输电权市场，中长期能量拍卖市场；容量市场以及绿证市场设计；有关市场监管的条例，包括独立监管的设立等。2016 年 1 月包括日前、实时以及辅助服务联合优化的现货市场进入试运行。

（2）目标政策

墨西哥《电力法》设定了国家清洁能源发展战略目标，到 2018 年清洁能源发电量占总发电量的 24.9%，到 2024 年占比为 35%，到 2035 年占比为 40%，2050 年占比达到 50%[①]。通过颁布《可再生能源开发利用特别方案 2014》设定到 2018 年可再生能源装机容量达到 24.34GW 的目标，其中水电 13 030MW、风电 8 922MW、地热发电 1 018MW、生物质能发电 784MW、太阳能发电 627MW。2016 年，墨西哥政府将目标做了进一步调增，太阳能发电到 2020 年新增 1GW，到 2030 年装机达到 20GW，风电装机到 2030 年达到 10GW。

（3）配额政策

为达到发展目标，墨西哥通过清洁能源证书制度实施清洁能源配额，该政策自 2015 年 1 月正式实施，配额比例由政府根据 3 年目标期制订。第一个目标期 2015—2018 年，清洁能源配额为全部电力消费的 5%。所有 2014 年 8 月以后投产的清洁能源项目即有资格获得清洁能源证书，项目有效期 20 年，每生产 1 000kW · h 电量即可获得一个清洁能源证书。清洁能源证书可以获得银行担保并且不会过期，对于没有达到配额要求的将处于 0.03 ～ 0.250 美元 / 千瓦时的罚款。

（4）并网政策

墨西哥对大型可再生能源电站实行拍卖制度并签署 20 年的购电协议（PPA）；对于小型电站实行自发自用制度和净电量计量，允许通过电网传输电力到其他用户。对于可再生能源上网输电成本给予 50% ～ 70% 的折扣，提高可再生能源发电的竞

① IRENA，“RE Latin America Policies 2015 Country Mexico”，2015.

争性。

（5）碳税政策

墨西哥于 2013 年年底通过法令引入特别税法，对生产和服务业征收碳税，碳价格约 3 美元 /t 碳当量，本地 CDM（清洁发展机制）项目的证书可以抵免碳税。

（6）金融政策

2016 年，墨西哥在国际金融公司的支持下，设立了 1.06 亿美元支持计划，资助在低收入社区建设太阳能节能房屋。

3.3.3 市场和产业发展状况

受墨西哥能源改革影响，2015 年可再生能源招标项目较少，导致 2016 年可再生能源投资仅 6 亿美元，同比下降了 70%[①]，但随着 2016 年两次总计 4.6GW 的可再生能源项目的成功拍卖，墨西哥的可再生能源投资在未来 2 ～ 3 年内将达到 40 亿美元以上规模。2017 年，墨西哥新增可再生能源装机 724MW，累计装机 19GW；风电新增装机 478MW，累计装机 4GW，同比增长 13.6%；太阳能光伏发电新增装机 200MW，累计装机 570MW，同比增长 54%（图 3-3-13）。

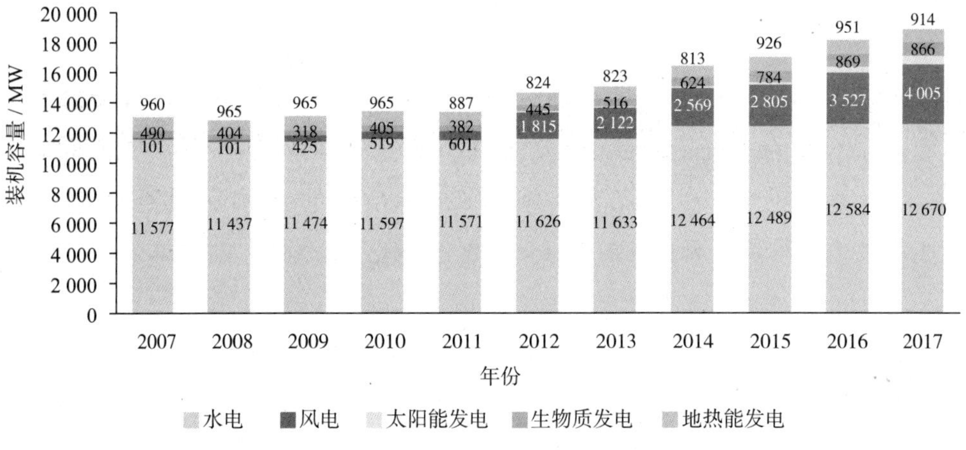

图 3-3-13 2007—2017 年墨西哥可再生能源装机情况

数据来源：IRENA RE Capacity Statistics.

太阳能 墨西哥太阳能资源丰富，年平均太阳辐射超过 1 800kW · h/m²。得益于良好的资源禀赋、光伏发电成本的快速下降并结合电力市场改革，2016 年，墨西哥分别于 3 月和 9 月分两次对光伏发电项目拍卖。第一次 3 月份拍卖项目

① Global Trends in Renewable Energy Investment 2017.

1 100MW，平均中标电价 44 美分 / 千瓦时；第二次 9 月份拍卖项目 1 853MW，平均中标电价进一步下降到 32.8 美分 / 千瓦时，来自西班牙和沙特阿拉伯的联合体公司投出了 27 美分 / 千瓦时的最低价。来自中国的晶科能源公司，也以均价 55.6 美分 / 千瓦时的价格获得了 188MW 的项目开发权。2016 年墨西哥 12MW 的 CSP 建设完成，预计将于 2017 年投产运行。墨西哥太阳能热利用新增热装机 256MW_{th}，增长 6%，累计热装机 2GW_{th}。

2017 年 11 月，在墨西哥举行的第三轮长期电力拍卖可再生能源竞标中，天合光能有限公司与三井物产株式会社合作并成功中标位于墨西哥萨卡特卡斯的 104MW 单体光伏电站项目。

风电　墨西哥陆上风资源主要分布在三个区域：特万特佩克地峡（南部地区），塔毛利帕斯州（东部地区）和下加利福尼亚（西北区），总的理论可开发量为 50GW。墨西哥风电投资主要来自西班牙，其中歌美飒占市场份额的 50%，西班牙第二大能源公司伊比德罗拉电力（Iberdrola），西班牙电力集团（EDP）等公司都在墨西哥风电市场上占有很大席位。墨西哥风能行业 2022 年的发展目标是 14GW 的装机容量，同时政府仍然致力于打破剩余的市场壁垒。2016 年 3 月以来，三次清洁能源招标合同中风电的装机超过了 2 GW，政府正在准备第四次招标，将于 2018 年 3 月底前启动。据全球风电报告统计，2017 年墨西哥新增风电装机 4GW，吸引了超过 76 亿美元的投资；总发电量为 1 976GW · h，约占全国总用电量的 4%。到目前为止，拍卖的价格一直处于历史低位，创下了新的世界纪录，并展示了风电在其国内的竞争力。此外，墨西哥风电市场不仅仅是长期拍卖，也有新规定允许与大型私人部门的消费者签订双边合约。

地热　墨西哥处于环太平洋高温地热带，在其中南部，还有一条跨墨西哥火山带。在墨西哥的中央火山带，分布着大大小小将近 3 000 个火山，地下蕴藏着大量的地热资源，拥有水热型、热干岩型及地压型等多种类型的地热资源。此外，墨西哥海域底部多火山，具有高热背景，海底赋存着丰富的地热资源，海底地热系统的平均热流值是 100mW/m^2。截至 2017 年[①]，墨西哥五个地热场共有 224 个生产井，累计总装机 916MW；2017 年共发电 5.9TW · h，满足全国 1.7% 的电力需求。

海洋能　墨西哥 2016 年建立了旨在促进学术界和行业之间合作，推进海洋能源科技的海洋能创新中心。

① REN 21,“Renewables 2018 Global Status Report”, 2018.

3.3.4 发展展望

随着墨西哥《能源改革二级法案》政策体系的不断完善，墨西哥能源改革进程不断深入，在明确的战略目标引导下，有利于可再生能源发展的电力市场逐渐形成，公开透明的清洁能源项目拍卖制度趋于成熟，这些政策将加快墨西哥可再生能源特别是太阳能发电和风电规模化发展。根据 IRENA① 和 GTM 预测，墨西哥太阳能光伏发电到 2020 年装机将达到 7GW，2016—2020 年复合增长率（CAGR）将达到 34%，远期到 2030 年光伏装机将达到 30GW，年均新增装机 1.5GW；风电到 2030 年累计装机将达到 30GW，年均新增装机 1.7GW；生物质发电和地热能发电也将分别达到 4GW 和 4.5GW。

3.4 巴西

巴西是拉丁美洲最大的经济体，也是全球第二大燃料乙醇生产国，巴西可再生能源占能源供给总量的比例处于全球领先。可再生能源已经成为巴西能源结构中的重要组成部分，2017 年，巴西能源消费总量约 2.94 亿 t 标准煤，其中，可再生能源约占能源消费总量的 36%。巴西政府继续积极开发各类可再生能源，均衡发展，尽量避免过度依靠水电的可再生能源电力生产模式。截至 2017 年年底，巴西电力总装机约 1.5 亿 kW，其中水电 1 亿 kW，风电 1 276 万 kW，太阳能发电近 110 万 kW。

3.4.1 巴西主要政策措施和能源市场

（1）主要政策措施

巴西的能源主管部门是矿产和能源部，负责制定矿产和能源政策和法规，下设巴西环境和可再生能源资源研究院（IBAMA），负责监管和推动自然资源的可持续利用。巴西电力监管委员会（ANEEL）是巴西的电力市场监管机构。

自 21 世纪初，巴西可再生能源产业快速发展，2002 年启动的鼓励替代资源发电项目（PROINFA），通过向消费者征收电费补贴成本高昂的替代能源，该项目的实施有效推动了巴西风电、生物质发电以及水电等可再生能源电力生产；从 2009 年，“竞标机制”取代“鼓励替代资源发电项目”，成为鼓励清洁能源发展的主要政策。2013 年巴西政府继续实施的可再生能源激励政策包括：电力购买协议（PPA）拍卖计划，要求能源分配商的电力需求通过反向拍卖系统签订长期合同，拍卖的能源类别

① IRENA Remap Mexico report 2015.

包括风电、生物质能、水电；巴西开发银行（BNDES）向可再生能源项目低息贷款；替代资源发电项目（PROINFA）；优先贷款和优先电力购买协议，并且在电力购买协议下保障网络接入和优先调度。

《巴西光伏发电技术和商业计划》，于2011年由巴西国家电力局发布，对2017年12月31日前投入运行的光伏电站的用户收费折扣由50%提高到80%，优惠期长达10年。

《2011年替代性和可再生能源政策》，规定风电项目由私营投资，每个项目单位装机容量不得超过5万kW，特许经营期不少于20年，购电协议由政府进行担保，投资者可享受部分免税优惠政策，另外电力监管局将为适合的可再生能源项目提供上网电价补贴。

《加速增长计划》，提出2010—2050年电力产业总投资规模约为7 980亿美元，其中97%的投资用于太阳能光伏、风电、生物质能及海洋能等可再生能源技术。

2016年，巴西政府为了鼓励建设太阳能电站，提出在未来5年内，建有小型太阳能发电站（低于5 000kW）的家庭都有资格获得上网电价。从2016年起，巴西开发银行（BNDES）负责所有主要基础设施项目金融支持，特别是加强对可再生能源项目的支持。这一年对于可再生能源发展影响最大的是巴西政府取消了可再生能源电力拍卖，由于电力需求的减少和经济不景气的影响，使可再生能源发展存在更多不确定性。

（2）电力市场状况

巴西电力市场按规制程度不同，分为自由市场和受规制市场。

在自由市场（Ambiente de Contratação Livre，ACL）上，如贸易商和特殊消费者（大多为电力需求超过3MW的大用户）可以购买电力，并且所涉各方可以自由协商协议价格、条款和条件，但是协议必须在能源贸易商会（CCEE）登记。在此情况下，协议各方将受限于某些固定要求，例如电力供大于求时或供不应求时的价格或现有协议下，没有约定的电力交付价格和消费价格，将按照能源贸易商会计算和公布的差异化结算价（Preço de Liquidação das Diferenças，PLD），规定的每周现行平均现货市价确定。

在受规制市场（Ambiente de Contratação Regulada，ACR）上，电力交易通过竞拍方式进行。竞拍赢家将获签长期购电协议（PPA）。巴西的输配电公司只能从受规制市场购买电力以满足其各自地方需求。通过竞拍获签的长期购电协议为受规制协议。

为了向新建项目的潜在投资者提供良好的投资环境，占整个市场 73% 的公用事业公司（巴西的大型电力经销商）按规定必须参加受规制能源竞拍会，向竞买人招标项目开发权。竞买人必须在国有控股的能源研究公司（EPE）登记其电力项目，并遵守关于法律、财务和技术条件的所有竞买要求。竞买赢家应与公用事业公司签署相关购电协议，并获得建设运营其各自发电厂所需的授权。

2016 年，巴西受经济衰退和政局动荡影响，能源行业也因此遭到重创。电力需求下降，电力供应供过于求。2016 年，巴西未签订新的风电或光电容量合同。开发商苦于贷款供应紧缺和利率高涨的困境，设备供应商担心项目需求不足，清洁能源项目的收并购活动空前活跃。

由于经济衰退，巴西的能源需求有所降低，配电公司面临严重的供过于求。2016 年，巴西的电力拍卖活动锐减，仅拍出 709MW 容量，大部分均来自小型水电和生物质能发电项目。原定于 12 月举行的风电和光电拍卖也被取消，这给巴西可再生能源行业短期发展带来不确定性。

2017 年，巴西在可再生能源方面的投资达到 60 亿美元，其中包括 21 亿美元的太阳能投资，36 亿美元的风能投资，200 万美元的生物燃料投资以及 100 万美元的小型水电大坝投资。

（3）风电领域主要激励政策

巴西风电的迅猛发展，除了良好的风力条件之外，更得益于政府对风电发展的重视。近年来，巴西的电力支持重点逐步由水电转向对风电等其他可再生能源，推行了各类可再生能源技术竞标，促进可再生能源发电降低价格。特别是在风电领域，为优先鼓励风电生产，巴西采用类似水电项目的竞标方式选择风电项目，使风电价格显著下降。在竞标机制驱动下，可再生能源已经具备与传统能源的竞争性。

能源储备拍卖是巴西政府战略规划的重要内容，是作为推动新能源发展，增加基础建设投资、保障能源安全的重要举措，特别是风电拍卖是巴西恢复经济中必不可少的一项内容。

（4）生物液体燃料激励政策

长期以来，巴西是全球最大的燃料乙醇生产国之一。早在 1975 年，巴西政府启动实施了的“国家乙醇计划”，授权巴西石油公司在汽油中按一定比例添加乙醇，通过补贴、减免工业税和增值税以及行政干预等手段，鼓励大规模种植甘蔗，以生产酒精替代石油，并大力研制使用酒精的新能源汽车。1991 年再次颁布法令，规定在汽油中添加 20% ～ 25% 的乙醇，通过法律维护了燃料乙醇和汽车生产商及消费者的利益。巴西政府还采取了三项鼓励措施支持乙醇工业：国有石油企业保证购买乙醇；给乙醇制造公司提供低息贷款；设定加油站的汽油和乙醇价格比。

2004 年 12 月，巴西政府提出“国家生物柴油生产和使用计划”，并成立部际执行委员会，由总统府民事办公室牵头协调。2005 年 5 月 18 日，巴西颁布了第 11116 号法律，规定了各种油料作物为原料生物柴油的免税和减税比例。鉴于家庭小农业生产的弱势地位，规定家庭农业生产者种植生物柴油原料作物，可享受特殊的免税待遇。2006 年，巴西石油公司与 4 家替代燃料公司签署了购买生物柴油合同，正式启动了在全国销售柴油中添加生物柴油的计划。

2012 年，巴西生物燃料领域的主要激励政策是，乙醇或生物柴油生产商和进口商可获得从生物柴油销售收入中征收的社会整合计划税（PIS）和一定比例的社会保障基金基金（COFINS）。乙醇和生物柴油不执行工业产品税（IPI），用于生产乙醇和生物柴油的产品可免除本洲的销售和服务增值税（ICMS）。2013 年 4 月，巴西政府通过巴西央行（BACEN）4612 号政策，创建了利率为 7.7% 的 20 亿雷亚尔（约 8.7 亿美元）的信贷额度支持乙醇存储。

巴西政府最新激励政策是上调了乙醇掺混比例，自 2015 年 2 月 15 日起，汽油中乙醇掺混比例从目前的 25% 提升至 27%。巴西政府正在致力研发从农林业废弃物中提炼乙醇，以期利用植物纤维素进行乙醇商业化生产，进一步提高乙醇产量。

（5）太阳能激励政策

巴西国家电力能源署在 2012 年推出两项太阳能光伏发展计划。一项计划是净电表系统，适用于微型太阳能光伏装置（大于 100kW，小于 1MW），该系统也有利于发电厂远离负荷地区的情况；另一项计划适用于 30MW 以内的大型光伏系统，电力公司购买这类系统的电量将减收 80% 的能源生产税。

为促进太阳能产业的发展，逐步改变这个国家的能源利用结构，巴西政府采取了一系列有利于行业发展的措施，主要集中在项目拍卖制度的实施和税费的减免两个方面。

• 太阳能拍卖制度

为鼓励更多的企业参与到太阳能产业中来，2014 年开始，巴西开始采用特定的拍卖制度，分发太阳能项目。意大利国家电力公司就是在 2015 年的两次拍卖中，获得了巴西目前最大的两个太阳能项目，分别是 103MW 的 HorizonteMP 和 292MW 的

NovaOlinda。

巴西近几年的货币汇率波动较大，有的企业在拿到太阳能项目后，因为汇率的波动，极有可能导致企业亏损，这严重影响了企业参与太阳能项目的积极性。拍卖制度的引入，能让企业有效评估太阳能项目，并作出合理报价，某种程度上确保企业收益，从而激发其投资热情。

除让企业参与建立大型光伏项目外，离网太阳能项目也得到了政府鼓励，小规模的家庭太阳能用电，也能帮助巴西政府分发装机容量。

• 减税

2016 年 1 月，巴西众议院矿产能源委员会批准了一项重要决议：如果某光伏组件无法在巴西本土进行生产，向国外进口该组件时免征进口税。通过减税的方式，能有效降低光伏系统生产成本，刺激巴西太阳能市场。

• 示范项目

除了在各项政策上不断刺激市场，巴西政府同时大力支持太阳能发电示范项目。早在 2012 年，巴西就已修建若干小型太阳能项目，为 2014 年世界杯和 2016 年奥运会场馆提供电力。

2015 年 4 月，巴西宣布在位于亚马逊河巴尔比纳水库上建设世界最大水上太阳能发电站。该项目装机容量 350MW，取代日本 14.5MW 的水上太阳能项目，成为世界最大水上太阳能电站。该项目通过在水库安装浮动光伏系统，以供旱季水电站供电不足时作为强有力的电力补充。

巴西政府公布了 10 年能源扩张计划议案——PDE 2016，预计在 2026 年巴西将实现超过 13GW 太阳能光伏安装量。新 PDE 同时还首次针对不同情境进行分别预期。例如，在太阳能投资成本在未来出现大幅下降的情况下，政府将在 2023 年之后将应用量预期从 1GW 增加近一倍至 1.877GW。这一变化将使 2020—2026 年的大规模光伏项目出现 10.5GW 的增长。

3.4.2 市场和产业发展

2017 年，巴西的一次能源消费总量约 3 亿 t 标准油，约占全球一次能源消费总量的 2.2%。在巴西的一次能源供给结构中，石油约占 46%，天然气约占 11%，煤炭等约占 6%，水电约占 28%，核电约占 1%，其他可再生能源约占 8%（图 3-3-14）。

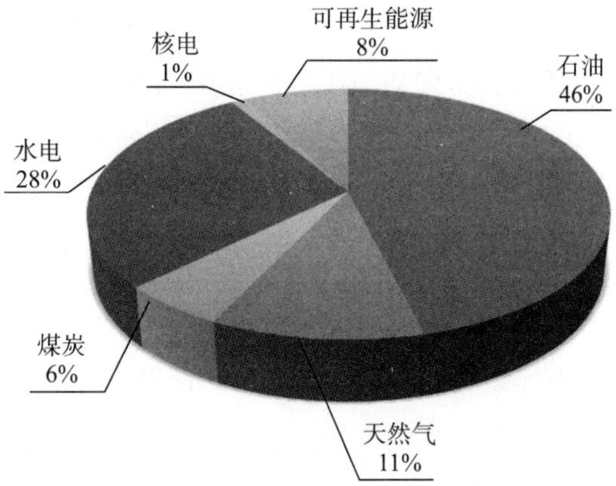

图 3-3-14　2017 年巴西一次能源消费比例

数据来源：BP Statistical Review of World Energy June 2018.

可再生能源电力是巴西电力供给的主要来源，在巴西的能源电力生产消费中发挥了重要作用。巴西可再生能源各领域发展状况如下：

水电　巴西拥有南美洲最丰富的水力资源，预计每年的水电潜力约 3 040TW · h。2017 年，巴西水电累计装机容量为 10 027.3 万 kW，较上年增加了 225.3 万 kW 的装机容量，约占全国电力总装机容量的 64%。2017 年的发电量约 4 185 亿 kW · h，减少约 40 亿 t 温室气体和有害物排放。考虑到巴西当前的资源条件和电力建设现状，未来的电力系统中水电仍将占据主导地位，为缓解干旱天气导致的电力供给和储备短缺风险，巴西政府正在向电力供应多元化的方向努力。2016 年巴西共有 426 座小水电站（在巴西指小于 50MW 的水电站），总装机容量约 499 万 kW，约占巴西电力装机的 3%[①]。

生物燃料乙醇　巴西的燃料乙醇产业发展至今，成功转型为能源独立的可再生能源领导者。近 10 年来，巴西乙醇产量增长了两倍。2017 年，巴西的燃料乙醇产量约 278.6 亿 L，较上一年度增长了 2%，正在运行的甘蔗燃料乙醇工厂超过 360 座。巴西也是全球主要的生物燃料出口国，2017 年出口量约为 18.16 亿 L。据巴西甘蔗产业协会数据显示，2017 年巴西新增注册使用的汽车总量为 200 万辆，其中“灵活燃料”汽车达 193 万辆，电动汽车 3 296 辆，汽油车 68 900 辆，新增使用乙醇汽油的车辆占新增车辆的 96.5%。巴西在交通领域推广应用生物燃料乙醇的模式已经十

① http://www.hydroworld.com/articles/2017/05/aneel-releases-new-rules-for-small-hydropower-operators-in-brazil.html.

分成熟。

风能 巴西的风资源在拉美地区中最为丰富，超过目前巴西电力需求的 3 倍，主要集中在东北部的靠近海岸的地区。近年来，在巴西政府激励政策的引导下，巴西风电市场规模不断扩大。

2017 年，在巴西国内政治和经济危机并未完全解决的背景下，巴西引领拉美区域风电市场增长。2017 年全球新增风电装机容量排名中，巴西位居第六，新增装机容量约 202.2 万 kW，约占全球新增风电装机容量的 4%。2017 年巴西风电累计装机容量 1 276.3 万 kW，约占全国发电装机的 7%。

在风电公开招标过程中，遵循“价低者中标”，只有报价最低的企业才会获得政府的并网供电授权。巴西最廉价的电力是水电，每兆瓦时水电价格仅为 80 ～ 90 雷亚尔（1 雷亚尔约合 0.5 美元），随着风电市场竞争加剧，风电成为继水电之后最经济的能源。巴西政府和风能产业的目标是，到 2024 年，风电装机容量达 2 400 万 kW，风电占比要提高至 11%。按照目前已签的风电合同，2019 年的累计装机容量将达 1 867 万 kW。

太阳能 巴西地处全球光照辐射条件最好的区域，巴西国内光照强度最低的地区也要比德国光照强度最好的地区高 40%，十分适于太阳能资源开发。巴西的太阳能产业发展相对滞后，原因在于丰富的水力资源足以提供充足的电力来满足国家电力需求，而太阳能发电的成本相对较高。

2014 年年底，太阳能热利用装机为 770 万 kW，相当于集热面积 1 100 万 m^2。巴西政府也加大了太阳能热利用的投入，2013 年中期，太阳能热利用设备供应商已达 150 家。目前，全国 300 万户电热水器用户每年消耗约 6% 的电量，采用太阳能热水器完全可以满足家庭热水的需求，未来太阳能热水器在巴西具有广阔的发展空间。现正在推行的一项国家级示范项目——Minha Casa Minha Vida。该项目计划用 10 亿雷亚尔作为低收入家庭的补贴，用于安装 200 万台太阳能热水器[①]。

2017 年，巴西新增 1GW 太阳能，与 2016 年相比增长了 10 倍。巴西太阳能发电市场尚处于启动阶段，太阳能发电装机规模较小，全国的太阳能发电大约一半用于电视通信系统，另一半用于农村能源系统。据测算，巴西 15% 的家庭安装家用太阳能系统具有经济可行性，未来市场增长潜力主要在大城市的建筑屋顶建设微型电站。

① http://solarthermalworld.org/content/incentives-solar-thermal-systems-brazil-2012.

生物质能 生物质能在巴西的能源供给中占有重要地位，薪柴和甘蔗生物质资源量约占能源供给总量的 25%。巴西的森林覆盖率达到 57%，每年的林业生物质剩余物超过 5 500 万 t。巴西的甘蔗种植面积达到 950 万 hm^2，2017—2018 年（收割年）共生产甘蔗达 6.41 亿 t①。充足的生物质资源为生物质发电产业发展创造了有利条件。2017 年，巴西的生物质装机量约 1 460 万 kW，较上年增长了 5%，主要以甘蔗渣、林业剩余物和黑夜为原料进行热电联产，发电量 541 亿 kW · h，较上年增长 10%。生物质并网发电量 240 亿 kW · h，较上年增长 6%，其中以甘蔗渣为原料的生物质发电量约占生物质并网总电量的 89%。② 据巴西甘蔗产业协会数据，2016 年生物质提供的电力约占国内电力的 8.8%。2017 年，巴西大约 50% 的工业领域供热需求来自生物质，全球占比最高。

3.5 智利

3.5.1 可再生能源战略目标

智利可再生能源资源丰富，北部荒漠地区（阿塔卡马沙漠）为可再生能源开发提供了土地保障，同时智利经济依赖的采矿产业大多数位于北部地区，巨大的电力需求和昂贵的化石能源发电，为可再生能源与传统能源竞争提供了良好的环境。

2013 年，智利政府对可再生能源法中的战略目标 2025 年智利非水可再生能源电力占电力消费的 10% 调整为 20%，年新增电力装机 45% 来自非水可再生能源。2015 年 12 月，智利政府颁布的新《能源战略 2050》法令的目标是，到 2050 年可再生能源电力占到智利电力生产的 70% 以上。

3.5.2 主管机构及主要政策措施

智利的能源主管部门主要由国家能源委员会（CNE）、能源部和电力及燃料监督署构成。国家能源委员会（CNE）主要负责制订、协调能源技术标准，以及发输配电相关的一般市场准则和标准。具体的职能包括：能源服务价格及关税结构和水平分析；建立能源设施运行技术和质量标准；监测和预测能源运行情况；为能源部提供咨询和立法建议。能源部是智利最高能源主管部门并在 13 个城市和地区设立秘书处负责本地区能源事务，主要负责能源规划、政策、标准的制订，为行业的稳定运行

① BRAZILIAN SUGARCANE INDUSTRY ASSOCIATION UNICA.

② https://renewablesnow.com/news/biomass-reaches-9-share-in-brazils-2016-power-supply-560820/.

和发展提供法律保障。能源部负责的能源领域包括了传统能源、电力以及可再生能源的各个方面。电力及燃料监管署（SEC）监督电力设施的安全、质量及价格，按照规定及颁发的许可进行核准。智利政府通过公开招标和补贴鼓励企业投资可再生能源的项目，还建立了专门指导可再生能源发展的公共委员会，重点制定太阳能、风能、生物能、地热能、水电和潮汐能等7项等可再生能源的发展政策，促进可再生能源的发展。

智利自2008年首次颁布非传统可再生能源法（Law 20257）以来，已逐步建立起涵盖可再生能源电力配额、项目招标拍卖、可再生能源并网以及税收激励政策体系。

（1）可再生能源电力配额制政策

配额制是智利支持可再生能源发电发展的主要支持政策。在2008年颁布的非传统可再生能源法（Law 20257）中，规定到2025年非水可再生能源电力在电力消费结构中达到10%，2013年智利政府对非传统可再生能源法做了修订，将目标调整为20%。配额制适用于所有电力销售公司，对于没有遵守规定达到目标要求的处以32美元/MW·h的处罚，连续三年没有达到要求的处以47美元/MW·h的处罚。

（2）拍卖政策

拍卖政策在智利适用于私人和公共部门。在2013年以前法律（Law 20018）要求配电公司通过非歧视性拍卖（包括可再生能源）并且允许可再生能源生产商与其签订长期购电协议。2013年智利引入了新的公共拍卖体系完善了现有的配额政策，新政策允许公开拍卖预期未来无法实现的可再生能源电力配额。拍卖要求技术中立（包括可再生能源）并且基于专门的价格和10年的购电协议。

（3）净电量政策

净电量政策适用于100kW以下的可再生能源发电和联合发电系统，发电补助标准为规定的千瓦时电电价加上由于本地消纳而避免的传输损耗费用，补助费用可以在月度电费账单中抵扣和结转。并网费用由可再生能源发电业主承担，并拥有与可再生能源发电有关的信用权证且可以出售给有配额要求的公司。

（4）并网政策

智利在2004年立法（Law 19940）规定电网公司必须无歧视接入可再生能源发电项目，有权利以现货价格或节点价格出售可再生能源电量，同时对9MW以下可再生能源发电项目免收输电费用，对9MW以上20MW以下项目减少输电费用。2013年，智利修订电气地役权法（Law 29701），简化土地使用等程序支持电网扩展，同时在设立的专门支持可再生能源发展的项目中对接入可再生能源发电项目线路进行补贴。

（5）碳税政策

2014 年 9 月智利颁布了碳税法案（Law 20780），向 50MW 以上传统能源发电站（不包含生物质能）每年征收 5 美元 /t 碳当量的碳税。该政策将从 2017 年执行并于 2018 年征收上年度碳税。

（6）专项补贴政策

尽管智利政府没有财政可再生专项补贴政策，但对于技术研究、项目示范以及专门的项目提供了补贴政策。智利于 2012 年启动了"可再生能源发展项目"，该项目提供 8 500 万美元的预算用于支持技术创新和应用示范，特别是对于 CSP，提供至多 50% 的建设成本补贴。2014 年，智利政府启动了"2014—2018 能源项目"，该项目将实施公共建筑太阳能屋顶计划，对小型自发自用可再生能源发电项目和从业小公司提供补贴。

3.5.3 市场和产业发展

在电力基础设施方面，智利实施的电力私有化政策，全国主要由两大电网 SIC 和 SING 构成，SIC 覆盖广大居民（包括首都），SING 电网主要位于北部服务于矿业，两大电网由于被 600km 的沙漠分割到目前尚未联网，这为可再生能源的消纳也带来诸多限制。受制于电网传输能力以及电力批发市场的价格大幅下滑，2016 年智利可再生能源投资只有 8 亿美元，同比下降 80%[①]。

2016 年 8 月，智利进行最大的一次风电光伏招标，其中风电年发电量平均在 44 亿 kW · h，光伏年均发电量 5.8 亿 kW · h，风光发电量预计能满足智利未来 10 年 23% 的电力需求。此次招标风电中标电价均价 45.2 美分 / 千瓦时，光伏中标电价 29.1 美分 / 千瓦时创当时历史新低。

2017 年，智利的可再生能源电力投标规模达 120 亿 kW · h。2017 年，智利可再生能源新增装机 681MW，累计装机达到 10.8GW，同比增长 6.7%；其中太阳能光伏发电新增装机 580MW，累计装机 2.2GW，同比增长 36%；风电新增装机 123MW，累计装机 1.42GW；水电新增装机 37MW，累计装机 6.73GW；生物质发电装机 483MW。图 3-3-15 为 2009—2017 年智利可再生能源装机情况。

① Global Trends in Renewable Energy Investment 2017.

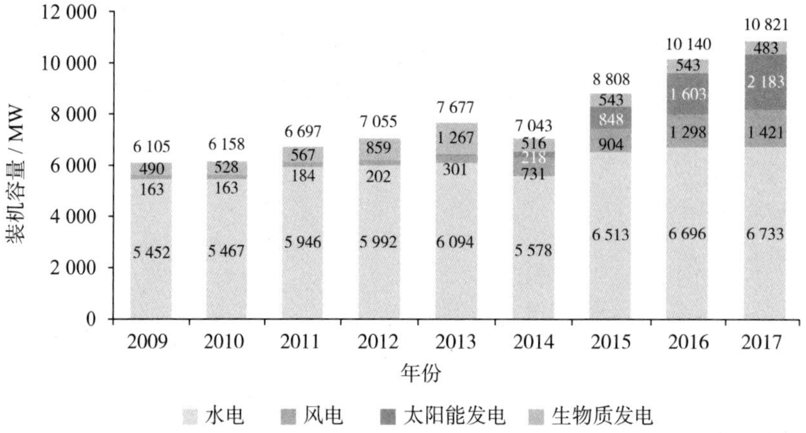

图 3-3-15　2009—2017 年智利可再生能源装机情况

数据来源：IRENA RE Capacity Statistics 2018.

太阳能　智利北部地区采矿业的繁荣推动了该地区光伏发电的快速发展，据智利国家能源委员会（CNE）发布的 12 月份可再生能源月度报告显示，2017 年智利新增光伏发电 0.7GW，累计太阳能光伏装机量约为 1.83GW，位列全球新增装机第 10 位，并创造了拉美地区光伏发电招标电价新低（29.1 美分 / 千瓦时）。由于融资问题于 2016 年底暂停的 110MW Atacama 光热发电项目 2017 年开始恢复建设，预计 2019 年投产运行。智利在太阳能热利用方面拥有全球最大的太阳能热处理厂总热装机 27.5 MW_{th}（39 300m^2），该热利用厂位于智利的加布里埃拉米斯特拉（Gabriela Mistral）矿场，该厂在运营的 35 个月里，每平方米产热量为 1 112kW_{th}。

地热发电　2017 年智利新增地热发电装机占全球新增地热发电装机的 7%，新增规模位居全球第三。智力 2017 年新建的 48 MW Cerro Pabellón 地热电站是南美地区首座地热电站。

海洋能　智利海洋能源研究与创新中心（MERIC）于 2017 年年初开始正式运行，为本国海洋能发展奠定基础，中心在 2015 年投入了 2 000 万美元资金，制订了 8 年的工作计划。前期研究侧重于海洋资源相关的评估，法律框架和特许权许可，以及生物污染和海洋腐蚀。

3.5.4　发展展望

智利稳定的政治环境以及成熟的电力市场，为可再生能源的发展提供了良好的发展空间。智利《能源战略 2050》法令于 2016 年生效，目标是到 2050 年可再生能源电力占到智利电力生产的 70% 以上，这一法令进一步表明了智利政府大力发展可再生能源的雄心，随着智利碳税的征收以及可再生能源发电成本的不断下降，可再生能源将在智利获得更好的发展条件并将更加快速规模化扩张。

3.6 阿根廷

3.6.1 可再生能源战略目标

阿根廷是拉丁美洲的第三大电力市场。主要以水电和天然气火力发电为主，虽然当前可再生能源占比仍然较低，但是发展势头良好。根据 2015 年 10 月阿根廷参议院批准的可再生能源规模法律框架 27.191，到 2017 年可再生能源应满足电力需求的 8%，到 2021 年可再生能源在电力消费中的比重将达到 16%，到 2025 年可再生能源在电力消费中的比重将达到 20%。

3.6.2 主要政策措施

阿根廷联邦电力监管委员会隶属于能源秘书处，负责电力行业的专项资金管理，对电力特许权进行招标及定价。环境和自然资源秘书处负责环境政策以及可再生和非可再生能源资源的保护。

（1）可再生能源电力招标

阿根廷国家能源公司（ENARSA）公共设施部门采用招标形式，对可再生能源电力项目进行管理，通过招标合同购买电力，有效期为 20 年。新的电力项目或者对现有发电厂的改造享受增值税减免。该项目还创立了一个可再生能源信托基金，由联邦电力委员会管理，基金主要来自税收，对用电大户以及批发公司征税约为每千瓦时 0.05 美元，用于研发企业研发费用的补贴，以及国立科研机构的科研经费。2016 年 9 月 28 日阿根廷国家能源公司开展了 100 万 kW 的可再生能源项目招标，其中包括 60 万 kW 的风电，30 万 kW 的太阳能和 6.5 万 kW 的生物质，2 万 kW 小水电项目及以 1.5 万 kW 的沼气项目。风能中标均价为 5.94 美分 / 千瓦时，太阳能的得标均价为 5.97 美分。但是风电厂商开价为 4.91 美分 / 千瓦时，太阳能则为 5.9 美分 / 千瓦时，生质能则为 11 美分 / 千瓦时。而水力发电计划最低价为 11.11 美分 / 千瓦时，因此未能得标。此次风能得标均价低于 2015 年巴西的 6.24 美分 / 千瓦时，显示阿根廷风能成本持续向下的趋势。项目保障机制主要通过签订电力购买协议 PPA、信任支持协议实施，依托可再生能源信托基金、国债、世界银行贷款等方式，为所有投标者的电力采购协议提供付款担保以及项目融资援助。

2017 年 5 月，世界银行承诺将为阿根廷提供 4.8 亿美元资金担保，以促进阿根廷可再生能源领域的私人投资。2017 年 11 月阿根廷政府宣布启动“阿根廷可再生能源计划”首期项目公共招标。计划涉及风电、太阳能、生物质能和小型水电等项目，首期发电容量 1 000MW，其中，600MW 来自风电，300MW 来自太阳能，65MW 来自生物质能，20MW 来自小水电项目，15MW 的沼气发电。该计划总投资约 21 亿美元，第一步将实现可再生能源电力达到 4.5%。项目实施后将提供 5 000～8 000 个工作机会，减少二氧化碳排放 200 万 t，每年可节约 3 亿美元能源进口。

（2）生物柴油政策

2015 年 4 月，阿根廷政府将对生物柴油出口关税提高到 13.2%，阿根廷对生物柴油供货商的收购价格实行梯级定价，分为小型、中型和大型企业 3 类。阿根廷对生物柴油生产企业和加油站的盈利税（3%）、增值税（21%）、燃油税（5%）全部免收。2017 年 7 月，阿根廷政府宣布生物柴油出口税率由 0.13% 降至零，该政策有效推动了生物柴油生产上的积极性。

3.6.3 市场和产业发展状况

目前，阿根廷 87% 的电力来自化石能源，其余的来自核电、水电、风能和太阳能。2016 年可再生能源装机量为 1 043 万 kW。2017 年，阿根廷的可再生能源电力招标市场总规模为 1 796.2MW，其中风电规模 940.8MW，生物质发电 143.2MW，城市生活垃圾发电 13.1MW，沼气发电 76.5MW，小水电 20.8MW，太阳能发电 781.8MW。

水电 阿根廷水电资源丰富，根据国际可再生能源署的数据显示，截至 2017 年年底，水电累计装机 1 124.2 万 kW，约占电力总装机容量的 33%。阿根廷实施国家水电开发计划，预计到 2050 年水电装机容量将达到 5 000 万 kW，水电发电量将占全部发电量的 40%。重点水电工程为：与巴西联合开发的加拉比－帕纳水电站 205 万 kW，与巴拉圭联合实施的科尔普斯克里斯蒂水电站 288 万 kW。阿根廷有两座与邻国共用的水电站，一座是与乌拉圭共有的 Salto Grande 水电站，装机容量 189 万 kW；另一座是与巴拉圭共用的 Yacyreta 水电站，装机容量 310 万 kW，是阿根廷最大的水电站。由中国能建集团承建的基什内尔－塞佩里克水电站装机容量 174 万 kW，于 2015 年初破土动工，建成后将成为阿根廷的第三大水电站。

风电 阿根廷拥有丰富的风能资源，2017 年阿根廷风电总装机容量为 24.1 万 kW，同比增长了 11%[①]。Genneia 电力公司拥有的阿根廷最大风电站，其位于 Rawson

① BP statistic 2018.

市，装机容量为 7.7 万 kW，可为 10 万户家庭供电。潘帕斯平原是世界上风能资源最好的地区，尤其是在南部的巴塔哥尼亚（Patagonia）地区，发电利用小时数接近 4 000h，根据阿根廷可再生能源商会的报告显示，该国在风力发电领域发展潜力巨大，但该国的可再生能源技术发展却远低于预期设想。因为长期融资困难、配套政策延误等原因，阿根廷风电厂的开工建设进度远远低于预期，该国的风能发展之路仍十分漫长。

太阳能 阿根廷东部平原和西北部地区太阳能辐照条件优越，但至今阿根廷太阳能光伏发电装机只有 8 万 kW（其中 1 万 kW 为离网）。为促进阿根廷光伏发电发展，阿根廷制定了光伏发电上网电价，提出到 2020 年太阳能发电达 330 万 kW 的目标。

生物质能 阿根廷是世界上第一大豆油出口国，该国生物柴油的主要生产原料为大豆油，从而很大程度上限制了全球市场上豆油的供应。由于 2015 年以来油价的冲击，阿根廷生物柴油企业的困境，严重挤压了生物燃料的发展空间，使生物柴油缺乏市场竞争力。在阿根廷等国的生物柴油项目，投资时都是以油价 80 美元为盈亏平衡点，但是目前的油价已经远远低于这个水平；该国的环保组织称对生物液体燃料是否真正环保提出了质疑。有观点认为，生物液体燃料，特别是以农作物为原料的第一代生物液体燃料，虽然在使用过程中比化石燃料清洁，但在开垦土地、种植、生产过程中，仍会对环境造成许多损害。

阿根廷是世界主要的生物柴油出口国，2017 年生物柴油出口量达到 165 万 t。2017 年，阿根廷的生物柴油产能为 55.5 亿 L，产量达 33 亿 L，较 2016 年增长 8%，约占全球生物柴油产量的 9%。[①]2014 年 5 月阿根廷政府将生物柴油出口关税从 21% 下调至 11%，直接促进了生物柴油的生产和出口。但是由于欧盟对阿根廷生物柴油进口实施反倾销关税，导致阿根廷生物柴油生产出口大幅下降。2016 年 3 月世界贸易组织（WTO）做出裁决，支持阿根廷就欧盟对阿根廷生物柴油实施反倾销关税所提出的几项要求。希望进一步缓解阿根廷和欧盟就生物柴油反倾销关税引发的争端。2017 年 4 月美国商务部对阿根廷生物燃料进行反倾销关税和反补贴关税的调查，目前尚未决定是否征收反倾销关税和反补贴关税。目前阿根廷的生物柴油添加比例为 B10。

2017 年，阿根廷的燃料乙醇产能为 12.5 亿 L，产量约 11.3 亿 L，添加到汽油的

① Renewables 2018 GLOBAL STATUS REPORT，REN21.

比例约为 11.7%。[①] 燃料乙醇的生产原料主要来自玉米和糖浆。2014 年开始，阿根廷将生物乙醇混合比例提高到 10%，并将生物质乙醇价格下调了 5%～1.07 美元，这一价格保证了生产商合理的利润水平促进了市场发展。阿根廷生物乙醇主要满足国内市场，共有 14 家生物乙醇精炼厂，产能 8.8 亿 L。2014 年全国产量 6.6 亿 L，相比 2013 年增长了 1.9 亿 L。2017 年阿根廷的燃料乙醇添加比例增加到 E12。

3.7 加勒比地区

加勒比地区地处中美洲，主要包括伯利兹、哥伦比亚、哥斯达黎加、厄瓜多尔、萨尔瓦多、危地马拉、洪都拉斯、尼加拉瓜、多米尼加共和国、委内瑞拉等国家。该地区多为发展中岛屿国家，具有国土面积狭小、资源匮乏、抵御自然灾害能力弱、经济规模小、对外资源依赖性强等共同特点。

3.7.1 能源消费概况 [②]

加勒比地区国家能源消费主要依赖石油和天然气，油气消费在一次能源中的占比约为 70%。加勒比地区水能资源丰富，因此水能消费量较高，非化石能源几乎全部来自水力发电。2017 年加勒比地区雨水多，水量足，水力发电量普遍比 2016 年有明显增长。而化石能源消费几乎保持稳定或者略有下降，因此 2017 年加勒比地区非化石能源在一次能源的占比普遍有所提高，水能资源丰富的国家则有明显的提高。

哥伦比亚的主要能源消费来自石油和天然气，2017 年一次能源消费量约为 6 086 万 t 标准煤，同比上年增长 1.6%，增量几乎全部来自水能。包括水能在内的可再生能源消费量大幅提高，达 1 910 万 t 标准煤，同比去年增长 21.8%，占一次能源消费总量的 31.4%，比上年同期大幅提高 5.3 个百分点；水能 2017 年消费量达 1 860 万 t 标准煤，较 2016 年大幅增长 22.6%。石油、天然气及煤的消费量分别为 2 390 万、1 230 万和 570 万 t 标准煤，化石能源消费同比去年合计减少 270 万 t 标准煤，占一次能源消费总量的 68.6%。

厄瓜多尔 2017 年一次能源消费量为 2 360 万 t 标准煤，同比上年增长 4.3%。厄瓜多尔主要的能源消费来自石油，2017 年消费量为 1 610 万 t 标准煤，同比下降 1.7%，占消费总量的 68%。另外，2017 年的化石能源消费中还有少量约 70 万 t 标

① Gain Report,USDA.

② BP,《能源统计年鉴》，2018。

准煤的天然气消费，化石能源消费合计占72%。可再生能源消费量为660万t标准煤，占一次能源消费总量的28%，占比同比大幅提高4.5个百分点；其中水能2017年消费量为640万t标准煤，比2016年大幅提高25%。

委内瑞拉2017年一次能源消费量为10 600万t标准煤，同上年相比基本持平。委内瑞拉主要的能源消费来自石油和天然气，2017年分别达到3 460万t标准煤和4 630万t标准煤，同比去年小幅下降6.9%和1.8%。另外还有少量约40万t标准煤的煤炭消费，2017年化石能源消费量合计76.6%。可再生能源消费全部来自水电，2017年消费量为2 490万t标准煤，同比上年增加16%，占全部能源消费的23.4%，占比同比去年提高3.3个百分点。

3.7.2　战略发展目标

加勒比地区多为发展中小岛屿国家，极易受到全球气候变化和海平面上升的潜在影响，同时面临越来越密集的飓风、不断升高的海平面、海水侵蚀、淡水资源紧张和自然环境遭到破坏等多重挑战。加勒比地区各国政府和民众对环境保护寄予了高度的关注。但是这些岛屿国家国土面积狭小、资源匮乏，严重依赖进口能源满足国内需求，这不仅对环境造成破坏，同时也不利于国家的可持续发展。

加勒比地区可再生能源发展潜力巨大，如牙买加拥有丰富的可再生能源，包括风能、生物质能、小水电、太阳能等，并具有将垃圾废物转化成能源的潜力，海洋热能技术和生物燃料正在开发。数据显示，牙买加平均每年太阳能直接辐射177MJ/m^2，太阳能、水力、风力、生物发电分别有650MW、80MW、70MW、100MW装机潜力。古巴[①]地处亚热带，日照强度高、时间长，太阳能资源极其丰富，平均每平方米单日日照辐射发电量为5kW·h，已探明风能总量为633MW。表3-3-5为加勒比地区主要国家可再生能源发展战略目标。

表3-3-5　加勒比地区主要国家可再生能源发展战略目标[②]

国　家	可再生能源发展战略目标
伯利兹	2017年占发电量的85% 到2033年新增水电15MW 垃圾发电装机达5MW

① 2013，《古巴能源情况简析》，商务部网站。

② IRENA，《Renewable Energyin Latin America 2015:An Overview of Policies》，2015。
REN21, “RENEWABLESGLOBAL STATUS REPORT 2018.

国 家	可再生能源发展战略目标
哥伦比亚	到 2020 年占发电量的 6.5%（不包括大水电） 到 2050 年占发电量的 100%
哥斯达黎	到 2020 年占一次能源的 28.2% 到 2030 年占发电总量的 100%
厄瓜多尔	到 2017 年占发电总量 90% 到 2022 年水电装机达 4.2GW
萨尔瓦多	到 2026 年：风电达 60MW；光伏达 90MW；太阳能热发电达 200MW；地热能达 60～89MW；生物质能达 45MW；沼气达 35MW
危地马拉	到 2022 年占发电量的 60% 到 2030 年占发电总量的 80% 到 2050 年占发电总量的 100%
洪都拉斯	到 2022 年占发电量的 60% 到 2038 年占发电量的 80% 到 2050 年占发电总量的 100%
尼加拉瓜	到 2027 年占发电量的 90%
巴拿马	到 2023 年水电装机达 706MW
委内瑞拉	到 2019 年新增装机 613MW，其中风电为 500MW
古巴	到 2030 年占总发电量的 24%
多米尼加共和国	到 2025 年占总发电量的 25% 到 2050 年占发电总量的 100%
牙买加	到 2020 年占总发电量的 15% 到 2030 年占总发电量的 20%
巴巴多斯	到 2026 年可再生能源占能源消耗的 20%
圣文森特和格林纳丁斯	到 2020 年占总发电量的 60%
格林纳达	到 2020 年占总发电量和交通能源的 20% 到 2050 年占发电总量的 100%

3.7.3 主要政策措施

加勒比地区可再生能源处于初始发展阶段，由于受到技术、市场及资金等因素的影响，该地区发展速度比较缓慢。但是加勒比各国为鼓励发展可再生能源加勒比地区多国纷纷出台激励政策，以应对气候变化，减少化石能源消耗，实现能源转型。主要包括颁布可再生能源立法，建立可再生能源发电目标，建立发电激励机制以及金融支持手段等。哥斯达黎加和尼加拉瓜分别于 1976 年、1977 年出台了地热能源法，巴巴多斯、牙买加、多米尼加共和国等采取税收激励措施，古巴一直积极寻求开展国际合作，利用多种形式发展可再生能源。此外，泛美开发银行和加勒比开发银行等地区组织也对加勒比国家可再生能源和能源高效项目提供了数笔资金援助或贷款。

牙买加2009年牙颁布首部长期《国家能源政策》(2009—2030年)[①]，结合《国家远景2030》(国家发展规划)，确立了七大能源目标，分别为节约有效能源、建设现代化能源基础设施、开发可再生能源、安全有效的能源供应、良好的管理机构和法律监管框架、政府部门成为节能环保的表率、行业结构体现生态效率。

巴哈马2011年加入《加勒比地区旅馆可再生能源与能效行动计划》[②]，并承诺在本国实施该行动计划时投入配套资金，以期通过提高效率和采用可再生能源技术，实现降低酒店能源消耗减少30%～50%的目标；同年巴哈马修改电力法[③]，允许家庭使用太阳能系统。2012年由巴哈马环境部发起的《可再生能源示范项目》[④]开始向133户中低收入家庭和社区免费发放总价值60万美元的太阳能热水器和太阳能光伏系统产品，以鼓励更多居民使用可再生能源。

古巴为促进能源行业可持续发展而于2012年年底成立能源和矿产部[⑤]。2011年，出台的六大《经济社会政策纲要》指出，古巴将在短期内优先发展具有较大经济效益的可再生能源发电项目。为此，古巴政府抓紧制定新能源发展政策，鼓励外资投资新能源项目，同时加大财政投入，大力建设太阳能、风能和生物质能电站，计划在未来8年内将可再生能源占总发电量的比例由目前的3.8%提高至20%。

多米尼加共和国为鼓励新能源发展，政策规定免除新能源设备进口税，2020年前免征新能源企业所得税，财政支持个人投资新能源产业等[⑥]。

委内瑞拉政府于2000年推出试点项目“可再生能源执行计划”(PODER)，2004年转为可再生能源项目(PER)。作为2012年新能源计划的一部分，该项目计划在该国4个不同地区建设风电公园，以及重点在农村地区安装光伏发电系统。

哥伦比亚位于赤道地区，常年光照充足，利用太阳能发电潜力巨大。为鼓励民间对太阳能等可再生能源的投资和使用，哥伦比亚政府于2014年颁布了第1715号法律，对可再生能源投资可享受所得税减免，进口环节关税和增值税减免等税收优惠政策(表3-3-6)。

---

① 2010，牙买加科学技术、能源和矿产部网站。

② 2011，《巴哈马加入〈加勒比地区旅馆可再生能源与能效行动计划〉》，商务部网站。

③ 2010，巴哈马公共事业部网站。

④ 2012，《巴哈马开始免费发放示范太阳能设备》，驻巴哈马经商参处网站。

⑤ 2012，古巴矿产部网站。

⑥ 2012，《加勒比地区太阳能产业市场分析》，驻巴巴多斯经商参处网站。

表 3-3-6 加勒比地区主要国家出台可再生能源政策情况

	国家政策								财政支持							
	可再生能源目标	可再生能源法/战略	太阳能热利用法/计划	太阳能发电法/计划	风能发电法/计划	地热能法/计划	生物质能法/计划	生物燃料法/计划	增值税	燃油税	所得税	进出口补贴	地方税	碳税	加速折旧	其他
哥伦比亚	现行	现行							现行	现行	现行	现行			现行	现行
哥斯达黎加	现行					现行	现行	现行			现行	现行				现行
厄瓜多尔	现行					现行	现行	现行			现行	现行				
萨尔瓦多	现行			现行							现行	现行				
危地马拉	现行						现行		现行		现行	现行				现行
圭亚那	现行								现行			现行				
洪都拉斯	现行	现行						现行			现行	现行				现行
尼加拉瓜	现行	现行				现行	现行	现行	现行		现行	现行	现行			现行
巴拿马	现行	现行	现行	现行	现行		现行	现行	现行	现行	现行	现行	现行		现行	现行

	输电网					监管手段										
	传输折扣	优先上网/专用通道	输电网	优先调度	其他	拍卖	上网电价	保险	配额	认证体系	综合	净计量	乙醇混合授权	生物柴油混合授权	太阳能授权	注册
哥伦比亚					现行							现行	现行	现行		
哥斯达黎加						现行						现行	已废除	已废除		现行
厄瓜多尔			现行	现行			已废除						地方	现行		
萨尔瓦多			现行	现行		现行					现行	现行				
危地马拉	现行		现行			现行						现行	已废除			
圭亚那																
洪都拉斯	现行	研究中	现行			现行		现行				现行				现行
尼加拉瓜				现行	现行	现行	现行		现行		现行					
巴拿马	现行				现行	现行		现行				现行	已废除		现行	

	金融支持						其他						
	外汇避险	专用基金	符合条件的基金	担保	预投资支持	直接资金	社会屋顶可再生能源	可再生能源农村访问计划	可再生能源炉灶项目	地方政府占比要求	特殊环境法规	食物或生物质相关	社会需求
哥伦比亚		现行	现行					现行			研究中		现行
哥斯达黎加				现行	现行			现行				现行	
厄瓜多尔	现行		现行		现行	现行		现行		现行		现行	现行
萨尔瓦多	现行	现行	现行	现行	现行			现行			现行		现行
危地马拉	现行		现行					现行	现行				
圭亚那			现行			现行		现行	现行				
洪都拉斯	现行	现行		现行	现行					现行			
尼加拉瓜	现行	现行		现行	现行	现行		现行	现行		现行		
巴拿马	现行			现行		现行		现行		现行			

注：■ 现行政策；■ 已废除政策；■ 地方政策；■ 正在研究中政策。

资料来源：IRENA，“Renewable Energy in Latin America 2015: An Overview of Policies”，2015。

作为最直接的激励手段，许多国家都通过财政激励政策推动可再生能源的发展。如委内瑞拉制订了长期计划，通过财政激励手段支持希拉地区建设10MW风电。厄瓜多尔计划在2013—2021年通过财政直接投资50亿美元支持水电发展。目前已出台财政激励政策的有7个国家，主要包括免税、加速折旧、进口等。免税包括免去所得税、增值税、营业税、资本税、资源税、地方税、行政费用、进口关税和各种费用。

3.7.4　市场和产业发展

2017年新能源装机同比大幅下降，其中萨尔瓦多、哥伦比亚和洪都拉斯在加勒比地区可再生能源电力新增装机名列前三位，分别新增170MW、158MW、128MW，如表3-3-7所示，主要的11个国家新增装机总计为584MW，相比2016年1 473MW的新增装机总量大幅减小。从累计装机容量来看，委内瑞拉和哥伦比亚在10GW以上，远远超过本地区其他国家。从装机结构看，总装机量最大的委内瑞拉和哥伦比亚都是以水电为主，占比超过90%，水电占比过半的还有巴拿马、哥斯达黎加、多米尼加和危地马拉。另外，古巴的可再生能源装机以生物质为主，牙买加则以风电为主。2017年加勒比地区主要国家可再生能源发电装机占比如图3-3-16所示。

表3-3-7　加勒比地区主要国家可再生能源装机　　单位：MW

年份	委内瑞拉	哥伦比亚	哥斯达黎加	危地马拉	巴拿马	洪都拉斯	萨尔瓦多	多米尼加	尼加拉瓜	古巴	牙买加
2008	14 598	9 110	1 785	1 182	881	607	790	488	317	613	75
2009	14 623	9 144	1 840	1 206	891	621	790	543	357	611	76
2010	14 625	9 914	1 844	1 311	950	622	781	546	381	618	95
2011	14 625	9 918	2 040	1 341	1 366	773	751	580	382	620	95
2012	14 655	9 980	2 113	1 515	1 483	751	826	715	556	593	96
2013	14 932	10 081	2 139	1 646	1 533	789	828	718	562	555	103
2014	14 933	11 154	2 293	1 775	1 700	897	837	730	604	595	105
2015	15 192	11 757	2 477	2 178	2 042	1 362	991	740	622	629	108
2016	15 192	11 879	2 900	2 667	2 146	1 469	996	853	670	610	189
2017	15 192	12 037	2 964	2 753	2 063	1 597	1 166	874	682	638	189

数据来源：IRENA Renewable Capacity Statistics 2018（包括水电装机）.

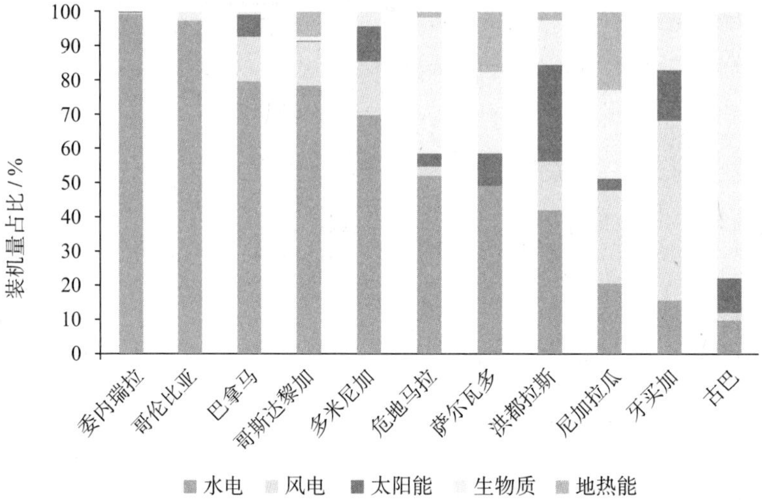

图 3-3-16　2017 年加勒比地区主要国家可再生能源发电装机占比情况

数据来源：IRENA Renewable Capacity Statistics 2018.

水电　加勒比地区有丰富的水利资源，水电装机在可再生能源发电中的占比较高。截至 2017 年，委内瑞拉和哥伦比亚的水电累计装机容量大，分别达到 15 137MW 和 11 726MW，远超过本地区其他国家。另外，累计装机容量较大的还有哥斯达黎加 2 328MW、巴拿马 1 647MW、危地马拉 1 438MW。另外，根据拉丁美洲能源组织（OLADE）的统计数据（2012），危地马拉、萨尔瓦多、洪都拉斯、尼加拉瓜、哥斯达黎分别有 5 000MW、2 165MW、5 000MW、2 000MW 及 6 633MW 的资源潜力。与较大的累计装机相比，2017 年水电新增装机速度较 2016 年明显放缓。其中哥伦比亚水电新增装机为 120MW 居加勒比地区首位，其次为萨尔瓦多，新增装机 80MW，危地马拉水电新增装机 46MW 排名第三位（表 3-3-8）。

表 3-3-8　加勒比地区主要国家水电装机　　单位：MW

年份	委内瑞拉	哥伦比亚	哥斯达黎加	危地马拉	巴拿马	洪都拉斯	萨尔瓦多	多米尼加	尼加拉瓜	古巴
2008	14 598	8 996	1 524	776	869	522	481	477	105	60
2009	14 623	9 010	1 510	778	879	527	481	532	105	58
2010	14 623	9 721	1 553	885	937	527	481	532	105	63
2011	14 623	9 718	1 644	902	1 352	529	481	532	105	65
2012	14 623	9 778	1 700	986	1 469	539	483	613	106	62

年份	委内瑞拉	哥伦比亚	哥斯达黎加	危地马拉	巴拿马	洪都拉斯	萨尔瓦多	多米尼加	尼加拉瓜	古巴
2013	14 880	9 875	1 725	997	1 494	558	483	614	120	63
2014	14 880	10 920	1 834	1 001	1 623	624	490	617	120	63
2015	15 137	11 501	1 935	1 087	1 725	656	494	617	138	63
2016	15 137	11 606	2 328	1 392	1 769	671	495	613	142	66
2017	15 137	11 726	2 328	1 438	1 647	676	575	613	142	66

数据来源：IRENA Renewable Capacity Statistics 2018.

风能 加勒比地区风能资源较为丰富，尤其是沿海地区，而且风电技术持续向更先进、更经济的方向发展，因此风能已成为加勒比地区国家可再生能源开发优先考虑的选项之一。截至 2017 年的风电累计装机，哥斯达黎加 378MW 最多，巴拿马 270MW 次之，洪都拉斯 225MW 排名第三位。不过由于近几年加勒比地区经济发展放缓，风能开发速度几年持续放缓，2017 年只有哥斯达黎加和洪都拉斯有新增装机，分别为 59MW 和 50MW。除了哥斯达黎加和洪都拉斯近四五年每年都有新增装机外，其他国家风能开发进展持续放缓，比如巴拿马在 2015 年实现 198MW 新增装机后，2016 年新增下降到 17MW，2017 年新增进一步下降到 0（表 3-3-9）。

表 3-3-9 加勒比地区主要国家风电装机

单位：MW

年份	委内瑞拉	哥伦比亚	哥斯达黎加	危地马拉	巴拿马	洪都拉斯	多米尼加	尼加拉瓜	古巴	牙买加
2008		20	70						7	21
2009		20	120					40	7	21
2010		20	120					63	7	39
2011		20	133			102		63	12	39
2012	30	20	148			102	33	146	12	39
2013	50	20	148		20	102	85	147	12	39
2014	50	20	197		55	126	85	186	12	39
2015	50	20	278	76	253	152	85	186	12	39
2016	50	20	319	76	270	175	135	186	12	99
2017	50	20	378	76	270	225	135	186	12	99

数据来源：IRENA Renewable Capacity Statistics 2018.

太阳能 加勒比地区由于所处纬度较低，该地区太阳辐射强，日照时间稳定，拥有非常丰富的太阳能资源。目前，加勒比地区太阳能产业获得了多家国际组织和金融机构的支持[①]。但该地区太阳能产业发展尚不健全。据测算，该地区热水器市场规模达5亿美元，除牙买加、巴巴多斯可以生产和组装少量太阳能热水器外，很大比例的产品需要从美国和欧洲进口。太阳能电池也类似，仅牙买加、格林纳达等少数国家具备生产或组装能力，无法满足本地区市场需求。

近几年，加勒比地区太阳能发电发展最快的是洪都拉斯，到2017年累计装机451MW，远远超过本地区其他国家，主要是由于洪都拉斯高达180美元/MW·h的上网电价补贴制度激励了该国太阳能的发展。2015年当年实现388MW的装机，随后受政策调整影响，2016年和2017年新增装机大幅降低，分别只有21MW和37MW。另外，本地区累计装机达到100MW的还有巴拿马和萨尔瓦多，截至2017年年底累计分别为130MW和111MW。从年度新增装机看，有8个国家2017年当年实现新增光伏装机，合计达到238MW，同比2016年增长60%。其中萨尔瓦多新增装机90MW，巴拿马38MW，洪都拉斯37MW，分居前三位（表3–3–10）。2008—2017年加勒比地区主要国家的累计光伏发电装机量和新增装机量如图3–3–17所示。

表 3–3–10 加勒比地区主要国家太阳能发电装机 单位：MW

年份	委内瑞拉	哥斯达黎加	危地马拉	巴拿马	洪都拉斯	萨尔瓦多	多米尼加	尼加拉瓜	古巴	牙买加
2012	2	3	2	3	5	3	1	6	1	2
2013	2	4	3	4	5	5	5	7	11	2
2014	3	5	10	6	5	7	13	9	22	4
2015	5	6	93	49	393	16	23	10	24	7
2016	5	6	93	92	414	21	68	10	37	28
2017	5	11	99	130	451	111	89	23	65	28

数据来源：IRENA Renewable Capacity Statistics 2018.

① 2012，《加勒比地区太阳能产业市场分析》，商务部网站。

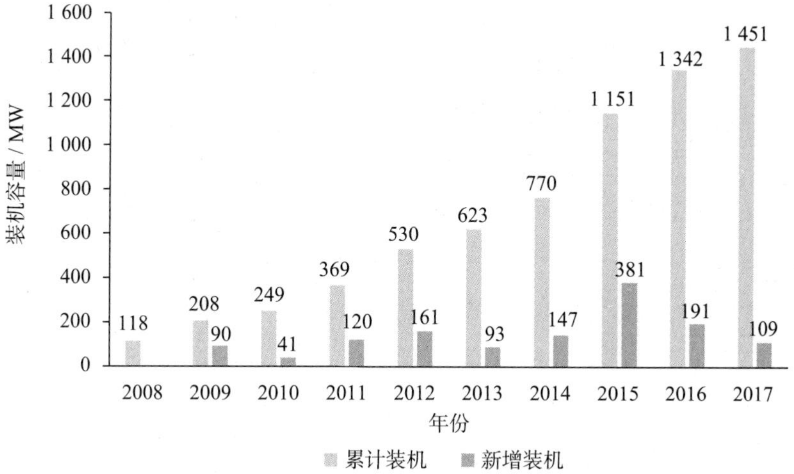

图 3-3-17 2008—2017 年加勒比地区主要国家的累计光伏发电装机量和新增装机量

生物质能 加勒比地区生产生物能具有良好的土壤、适宜的气候、可利用的土地和劳动力成本低廉等组合优势，因此本地区的生物质能规模在可再生能源发电中位居第二，仅次于水电。截至 2017 年，累计装机规模危地马拉超过 1GW，为 1 091MW，另外古巴（495MW）、哥伦比亚（292MW）、萨尔瓦多（276MW）、洪都拉斯（210MW）和尼加拉瓜（177MW）的生物质能规模也较大，均超过 100MW。

从年度新增装机来看，在 2012 年之前该地区主要国家生物质新增装机合计一直在 100MW 以下，从 2013 年开始开发力度加大，年度装机从 2012 年的 67MW 增加到 373WM，2016 年开发速度有所放缓，而 2017 年则大幅减速，当年装机合计只有 74MW，同比下降 73%。具体到国家，2017 年实现新增装机的国家只有哥伦比亚和危地马拉两个国家，分别实现 39MW 和 35MW，而 2016 年则有 5 个国家实现新增生物质发电并网。古巴①虽然 2016 年和 2017 年都没有新增装机，但为实现 2030 年利用可再生能源发电量达到总发电量 24% 的目标（目前仅占 4%），古巴将生物质发电列为了优先发展产业。古巴“2016—2017 年外商投资项目目录”中包含了 19 个糖厂生物质发电项目，这些项目的建成投用将减少 7 亿 t 二氧化碳排放量（表 3-3-11）。2009—2017 年加勒比地区主要国家合计的生物质发电累计装机量和新增装机量如图 3-3-18 所示。

① 2017，《古巴 2017 年能源概况》，驻古巴经商参处。

表 3-3-11　2008—2017 年加勒比地区生物质能发电装机容量　　单位：MW

年份	哥伦比亚	哥斯达黎加	危地马拉	巴拿马	洪都拉斯	萨尔瓦多	多米尼加	尼加拉瓜	古巴	牙买加
2008	94	24	351	11	82	104	11	122	546	32
2009	114	44	373	11	91	104	11	122	546	32
2010	174	44	372	11	91	94	15	122	548	32
2011	180	44	384	11	138	116	15	122	543	32
2012	182	44	473	11	106	136	15	134	519	32
2013	187	44	598	15	124	136	15	134	469	32
2014	215	40	714	15	142	136	15	134	498	32
2015	237	40	873	15	161	276	15	134	530	32
2016	253	40	1 056	15	210	276	37	177	495	32
2017	292	40	1 091	15	210	276	37	177	495	32

数据来源：IRENA Renewable Capacity Statistics 2018.

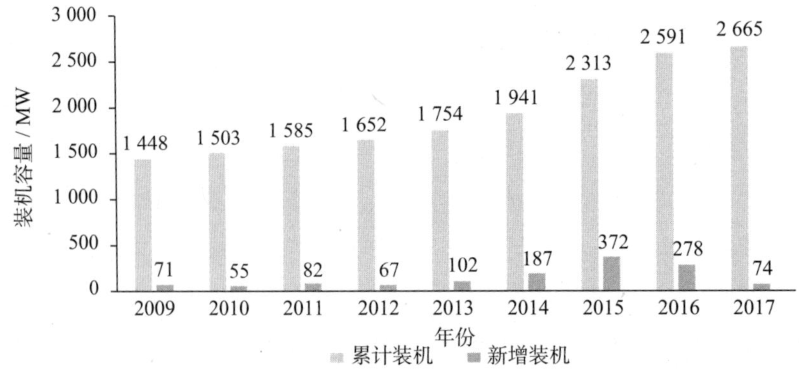

图 3-3-18　2009—2017 年加勒比地区主要国家的生物质发电累计装机量和新增装机量

数据来源：IRENA Renewable Capacity Statistics 2018.

地热能　加勒比地区的地热能发电市场以哥斯达黎加、萨尔瓦多、尼加拉瓜和危地马拉为主。截至 2017 年年底，这 4 个国家累计装机分别达到 207MW、204MW、155MW 和 49MW。处于环太平洋地热带的萨尔瓦多，地热资源十分丰富。由于境内多火山，被称为“火山之国”。在萨尔瓦多境内有 22 座火山，大都是活火山。萨尔瓦多的贝热林地热发电站，是萨尔瓦多最大的地热发电站之一，发电装机容量 30MW，其中的一个地热井有 2 600m 深，另一个只有 1 100m，其发电量相当于首都圣萨尔瓦多市总能源消耗的 3%，这还不包括从涡轮机中泄漏出来的蒸汽余热。目前萨尔瓦多制订了地热能发电计划，预计到2020年实现电力供应的40%来自地热能发电。另外，在世界银行超过1 500万美元资金的支持下，尼加拉瓜正在全国10个地区进行地热能发电的可行性研究，计划在未来15年地热能新增装机将达到100MW。

虽然加勒比地区的地热能资源丰富，但是除上述几个国家以外，地区其他国家的地热开发量极其有限。不成熟的行业和市场、较低的能源价格、较高的投资风险等因素，持续困扰着该地区的地热能市场。此外，管理不善也阻碍了增长的步伐。国家审批机构对地热项目经验的缺乏导致项目延误、不确定性增加，从而提高了开发成本。这直接导致了该地区从2013年起连续4年没有新增地热发电项目后，直到2017年洪都拉斯新增35MW的地热发电项目，才重新取得突破。2008—2017年加勒比地区主要国家地热能发电装机如表3-3-12所示。

表3-3-12 2008--2017年加勒比地区主要国家地热能发电装机 单位：MW

年份	哥斯达黎加	萨尔瓦多	尼加拉瓜	危地马拉	洪都拉斯
2008	166	204	88	54	
2009	166	204	88	54	
2000	166	204	88	54	
2011	218	151	165	54	
2012	218	204	155	54	
2013	218	204	155	49	
2014	218	204	155	49	
2015	217	204	155	49	
2016	207	204	155	49	
2017	207	204	155	49	35

数据来源：IRENA Renewable Capacity Statistics 2018.

4 澳洲

4.1 澳大利亚

2017年，澳大利亚一次能源消费达9 758万t标准煤，与上年基本持平。澳大利亚主要的能源消费来自煤炭和石油，2017年消费量分别为2 961万和3 668万t

标准煤，占消费总量的 68.1%。天然气消费量同比增长 0.6%，达 2 520 万 t 标准煤。另外，包括水能在内的可再生能源消费量达 609 万 t 标准煤，占一次能源消费总量的 6.8%，其中水能 2017 年消费量达 210 万 t 标准煤，其他可再生能源消费量达 399 万 t 标准煤。

4.1.1 可再生能源战略目标

2000 年，澳大利亚《可再生能源法案》规定了"强制性可再生能源目标"，提出到 2010 年可再生能源发电占全国总发电量的 12%。虽然这一目标最终没有实现，2009 年澳大利亚还是立法提出了新的可再生能源发展目标，即到 2020 年可再生能源发电量在总发电量中的比重提升至 20%。澳大利亚 2012 年 11 月发布了能源白皮书，提出到 2035 年澳大利亚 40% 的电力来自清洁能源，到 2050 年这一比重达到 85%（约 3 050 亿 kW·h）；此外，澳大利亚还提出 2050 年前在 2000 年基础上减少 80% 温室气体排放的目标（表 3-4-1）。

表 3-4-1 澳大利亚中长期可再生能源发展目标

年份	2012 年白皮书①目标	可再生能源目标方案②（2015 年修订）
2020 年	可再生能源发电量 410 亿 kW·h 政府将推动 200 亿澳元的投资用来开发利用可再生能源	可再生能源发电量达到 330 亿 kW·h
2035 年	清洁能源技术提供 40% 的电力需求	
2050 年	温室气体比 2000 年的水平要减少 80% 清洁能源提供 85% 的电力需求，采用 CCS 技术的化石燃料在能源中的比重达到 29%，大型太阳能电站达到 16%，风能和户用太阳能光伏各达到 13%，地热能 9%，水电和生物能源 5%	

数据来源：Energy white paper 2012，澳大利亚资源、能源和旅游部和 Clean energy .

2015 年 7 月，澳大利亚通过了新的可再生能源目标（RET）法案。新法案下调了 2020 年发展目标，将可再生能源发电目标从 2012 年设定的 410 亿 kW·h 减少到

① 2013，Energy white paper 2012，澳大利亚资源、能源和旅游部。

② 2016，Clean energy australia report 2015，clean energy council.

330[1] 亿 MW · h。同时将原来政府每两年对该目标审议一次的做法，改为由洁净能源监管机构每年向政府提交报告。

2016 年，澳大利亚多个州政府加强了对可再生能源发展的支持力度。维多利亚州政府进一步修订了其可再生能源发展目标，将 2020 年的可再生能源发电占比从 20% 提高至 25%，并发布了到 2050 年可再生能源发电占比达到 40% 的发展目标；首都领地政府的目标是到 2020 年实现电力 100% 来自可再生能源；昆士兰州政府宣布了到 2030 年可再生能源发电占其发电总量 50% 的发展目标。

4.1.2 主管机构及主要政策措施

澳大利亚 2007 年设立了资源、能源和旅游部（The Department of Resources, Energy and Tourism），负责制定和实施国家的能源政策。2011 年 6 月，资源、能源和旅游部成立澳大利亚可再生能源署（ARENA），掌管着澳大利亚可再生能源基金，负责为可再生能源项目提供前期补贴和技术研发融资支持。2012 年 4 月澳大利亚政府通过清洁能源立法设立了清洁能源监管局（Clean Energy Regulator），专门负责管理和监督碳排放定价制度、国家温室气体和能源计划等执行及可再生能源目标的落实情况[2]。2013 年成立的清洁能源金融公司（Clean Energy Finance Corporation）主要致力于推进清洁能源技术的商业化和开发。该公司的投资资金来自基金拨款，每年拨款达 20 亿澳元。

（1）可再生能源配额制

2001 年，澳大利亚正式实施可再生能源配额制，是全球较早实施可再生能源配额制的国家。根据可再生能源发电目标的不同，配额制在澳大利亚分两个实施阶段。第一阶段为 2001—2010 年，要求到 2010 年可再生能源发电占全国总发电量的 12%。尽管这一目标没有完成，但这一措施的实施对可再生能源在澳大利亚的利发挥了积极的推动作用。

第二阶段为 2011—2020 年，要求到 2020 年 20% 电力供应来自可再生能源。针对可再生能源项目规模不同的特点，可再生能源证书分为大规模发电证书（LGCs）和小规模技术证书（STCs），分别进行交易和提交，为各类可再生能源发展提供了充足的资金，促进澳大利亚可再生能源技术的多样化发展。大型可再生能源电站可获得大规模发电证书。符合条件的太阳能热水器、热泵、小型光伏发电系统、小规模

---

① 2016,clean energy australia report 2015 ,clean energy council.

② 全球风能理事会，全球风电市场发展报告 2011，http://www.gwec.net/publications/global-wind-report-2/.

风电和小规模水电均可获得小规模技术证书。

大规模发电证书不在清洁能源监管局管理的票据交换所(Clearing House)交易，每个责任实体从可再生能源能源发电站直接购买大规模发电证书，或从大规模发电证书代理商处购买。小规模技术证书即可在票据交换所进行交易，也可自行交易。在票据交换所交易的小规模技术证书价格固定为40澳元(不含税)。在票据交换所以外的交易，清洁能源监管局则没有规定价格，其价格由买卖双方协商决定。

2016年7月—2017年6月，大规模发电证书现货价格在79～89.5澳元之间波动①，小型规模技术证书现货价格出现小幅下降为37.25澳元(图3-4-1)。

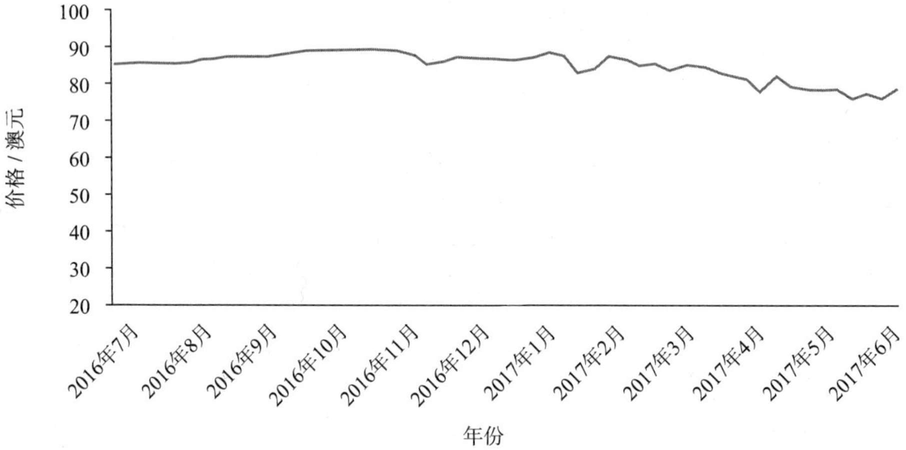

图3-4-1 2016年7月—2017年6月大规模技术证书现货价格②趋势

(2)光伏固定电价制度

澳大利亚没有全国统一的光伏上网固定电价政策，但很多州都出台固定电价制度，不过各州之间电价政策差异很大。小规模户用系统是各州政策支持的主要方向，系统容量上限通常为几千瓦到几十千瓦，其中最大的维多利亚州也只有100 kW。近几年来，随着光伏发电成本的不断下降，澳大利亚部分地区适时调整了固定上网电价(表3-4-2)。

① 2018,Australian,Annual report 2016-17,Australian Government Clean Energy Regulator.

② 2016,Renewable Energy Target 2015 Administrative Report.

表 3-4-2 澳大利亚各州光伏固定上网电价

地区	实施期限 / 年	机组最大规模 / kW	电价（2012 年）/（澳分 /kW·h）	电价（2015 年）/（澳分 /kW·h）	电价（2016）/（澳分 /kW·h）	电价（2017）/（澳分 /kW·h）
新南威尔士	没有设置截至日期	由零售商决定	由零售商决定	由零售商决定	由零售商决定	由零售商决定，目前为 6～15
维多利亚	没有设置截至日期	＜ 100	强制上网电价，最低 8	强制上网电价，6～10	由零售商决定，目前为 6～10	由零售商决定，目前为 6～10
南澳	没有设置截至日期	每日发电量不超过 45kW·h 的系统	强制上网电价，最低 8	强制上网电价，最低 8	由零售商决定，目前为 6～12	由零售商决定，目前为 6～12
首都地区	没有设置截止日期	没有限制	由零售商决定	由零售商决定	由零售商决定，目前为 6～8	由零售商决定，目前为 6～8
昆士兰	没有设置截止日期	5	由零售商决定（东南地区）； 强制上网电价，最低 6.53（局部地区）	由零售商决定（东南地区）； 强制上网电价，最低 6～8	由零售商决定（东南地区）； 强制上网电价，最低 6～8	基于零售商在东南地区的竞争 在区域 Qld（每年审查）中强制性最低 10
塔斯马尼亚	没有设置截止日期	单相 10 三相 30	5.6	5	7	7
西澳	没有设置截止日期	Synergy 住宅用户安装不超过 5kW（西南部）； 商业安装无容量限制（西南部）； Horizon 住宅用户各地区不同（西北地区）	Synergy 住宅用户 8.9 Horizon 用户各地不同	Synergy 住宅用户 6～9 Horizon 用户各地不同	Synergy 住宅用户 6～9 Horizon 用户各地不同	Synergy 住宅用户 6～9 Horizon 用户各地不同
北领地	没有设置截止日期	4.5kW 以下并网不需要审查	回购电价 27.13	回购电价＞ 20	根据水电电价计算	由 Power Water 公司设定的国内回购利率——目前为 26（即等于零售价格）

数据来源：Solar choice，http://www.solarchoice.net.au/solar-rebates/solar-feed-in-rewards.

（3）其他激励政策

在配额制政策基础上，澳大利亚政府还制定了一系列促进清洁能源开发利用的财政补贴和税收优惠政策。如设立了额度为 12 亿澳元的清洁技术计划，对清洁能源研发企业给予 40% ～ 45% 的税收抵免优惠或直接资金补贴；对家庭和社区安装太阳能等给予一定额度的财政补贴；向安装小型风电、光伏、小水电等发电用户并网提供保护性电价；实施燃料税改革，减免乙醇等新型燃料的联邦消费税[①]。

自 2014 年宣布废除碳排放税政策以来，澳大利亚开始推行名为“直接行动”的政策来取代碳排放税，对实现减排目标的公司给予补助。由于该政策迟迟未推行且受可再生能源政策前景不明朗影响，导致 2014 年可再生能源投资大幅下降。2015 年年底，澳政府提出将专门设立 25 亿澳元的减排基金[②]，为各种减排项目提供资金支持。

4.1.3 市场和产业发展

2017 年，澳大利亚 16.9% 的电力来自可再生能源，相当于 830 万户家庭用电。2017 年澳大利亚对可再生能源投资创新纪录，澳大利亚仅在大型风电和太阳能发电项目的投资已高达到 90 亿美元[③]，同比增长 150%。以下几项因素使澳大利亚可再生能源投资大幅增加：一是可再生能源发电成本大幅下降；二是 2020 年可再生能源发展目标政策的稳定性及有效的激励措施；三是可再生能源机构和清洁能源金融公司提供的资金支持；四是获得各个州和地区政府的支持。2017 年澳大利亚可再生能源与化石能源电力占比如图 3-4-2 所示。

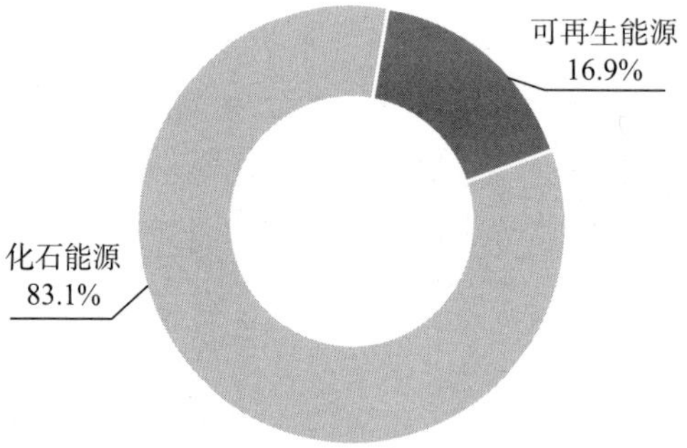

图 3-4-2 2017 年澳大利亚可再生能源与化石能源电力占比

数据来源：Clean Energy Australia report 2018, Clean Energy Council, Cleanenergyaustraliareport.com.

① http://melbourne.mofcom.gov.cn/article/ztdy/201212/20121208475854.shtml.

② http://guangfu.bjx.com.cn/news/20151105/678410.shtml.

③ Clean energy Australia report 2017 , clean energy council.

2017年，澳大利亚可再生能源新增装机容量146万kW，累计装机达1 911万kW，同比增长8.3%。风电和太阳能发电仍然是新增装机主力，其中，风电新增装机25万kW，累计装机达456万kW；太阳能新增装机121万kW，累计装机达642万kW（图3-4-3）。

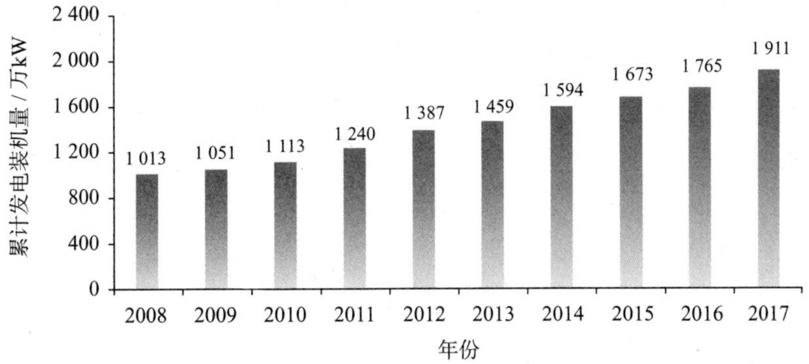

图 3-4-3　2008—2017年澳大利亚可再生能源累计发电装机情况

数据来源：IRENA RE Capacity Statistics 2018.

2017年，澳大利亚可再生能源发电量为381亿kW·h，占总发电量的16.9%。其中，水电发电量占可再生能源发电量的33.9%，风电占33.8%，生物质占9.7%，太阳能占22.6%[①]。图3-4-4为2017年澳大利亚可再生能源分技术发电比例，电力生产情况如表3-4-3所示。

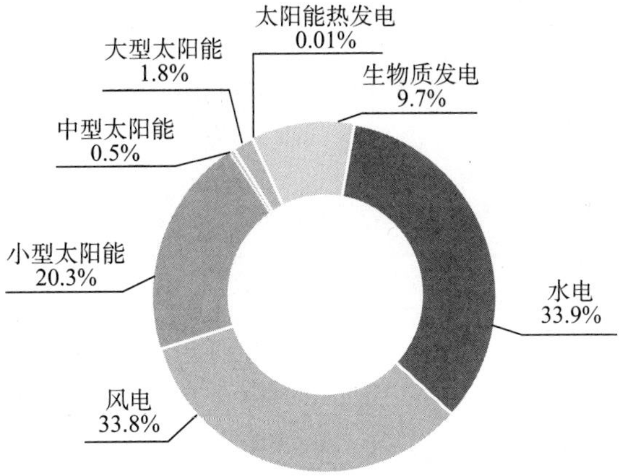

图 3-4-4　2017年澳大利亚可再生能源分技术发电比例

数据来源：Clean Energy Australia report 2018, Clean Energy Council, Cleanenergyaustraliareport.com.

① Clean Energy Australia report 2017.

表 3-4-3　2017 年澳大利亚可再生能源电力生产情况

可再生能源发电类型	2017 年发电量 / GW·h	占可再生能源电量比例 /%	占总发电量比例 /%	满足佳通用电 / 户
水电	12 920	33.9	5.74	281 140
风电	12 873	33.8	5.72	2 800 914
家庭和商业屋顶光伏电站（＜100kW）	7 723	20.3	3.43	1 680 412
中型光伏电站（＞100kW 且＜1MW）	197	0.5	0.09	42 959
大型光伏电站（＞1MW）	695	1.8	0.31	151 243
太阳能热发电	16	0.0	0.01	3 383
生物质发电	3 713	9.7	1.65	807 783
地热发电	1	0.0	0.00	152
合计	38 138	100.0	16.94	8 297 986

数据来源：Clean Energy Australia report 2018, Clean Energy Council, Cleanenergyaustraliareport.com.

水电　由于主要集水区的降雨量较上年有所下降，2017 年澳大利亚水电发电量同比减少 27.2%，为 129 亿 kW·h，占可再生能源发电总量的 33.9%。澳大利亚水电主要分布在新南威尔士、塔斯马尼亚。目前有 120 个水电站，大多数适合开发水电的地区都已开发完毕，水电继续发展的空间有限，当前澳大利亚水电发展的主要模式是开发小型水电站，升级或翻修已有水电站。2017 年澳大利亚水电发电情况如表 3-4-4 所示。

表 3-4-4　2017 年澳大利亚水电发电情况

年份	发电量 / 亿 kW·h	占可再生能源发电比重 /%	占总发电量的比重 /%
2013	192	55.4	8.2
2014	146	45.9	6.2
2015	140	40.1	5.9
2016	177	42.3	7.3
2017	129	33.9	5.7

数据来源：Clean Energy Australia Report 2018.

风能 2017 年澳大利亚新建 15 座风电场，新增装机容量 25 万 kW，累计装机容量 456 万 kW①。澳大利亚风电发电量占全国电力消费的 5.7%，占可再生能源发电总量的 33.8%。由于澳洲大陆拥有较好的风资源，全国大部分地区平均风速可达 8～9m/s。目前澳大利亚风电全部为陆上风电，且没有发展海上风电的计划。澳大利亚风电厂大多数分布在南部海岸线、西部地区，其中南澳是澳大利亚风电装机最多的一个省，超过全国总装机容量的 1/3。2017 年澳大利亚各区风电装机容量占比及发电量如图 3-4-5 所示，2008—2017 年累计装机情况如图 3-4-6 所示。

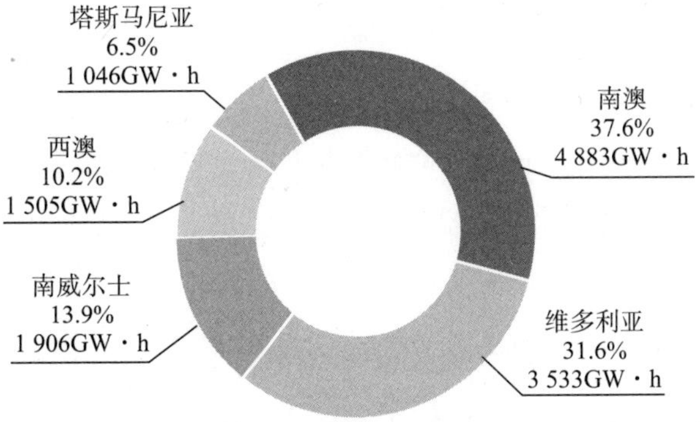

图 3-4-5 2017 年澳大利亚各区风电装机容量占比及发电量

数据来源：Clean Energy Australia report 2018, Clean Energy Council, Cleanenergyaustraliareport.com.

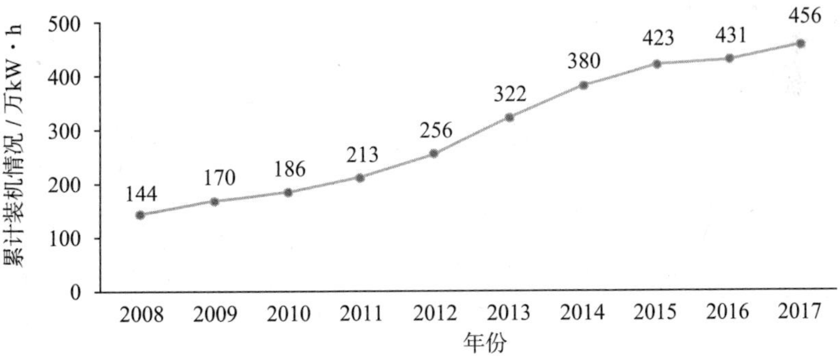

图 3-4-6 2008—2017 年澳大利亚风电累计装机情况

数据来源：IRENA RE Capacity Statistics 2018.

太阳能 2017 年，澳大利亚新增太阳能装机容量 121 万 kW，同比增长 23%；太阳能累计装机容量达到 642 万 kW②（图 3-4-7）。

① IRENA RE Capacity Statistics 2018.

② 2018, IRENA RE Capacity Statistics 2018, IRENA.

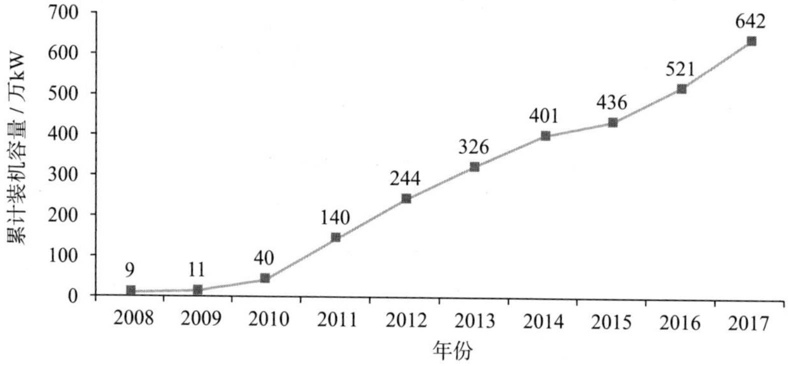

图 3-4-7　2008—2017 年澳大利亚太阳能累计装机容量

数据来源：IRENA RE Capacity Statistics 2018.

家庭和商业屋顶光伏（＜100kW）是澳大利亚光伏发展的主要动力。2017 年，家庭和商业屋顶光伏新增装机容量为 11 万 kW，仍低于自 2010 年以来的历史水平。发电量占可再生能源发电量的 20.3%，占全社会用电量的 3.4%。新增安装家庭和商业屋顶光伏超过 25 万个，总装机容量超过 110 万 kW①。目前超过 183 万个家庭安装了户用系统，户用系统累计装机超过 656 万 kW（图 3-4-8）。

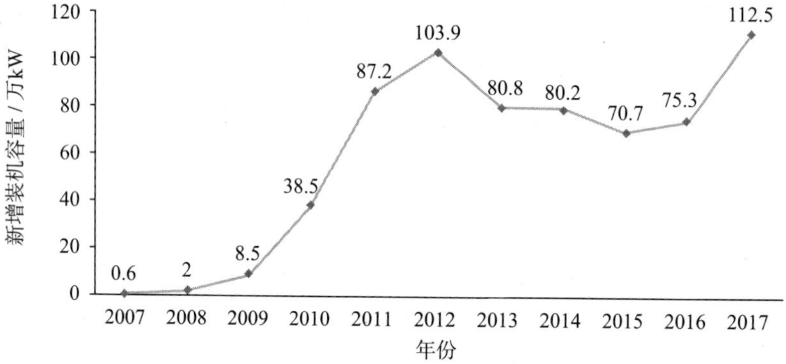

图 3-4-8　2007—2017 年澳大利亚家庭和商业屋顶光伏新增装机容量

数据来源：Clean Energy Australia Report 2018.

中型光伏电站（100kW～5MW）迅速发展，主要企业、学校通过商业屋顶，减少用电费用。2017 年，澳大利亚新增 131 个中型光伏电站项目，装机容量达到 5.3 万 kW，累计装机达 16.7 万 kW。2017 年，光伏中型电站发电量占可再生能源发电量的 0.5%，占全国总发电量的 0.1%。

① Clean Energy Australia Report 2017.

澳大利亚大型光伏电站（＞5MW）有较大进展，2017 年共新建 4 个大型太阳能项目，其中最大的项目是 Genex 在北昆士兰的基德斯顿建造的 50MW 的发电厂。截至 2017 年年底，澳大利亚共有 21 个大型光伏电站正在运行，共计装机 45 万 kW。2017 年，大型光伏电站发电量占可再生能源发电总量的 1.8%，占澳大利亚全国发电量的 0.3%。2012—2017 年澳大利亚光伏电站累计装机如图 3-4-9 所示。

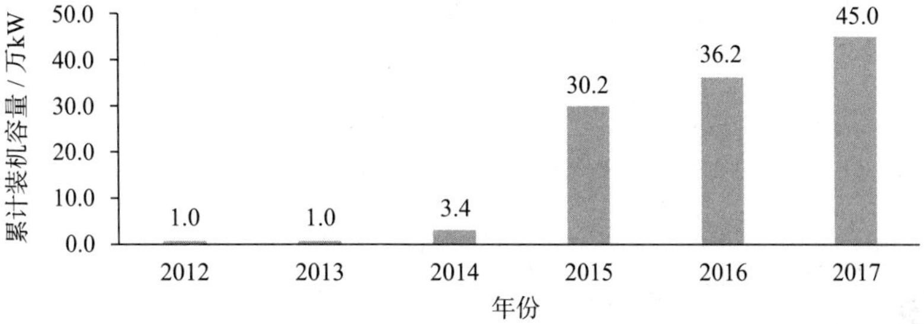

图 3-4-9 2012—2017 年澳大利亚大型光伏电站累计装机

数据来源：Clean Energy Australia Report 2018.

生物质 2017 年，澳大利亚生物质新增装机 11.9 万 kW。截至 2017 年年底，澳大利亚生物质累计发电装机容量 83 万 kW[①]，年发电量 371 万 kW·h，约占澳大利亚总发电量的 1.7%，占可再生电力的 9.7%。在生物质发电量中，超过 60% 来自蔗渣发电，超过 20% 来自垃圾填埋气发电。2017 年，澳大利亚生物质发电占全国清洁能源发电总量的 9.7%，占全国总发电量的 1.7%。澳大利亚大型生物质项目如表 3-4-5 所示。

表 3-4-5 澳大利亚大型生物质项目

技术	地区	投产时间 / 年	容量 /MW
混合燃料发电	西澳大利亚	2017	114
蔗渣发电	昆士兰州	2005	68
黑液		1976—1989	54.5
蔗渣发电	昆士兰州	1976—1996	50.5
蔗渣发电	昆士兰州	2013	38

数据来源：Clean Energy Austrila report 2018.

① 2018, IRENA RE Capacity Statistics 2018, IRENA.

4.2 新西兰

新西兰位于太平洋南部，介于赤道和南极洲之间，面积为 27.053 4km^2，专属经济区 120 万 km^2。新西兰有丰富的水力资源、地热资源、风能、太阳能、生物质能、天然气等。近年来，由于受石油价格上涨，以及全球气候变化的影响，新能源开发利用日益受到国际社会的重视，新西兰提出了明确的新能源发展目标。制定了支持新能源发展的法规和政策，使新能源技术水平不断提高，以实现能源多样化和经济社会可持续发展。

2017 年，新西兰一次能源消费总量达 1 547 万 t 标准煤[①]，其中石油是主要的消费种类，达 595 万 t 标准煤，占消费总量的 35.9%。新西兰可再生能源消费比重较大，占一次能源消费总量的 38.5%，其中水能达 399 万 t 标准煤，占消费总量 25.8%，非水可再生能源消费超过 171 万 t 标准煤，占消费总量的 11.1%。2017 年新西兰能源消费占比如图 3-4-10 所示。

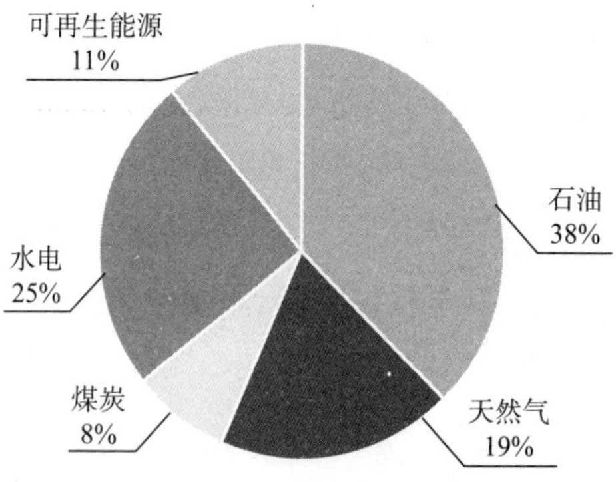

图 3-4-10　2017 年新西兰能源消费占比

数据来源：BP Statistical Review of World Energy June 2018.

4.2.1　可再生能源战略目标

2011 年 8 月，新西兰发布了国家能源战略（2011—2021 年）和国家能效和节能战略（2011—2021 年），提出了 2025 年能源发展目标。到 2025 年，可再生能源发电量要达到全国发电总量的 90%。

新西兰在 2009 年的第 5 版国家通讯（New Zealand's National Communication）中，

① "BP Statistical Review of World Energy".

提出了温室气体减排量目标，中期目标为2020年比1990年减少10%～20%温室气体排放量；长期目标为2050年比1990年减少50%温室气体排放量。

新西兰制定了2030年各技术发电装机发展目标，届时水电基本开发完毕，地热能装机容量将增加一倍，风电装机将迅猛发展，而煤电装机将大幅下降，天然气将逐步替代煤电成为调峰的主要能源（表3-4-6）。

表3-4-6 2030年分技术发电装机目标

技术类型	2012年装机容量/GW	2030年装机容量/GW
水电	5.3	5.4
地热能	0.7	1.2
风电	0.6	3.5
天然气	1.4	2.3
煤电	1.0	0.25
其他		待定

数据来源：wind energy 2030, new zealand wind energy association.

4.2.2 主管机构及主要政策措施

新西兰的能源主管部门为经济发展部（Ministry of Economic），负责制定和发布能源政策、开展能源市场监管和资源管理。其他与能源相关的政府部门还有新西兰环境部、交通部等。

新西兰已建立较为完善的政策体系支持可再生能源的发展。2011年新西兰出台了《国家可再生能源发电管理办法》（The National Policy Statement on Renewable Electricity Generation），该办法要求可再生能源电力收益纳入国家资源管理和审批流程，排放贸易计划要求征收的碳排放资金优先用于支持可再生能源发展。鼓励可再生能源技术研发、创新以及应用也是政府推行的一项积极政策，例如，2011年新西兰政府设立了绿色增长顾问工作组，评估和建议新技术创新和应用。

新西兰实施了一系列关于节能减排的措施，这些措施明确支持分布式可再生能源发电、海洋能、太阳能热利用、新能源汽车等技术的研发、生产和应用，对促进可再生能源领域的投资和应用起到了明显的激励作用。表3-4-7为新西兰的主要减排措施①。

① New Zealand's Fifth National Communication.

表 3-4-7 新西兰主要减排措施

政策措施	主要内容	负责部门	减排量 CO_2 / kt	
			2009 年	2020 年
碳排放交易机制	该计划涵盖减少所有受《京都议定书》规定的温室气体排放量	经济发展部、农业部、环保部		10 000
海洋能源部署基金和分布式发电基金	政府投资 800 万新西兰元，成立海洋能源部署基金，补贴洋流或潮汐能发电设备。 分布式发电基金对分布式发电的研究给予 75% 或最大 2 万新西兰元的成本补助	能源和节能办公室		70
高效节能产品标准制定	与澳大利亚共同制定住宅、商业和工业产品的能源效率标准，包括最低能源性能标准 (MEPS)、强制性产品标准 (Compulsory product labeling)、能源之星 (Energy Star)。可让一般消费者识别产品能源效率，用以鼓励高效节能产品	能源和节能办公室		1 400
EECA 商业项目	帮助企业开展新技术开发，对新技术示范项目补助。最高补助项目总成本 40%(上限 10 万新西兰元) 或补助新技术研究费用的 75%(上限 1 万新西兰元)。此外，EECA 直接帮助能源密集产业进行能源管理改善，使其产品达到最佳效率	能源和节能办公室		32
EnergyWise 住宅项目	提高住宅能源使用效率，降低能耗损失，包括太阳能热水器水器及隔热保温工程等	能源和节能办公室		20
电力能效项目	包括 EECA 高效照明项目 + 工商业部门项目，对高效率用电器进行补贴，提高工商业地区用电设备效率。例如补贴 220 万盏节能灯，用以提高消费者节能概念、在工商业地区建立能源管理及监控系统	电力委员会	89	
车用燃料经济性项目	让消费者在购买车辆时有更多的知情选择，且对燃料经济性有正确的了解	交通部、能源和节能办公室		43

数据来源：New Zealand’s Fifth National Communication, www.mef.govt.nz, 2009.

4.2.3　市场和产业发展

2017 年，新西兰发电量为 430 亿 kW · h，同比增长 1.1%。可再生能源电力在新西兰电力消费中占有很高的比重，2017 年 82% 的电力来自可再生能源，同比下降 3.3%。2013—2017 年新西兰可再生能源发电量占比如图 3-4-11 所示，2017 年电力来源情况如图 3-4-12 所示。

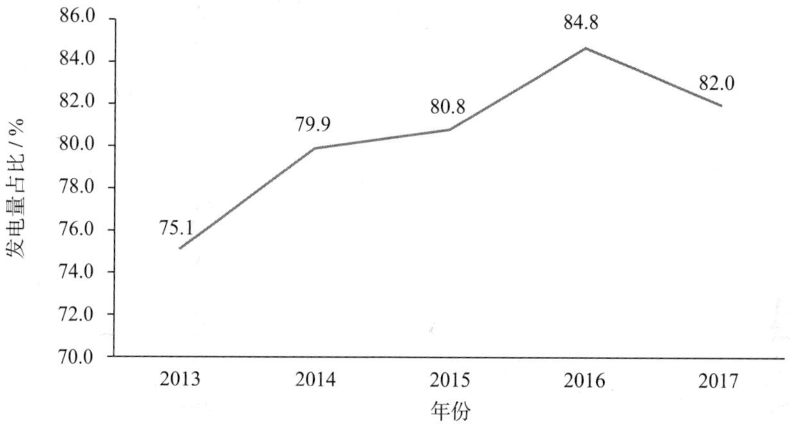

图 3-4-11　2013—2017 年新西兰可再生能源发电量占比

数据来源：Energy in New Zealand 2017.

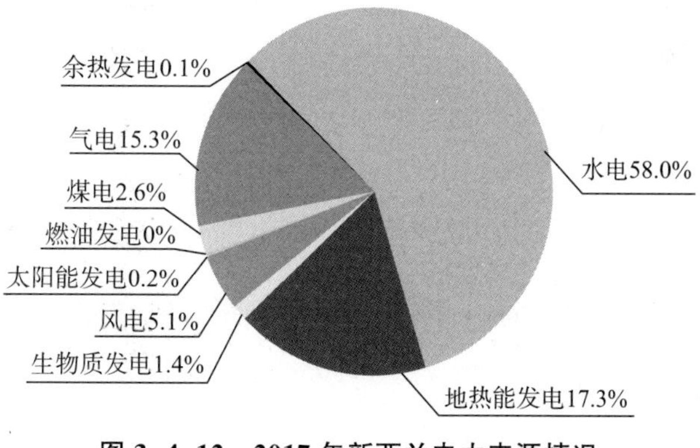

图 3-4-12　2017 年新西兰电力来源情况

数据来源：Energy in New Zealand 2017.

地热能　新西兰是全球第 5 大地热发电市场，截至 2017 年，累计装机约 98.6 万 kW，占全球累计装机容量的 7.6%。2017 年新西兰地热发电没有新增装，目前有 6 个新项目在建，预计在 2020 年之前完工，装机容量合计为 25 万 kW。2017 年全球地热发电累计装机容量国家占比如图 3-4-13 所示。

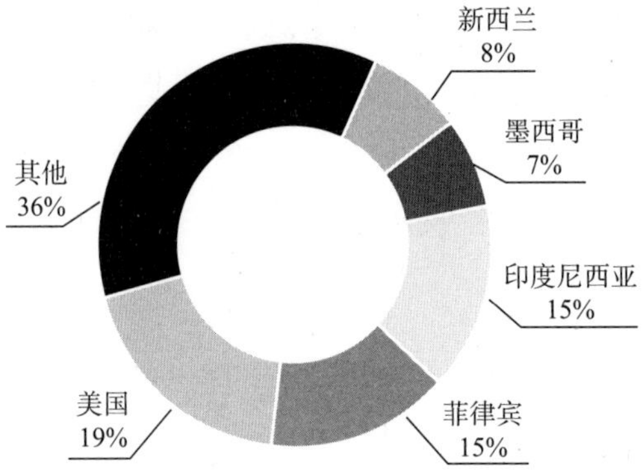

图 3-4-13　2017 年全球地热发电累计装机容量国家占比①

新西兰的地热区主要分布在地区经济中心和居民区附近，开发应用条件好。全国 129 个地热区中有 14 个区域的温度在 70 ～ 140℃，7 个区域在 140 ～ 220℃，15 个区域的温度高于 220℃。2017 年，新西兰地热发电装机容量为 98.6 万 kW①，发电量为 85 亿 kW · h②，占全国发电量的 19.8%。2008—2017 累计装机容量如图 3-4-14 所示。

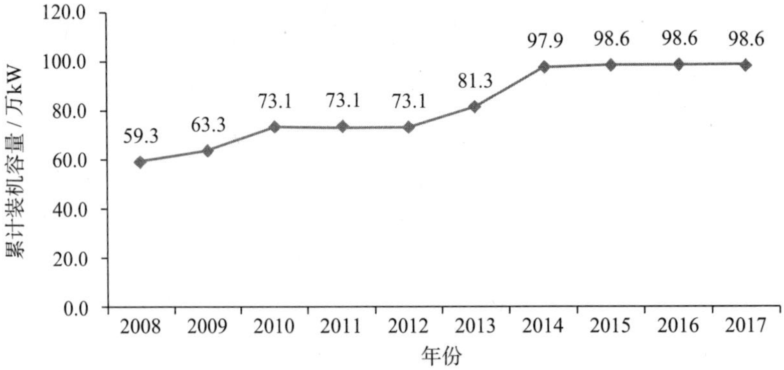

图 3-4-14　2008—2017 年新西兰地热能累计装机容量

数据来源：RENEWABLE CAPACITY STATISTICS 2018, IRENA.

水电　2017 年新西兰水力发电量达到 249 亿 kW · h，占全国总发电量的 73.2%，同比增长 12.7%。截至 2017 年年底，水电累计装机容量为 534 万 kW③。新西兰大于 1 万 kW 的水电站超过 30 座，水电将继续是新西兰最主要的电力来源。但随着其他更便宜资源的开发，水电在新西兰的增长潜力十分有限。新西兰 2000 年后

① 2018, "RENEWABLE CAPACITYSTATISTICS 2018", IRENA.

② 2018, "bp stats review 2018 renewable energy", BP.

③ 2018, "RENEWABLE CAPACITYSTATISTICS 2018", IRENA.

也只建设了 8 座新的水电站，全部是小型水电站[1]。据 IEA 预测，到 2020 年新西兰水电装机容量不会增加，仍将保持在 2013 年的水平[2]（图 3-4-15）。

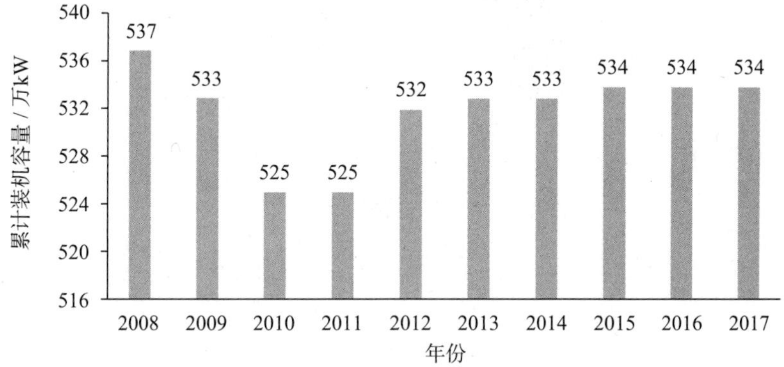

图 3-4-15　2008—2017 年新西兰水电累计装机容量

数据来源：RENEWABLE CAPACITY STATISTICS 2018, IRENA.

风能　新西兰陆上风能资源较好。截至 2017 年年底共有 18 座在运行的风电场[3]，累计装机容量 69 万 kW。由于政府对风电没有相关的支持政策，继 2011 年风电新增装机 20.9 万 kW 后，近几年新西兰风电发展增长缓慢，2017 年风电无新增装机。2017 年新西兰风电发电量为 22 亿 kW · h，占全国总发电量的 5.1%[4]（图 3-4-16）。

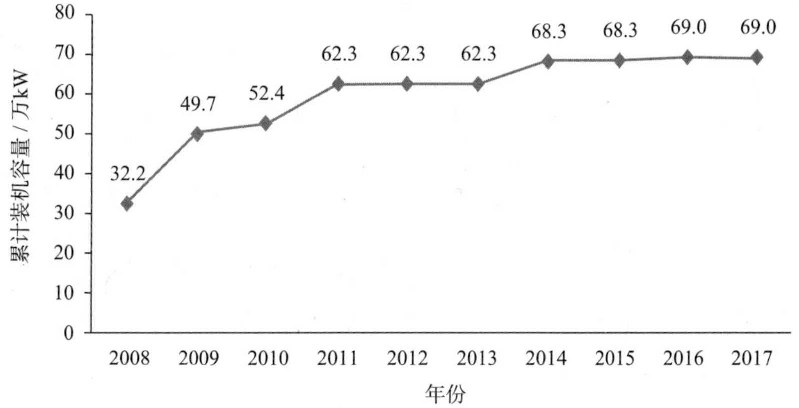

图 3-4-16　新西兰历年风电累计装机容量

数据来源：RENEWABLE CAPACITY STATISTICS 2018, IRENA.

① Hydroelectricity or wild river，,Climate change versus natural heritage, 2012.

② Renewable energy medium-Term Market Report 2014.

③ New Zealand wind energy association, http://windenergy.org.nz/nz-wind-farms/operating-wind-farms.

④ 2018,"bp stats review 2018 renewable energy", BP.

5 非洲

5.1 非洲概况

非洲面积 30 221 532km^2，占全球总陆地面积的 20.4%，是世界第二大洲，同时也是人口第二大洲。在地理上习惯分为北非、东非、西非、中非和南非 5 个地区，共 60 个国家和地区。非洲人口约 11 亿，约占世界人口的 15%。

北非：包括埃及、苏丹、利比亚、突尼斯、阿尔及利亚、摩洛哥、亚速尔群岛和马德拉群岛。人口约 1.75 亿。

东非：包括埃塞俄比亚、厄立特里亚、索马里、吉布提、肯尼亚、坦桑尼亚、乌干达、卢旺达、布隆迪和塞舌尔。人口约 3.03 亿。

西非：包括毛里塔尼亚、西撒哈拉、塞内加尔、冈比亚、马里、布基纳法索、几内亚、几内亚比绍、佛得角、塞拉利昂、利比里亚、科特迪瓦、加纳，多哥、贝宁、尼日尔、尼日利亚和加那利群岛。人口约 3.27 亿。

中非：包括乍得、中非、喀麦隆、赤道几内亚、加蓬、刚果（布）、刚果（金）、圣多美和普林西比，有时也把赞比亚、津巴布韦和马拉维作为中非的一部分。人口约 1.15 亿。

南非：包括赞比亚、安哥拉、津巴布韦、马拉维、莫桑比克、博茨瓦纳、纳米比亚、南非共和国、斯威士兰、莱索托、马达加斯加、科摩罗、毛里求斯、留尼汪岛、圣赫勒拿岛和阿森松岛等。人口约 1.77 亿。

非洲资源丰富，享有“第二中东”的美誉，但非洲是全球经济发展水平最低的大洲。在联合国划定的 48 个最不发达国家中，非洲占 33 个，其中不乏尼日利亚、刚果（金）这样能源资源丰富的国家。约 70% 的非洲家庭没有电力供应、洁净水，饥饿疾病依然威胁着撒哈拉以南的很多地区。发展经济、消除贫困和维护生态是非洲各国面临的难题。

非洲各区域经济、能源发展状况极不均衡。其中北非是非洲能源经济发展最好的地区，人均 GDP 为其他地区的 3～5 倍，无电人口不到 2%。而西非无电人口达到 53%，东非无电人口约为 77%，南非达到 57%（尽管南非共和国的无电人口为 15%），中非 75%。非洲人口经济概况如图 3-5-1 所示。

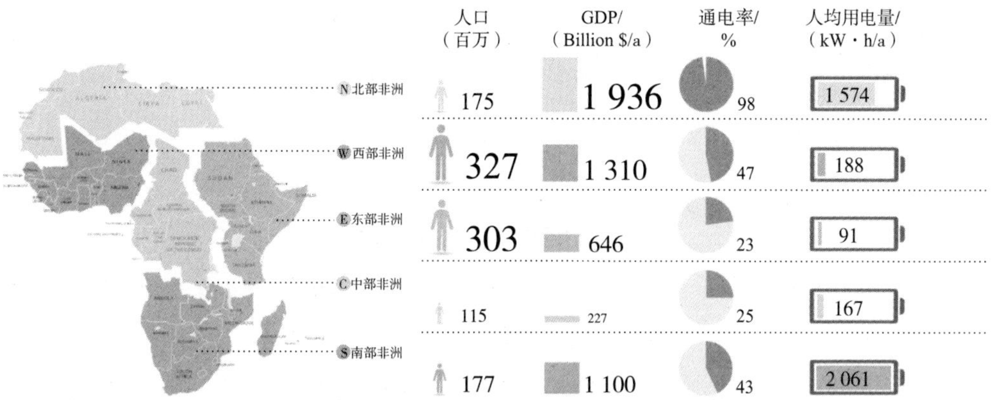

图 3-5-1　非洲人口经济概况

5.1.1　非洲能源概况

非洲拥有丰富的油气资源，已探明石油储量占全球总储量的 7.8%，被誉为第二个海湾地区，是全球第 5 大石油产区。天然气探明储量为 14.5 万亿 m^3，约占世界总量的 7.7%。非洲的油气资源主要分布在 3 大区域：位于地中海南岸的北非地区，位于几内亚湾附近的西非地区以及位于印度洋西岸的东非地区。其中对前两块区域的原油开采时间较久，各国经济多仰仗石油出口；而后者则是近些年新晋的产油国。目前，非洲拥有油气探明储量的国家共 23 个，石油资源最丰富的国家为尼日利亚和利比亚，分别占世界总储量的 2.2% 和 2.9%，天然气资源最丰富的国家为尼日利亚和阿尔及利亚，分别占世界总储量的 2.8% 和 2.4%。

非洲油气主要用于出口，是仅次于中东、俄罗斯的世界第三大石油出口地区。北非主要石油出口国为阿尔及利亚、利比亚、埃及和苏丹，石油主要出口到欧洲、美国、加拿大等国家和亚太地区；西非主要石油出口国为尼日利亚；东南非主要石油出口国为安哥拉，石油主要出口到中国、日本、印度和新加坡等国家。

无论是位于北非和西非的老牌产油国，还是位于东非的新产油国，都寄希望于世界经济的快速发展带来的原油需求增加，继而原油价格飙升，最终复制中东地区各产油国通过出口“黑金”而陡然而富的奇迹。但就目前的形势来看，这种情况似属一厢情愿。国际市场原油价格大幅下滑，远远低于这些非洲石油出口国的心理预期，并导致出现了一些相应的问题。

非洲的能源供应以生物质与化石燃料为主。其中常规生物质应用量占非洲一次能源总供应量的近一半，煤炭和天然气各约占 14%，石油约占 22%。水电占比约 1%。尽管非洲的一次能源供应总量以每年 3%（居各大洲之首）的速度增长，但能源结构过去的 30 年中一成不变（图 3-5-2）。

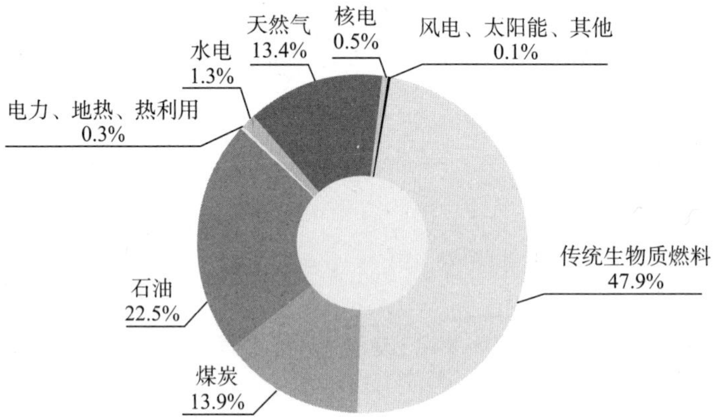

图 3-5-2　非洲一次能源供应结构（2013 年）

与世界上其他地区相比，非洲国家丰富的能源资源没有让他们的发展受益。非洲的能源紧缺问题一直未得到解决。非洲人口占世界人口的 15%，但用电量仅占 3%，非洲农村居民中仅有 10% 可以用到电。随着经济发展和人口增长对电力需求增长加快，非洲 30 个国家陷入电力短缺的危机，已成为当前制约经济发展的重要因素，目前，近 60% 的非洲人口无法获得稳定电力，无电人口约 6 亿，约有 7.3 亿人口依然依赖传统的生物质能。即便已经实现通电的企业和家庭面临的供电情况也是非常不稳定的，而且电价过高。解决无电人口用电问题已经成为非洲基础设施建设的核心任务。

5.1.2　非洲可再生能源现状

非洲可再生能源资源丰富。太阳能资源贯穿整个地区，中部和南部地区水电资源和生物质资源丰富，北部、东部和南部地区风能资源丰富，地热资源主要集中在东非大裂谷的埃塞俄比亚和肯尼亚。

2017 年，非洲新增可再生能源装机 3 947MW，分技术看，太阳能 655MW（其中太阳能热发电新增装机 100MW，占全球新增装机容量的 99%），风电 747MW，水电 2 119MW。截至 2017 年年底，非洲可再生能源发电装机达到 42 139MW，同比增长 9.2%。约占世界总量的 1.9%（表 3-5-1）。

表 3-5-1　非洲可再生能源发电装机情况（2008—2017 年）　单位：MW

	2008 年	2009 年	2010 年	2011 年	2012 年	2013 年	2014 年	2015 年	2016 年	2017 年
世界	1 164 288	1 251 978	1 348 000	1 456 665	1 570 533	1 697 567	1 833 501	1 985 074	2 006 202	2 179 099
非洲	26 232	28 208	29 180	29 513	30 949	31 870	34 514	36 677	38 192	42 139
肯尼亚	944	991	1 049	1 056	1 122	1 166	1 515	1 571	2 057	1 642
坦桑尼亚	610	610	622	637	644	647	651	657	659	659
乌干达	438	454	454	481	740	780	782	784	796	841
布隆迪	32	51	52	52	58	59	59	59	59	50
埃塞俄比亚	687	694	1 875	1 956	2 052	2 144	2 147	2 307	4 188	4 301
卢旺达	41	41	51	56	58	61	76	104	109	112
厄立特里亚	1	1	1	1	1	1	1	1	1	1
塞舌尔	0	0	0	0	0	6	7	7	8	8
吉布提	0	0	0	0	0	0	0	0	0	
索马里	0	0	0	0	2	2	3	4	4	6
安哥拉	774	774	776	777	864	865	883	884	936	2 800
赞比亚	1 967	1 888	1 895	1 895	1 978	1 955	2 315	2 375	2 436	2 435
马拉维	304	304	304	306	306	306	371	373	373	374
莫桑比克	2 184	2 184	2 184	2 184	2 187	2 191	2 193	2 197	2 200	2 233
津巴布韦	835	835	837	856	859	862	878	893	898	888
博茨瓦纳					1	1	2	2	2	3
纳米比亚	252	253	254	257	343	346	348	359	364	381
南非	838	848	853	897	903	1 358	2 424	3 110	4 064	4 959
斯威士兰	124	124	124	186	186	186	186	186	186	186
莱索托	73	73	73	73	75	75	75	75	75	75
马达加斯加	131	131	134	135	165	167	170	173	175	177
毛里求斯	130	134	135	135	133	136	151	154	170	191
科摩罗	1	1	1	1	1	1	1	1	1	1
毛里塔尼亚	30	30	30	30	34	70	70	100	117	167
塞内加尔	78	78	94	96	97	110	113	114	157	185
马里	158	158	159	159	161	190	190	190	190	190
布基纳法索	34	35	36	38	38	38	39	40	42	76
几内亚	123	124	126	129	129	129	129	370	370	370

	2008 年	2009 年	2010 年	2011 年	2012 年	2013 年	2014 年	2015 年	2016 年	2017 年
佛得角	3	3	11	32	32	33	36	36	37	39
塞拉利昂	29	29	54	54	54	54	88	88	88	92
利比里亚	4	4	4	4	4	4	4	4	26	92
科特迪瓦	604	604	604	604	604	604	604	604	604	879
加纳	1 180	1 180	1 181	1 183	1 185	1 592	1 592	1 592	1 612	1 611
贝宁	1	1	1	1	1	2	2	6	6	6
尼日尔	1	1	2	3	4	5	6	7	8	9
尼日利亚	1 942	1 942	1 942	1 942	2 058	2 058	2 059	2 061	2 062	
多哥	67	67	67	67	67	67	68	69	69	70
乍得									1	1
中非共和国	19	19	19	19	19	19	19	19	19	19
喀麦隆	719	720	720	721	724	725	727	728	730	741
赤道几内亚	7	7	7	7	127	127	127	127	127	131
加蓬	170	170	170	170	170	330	330	330	330	330
刚果（布）	119	119	119	119	209	209	209	209	216	214
扎伊尔（刚果金）	2 416	2 416	2 416	2 416	2 416	2 416	2 416	2 429	2 579	2 687
阿尔及利亚	278	278	278	303	303	303	314	365	536	663
利比亚	3	3	4	4	5	5	5	5	5	5
苏丹	430	1 680	1 680	1 680	1 789	1 789	1 789	1 792	1 793	2 131
埃及	3 242	3 287	3 416	3 436	3 436	3 436	3 436	3 646	3 660	3 717
摩洛哥	1 389	1 496	1 561	1 595	1 598	1 838	2 146	2 147	2 309	2 566
突尼斯	86	120	120	122	244	275	315	332	348	347

数据来源：IRENA Renewable Capacity Statistics 2018.

分技术种类看，截至 2017 年年底，非洲水电装机达到 35 195MW，占非洲可再生能源装机容量的 84%，主要集中在埃塞俄比亚、南非、埃及、安哥拉、刚果（金）、赞比亚、莫桑比克和尼日利亚，这 8 个国家的装机容量均超过了 2 000MW；风电装机容量达到 4 611MW，占比 11%，主要集中在南非（2 094MW）、摩洛哥（1 053MW）和埃及（750MW）；太阳能发电装机达到 3 585MW，占比 9%，主要集中在南非（2 014MW）、阿尔及利亚（425MW）和摩洛哥（205MW）；生物质能发电装机 1 263MW，占比 3%，主要集中在苏丹（190MW）、南非（148MW）、埃塞俄比亚（142MW）、斯威士兰（123MW）和津巴布韦（100MW）；地热发电装机主要在肯尼亚，装机容量为 673MW，占比 2%。

分地区看，南部非洲的装机总量最大，约占非洲总量的 41%，其次是北部非洲，占比约 23%。分国家看，装机容量最大的国家是南非，达到 4 959MW，其次是埃塞俄比亚 4 301MW 和埃及 3 717MW。

随着光伏成本的大幅下降，非洲可再生能源将逐步向太阳能发电发展，以加强能源安全。2014—2018 年，非洲已并网和已规划的太阳能光伏项目成本每瓦在 1.2～4.9 美元（1 200～4 900 美元 /kW）。2012 年非洲的太阳能项目成本为每瓦 3.4～6.9 美元，2013 年下降到每瓦 2.4～5.5 美元，2014 年为 2～4.9 美元。2017 年，预计成本约 1.2～2.5 美元（图 3-5-3）。

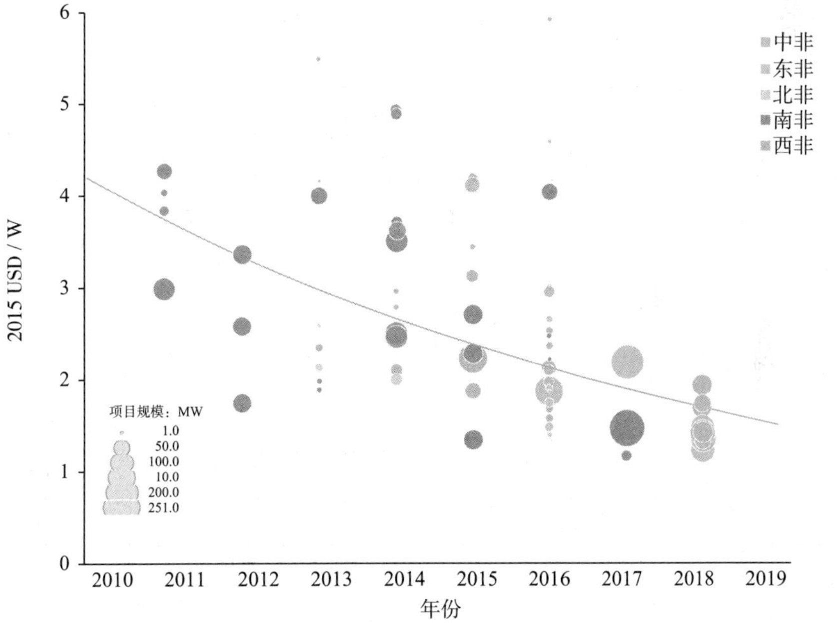

图 3-5-3　2011—2018 年非洲已并网及已规划的公共事业规模的太阳能项目安装成本

数据来源：IRENA, solar pv in africa:costs and markets, 2017.

5.1.3　非洲主要国家可再生能源发展目标

为满足日益增长的能源需求，解决约占 2/3 的非洲人口的能源贫困问题，非洲许多国家将发展可再生能源纳入国家能源战略，并制定了具体的发展目标。截至

2015 年年底，共有 44 个国家出台了可再生能源发展目标（表 3–5–2）。其中比较典型的如埃及、埃塞俄比亚、肯尼亚、摩洛哥和南非共和国，另有一些小国如佛得角、吉布提、卢旺达、斯威士兰等国家也制定了雄心勃勃的可再生能源发展目标。从各国制定的目标看，到 2020 年，可再生能源占一次能源比重介于 2% ～ 80% 之间，如加蓬高达 80%，而布隆迪仅为 2%，多数国家的发展目标在 10% ～ 20% 之间。分国家看，南非计划到 2020 年可再生能源发电比例达到全部发电量的 13%，摩洛哥计划到 2020 年可再生能源发电比例达到全部发电量的 42%，突尼斯计划到 2030 年可再生能源发电比例达到全部发电量的 25%。

表 3–5–2　非洲部分国家可再生能源发展目标

国别	占能源比重 /%	占电力比重 /%	计划装机 /MW	目标年份	备注
阿尔及利亚	40			2030	5%by2017
贝宁				2025	50% of rural electricity
布隆迪	21			2020	4MW 生物质能，212MW 水电，10MW 风电，40MW 太阳能发电
佛得角		50		2020	
科特迪瓦	5，15，20			2015，2020，2030	
吉布提	30			2017	离网光伏
埃及	14			2020	2020 年水电 2.8GW；2020 年光伏 220MW，2027 年 700MW；2020 年 CSP1.1GW，2027 年 2.8GW；2020 年风电 7.2GW
厄立特里亚		50		n.d.	风电
埃塞俄比亚			6 810MW	2013	已过时，无最新信息
加蓬	80			2020	
加纳		10		2020	
几内亚		8		2025	光伏 6%，风电 2%
几内亚比绍	2			2015	已过时，无最新信息
肯尼亚			5 000MW 地热	2030	

国别	占能源比重 /%	占电力比重 /%	计划装机 / MW	目标年份	备注
莱索托		35		2020	农村电力占比
利比亚	10			2020	
马达加斯加	54			2020	
马拉维	7			2020	
马里	15			2020	
毛里塔尼亚	20			2020	
毛里求斯		35		2025	
摩洛哥		42		2020	
莫桑比克			6 000MW 和其他	na	风电、光伏、水电各 2 000MW
纳米比亚			40MW	2011	已失效，无最新信息
尼日尔	10			2020	
尼日利亚		20		2030	18% by 2025
卢旺达		90		2012	已过时，无最新信息
塞内加尔	15			2025	
塞舌尔		15		2030	
南非共和国		13		2020	
斯威士兰				2014	已过时，无最新信息
突尼斯		25		2030	11% by 2016
乌干达		61		2017	
津巴布韦		10		2015	已过时，无最新信息

数据来源：REN21（2015）.

5.1.4　非洲主要国家可再生能源政策措施

为保障可再生发展目标的实现，非洲许多国家陆续出台了一系列政策措施，包括固定电价、补贴、税收减免、优惠贷款，等等。如阿尔及利亚是非洲率先于 2003 年就推出固定电价政策的国家，但一直到 2014 年这一政策才得以实施。其他如加纳、肯尼亚、毛里求斯、坦桑尼亚等也实施了固定电价政策（表 3-5-3）。

表 3-5-3　非洲主要国家可再生能源支持政策一览表

国别	法　规							财税政策				
	上网电价政策	配额制	净电量结算	可再生能源证书	招投标	强制热利用	强制生物燃料	补贴政策	投资税收抵免	节能减排税收优惠	产品支付贷款	公共投资优惠贷款
阿尔及利亚	●				●				●			
安哥拉							●					●
贝宁										●		
博茨瓦纳								●		●		
布基纳法索					●				●	●	●	
佛得角			●		●					●	●	
喀麦隆										●		
科特迪瓦										●		
埃及			●		●			●		●		
埃塞俄比亚							●			●		●
冈比亚										●		
加纳	●	●		●		●	●	●		●		●
几内亚										●		
肯尼亚	●				●	●				●	●	●
莱索托			●		●							●
利比亚										●		
马达加斯加										●		
马拉维							●			●		
马里							●			●		●
毛里求斯	●				●			●				
摩洛哥					●							●
莫桑比克							●					●
尼日尔										●		
卢旺达	●									●		●
塞内加尔		●				●				●		
南非共和国		●	●		●		●	●		●		●
苏丹							●					
坦桑尼亚	●				●		●			●		
多哥										●		
突尼斯			●					●		●		●
乌干达	●							●		●		●
赞比亚							●	●		●		
津巴布韦							●					

数据来源：REN21（2015）.

5.2 北部非洲

非洲大陆北部地区（以下简称北非），习惯上为撒哈拉沙漠以北广大区域。面积 837 万 km^2，人口 1.75 亿，北非国家包括苏丹、埃及、利比亚、突尼斯、阿尔及利亚、摩洛哥 6 国及大西洋中的葡属马德拉群岛、亚速尔群岛。其中埃及、利比亚、突尼斯、阿尔及利亚、摩洛哥 5 国占据着非洲的黄金地带——大西洋和地中海沿岸地区，因此经济较其他非洲国家发达。北非国家中埃及的经济水平最高。

北非国家大部分是油气输出国。其特点是能源资源丰富、政局动荡、经济结构单一、能源基础设施薄弱、高度依赖外部国家，抵抗外界影响的能力差。伴随着经济的发展，北非国家面临电力紧缺、资源不可再生、社会发展失衡、气候变化、可持续发展等诸多挑战。目前，非洲各国大力发展可再生能源的原因有一些共性：首先是能源需求日益扩大，各国希望通过发展可再生能源来突破制约发展的能源瓶颈；其次，非洲各国目前热电成本普遍过高；再次，廉价的可再生能源能为偏远地区居民节省支出、方便生活的同时，也促进了当地社会和经济发展；最后，尽管非洲是排放温室气体最少的地区，但由于该地区经济落后、应对措施缺乏，气候变化的影响明显，使用可再生能源也是非洲大陆应对气候变化的重要手段。

目前，北非可再生能源市场正在形成，所面临的问题也日渐显现，主要体现在资金、技术、政策及监管等方面。首先，非洲发展可再生能源最大的特点是高度依赖外部国家援助，受援助国的政局局势、经济状况等因素影响，因此具有不稳定性；其次，非洲国家自身政局的稳定性和安全性也是一个重要的制约因素；最后，大多数北非洲国家的能源配套基础设施薄弱也是制约可再生能源发展的一大因素。

总体来看，北非拥有丰富的、未开发的可再生能源，北非国家的太阳能和风能资源排名世界前列，被认为是世界上最适合太阳能发电的地区和最具潜力的风力发电市场。可再生能源开发潜力巨大，具有天时地利的条件。尽管短期内与传统能源发电相比，可再生能源的电力生产成本不具备比较优势，但从长远来看，发展可再生能源不仅有助于满足北非国家日益增长的能源需求，还能提升国内就业率，减小气候变化影响，实现可持续发展。未来，随着北非地区社会的稳定以及政府对可再生能源发展的重视，未来北非可再生能源产业将迎来较快发展。

截至 2017 年年底，北非 6 国可再生能源累计装机共计 9 894MW，约占非洲的 1/4。其中埃及、摩洛哥、苏丹的装机总量较大。北非 6 国风电装机占非洲的 45%，水电装机占比 19%，太阳能装机占比 22%，生物质能装机占比 15%。由此可见，北非的可再生能源在非洲占有重要地位（表 3-5-4）。

表 3-5-4　2008—2017 年北非主要国家可再生能源发电装机情况　　单位：MW

国别	2008 年	2009 年	2010 年	2011 年	2012 年	2013 年	2014 年	2015 年	2016 年	2017 年
阿尔及利亚	231	228	253	253	253	253	264	312	482	663
利比亚	3	3	4	4	5	5	5	5	5	5
苏丹	431	1 681	1 682	1 684	1 791	1 791	1 791	1 794	1 796	2 131
埃及	3 242	3 287	3 416	3 436	3 436	3 436	3 436	3 646	3 669	3 717
摩洛哥	1 412	1 552	1 592	1 632	1 633	1 874	2 180	2 341	2 443	2 566
突尼斯	85	119	119	120	244	275	315	332	347	347
北非六国合计	5 404	6 870	7 066	7 129	7 362	7 634	7 991	8 430	8 742	9 429
非洲	26 232	28 208	29 180	29 513	30 949	31 870	34 514	36 677	38 192	42 139
占非洲比重	21%	24%	24%	24%	24%	24%	23%	23%	23%	22%

数据来源：IRENA Renewable Capacity Statistics 2018.

水电仍是北非六国可再生能源的主要力量。截至 2017 年年底，北非六国水电装机达到 6 843MW，占其可再生能源装机总量的 69%；风电 2 054MW，占比 21%；太阳能 801MW，占比 8%。2017 年，北非六国新增可再生能源装机 687MW，新增装机分别为苏丹（335MW）、摩洛哥（123MW）、阿尔及利亚（181MW）和埃及（48MW）（表 3-5-5）。

表 3-5-5　2017 年北非各国分品种可再生能源发电装机容量　　单位：MW

国别	水电	风电	太阳能	生物质能
阿尔及利亚	228	10	425	
利比亚			5	
苏丹	1 928		13	190
埃及	2 851	750	116	
摩洛哥	1 770	1 053	205	2
突尼斯	66	245	37	
北非六国合计	6 843	2 058	801	192
非洲	35 195	4 611	3 585	1 263
占非洲比重	19%	45%	22%	15%

数据来源：IRENA Renewable Capacity Statistics 2018.

5.3　阿尔及利亚

阿尔及利亚位于非洲北部，国土面积 238 万 km^2，沙漠面积占国土面积的 4/5 以上，是非洲面积最大的国家，人口约 3 790 万。2014 年 GDP 2 109 亿美元，经济规模在非洲位居前列，属中高等收入国家。阿尔及利亚天然气储量排名世界第 5 位，石油储量排名世界第 14 位，1969 年加入欧佩克组织。

5.3.1　能源概况

石油与天然气产业是阿国民经济的支柱，多年来其产值一直占阿尔及利亚 GDP 的 30%，税收占国家财政收入的 60%，出口占国家出口总额的 97% 以上。阿尔及利亚国内能源消费占其能源总产量的 30%，其余 70% 全部用于出口。其中原油出口量位居世界第 12 位，天然气出口量位居世界第 3 位，仅次于俄罗斯和加拿大。欧洲 30% 的能源来自阿尔及利亚。

2017 年，阿尔及利亚一次能源消费 3 724 万 t 标准煤，年增长率为 0.6%，其中石油 1 365 万 t（生产 4 662 万 t），天然气 2 520 万 t（生产 5 495 万 t，位列非洲国家首位）。

5.3.2　可再生能源发展情况

阿尔及利亚拥有富足的太阳能资源，太阳能是阿尔及利亚可再生能源的发展重点。2017 年，阿尔及利亚新增可再生能源装机容量 175MW。截至 2017 年年底，阿尔及利亚可再生能源总装机容量达到 663MW，其中水电 228MW，太阳能装机 425MW（北非州太阳能装机规模最大），风电 10MW。

5.3.3　可再生能源战略目标

目前，阿尔及利亚 99% 的电力供应依靠化石能源，为加快实施能源多元化战略，阿尔及利亚政府提出，到 2030 年可再生能源发电装机达到 2 200 万 kW（其中 1 200 万 kW 自用，1 000 万 kW 出口），可再生能源装机比例达到 40%（太阳能占 37%，风力发电占 3%）。

5.3.4　可再生能源政策措施

早在 1988 年，阿尔及利亚就成立了可再生能源发展中心（Algerian Centre for Renewable Energy Development, CDER），致力于可再生能源的研发。

为促进可持续发展、保护环境、缓减气候变化，2004 年，阿尔及利亚政府出台了促进可再生能源发展法案（Law 04-90），该法案在综合考虑发展可再生能源的经济、社会、环境效益的前提下，提出了一揽子促进可再生能源开发利用措施。

为加速可再生能源发展，实现能源形式多样化，2004 年 3 月，阿尔及利亚推出上网电价补贴政策（Law 04-92），是非洲首个实施上网电价补贴政策的国家。

2009 年，在促进可再生能源发展法案（Law 04-90）的法律框架下，阿尔及利亚政府成立了国家可再生能源基金，专门支持可再生能源相关产业的发展。资金来源于政府征收的石油税。

2011 年 2 月，阿尔及利亚政府发布《可再生能源及能效发展规划（2011—2030 年）》。根据规划，阿尔及利亚政府拟在 2011—2030 年，新增可再生能源发电能力 2 200 万 kW。到 2030 年，可再生能源在电力供应中的比例达到 20%。同时规划还提出将优先发展太阳能。为实现这一目标政府将分 3 个阶段逐步完成，第一阶段为试验阶段（2011—2013 年），第二阶段为实施阶段（2014—2015 年），第三阶段为大规模应用阶段（2016—2020 年）。

为实现 2020 年太阳能装机达到 800MW 的目标，2014 年 4 月，阿尔及利亚出台《光伏发电固定上网电价政策》，适用于 1MW 及以上的电站，电价按照装机容量以 5MW 为界限划分为两个等级，政策有效期为 20 年，分两个阶段实施。第一个阶段为期 5 年，实施固定电价；第二个阶段为期 15 年，实施浮动电价。

5.3.5 相关机构

可再生能源发展中心 Centre de Développement des Energies Renouvelables（CDER），网址：http://www.cder.

电力及天然气监管委员会 Electricity and Gas Regulation Commission（CREG），网址：http://www.creg.gov.

能源和矿产部 Ministry of Energy & Mining（MEM），网址：http://www.mem-algeria.

阿尔及利亚能源公司 Algerian Energy Company（AEC），网址：http://www.aec.

阿尔及利亚新能源公司 New Energy Algerian Company（NEAL），网址：http://www.neal-dz.

阿尔及利亚国家统计局 Nationalofficeofstatistic（ONS），网址：http://www.ons.

5.4 利比亚

利比亚在北非中部，面积 176 万 km^2，位居世界第十六位。人口 660 万，2014 年 GDP 为 642 亿美元。利比亚石油天然气资源丰富，1962 年加入欧佩克组织，是北非重要的石油生产国，石油是其经济命脉和主要支柱。利比亚石油产量的 80% 以上用于出口。近年来利比亚国内局势的动荡使得油气生产大幅减产，境内电力缺乏，“电荒 ”日益严重。

一直以来，利比亚主要依靠石油和天然气发电，很少进行油气以外的能源投资，尤其是清洁能源。作为欧洲最大的石油供应国之一，利比亚希望在未来能为欧洲客户提供绿色电力。利太阳能和风电资源丰富，是其可再生能源发展重点。

5.4.1 可再生能源发展情况

近年来受其局势动荡因素影响，截至 2017 年年底，利比亚可再生能源发展毫无进展，仍然维持在 2012 年的 5MW（全部为太阳能装机）水平，并没有实现其既定的 2015 可再生能源发展目标，是北非六国中装机容量最小的国家。

5.4.2 可再生能源战略目标

电力不足始终困扰着利比亚，尤其是南部地区。据利比亚政府预测，利比亚的石油储量可能在 20～30 年后用尽。为应对危机，利比亚政府计划发展可再生能源。目标是到 2015 年可再生能源在能源供应中的比例增长到 3%，总装机容量达到 444MW，其中风电 260MW，光伏 124MW，太阳能热水器 $60MW_{th}$；到 2020 年将这一比例提高至 7%，总装机容量达到 1 300MW，其中风电 600MW，光伏 300MW，太阳能热发电 150MW，太阳能热水器 $250MW_{th}$；到 2025 年这一比例提高到 10%，总装机容量达到 2 650MW，其中风电 1 000MW，光伏 800MW，太阳能热发电 400MW，太阳能热水器 $450MW_{th}$。

5.4.3 可再生能源政策措施

从 1970 年开始，可再生能源被列入利比亚能源政策发展规划，1978 年利比亚斥巨资建立了利比亚太阳能研发中心。2007 年，利比亚组建了可再生能源管理局（Renewable Energy Authority of Libya），旨在研究和管理传统能源和新能源的产业投资规划，同时平衡两者之间的比重。2011 年，利比亚成立了电力和可再生能源部（The Ministry of Electricity and Renewable Energy）。

目前，利比亚发展可再生能源主要面临融资机制、基础设施、运行维护、政策法规、能力建设五大障碍。为保障 2020 目标实现，利比亚将目标具体细化为短期（2013—2015 年）和中长期两个阶段（2016—2025 年）逐步实现。

5.4.4 相关机构

电力和可再生能源部（The Ministry of Electricity and Renewable Energy）；

可再生能源管理局 Renewable Energy Authority of Libya（REAoL），网址：http://www.reaol.ly/。

5.5 苏丹

苏丹位于非洲东北部，国土面积 188 万 km^2，人口 3 420 万，是联合国宣布的世界最不发达国家之一。2013 年 GDP 为 525 亿美元，石油、天然气及水力资源丰富。

截至 2017 年年底，苏丹可再生能源装机总量达 2 131MW，其中水电，1 928MW，仅次于埃及；生物质能 190MW（北非六国合计 192MW）。完成了其制定的 2016 年可再生能源装机达到 1 000MW 的规划目标。

苏丹的电力缺口很大，无电人口大约占全国人口的 70%。在偏远地区全面建设电网的成本非常高，因此苏丹政府考虑发展分布式的新能源项目。目标是到 2030 年，可再生能源装机达到 4 700MW，在电力供应中的比例达到 25%。

5.6 埃及

埃及地跨亚、非两洲，大部分位于非洲东北部，国土面积约 100 万 km^2，人口约 8 670 万。2014 年埃及 GDP 为 2 900 亿美元，属中等收入国家。埃及石油和天然气资源丰富，是仅次于阿尔及利亚的非洲第二大天然气生产国。因石油产量只能满足国内需求，因此并未加入石油输出国组织（OPEC）。

5.6.1 能源概况

埃及拥有强光照、高风速和大量未开发土地等发展新能源的优越自然条件。年平均太阳辐射总量达到 2 000 ～ 3 200kW · h/m^2，大部分地方年照射时间超过 2 400h。埃及也是世界风力资源最丰富的国家之一，根据目前规划，2020 年前可开发 7 200MW。

埃及能源结构长期以油气等化石能源为主。2017 年一次能源消费 6 412 万 t 标准煤，其中煤炭 14 万 t，石油 2 779 万 t（生产 2 254 万 t），天然气 3 367 万 t（生产

2 947 万 t），水电 210 万 t 标准煤，其他可再生能源约 41 万 t 标准煤。埃及电网覆盖率达 99.3%，名列非洲国家前列。

5.6.2 可再生能源发展情况

2017 年，埃及新增可再生能源装机 57MW（全部为太阳能装机），截至 2017 年年底，埃及可再生能源装机总量 3 717MW，其中水电 2 851MW（北非洲装机最多），风电 750MW（仅次于摩洛哥），太阳能 116MW。埃及仍然是北非州国家中可再生能源装机规模最大的国家，约占北非六国可再生能源装机总量的 38%。特别是水电约占北非六国水电装机的 42%。

5.6.3 可再生能源战略目标

2008 年 2 月，埃及政府出台了《新可再生能源战略》（New National Renewable Energy Strategy），提出到 2020 年可再生能源在一次能源消费中的比重达到 14%，可再生能源发电占总发电量的比例达到 20%，其中风电占 12%，水电占 6%，其余 2% 来自其他可再生能源。

2011 年 6 月，埃及政府发布了《可再生能源项目发展规划（2012—2017 年）》。根据规划，埃及政府拟在 2012—2017 年采取政府投资和“建设－拥有－运营”（BOO）模式兴建 13 个可再生能源项目，其中包括 10 个风电项目、2 个太阳能热电站项目和 1 个聚光光伏发电项目，设计新增发电能力达 261 万 kW。

2012 年 7 月，埃及政府批准了“埃及太阳能计划 Egyptian Solar Panel”，目标是到 2027 年，将太阳能光伏发电能力提高到约 350 万 kW。其中光热发电 280 万 kW，光伏发电 70 万 kW，私营部门的投资比例达到 66%。为实现目标，政府将通过招标、设定光伏上网电价和第三方准入等机制鼓励当地开发商参与项目开发。

5.6.4 可再生能源政策措施

为实现可再生能源战略目标，埃及当局采用了政府部门（占总装机容量的 33%）和私有部门（占总装机容量的 67%）相结合的方式来具体实现。为此，近年来，埃及从技术和资金角度分别推出一系列刺激措施鼓励私有部门积极参与：2009 年 8 月，埃及通过国际公开招标的方式鼓励私营部门参与风力发电；2009 年 8 月，埃及施行上网电价补贴政策；2011 年 5 月，埃及成立可再生能源基金；2012 年 6 月，埃及施行第三方准入制度；2013 年 1 月，埃及推出屋顶光伏净计量制度；2013 年 9 月，埃及宣布将于 2015 年起施行可再生能源配额制。2014 年 9 月，埃及出台《光伏及风电固定上网电价政策》，对装机容量 50MW 以下的光伏电站及风电场实施固定电价，其中光伏电价政策有效期 25 年，按照装机容量将电价划分为五个等级；风电有效期 20 年，分两个阶段实施：第一个阶段为期 5 年，按照 2 个等级实施固定电价；第二个阶段为期 15 年，按照 16 个等级实施固定电价。

5.6.5 相关机构

埃及新能源及可再生能源管理局（NREA），网址：http://www.nrea.gov.eg/。

5.7 摩洛哥

摩洛哥位于非洲西北端，国土面积约 46 万 km^2（不包括西撒哈拉），人口 3 350 万。2014 年 GDP 为 1 060 亿美元，属中等收入国家。

5.7.1 能源及可再生能源概况

摩洛哥能源短缺，约 95% 的能源和 18% 的电力依赖进口，而国内能源需求在过去 10 年中也以每年 7% 的速度增长。摩政府预测，该国 2030 年的总电力需求将从 2008 年的 2 400 万 kW・h 增长到 9 500 万 kW・h。因电力需求量巨大，摩政府不得不改变能源发展战略，从几乎纯进口转而发展可再生能源。

2017 年，摩洛哥新增可再生能源装机 256MW（风电新增 255MW，生物质新增 1MW）。截至 2017 年年底，摩洛哥可再生能源装机规模达到 3 030MW，其中风电 1 053MW，是北非地区风电装机最大的国家。水电 1 770MW（仅次于埃及），太阳能 205MW，生物质能 2MW。

摩洛哥太阳能光热项目实行固定电价，目前已公布的太阳能光热项目有 3 个，如表 3-5-6 所示。

表 3-5-6 已公布的太阳能光热项目

项目名称	电价	备注
160MW NOOR1 塔式熔盐光热电站	1.62 道拉姆 /kW・h（0.189 美元 / 千瓦时）	总投资 8.41 亿美元，储热 3h，PPA 协议期 25 年
200MW NOOR2 塔式熔盐光热电站	1.36 道拉姆 /kW・h（0.151 美元 / 千瓦时）	总投资 11 亿美元，储热 7h，PPA 协议期 25 年，预计 2017 年投运
150MW NOOR3 塔式熔盐光热电站	1.42 道拉姆 /kW・h（0.157 美元 / 千瓦时）	总投资 8.62 亿美元，储热 7h，PPA 协议期 25 年，预计 2018 年投运

数据来源：CSPPLAZA 研究中心 .

（1）努奥瓦尔扎扎特太阳能项目一期（NOOR1）

项目总投资约7亿美元，占地面积450hm^2，包含54万个可追踪太阳方向的反光镜和1.9万个圆柱抛物线形集热器，可储存3h的能量，供日落后继续发电。2012年9月，沙特阿拉伯ACWA集团领导的联合体赢得该项目。根据该联合体和摩洛哥太阳能署（MASEN）、国家水力电力局（ONEE）签署的三方协议，联合体按固定价格1.62迪拉姆的价格将电力出售给MASEN，后者再以每千瓦时1.2迪拉姆的价格出售给ONEE，中间的差价将由政府补贴。2016年2月电站正式投入使用。

（2）努奥瓦尔扎扎特太阳能项目二期和三期（NOOR2、3）

二期和三期项目总价近20亿美元。2015年1月由沙特阿拉伯ACWA集团和西班牙SENER公司组成的联合体中标该项目。项目依然采用"建设－拥有－运营－移交"（BOOT）模式，联合体签署的售电协议价格为每千瓦时1.36迪拉姆和每千瓦时1.42迪拉姆。项目采用比一期项目更加先进的储能技术，分别可在日落后发电7.2h和8h。目前项目正在施工中，预计2017年年底投入使用。

太阳能项目资金来源　摩洛哥2009年宣布的2 000MW太阳能项目所需资金巨大，约需90亿美元，完全凭借摩洛哥本身财力难以承担。瓦尔扎扎特太阳能二期和三期项目资金构成为80%的债务和20%的自有资金。其中债务由摩洛哥太阳能署承担，国际开发机构对其提供融资支持。

据不完全统计，各国际机构共向摩洛哥努奥太阳能项目提供资金承诺26亿欧元，其中德国提供了近一半的资金，是最大的资金承诺国。2016年2月27日，德国经济合作和发展部长与摩洛哥太阳能署（MASEN）署长签署了德国向摩洛哥贷款4亿欧元的协议，将主要用于努奥（NOOR）Midelt太阳能项目，加上之前提供的资金NOORo I（160MW）1.15亿欧元、NOORo II（200MW）3.3亿欧元、NOORo III（150MW）3.24亿欧元和NOORo IV（70MW）0.95亿欧元，德国共向摩洛哥太阳能领域投入12.6亿欧元资金。

表3-5-7　各国际机构提供资金承诺一览表

机构名称	金额 / 百万欧元
非洲开发银行（BAD）	200
气候投资基金－非洲开发银行	165
气候投资基金－世界银行	162

机构名称	金额 / 百万欧元
世界银行	76
德国及德国复兴信贷银行（KFW）	1 260
欧洲投资银行（BEI）	209.5
法国开发署（AFD）	127.5
邻国投资支持基金（FIV）- 欧盟	116
沙特 ACWA 集团瓦尔扎扎特项目公司 –Acwa Power Ouarzazate（APO）	295
合计	2 611

数据来源：摩洛哥 2016 年 2 月 10 日《经济学家报》和 3 月 1 日《晨报》。

根据全球知名会计师事务所安永（Ernst&Young）2016 年年初发布的关于清洁能源投资的报告，摩洛哥为 2015 年全球最具吸引力的 15 个国家之一。当年摩洛哥在清洁能源领域投资近 20 亿美元，位于非洲第二位，仅次于南非的 45 亿美元（位居全球第 8 位）。这主要是由于（1）项目资金来源构架有利于业主、提供资金的国际机构和私营承建商共同承担风险，部分项目采用独立发电厂（Independent Power Production IPP）形式。（2）国家以“购电协议”（Power purchase agreement）的形式承诺购买生产的电力，如国家水力电力局（ONEE）和太阳能项目私人电力生产者签署 20～25 年的购电协议。上述两个优势促使各国太阳能领域企业为获得项目进行激烈竞争，有力地降低了生产成本。

5.7.2 可再生能源战略目标

据英国 EY 机构 2015 年发表的报告显示，摩洛哥风能潜力约 25 000MW，拥有丰富的太阳能资源，年发电 2 600kW/m^2。摩洛哥能源短缺，约 95% 的能源需要进口，而国内能源需求量在过去 10 年中也以每年 7% 的速度增长，目前石油占其能源消耗总量的比例约达 62%。摩洛哥政府预测，该国 2030 年的总电力需求将从 2008 年的 2 400 万 kW · h 增长到 9 500 万 kW · h。为摆脱对石油进口的依赖，摩洛哥政府制定了可再生能源发展战略，计划 2011—2020 年共投资 1 740 亿迪拉姆（约合 217.5 亿美元），将风能、太阳能、水电等可再生能源的总装机量提高到 800 万 kW，占摩洛哥电力产能的比重提高到 42%。其中太阳能和风电装机量分别达到 200 万 kW。

5.7.3 可再生能源发展规划

太阳能发展规划 2009 年，摩洛哥政府出台一项总投资约 90 亿美元太阳能发展规划。根据规划，到 2020 年，摩洛哥将修建 5 座太阳能电站，总装机容量为 200 万 kW，占地 1 万 hm^2，每年可减少 CO_2 排放 370 万 t。

摩洛哥计划将于 2020 年建成世界上最大的集中式太阳能发电场，为摩洛哥提供 50% 的能源需求，降低该国对化石能源的依赖，并成为该地区领先的绿色能源供应商。

风能发展规划 摩洛哥风力资源丰富。据预测，该国每风力发电资源潜力约为 2 500 万 kW。根据摩洛哥政府安排，摩洛哥 2011—2015 年将建设 5 个风电场，总装机容量为 72 万 kW；2015—2019 年，将再建设 5 个装机总量为 100 万 kW 的风电场。根据规划，到 2020 年，摩洛哥发电装机将达到 200 万 kW，年发电量 66 亿 kW · h，每年可节约 150t 化石燃料，减少 CO_2 排放 560 万 t。

5.7.4 相关机构

摩洛哥 2010 年成立了摩洛哥太阳能署（MASEN）以具体负责实施国家的太阳能发展战略（目前 MASEN 已全盘负责国家的可再生能源战略，包括太阳能、风能和水能）。MASEN 设计的新政策体系混合了政策激励机制和国际低成本的优惠利率融资方案，建立起公司和政府之间的合作桥梁，既保障了合作各方的合理利润，又有效地分化了项目风险，从效果上看，吸引了公共投资商和项目开发商的积极参与。在摩洛哥，光热发电项目的竞标也较为激烈，同时，大规模的优惠利率贷款支持为光热项目的低电价打下了良好基础，为推动光热发电成本下跌提供了很好的案例。

摩洛哥太阳能署 Moroccan Solar Energy Agency（MASEN），网址：http://www.masen.org.

摩洛哥国家可再生能源和能效局 The National Agency for Renewable Energy and Energy Efficiency（ADEREE），网址：http://www.aderee.

摩洛哥能源与矿产部 Moroccan Ministry of Energy and Mining，网址：http://www.mem.gov.

摩洛哥太阳能风能协会 The Moroccan Association of Solar Industries and Windmills（Amisola）.

5.8 突尼斯

突尼斯位于非洲大陆最北端，国土面积 16 万 km^2。人口 225 万，2013 年 GDP 为 488 亿美元，属中等收入国家。自 2010 年底突尼斯政局动荡以来，经济增长极为缓慢，2016 年经济增长率仅为 1%，较 2015 年的 1.1% 还略有下降。

5.8.1 能源及可再生能源概况

突尼斯已探明的油气储量为 4.19 亿 t 石油当量。截至目前，已开采 2.85 亿 t 石油当量，尚有 1.34 亿 t 石油当量没有开采，其中 46% 为石油，51% 为天然气。突尼斯的地质条件比较复杂，开采成本高、风险大。据统计，在已勘探的 700 口井中，具有开采价值的油、气井只有 114 口，成功率仅 16%。在近几年国内油气生产日趋下滑情况下，突尼斯能源行业难以支撑国家经济的可持续发展，60% 的能源需求靠进口石油和天然气，财政连年赤字已不堪重负，突尼斯政府自 2014 年 1 月开始逐步削减能源补贴。

2017 年，突尼斯可再生能源没有新增装机。截至 2017 年年底，突尼斯可再生能源装机 348MW，其中风电 245MW，水电 66MW，太阳能 37MW。受经济不景气、财政资助困难、投资不足的影响，突尼斯可再生能源发展缓慢，未实现 2016 年可再生能源装机 100 万 kW 的发展目标。

5.8.2 可再生能源战略目标

突尼斯的可再生能源发展目标是：到 2016 年，可再生能源装机达到 100 万 kW，在电力供应中的比例达到 11%；2030 年，可再生能源装机达到 470 万 kW，在电力供应中的比重达到 25%。

5.8.3 可再生能源政策措施

2004 年 8 月，突尼斯政府颁布了能效法（2009 年 2 月进行修订，强调利用新能源技术实现电力自主）；2005 年，突尼斯出台了 2005—2007 年国家能效计划，并成立了促进新能源开发和生产的国家能效基金；2008 年，突尼斯又出台了 2008—2011 年能效计划，目标是到 2011 年，可再生能源在一次能源供应中的比例增加到 4%，装机容量占总装机容量的比例达到 10%，同时重视发展农村和农业领域的可再生能源。

为实现这一目标，2009 年，突尼斯政府开始实施太阳能计划（2010—2016 年），目标是到 2014 年年底，可再生能源在能源供应中的比重从 0.8% 增至 4.3%。该计划涵盖 7 类共 40 个项目，预计总投资为 36 亿第纳尔。其中，国家能效基金 2.6 亿第纳尔，国营出资 8 亿第纳尔（7.8 亿由电气公司提供），私营投资 25 亿第纳尔（10.74 亿投资的项目将用于出口），国际合作基金 4 000 万第纳尔。2010 年，突尼斯重新修订了可再生能源和节能设备进口免税目录，以降低了可再生能源的初投资成本。2011 年，突尼斯工业部又出台了可再生能源并网发电许可制度，扫除了可再生能源的并网障碍。

5.8.4 相关机构

突尼斯能源节约局 Tunisian National Agency for Energy Conservation（ANME），

突尼斯工业、能源和矿产部 Ministry of Industry，Energy and Mines，网址：http://www.tunisieindustrie.gov.

5.9 南部非洲

非洲南部地区指非洲大陆南部地区及周围岛屿。通常包括安哥拉、赞比亚、马拉维、莫桑比克、津巴布韦、博茨瓦纳、纳米比亚、南非、斯威士兰、莱索托、马达加斯加、毛里求斯、科摩罗 13 国及留尼汪（法）、圣赫勒拿岛（英）及其属岛阿森松岛与特里斯坦－达库尼亚群岛，面积 661 万 km^2，占非洲 21.7%。人口 1.77 亿，占全非总人口 28%。2008—2017 年南部非洲主要国家可再生能源发电装机情况如表 3-5-8 所示。

表 3-5-8 2008—2017 年南部非洲主要国家可再生能源发电装机情况 单位：MW

国别	2008 年	2009 年	2010 年	2011 年	2012 年	2013 年	2014 年	2015 年	2016 年	2017 年
安哥拉	776	777	779	779	867	948	1 016	1 017	1 418	2 800
赞比亚	1 715	1 723	1 937	1 937	1 944	2 304	2 304	2 314	2 434	2 435
马拉维	299	299	299	301	301	303	370	374	374	374
莫桑比克	2 198	2 198	2 198	2 198	2 201	2 205	2 207	2 211	2 214	2 233
津巴布韦	835	835	837	856	856	862	863	879	884	888
博茨瓦纳					1	1	2	2	3	3
纳米比亚	252	253	254	257	343	346	348	359	379	391
南非	838	848	853	897	903	1 358	2 424	3 060	4 069	4 959
斯威士兰	124	124	124	186	186	186	186	186	186	186
莱索托	73	73	73	73	75	75	75	75	75	75
马达加斯加	122	122	131	131	165	167	170	173	175	177
毛里求斯	130	134	135	135	152	155	171	171	189	191
科摩罗	1	1	1	1	1	1	1	1	1	1
南非 13 国总计	7 363	7 387	7 621	7 751	7 995	8 911	10 137	10 822	12 401	14 713
非洲	23 381	24 986	26 940	27 319	28 485	30 639	32 666	34 511	38 603	42 139
占非洲比重 /%	31	30	28	28	28	29	31	31	32	35

数据来源：IRENA Renewable Capacity Statistics 2018.

截至 2017 年年底，南部非洲 13 国可再生能源发电累计装机共计，14 713MW，约占非洲总容量的 35%。其中南非、赞比亚和莫桑比克的装机总量较大。分种类看，太阳能累计发电装机占非洲装机总量的 60%，风电装机占非洲的 46%，生物质能装机占比 46%，水电装机占比 36%。

南部非洲的南非太阳能资源较好，该国的太阳能发电装机约占整个非洲地区的 56%。2017 年，南部非洲 13 国新增可再生能源发电装机 2 836MW（表 3-5-9）。

表 3-5-9　南部非洲主要国家可再生能源发电分种类装机情况　　单位：MW

国别	水电	风电	太阳能	生物质能
安哥拉	2 736		13	51
赞比亚	2 388		4	43
马拉维	351		11	12
莫桑比克	2 204		15	14
津巴布韦	781		7	100
博茨瓦纳			3	
纳米比亚	347	6	37	
南非	3 434	2 094	2 014	148
斯威士兰	62		1	123
莱索托	75			
马达加斯加	164		13	
毛里求斯	61	11	29	91
科摩罗	1			
南非 13 国合计	12 604	2 111	2 147	582
非洲	35 195	4 611	3 585	1 263
占非洲比重 /%	36	46	80	46

数据来源：IRENA Renewable Capacity Statistics 2018（截至 2017 年年底）。

5.10　南非

南非（共和国）位于非洲大陆最南端，大部分地区属亚热带和热带草原气候，陆地面积 120 万 km^2，人口 5 060 万。南非是非洲第一大经济体，国内生产总值 3 637 亿美元，人均 GDP 7 280 美元。南非于 2010 年成为金砖国家。

5.10.1　能源概况

南非资源丰富，是世界五大矿产国之一，黄金和钻石生产量均占世界首位，矿产约占出口收入的50%。南非煤炭探明储量301.56亿t，占全世界探明可采量的3.8%，居世界第7位，但是石油和天然气资源匮乏，电力供应长期短缺。2016年，南非国内开采煤炭2.51亿t，消费8 510万t油当量。全年消费石油年2 694万t，天然气51亿m^3，电力2 471亿kW·h。

南非能源结构长期以煤炭为主，一次能源生产和消费90%以上为煤炭等化石能源。2017年一次能源消费8 442万t标准煤，其中煤炭5 754万t，石油2016万t，天然气273万t，水电17万t，其他可再生能源140万t。

目前，南非尚有800万人没有电力供应，约占总人口的15%，600万人使用传统的生物燃料用于炊事，占总人口的13%。

5.10.2　可再生能源发展情况

南非生物质能、太阳能、水能等可再生能源资源丰富，是非洲可再生能源应用的领头羊，其可再生能源发电装机容量、风电装机容量和太阳能发电装机容量都居非洲首位，也是全球太阳能光热投资最活跃的国家之一。南非也是非洲可再生能源激励政策最全的国家，目前已形成了投资补贴、配额制、税收优惠等一系列的可再生能源政策支持体系。

2017年，南非新增可再生能源装机3 626MW。截至2017年年底，南非可再生能源累计装机容量达到7 690MW，是非洲可再生能源装机容量最大的国家。其中水电3 434MW，风电2 094MW（非洲装机容量最大的国家），太阳能发电2 014MW（非洲装机容量最大的国家），生物质能发电148MW。

南非已成为世界太阳能光热投资最活跃的市场之一，截至2016年年底，南非新能源独立发电商采购计划（REIPPPP）光热电站目前已经完成4轮招标。7个项目（5槽2塔）共计600MW中标，其中前两轮中3个项目（200MW）均已建成并投入运营。具体信息统计如下：

第1轮（150MW；2个电站）；

第2轮（50MW；1个电站）；

第3轮（200MW；2个电站）；

第3轮B段（200MW；2个电站）；

第4轮B段（预计450MW；3个电站）。

南非目前已经启动了 REIPPPP 计划第 4.5 轮招标，包含总装机规模达 1.8GW 的可再生能源项目，其中涉及 450MW 光热发电项目（表 3-5-10）。

表 3-5-10　南非太阳能光热发电招标情况

项目名称	项目中标开发商	备注
REIPPPP 第一轮中标项目		
100MW 的 Kaxu Solar One 槽式电站	Abengoa 联合体	3h 熔盐储热，已建成
50MW 的 Khi Solar One 塔式电站	Abengoa 联合体	2h 水蒸气储热，已建成
REIPPPP 第二轮中标项目		
50MW 的 Bokpoort 槽式电站	ACWA Powe 和 Solafrica 联合体	9.3h 熔盐储热，已建成
REIPPPP 第三轮中标项目		
100MW 的 Xina Solar One 槽式电站	Abengoa 联合体	5h 熔盐储热，已开工
100MW 的 Ilanga CSP 1 槽式电站	Emvelo 联合体	4.5h 熔盐储热，即将开工
REIPPPP 第三轮 B 段中标项目		
100MW 的 Kaxu CSP 槽式电站	GDF Suez	4.5h 熔盐储热
100MW 的 Redstone 塔式电站	SolarReserve/ACWA Power	12h 熔盐储热

数据来源：CSPPLAZA 研究中心。

除了 REIPPPP 政策投标项目外，南非电网巨头 Eskom 也在积极开发电站，据悉，其早前规划的 100MW 塔式电站 Kiwano Solar Plant 将配有 9～12h 储热系统。此外，南非 Eskom、西班牙 ACS Cobra、美国 SolarReserve 和 BrightSource 也在积极筹划 REIPPPP 之外的项目。南非当地电力公司 Ample Solar 也在积极开发两个菲涅尔电站（150MW）等。

从招标价格来看，随着技术进步和越来越多的厂商加入竞争，南非光热项目的中标电价呈逐步下降的趋势。第一轮光热发电项目平均中标电价为 21.86 欧分 /kW · h，第二轮光热发电项目平均中标电价约为 20.44 欧分 /kW · h。第三轮降至 11.88 欧分 /kW · h（正常时段）和 18.95 欧分 /kW · h（高峰时段）。第三轮 B 段由美国 SolarReserve 和沙特阿拉伯 ACWA 组成的联合体获得的装机 100MW 的 Redstone 塔式光热发电项目，投标电价为第一年 12.32 欧分 /kW · h，剩余合同期内收购电价为 14.9 欧分 /kW · h。

5.10.3　可再生能源战略目标

南非政府长期坚持能源独立政策，立足国内“富煤贫油少气”的资源现状，利用煤炭资源进行“煤制油”。作为非洲最大的碳排放国和德班全球气候大会的东道主，南非已经承诺了一个长期的减排目标：在2011年的基础上，到2020年将二氧化碳排放量减少34%，到2025年降幅达到42%，改变煤炭依赖的局面。南非政府制定了一系列政策大量吸引投资帮助南非成为非洲最大的可再生能源利用国。

2003年南非能源矿产部公布了《可再生能源白皮书》，计划到2020年可再生能源发电比例将达到全部发电量的13%。同年，南非能源矿产部公布了《综合能源计划》(Integrated Energy Plan)，鼓励开发利用多种能源资源和技术，将可再生能源作为战略性清洁能源。该计划提出2030年南非电力装机中可再生能源占42%、核电占23%、煤电占15%。一些城市也制订了本地区的可再生能源发展计划，如开普敦计划到2020年可再生能源占城市能源消耗的10%。电力生产的15%。南非电力结构如图3-5-4所示。

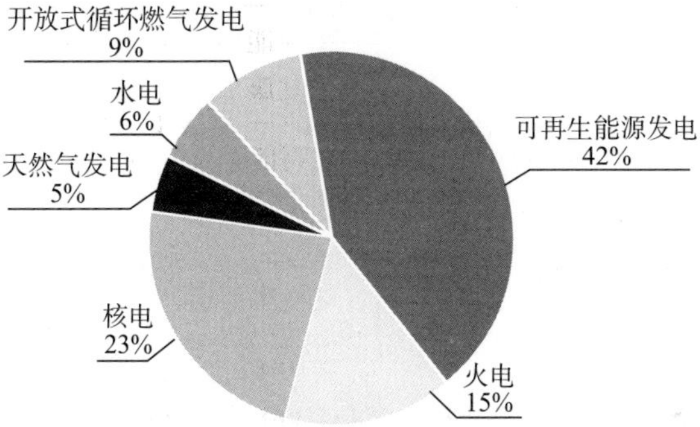

图 3-5-4 2030 年南非电力结构

数据来源：South Africa Integrated Energy Plan.

除此之外，南非政府还制定了一系列可再生能源鼓励政策，部分可再生能源长期发展目标如表3-5-11所示。

表 3-5-11 南非部分可再生能源长期发展目标

发电类型	目标
太阳能热发电	2030年发电量达到43TW·h
水电	2030年装机达到4 700MW
生物质能	未来将满足全国9%～16%的能源需求
波浪、潮汐等海洋能	2050年发电量将达到33TW·h

数据来源：Reegle, n.d.

5.10.4 可再生能源政策措施

南非政府制定的可再生能源政策体系主要包括：可再生能源发展目标、电力配额制度、净电量计量政策、项目招投标政策、供热特许权 / 授权制度、生物质燃料特许权 / 授权制度、投资补贴制度、增值税和其他税收减免优惠政策，以及公共投资、贷款和部分补贴优惠政策。南非政府部分可再生能源立法和政策见表 3-5-12 所示。

表 3-5-12 南非可再生能源政策体系

名称	发布时间	内容
能源白皮书	1998	提高人民使用可支付能源的程度
		加大能源治理的力度
		鼓励能源市场竞争改善能源经济型
		改善能源环境效益，降低化石能源消费对贫困人口健康等负面影响
		提高能源多元化，保障能源安全
国家水资源法案	1998	
综合能源计划 IEP	2003	可再生能源是战略性清洁能源
可再生能源白皮书	2004	到 2013 年可再生能源容量将达到 1 万 GW・h，主要包括生物质发电、生物液体燃料、太阳能发电、太阳能热水器和小水电
能源法案	2004	设立国家能源顾问委员会
		设立国家能源数据库和信息系统
		制订综合能源规划
		制订可再生能源计划
		制订能源效率计划
		制订能源、安全和环境计划
		制订户用能源利用计划
		制订南非能源的国际责任和承诺实施计划
		制订国家级的能源研究计划

名称	发布时间	内容
可再生能源战略	2002—2004	通过开展示范项目研究可再生能源不同技术在南非应用的可行性和不确定性，以及建立绿色电力市场的可能性
		由南非国家电力公司 Eskom 开展清洁煤技术和可再生能源研发和示范，包括可再生能源技术并网和离网应用
		• 风电：2002—2004 年安装 3 台风机，9 826GW · h 电量，负荷因子低
		• 太阳能：2002 年 8 月安装太阳能碟式热发电系统，2004 年 6 438GW · h 电量，10 月系统损坏，证明很难商业化应用
		• 生物质能气化示范：计划 2003 年为当地的有关社区和 Fort Hare 大学利用
		• 海洋能资源评价：2004 年学习国外的评价技术，寻求合适的开展资源评价技术
		• 燃料电池研发：借鉴国外先进技术，研发 50W 电池充电器样机
可再生能源资本补贴计划	2005	
生物燃料产业战略	2007.12	到 2013 年，2% 生物燃料混掺到现有燃料中
国家能源法案	2008	
可再生能源市场转型计划		
加入国际可再生能源机构	2009—2010	
实施可再生能源固定电价		
综合资源计划 IRP	2010	提出到 2030 年，可再生能源电力占电力总装机的 42%
启动南非可再生能源行动计划	2 年修订	
电力综合资源规划	2011	
南非可再生能源倡议启动		

资料来源：南非矿产能源部网站 http://www.dme.gov.za/; Renewable energy country profile, IRENA, 2010.

南非政府电力资源综合规划 2010（IRP2010）

为尽量降低满足现有及未来可预测的电力需求成本，南非成本在 2010 年颁布了长达 20 年的“电力资源综合规划 2010—2030”（Integrated Resource Plan for electricity（IRP）2010—2030），规划了共计 89 532MW 的新增能源发电装机容量，其中 42% 来自可再生能源发电（约 17 800MW），光热发电（CSP）规划为 1 200MW。2013 年 11 月，考虑到南非能源格局及电力需求的发展现状跟当初预期有所变化，政府对具体的分配进行调整，发布 IRP 修正版报告 2013，将 2030 年 CSP 目标增加至 3 300MW，2050 年达到 8 100MW。

南非新能源独立发电商采购计划（REIPPPP）

在南非 IRP 出台之初，南非能源部计划采取新能源电价补贴的方式（Renewable Energy Feed-In Tariff）发展新能源。2011 年 8 月，能源部放弃了原计划，改为更能吸引资本投资的"新能源独立发电商采购计划（REIPPPP）"。在 IRP2010—2016 年新增可再生新能源发电能力 3 725MW，新能源 IPP 采购计划分五个阶段进行投标，竞标人将就建设运营新能源电站，并向 Eskom 售电事宜进行投标。招标过程中，投标电价的高低是决定开发商可否中标的主要标准，所占权重高达 70%，但非价格评价标准仍占 30% 的权重，包括国产化率、技术水平、项目开发商的过往业绩等。

南非的竞争性项目招标制的两大特点是上限电价制和分时电价制。上限电价制是指在招标时，南非政府给投标方规定了上限电价，投标方在投标时的项目电价不能高于这一上限电价。由于南非对项目投标方和项目技术性能的要求比较严格，因此没有出现过于激烈的压价竞争，最终的项目中标电价仅仅比上限电价略低。分时电价制是指南非政府宣布给予光热发电两种不同的电价，即日常电价和可调电价，以鼓励储热型光热发电项目的开发。可调电价即在用电高峰期发电的电价。日常用电期内则执行相对较低的日常电价。这一机制从调峰电源的角度出发给予了光热项目峰谷电价的政策支持，凸显了光热发电技术稳定可调的优势，使其有能力与光伏等不稳定可再生能源展开竞争。

得益于南非政府的大力支持和 REIPPP 计划的实施，近年来南非光热装机规模显著增长，截至 REIPPPP 第三轮 B 段招标结束，南非政府规划的 1.2GW 光热装机目标已经完成了一半。

南非 REIPPPP 计划的实施非常稳健，相关可再生能源项目几乎全部按时完成。因为开发商在投标前需提供一套完整的现场评估报告、环境许可证、土地使用权、并网审批以及融资计划，并且几乎所有中标商均确保可以签署 PPA 购电计划。

在可再生能源发展激励机制方面，南非政府主要采用一次性投资补贴、可再生能源固定电价和可再生能源交易证书机制。2005—2007 年，南非政府通过一次性投资补贴推广一些已经商业化的可再生能源技术，如户用太阳能热水器、微型小型水电、生物质能（甘蔗渣气化热电联产、填埋气抽取利用）等。

2013 年 10 月，南非政府修订了可再生能源发电补贴政策，减少已有项目的补贴比率，取消对部分新建项目的补贴。

2013 年，南非制定了新的太阳能光热发电激励政策，分时段给予不同的电费价格（time-of-day differentiated tariffs），第三轮光热发电招标电价大幅下降，将至 11.88 欧分 /kW·h（正常时段）和 18.95 欧分 /kW·h（高峰时段）。

5.10.5 相关机构

南非能源部（DoE），是中央政府部门，负责国家能源法规和政策的制定以及与能源相关的政府服务功能。网址：http://www.energy.gov.

国家能源管理委员会（NERSA），是政府能源政策的主要执行部门，向能源部汇报工作。网址：http://www.nersa.org.

南非国家电力公司（Eskom），南非 95% 以上的电力供应来自该公司。南非国家电力公司是世界上第七大电力生产和第九大电力销售企业，总部设在约翰内斯堡，主要经营南非国内的发、输、配电业务，供应南非 95% 和全非洲 45% 的用电量，拥有和运营南非全国的输电网以及约 50% 的配电网。在开普敦附近建有非洲大陆唯一的核电站 184.4 万 kW 的库博格（Koeberg）核电站。Eskom 是南非政府 100% 控股的国有公司，由南非公共企业部代表政府行使所有者的相关权力，并受政府大力支持，通过贷款、发行债券和销售收入集资。网址：http://www.eskom.co.

5.11 东部非洲

非洲东部地区（以下简称东非），北起厄立特里亚，南迄鲁伍马河，东临印度洋，西至坦噶尼喀湖。通常包括埃塞俄比亚、南苏丹、厄立特里亚、吉布提、索马里、肯尼亚、乌干达、卢旺达、布隆迪、坦桑尼亚和印度洋西部岛国塞舌尔。面积 370 万 km^2，占非洲总面积 12%，人口约 3.03 亿，约占全非总人口 28%。

长期以来，东非国家经济落后，基础设施差，投资合作环境总体较差，而且存在一定的地缘政治风险。东非多数国家长期动荡，索马里至今仍是无政府地区，肯尼亚和索马里海事分界线仍有争议，东非海岸海盗猖獗。

东非地区每天大约消耗 9 万桶石油，其中肯尼亚是最大的消费者，每年约消耗 6

万桶。东非地区缺油少气，生物质能源在东非地区能源消费结构中的比重高达 85%，东非国家约有 95% 的农村人口完全依赖于木材进行烹饪，依赖煤油灯照明。无电人口占达 2.3 亿，其中肯尼亚、乌干达、坦桑尼亚 3 国的电力普及率分别为 13%、6% 和 8%。而在目前阶段，东非地区的不确定性较大，进口油气所需的外汇储备不足，能源供给严重不足，东非地区未来要实现能源自给必须依赖可再生能源。如表 3-5-13 所示。

表 3-5-13　2008—2017 年东非主要国家可再生能源发电装机情况

国别	2008 年	2009 年	2010 年	2011 年	2012 年	2013 年	2014 年	2015 年	2016 年	2017 年
肯尼亚	907	954	1 046	1 047	1 102	1 114	1 277	1 579	1 625	1 642
坦桑尼亚	607	609	620	636	642	645	649	656	657	659
乌干达	359	382	490	492	643	783	796	798	810	841
布隆迪	48	48	48	48	49	50	50	50	50	50
埃塞俄比亚	705	711	1 891	1 972	2 058	2 217	2 283	2 437	4 300	4 301
卢旺达	41	41	51	56	58	61	76	104	109	112
厄立特里亚	1	1	1	1	1	1	1	1	1	1
塞舌尔	0	0	0	0	0	6	7	7	8	8
吉布提	0	0	0	0	0	0	0	0	0	0
索马里	0	0	0	0	2	2	3	4	5	6
东非 10 国合计	2 668	2 746	4 147	4 252	4 555	4 879	5 142	5 636	7 565	7 620
非洲	23 381	24 986	26 940	27 319	28 485	30 639	32 666	34 511	38 603	42 139
占非洲比重 /%	11	11	15	16	16	16	16	16	20	18

数据来源：IRENA Renewable Capacity Statistics 2018.

截至 2017 年年底，东非 10 国可再生能源累计装机共计 7 620MW，约占非洲的 18%。其中埃塞俄比亚、肯尼亚的装机总量较大。东非 10 国地热装机占非洲的 100%，生物质装机占比 30%，水电装机占比 17%，风电装机占比 8%，太阳能装机占比 3%。

水电也是东非 10 国可再生能源的主要力量。截至 2017 年年底，东非 10 国水电装机达到 6 079MW，占其可再生能源装机总量的 80%；地热 673MW，占比 9%；风电 361MW，占比 5%，太阳能 119MW，占比，2%。2017 年，东非 10 国新增可再生能源装机 55MW（表 3–5–14）。

表 3–5–14 东非主要国家可再生能源发电分种类装机情况 单位：MW

国别	水电	风电	太阳能	生物质能	地热
肯尼亚	828	26	28	88	673
坦桑尼亚	577		11	70	
乌干达	714		46	81	
布隆迪	47		3		
埃塞俄比亚	3 814	324	14	142	
卢旺达	99		13	1	
厄立特里亚		1			
塞舌尔		6	2		
吉布提					
索马里		4	2		
东非 10 国合计	6 079	361	119	382	673
非洲	35 195	4 611	3 585	1 263	673
占非洲比重 /%	17	18	3	30	100

数据来源：IRENA Renewable Capacity Statistics 2018（截至 2017 年年底）。

5.12 肯尼亚

肯尼亚位于非洲东部，赤道横贯中部，东非大裂谷纵贯南北。国土面积 58 万 km^2，人口 4 555 万，2014 年 GDP 为 609 亿美元。肯尼亚是撒哈拉以南非洲经济基础较好的国家之一，被视为东非地区的商业枢纽。实行以私营经济为主、多种经济形式并存的“混合经济”体制，私营经济占整体经济的 70%。2003 年以来肯尼亚政府实行严格的宏观经济稳定政策，经济保持较快发展势头。2008 年肯尼亚政府正式启动 2030 年远景规划，提出优先发展旅游业、农业、服务业、制造业和批发零售业等重点产业，争取年均经济增长 10%，到 2030 年将肯尼亚发展成新兴工业化和中等发达国家。

5.12.1 能源概况

肯尼亚目前电力用户仅占 32%，由美国政府发起“非洲电力计划”开始于 2013 年，总投资金额 70 亿美元，旨在解决撒哈拉以南非洲地区用电问题。该计划致力于提升非洲的电力生产水平，同时关注小规模可再生能源投资。但在肯尼亚等许多非洲国家仅仅投资电站并不能够解决用电问题，近几年，乡村电网设施已花费数亿美元，但肯尼亚整体电网覆盖仍很不理想。据统计仅有 5% 的居民和 20% 的个体户位于各电站的半英里范围内，电力入户率非常低。此外，在肯尼亚电力接入费用非常高，且没有能够支持居民的金融手段，当地还缺乏电力领域设计、施工和布线的技术员工。即使居民能够支付电力接入费用，接通电力也需大约 7 个月。即使接通了电，因疏于维护，停电是家常便饭，有时甚至持续数周。未来数十年，电力入户将是非洲经济转型的关键。

尽管肯尼亚的能源和电力总体利用状况与其他非洲发展中国家一样落后，但肯尼亚的电力供应以水力发电、地热发电等可再生能源发电为主，再通过进口石油燃料的补充，以满足日益增长的电力需求。

5.12.2 可再生能源发展情况

2017 年，肯尼亚新增可再生能源装机 10MW，其中地热能新增 10MW，水电新增 5MW，太阳能新增 2MW。截至 2017 年年底，肯尼亚可再生能源发电装机达到 1 642MW，其中地热能 673MW，水电 828MW，生物质能 88MW，风电 26MW，太阳能 28MW（图 3-5-5）。

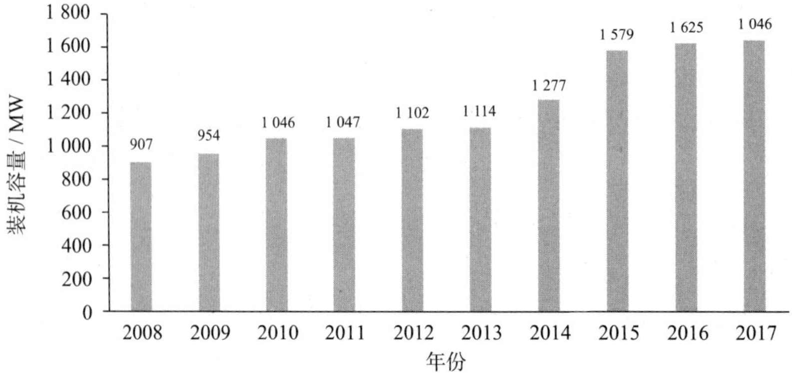

图 3-5-5 2008—2017 年肯尼亚可再生能源装机情况

数据来源：IRENA Renewable Capacity Statistics 2018.

地热能 地处东非大裂谷的肯尼亚将目光转向了当地丰富的地热资源，据估计，肯尼亚地热能资源潜力为 10 000MW。东非裂谷系的 10 个国家都有开发地热资源的潜力，但目前仅肯尼亚取得了实质性突破。1981 年，肯尼亚首次对地热能进行开发，最初装机容量仅有 45MW，近几年来，肯尼亚地热发电快速增长，如今地热能已经成为肯尼亚最重要的能源之一。截至 2017 年年底，肯尼亚地热能总装机容量达到 673MW。目前未完成其计划到 2017 年实现地热发电装机 1 900MW 的发展目标。2008—2017 年肯尼亚地热能源装机情况如图 3-5-6 所示。

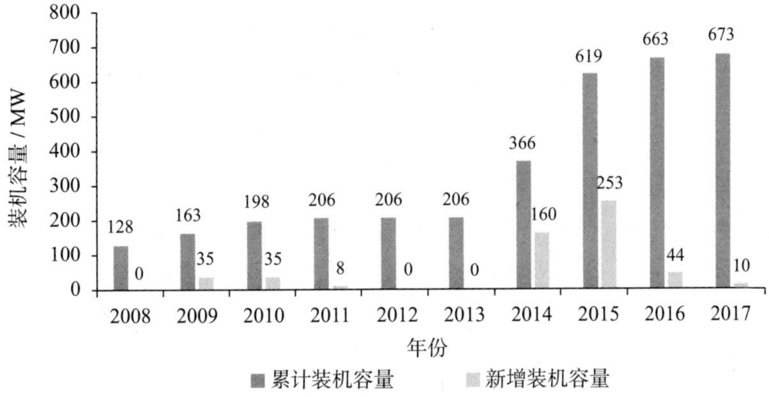

图 3-5-6　2008—2017 年肯尼亚地热能源装机情况

数据来源：IRENA Renewable Capacity Statistics 2018.

太阳能　肯尼亚沿赤道而形成的得天独厚的地理位置，使其太阳能资源极为丰富。从 20 世纪 80 年代中期到现在，已有 30 万肯尼亚家庭用上了离网式（off-grid）太阳能光伏发电。其应用模式创新也极大促进了肯尼亚太阳能光伏产业的蓬勃发展。M-Kopa 是肯尼亚一家专门向极端贫困居民销售太阳能系统的公司。M-KOPA 通过小额分期付款的形式在农村销售家庭太阳能照明系统，包括一个光伏电池、三个灯以及收音机和移动电话充电套件。人们可以通过移动银行自动充值系统来支付他们的“电费”账单（也就是分期支付太阳能照明系统的费用），因此，M-Kopa 模式在肯尼亚乃至东非得到了普遍推广和应用，已为 20 万户东非家庭提供服务，使他们方便经济地获得能源供应。此外，为支持太阳能光伏产业发展，肯尼亚取消了太阳能光伏设备进口增值税。

目前，即将在肯尼亚北部建设东非最大的太阳能光伏电站，该项目总价值 137 亿先令，由农村电气化管理局（REA）负责开发，目前已与肯尼亚电力公司签署了电力购买协议，将以每千瓦时 12 先令（0.12 美元）的价格出售该太阳能发电厂所发电能，这个价格比柴油发电便宜约 8 先令。该项目位于肯尼亚东北部城镇加里萨，装机容量 5.5 万 kW，建成后将并入国家电网，预期将能够为 62.5 万户家庭提供充足的电力。

水电　肯尼亚高度依赖水力发电，水电站可提供约一半的电力，但这一发电方式受干旱天气影响较大，供电量不稳定，电力价格极易攀升。肯尼亚现有水电装机容量为 828MW，其中主要来源于大型水电站。肯尼亚水电开发潜力为 6 000MW。其中小水电开发潜力为 3 000MW，目前仅开发了 30MW。开发不足的原因包括高额的安装费用、水文相关数据的不足以及水电发电设备生产制造能力薄弱等。近年来，地热能发电成为肯尼亚开发的重点，肯尼亚水电发展进展缓慢。

风电 肯尼亚是非洲风能最为丰富的国家之一，许多区域风速达 8 ～ 14m/s，图尔卡纳湖区和沿海省份均有巨大的风能开发潜力。肯尼亚于 2001 年已经完成了本国风图集采编，2008 年在联合国计划开发署（UNDP）的协助下，又进一步完成了高分辨率的风能和太阳能资源数据的采编，可以帮助投资者作出更加准确的投资决策。为实现 2030 年风电装机超 200 万 kW 的目标，肯尼亚政府不仅大力鼓励私人投资风电，并且引入了可再生能源固定电价政策。

肯尼亚风能资源丰富，正大力推动风电站项目，除图尔卡纳风电站外，Kipeto 风电站、Kinangop 风电站、Meru 风电站以及恩贡山风电站等正在规划实施中。非洲最大风电项目肯尼亚图尔卡纳风力电站已进入风机发电组测试阶段。该项目已与肯方签署 20 年的购电协议，上网电价为 8.6 先令 /kW・h，有望进一步拉低肯尼亚总体电价。中资企业也正积极参与肯尼亚风电开发，长江三峡集团正跟踪肯尼亚马萨比特郡 301MW 风电站项目，目前正在进行风力测试。如进展顺利，该项目投资额将达到 7 亿美元，建成后将成为非洲最大风电站之一。

目前，肯尼亚风力开发也面临一些困难和挑战。德国咨询机构 GIZ 发布《肯尼亚风电报告》显示，肯尼亚风能资源丰富地区多处于偏远地带，安全风险较高、道路等基础设施条件差，大件设备运输难度系数高。此外，肯尼亚土地所有权登记不清，征地赔偿程序不透明，项目征地遇到当地社区民众反对可能成为阻碍风电开发的另一不确定因素。

生物质能 生物质能或废热发电联产为超过 90% 的农村家庭提供了日常能源需求，肯尼亚的生物质能主要来源于木炭、木头燃料、农业废弃物以及林业和农用工业残留物。由于众多人口依赖于生物质能，肯尼亚正努力减轻因使用木炭和木材燃料所导致的对于健康和环境的影响。Burn 及 Envirofit 等美国公司已经为肯尼亚清洁燃烧炉的产品生产进行投资，肯尼亚生物质能源产业仍有巨大发展潜能。

太阳能热利用 根据肯尼亚《能源（太阳能热水）规则 2012》要求，每日用水超过 100L 的居民住宅和商业楼，设计方案中必须包含太阳能热水系统。现有房屋每日用水超过 100L 的，必须在 2017 年前改造添加太阳能热水系统。

微电网　为实现2030年使国内无电地区人口全部用上电的目标，肯尼亚政府认识到，构建连接全国的大电网，并不是适合当地情况的最佳选择，促进民营企业向分散型发电站和电网投资，是达成目标速度最快、成本最低的方法。因此肯尼亚着力推动以光伏发电为基础的微电网，助力全民通电目标实现。

5.12.3　能源发展目标及主要措施

肯尼亚财政部于2010年设立了一项总额为20亿美元的专项基金，用于为“绿色发电”项目投资者提供贷款，以加强清洁能源的开发利用。肯尼亚正加快“绿色发电站”的建设，努力在2020年前获得“绿色经济体”地位。

根据肯尼亚能源和石油部《2013—2016电力发展新规划》，拟在2017年前新增5 000 MW电力供应，其中包括1 646MW地热发电、1 920MW煤电、630MW风电和1 050MW天然气电力。肯尼亚政府将逐步淘汰成本高昂的柴油发电设备，转向价格更为低廉的发电方式。肯尼亚政府还将大力引进独立发电商（Independent Power Producers，IPPs），多渠道增加电力供应。肯尼亚电力成本平均为0.113美元/千瓦时，电力扩容后有望下降到0.074美元/千瓦时。尽管如此，相较部分其他非洲国家，肯尼亚发电成本仍处于高位，如南非电力成本约0.04美元/千瓦时，埃及电力成本约0.031美元/千瓦时。商业用电电价有望从0.14美元/千瓦时下降到0.09美元/千瓦时，普通用电电价从0.20美元/千瓦时下降到0.10美元/千瓦时。

肯尼亚政府提出了2017年让70%的肯尼亚人民获得电力，2030年使国内无电地区人口全部用上电的目标。按照肯尼亚能源部的规划，肯尼亚将大力发展电力，计划在2030年前每年至少新增1 000MW发电量。肯尼亚政府将鼓励更多公共部门和私人投资者进入发电行业，具体措施包括为若干大型发电项目提供融资、为独立发电商售电提供政府担保等。在发电方式上，地热等清洁能源将得到更多政策支持。

肯尼亚政府已经认识到推进可再生能源开发利用对提高本国电力供给能力和促进能源结构多样化的重要性，其中包括风能、地热、太阳能和水电等在内的可再生能源是其发展的重要方向。到2030年，肯尼亚拟将现有电力装机容量提升至23 000MW，届时在能源供给结构中，地热发电占26%、核电占19%、煤电占13%、天然气发电占11%、风电占9%、太阳能占9%、水电占5%。为了解决未来电力需求与供应之间的缺口，加紧建设跨国高压输电网络，购买邻国的富余电力。东非国家2009年启动了10亿美元的电网一体化项目，将连接肯尼亚、乌干达、卢旺达、布隆迪和刚果（金）。

为鼓励可再生能源发电，政府颁布了多项支持政策。2008 年，肯尼亚能源部引入了固定电价政策（FIT），对各类型可再生能源发电技术如风电、小型水电和生物质发电等设定了明确的电价机制。固定电价政策的实施保障了可再生能源投资者投资的安全性以及市场稳定性，同时政府也鼓励私人投资进入可再生能源，并安全高效地运营发电厂，保证收益最大化。在 FIT 政策下，肯尼亚风电固定收购电价为每千瓦时电 11.0 美分。肯尼亚电力公司（KPLC）有义务同新能源发电商签署长期购电协议（PPA），或者保证对新能源电力的优先购买。政府可以保证投资安全，在特定条件下取消招标程序以减少新能源投资者的成本。为了鼓励私人投资者通过公私合营（PPP）方式参与独立发电商（IPP），2013 年肯尼亚政府颁布了 PPP 法案。通过该法案，政府可以出具支持函，但 KPLC 作为 PPA 购买人的支付义务不得成为政府支持函保证的内容。同时，肯尼亚政府对可再生能源、设备及配件等已施行进口零关税政策，并取消增值税。为了保证支持可再生能源发展的配套资金，肯尼亚政府正在向国际开发署（IDA）和非洲开发银行（ADB）寻求资金支持。2015 年，肯尼亚出台税收优惠政策，对进口到本国的太阳能、风电、水电、地热发电等相关设备免征关税和进口环节增值税。进口太阳能设备、风机等设备的 16% 的增值税。

5.12.4 能源及电力机构

根据 2006 年《第 12 号能源法案 》，能源部门已进行重组和改革，对能源领域参与者及其职能做了详细规定。改革后成立了以下机构：

能源和石油部（MoE&P） 负责制定能源相关的政策和统筹协调各能源部门，并创造一个有利于能源发展和高效运作的环境。并确定该领域发展的战略方向，为各能源机构制定长期愿景。网址：http://www.energy.go.

能源监管委员会（ERC） 负责对各能源部门进行监管，负责终端用户电价的调整和审核，负责电力行业的环境和安全管理。在监管领域，能源监管委员会（ERC）发挥着全方位监管的最重要作用。ERC 负责颁发发电许可，批准 PPA 协议，批准输电收费协议（Network Service Contract），批准电力的终端销售价格，负责各电力监管机关之间的协调。

能源法庭（Energy Tribunal） 是一个独立的法人机构，处理能源领域里的仲裁纠纷。

农村电气化局（REA） 成立于 2007 年，负责农村地区的电力供应、农村电气化基金管理和促进可再生能源的开发和利用。

肯尼亚发电公司（KenGen） 是肯尼亚最大的电力公司，负责管理肯尼亚绝大部分公有发电设备，发电量占全国发电量的 80%，有水电、火电、地热和风电，并负责向肯尼亚电力和照明公司售电。肯尼亚发电公司 70% 股份属于政府，30% 为私人股东所有。

肯尼亚电力和照明公司（KPLC） 负责肯尼亚现有的输电和配电系统。负责从肯尼亚发电公司和其他的电力供应商购买电力，并传输、分配和供应给消费者。其也在内罗毕证券交易所上市，股权结构为肯尼亚政府和国家社会保障基金（NSSF）持有 50.1% 和私人股东持有 49.9%。

地热开发公司（GDC） 专门在地热领域进行勘探，钻井和管理的政府机构。

肯尼亚电力传输公司（KETRACO） 成立于 2008 年，也是一家集规划、设计、建设、运营和维护新建的 132kV 及以上高压的电力传输基础设施的政府机构，便于把国家和区域的电网互联。

肯尼亚核电力委员会（KNEB） 职责是在法律法规的监管下确定、协调和实施肯尼亚的核能源规划，对肯尼亚使用核能源的技术要求进行评估。

6 个独立发电公司（IPPs） 6 个私人投资的独立发电公司。分别是 IberAfricaPower（火力发电），Rabai Power（火力发电），Tsavo Power（火力发电），Or Power（地热发电），Mumias Sugar Company（混合发电），Imenti（小水电）。6 个独立发电公司的装机容量大约占肯尼亚总装机容量的 22%。

5.13　西部非洲

非洲西部地区（以下简称西非），包括毛里塔尼亚、西撒哈拉、塞内加尔、冈比亚、马里、布基纳法索、几内亚、几内亚比绍、佛得角、塞拉利昂、利比里亚、科特迪瓦、加纳、多哥、贝宁、尼日尔、尼日利亚和加那利群岛。面积 638 万 km^2，人口 3.27 亿，约占全非总人口 30%，是非洲人口最多的地区。除毛里塔尼亚外，其他都是西非国家经济共同体成员国。电力覆盖率 47%。近 10 年来，加纳和尼日利亚在西非经济增长上一直发挥着龙头作用，而在政治危机结束后，科特迪瓦、马里等国经济快速复苏也为西部非洲注入“强心剂”，带动区域经济高速发展。

为解决西非地区的能源短缺问题，西非 14 个国家于 1999 年成立了西非电力共同体（WAPP），以加纳、乍得、尼日利亚等国为能源输出国，通过长期的能源合作、无壁垒的能源输送和增加跨国境电力贸易来形成区域性的电力市场，保证 ECOWAS 成员国的居民能使用稳定可靠的廉价电力。

5.13.1 能源概况

西非国家中，尼日利亚油气资源最为丰富，同时也是非洲油气产量最高的国家，但由于该国经济发展水平低，技术水平低，加工工业落后，出口以油气资源为初级（农）矿产品，附加值低，产业结构单一，市场抗风险能力差、、油气输出量大但经济效益低。作为产油大国，缺乏加工能力使尼日利亚用油大量依赖进口，频繁出现油荒，成品油短缺也进一步加剧了尼日利亚的电荒。

5.13.2 可再生能源发展现状

2008—2017 年西非主要国家可再生能源发电装机情况如表 3-5-15 所示。

表 3-5-15 2008—2017 年西非主要国家可再生能源发电装机情况 单位：MW

国别	2008 年	2009 年	2010 年	2011 年	2012 年	2013 年	2014 年	2015 年	2016 年	2017 年
毛里塔尼亚	30	30	30	30	34	70	71	101	117	167
塞内加尔	72	72	88	90	91	82	110	111	154	185
马里	158	158	159	159	161	190	190	190	190	190
布基纳法索	34	35	36	38	38	38	39	40	42	76
几内亚	123	124	126	129	129	129	129	370	370	370
佛得角	3	3	11	32	32	38	39	39	39	69
塞拉利昂	29	29	54	54	54	54	88	88	90	92
利比里亚	4	4	4	4	4	4	4	4	26	92
科特迪瓦	604	604	604	604	604	604	604	604	604	879
加纳	1 180	1 180	1 181	1 183	1 185	1 588	1 588	1 588	1 611	1 611
贝宁	1	1	1	1	1	2	2	6	6	6
尼日尔	1	1	2	3	4	5	6	7	8	9
尼日利亚	1 943	1 944	1 944	1 944	2 060	2 060	2 061	2 062	2 064	2 064
多哥	68	68	68	68	68	68	69	70	70	70
西非 14 国合计	4 182	4 185	4 240	4 271	4 397	4 864	4 931	5 210	5 321	5 780
非洲	23 381	24 986	26 940	27 319	28 485	30 639	32 666	34 511	38 603	42 139
占非洲比重 /%	18	17	16	16	15	16	15	15	14	14

数据来源：IRENA Renewable Capacity Statistics 2018.

截至 2017 年年底，西非 14 国可再生能源累计装机共 5 850MW，约占非洲的 14%。其中尼日利亚、加纳的装机总量较大。西非 14 国水电装机占非洲的 15%，风电装机占比 1%，太阳能装机占比 8%，生物质能装机占比 5%。

截至 2017 年年底，西非 14 国水电装机达到 5 428MW，占其可再生能源装机总量的 93%。截至 2017 年年底，风电 68MW，占比 1%；太阳能 294MW，占比 6%；生物质能 60MW，占比 5%。2017 年，西非 14 国新增可再生能源装机 531MW，分技术看，水电新增装机 376MW，风电新增装机 31MW，太能新增装机 121MW，生物质新增装机 3MW，如表 3–5–16。

表 3–5–16　西非主要国家可再生能源发电分种类装机情况　　单位：MW

国别	水电	风电	太阳能	生物质能
毛里塔尼亚	48	34	85	
塞内加尔	75		85	25
马里	184		6	
布基纳法索	32		44	
几内亚	368		2	
佛得角		26	14	
塞拉利昂	60			32
利比里亚	92			
科特迪瓦	879			
加纳	1 580		28	3
贝宁	1	5		
尼日尔			9	
尼日利亚	2 042	3	19	
多哥	67		2	
西非 14 国合计	5 428	68	294	60
非洲	35 195	4 611	3 585	1 263
占非洲比重 /%	15	1	8	5

数据来源：IRENA Renewable Capacity Statistics 2018（截至 2017 年底）。

5.13.3　可再生能源发展目标

为促进可再生能源的有序发展，西非共同体制定了明确的可再生能源发展目标，即到 2020 年和 2030 年，可再生能源发电装机在电力装机总量的比例分别达到 10% 和 19%，可再生能源发电量在电力供应总量中的比重将分别达到 5% 和 12%。如果将水电考虑进去，装机比例将分别达到 35% 和 48%，而发电量比例将分别达到 23% 和 31%。此外，到 2020 年和 2030 年，分别将有 22% 和 25% 的农村人口将受益于可再生能源微电网及离网发电（表 3-5-17、表 3-5-18）。

表 3-5-17　西非可再生能源发展目标

	2010 年	2020 年	2030 年
可再生能源装机 /MW	0	2 425	7 606
装机占比（包括中、大型水电）/%	32	35	48
可再生能源发电 /GW · h	0	8 350	29 229
发电量占比（包括中型水电）/%	26	23	31
农村可再生能源供应（人口占比）（指离网可再生能源）/%		22	25
生物燃料占比 /%		5	15
清洁炉灶人口占比 /%		60	100
高效木炭 /%		60	100
太阳能热水器及工业热利用 /%		25	50
居民、社区、学校			
农产品加工 /%		10	25
酒店热水供应 /%		10	25

数据来源：西非国家经济共同体可再生能源开发中心。

表 3-5-18　西非分种类可再生能源发电发展目标

种类	风电	光伏发电	太阳能热发电	小水电	生物质能发电	合计
装机 /MW						
到 2020 年	318	686		787	634	2 425
到 2030 年	993	1 156	1 000	2 449	2 008	7 606
发电量 /GW · h						
到 2020 年	836	1 082		3 102	3 330	8 350
到 2030 年	2 314	1 823	3 679	9 654	11 758	29 229
到 2020 年累计投资 / 欧元	541	1 166		2 872	1 901	6 479
到 2030 年累计投资 / 欧元	1 540	1 773	3 980	8 357	4 959	20 609

数据来源：西非国家经济共同体可再生能源开发中心。

分技术品种看，到 2020 年，西非共同体光伏发电装机容量将达到 686MW，生物质能发电将达到 634MW，风电将达到 318MW，分别占可再生能源装机的 28%、26% 和 13%。到 2030 年，西非共同体光伏发电装机容量将达到 1 156MW，生物质能发电将达到 2 008MW，风电将达到 993MW，分别占可再生能源装机的 15%、26% 和 13%。

5.13.4　相关机构

西非电力共同体（WAPP） 成立于 1999 年，是西非经济共同体（简称 ECOWAS）的常设机构，由西非 14 个国家组成，其宗旨在于解决西非地区的能源短缺问题，即以加纳、乍得、尼日利亚等国为能源输出国，通过长期的能源合作、无壁垒的能源输送和增加跨国境电力贸易来形成区域性的电力市场，保证 ECOWAS 成员国的居民能使用稳定可靠的廉价电力。网址：http://www.ecowapp.

西非地区电力监管局（ERERA） 成立于 2008 年，负责监管西非地区跨境电力交易和区域电力互联互通。网址：http://www.erera.arrec.

西非国家经济共同体可再生能源开发及能源效率中心（ECREEE） 成立于 2010 年，是一家受西非经济共同体（ECOWAS）各成员国委托，旨在促进西非国家开发和利用可再生能源及能源效率的专业机构。在法律、行政及金融体系上都遵守西非国家经济共同体规章制度的独立组织。网址：http://www.ecreee.

5.14　中部非洲

非洲中部地区（以下简称中非），指从撒哈拉沙漠与非洲大陆西部突起部分合围的广大纵深地区，不包括东非大裂谷西部。通常包括中非共和国、乍得、喀麦隆、赤道几内亚、加蓬、刚果、扎伊尔、圣多美和普林西比 8 国。面积 536.5 万 km^2，人口 6 130 万。

5.14.1　能源概况和发展战略

为解决能源困难和消灭地区贫困，中部非洲国家经济货币共同体（CEMAC）和中部非洲国家经济共同体（CEEAC）联合推出了 2014—2030 年能源发展战略。目标是到 2030 年以前，全面提高该地区各国的经济水平及家庭生活水平，促进中部非洲国家经济振兴。这项战略包括使大众享受现代化能源服务和享用先进能源设备等内容。能源服务包括提高能源使用效率，为共同体各成员国的 9 700 万户城市家庭提供能源设备，使其能够用上绿色、经济、对人体健康副作用小的现代化液化油气。在电力供应方面，计划于2014—2030年将该地区供电率提高到54%，加强水力发电厂建设，使水电生产达到3万MW。该战略需投资1 408亿美元，将靠捐助、政府补贴和银行贷款等。

5.14.2 可再生能源发展现状

2017年，中非7国新增可再生能源装机18MW，其中水电新增装机13MW，占中非全部新增装机的72%。截至2017年年底，中非7国可再生能源累计装机共计4 123MW，约占非洲可再生能源装机容量的10%。其中扎伊尔可再生能源装机总量较大。分种类看，中非7国可再生能源装机几乎全部为水电装机，其水电装机容量（4 108MW）占非洲水电总装机容量的的12%（表3-5-19、表3-5-20）。

表3-5-19 2008—2017年中非主要国家可再生能源发电装机情况 单位：MW

国别	2008年	2009年	2010年	2011年	2012年	2013年	2014年	2015年	2016年	2017年
中非共和国									1	1
喀麦隆	19	19	19	19	19	19	19	19	19	19
赤道几内亚	719	720	724	731	731	736	738	740	741	741
加蓬	6	6	6	6	126	126	126	126	126	131
刚果	170	170	170	170	170	330	330	330	330	330
扎伊尔（刚果金）	74	74	74	74	194	194	194	194	201	214
乍得	2 514	2 514	2 514	2 514	2 514	2 515	2 515	2 537	2 687	2 687
中非7国合计	3 502	3 503	3 507	3 514	3 754	3 920	3 922	3 946	4 105	4 123
非洲	26 232	28 208	29 180	29 513	30 949	31 870	34 514	36 677	38 192	42 139
占非洲比重/%	13	12	12	12	12	12	11	11	11	10

数据来源：IRENA Renewable Capacity Statistics 2018.

表3-5-20 中非主要国家可再生能源发电分种类装机情况 单位：MW

国别	风电	太阳能	生物质能
中非共和国	1		
喀麦隆			
赤道几内亚		9	

国别	风电	太阳能	生物质能
加蓬		5	
刚果			
扎伊尔（刚果金）			
乍得			
中非 7 国合计	1	14	0
非洲	4 611	3 585	1 263
占非洲比重 /%	0	0	0

数据来源：IRENA Renewable Capacity Statistics 2018（截至 2017 年年底）。

5.14.3 相关机构

中部非洲能源组织（PEAC）成立于 2013 年，为中部非洲经济共同体（CEEAC）下属组织之一，其职能是分析和监督 CEEAC 能源政策在基础设施建设中的实施、为 CEEAC 各国交流电力建设问题和经验提供平台。网址：http://www.ceeac-energie.